I0740795

LEANDRO FERNÁNDEZ MORATÍN

ORÍGENES DEL TEATRO ESPAÑOL I

BARCELONA **2012**
WWW.LINKGUA-DIGITAL.COM

CRÉDITOS

Título original: Orígenes del Teatro Español, seguidos de una colección escogida I.

© 2012, Red ediciones S.L.

e-mail: info@red-ediciones.com

Diseño de cubierta: Red ediciones S.L.

ISBN rústica: 978-84-9816-809-9.
ISBN ebook: 978-84-9897-968-8.
ISBN cartoné: 978-84-9953-860-0.

SUMARIO

PRESENTACIÓN

La vida

Leandro Fernández de Moratín (Madrid 1760-París 1828). España.

Hijo del escritor Nicolás Fernández de Moratín formado en su círculo literario. Tras la guerra de Independencia se exiló en París por sus ideas afrancesadas. Viajó mucho y adquirió una amplia cultura, además del dominio de varias lenguas que le permitió traducir algunas obras teatrales al castellano. Murió en París en 1828.

PRÓLOGO DEL EDITOR

Pocas personas, por poco que se hayan dedicado al cultivo de las bellas letras, así dentro como fuera de España, ignoran esta verdad trivial y tantas veces repetida: -*Que el teatro español es acaso el más rico que posee ninguna nación*. Pero ese teatro español tan universalmente decantado, ¿es por ventura siquiera generalmente conocido? O por mejor decir, esa admiración tradicional a los antiguos ingenios dramáticos españoles, ¿es hija del conocimiento y estudio de sus obras, o debemos considerarla como una de aquellas ideas vulgares, moneda corriente en todos los tiempos y en todos los países, que, a fuerza de oírlas repetidas y de verlas estampadas, se admiten sin discusión y se perpetúan como verdades inconcusas? Aun cuando no tuviéramos otras razones para estar persuadidos de esto último, una que no admite réplica nos bastaría para creerlo, y esta razón se reduce a que *el teatro español es muy poco conocido*. Esto es un hecho que no necesita demostraciones.

Para la inmensa mayoría de los extranjeros y para gran parte de los españoles, *Lope de Vega y Calderón* reasumen en sí casi todo el esplendor que rodea a ese inmenso cúmulo de riquezas literarias que constituyen lo que se llama *el antiguo teatro español*. Sucede con las obras de estos poetas poco más o menos lo que con el *Don Quijote*, libro que, a los ojos de los extranjeros en general, representa toda la literatura española, idea falsa de toda falsedad, error crasísimo y verdaderamente lastimoso en boca del eminente escritor que, el primero, le difundió en Francia, de donde pasó tal vez a las demás naciones.

El objeto de la presente colección es dar un fundamento sólido al alto aprecio de que goza el teatro español, y para ello, mal hubiera podido el Editor recurrir a un medio más obvio y convincente que el de reunir en breve espacio las más preciosas joyas de la literatura dramática española, formando un verdadero *tesoro del teatro español desde su origen hasta nuestros días*. Expuesta ya esta idea general de su obra, réstale manifestar los medios de que ha creído deber valerse para llevarla a cabo con el posible acierto.

Basta echar una ojeada sobre la historia del teatro español para que por sí mismo; digámoslo así, se desarrolle el plan que debe seguirse para la formación de la obra que ahora damos a luz. Aquella historia se divide en *cuatro épocas* principales: estas cuatro épocas deben necesariamente dividir en *cuatro partes* la colección que nos proponemos publicar.

Estas cuatro partes son:

1ª. Tesoro del teatro español desde su origen hasta Lope de Vega.

2ª. Tesoro del teatro de Lope de Vega.

3ª. Tesoro del teatro de Calderón.

4ª. Tesoro del teatro español desde Calderón hasta nuestros días.

Estas cuatro partes comprenden los períodos de tiempo siguientes:

1ª. Desde mediados del siglo XIV hasta fines del XVI.

2ª. Desde fines del siglo XVI hasta fines del XVII.

3ª. Desde fines del siglo XVI hasta fines del XVII.

4ª. Desde fines del siglo XVII hasta nuestros días.

Esta división, trazada por la naturaleza misma de la obra que vamos a formar, es indispensable para evitar la confusión que resultaría de la falta de método en una colección que comprende las principales obras dramáticas publicadas en España en el dilatado espacio de cerca de cinco siglos.

Forma este primer tomo, que comprende la 1ª parte, la más importante y difícil sin duda de este trabajo, la excelente obra del célebre Moratín publicada por la real Academia de la Historia, con el título de *Orígenes del teatro español*. En este escrito, fruto de largos años de estudios y arduas investigaciones, hallará reunido el lector todo *lo que hasta ahora se sabe real y positivamente acerca de la historia del teatro español desde su origen hasta Lope de Vega*. -En un apéndice al fin del tomo hemos insertado algunas piezas dramáticas correspondientes a aquella época, que por motivos que sería prolijo enumerar, se abstuvo Moratín de incluir en su preciosa colección.

PRÓLOGO DE LA COLECCIÓN DE LAS OBRAS COMPLETAS DE MORATÍN
Publicada en 1850 por la Academia de la Historia

El año de 1825 se hizo en París una edición de las obras dramáticas y líricas del célebre poeta don Leandro Fernández de Moratín, que impresas antes en varios lugares, tiempos y tamaños, andaban sueltas, y no siempre fielmente impresas, en manos de los estudiosos. Esta edición, reconocida como legítima por el autor, y publicada poco antes de su fallecimiento, proporcionaba a los extranjeros la facilidad de gozar de su lectura, al mismo tiempo que los españoles, privados de esta ventaja por la ley que prohíbe la introducción de obras castellanas impresas fuera del reino, carecían de la utilidad que para su mayor ilustración ofrecía la reunión de producciones tan apreciables.

Esta poderosa consideración fomentó en la real Academia de la Historia, primero el deseo, y después el designio de publicar una colección de las obras de Moratín. Comprendió igualmente la Academia que una edición completa y esmerada de ellas era el monumento más digno que podía consagrarse a la fama póstuma de su autor; y que con ella, al paso que se miraba por la utilidad del público español, se daba también a las demás naciones una prueba de que nuestra patria no se olvida de honrar la memoria de los hijos que la ilustran y ennoblecen.

Animada la Academia de tan justos sentimientos, acudió a exponerlos a los pies del trono; y el rey nuestro señor, en cuyo real ánimo hallan siempre benigna acogida los proyectos dirigidos a la prosperidad y lustre de la nación, se dignó aprobar y aun elogiar sus deseos, autorizándola competentemente para llevar a cabo lo que proponía.

Para desempeñar la empresa de un modo correspondiente a su objeto, a la honrosa aprobación del soberano, a la ilustración de nuestros tiempos y al buen nombre de la Academia, trató ésta desde luego de reunir todas las obras de Moratín de que tenía noticia, tanto en verso como en prosa, tanto impresas como manuscritas. De todas ha formado una colección, en cuya parte lírica ha incluido no sólo varias composiciones conocidas anteriormente del público, y que los aficionados a Moratín echaban menos en la edición de 1825, sino también otras inéditas que se conservan entre los papeles de los curiosos y que no desmerecen de las restantes. Entre ellas las hay de mérito muy sobresaliente, que prueban con cuánta modestia opinaba Moratín de sí mismo, cuando manifestaba que su vena estaba destinada exclusivamente al género dramático.

Pero entre las composiciones inéditas de Moratín que ha adquirido la Academia, la de mayor bulto e importancia es la de los *Orígenes o historia del teatro español desde sus principios hasta la época del famoso Lope de Vega*, obra que después de largas indagaciones escribió Moratín en sus últimos años, y en que con selecta erudición recogió copiosas noticias acerca de un arte que fue el blanco y ocupación de sus estudios durante todo el discurso de su vida. La Academia ha recibido de manos augustas y generosas el original auténtico de esta obra, que constituye el principal ornamento de la presente edición, y que como parte de nuestra historia literaria pertenece más de cerca al instituto de la Academia, y está naturalmente enlazada con el asunto ordinario de sus tareas.

Moratín dejando a otros el empeño menos ingrato y difícil de examinar y describir períodos más conocidos de nuestra dramática, como lo es el que empieza al acabar el reinado de Felipe II, pretendió subir hasta su origen primitivo, lo buscó en los documentos más antiguos de nuestra legislación y literatura, indicó los trámites por donde pasó de lo sagrado a lo profano, de los templos y de los clérigos a los teatros y a los histriones, y llegando al tiempo de la imprenta presenta muestras de la rusticidad y desaliño de las composiciones coetáneas, da noticias recónditas, ignoradas del común de los literatos, inserta el catálogo cronológico de los dramas y sus autores, los califica con juiciosa crítica, y finalmente forma una curiosa colección de piezas teatrales de fines del siglo XV y casi todo el XVI, en que reuniendo las que nos quedan en libros rarísimos y apenas conocidos, ha salvado para la posteridad los monumentos de esta parte de nuestra historia literaria, próximos ya a perderse para siempre y sepultarse en las tinieblas y el olvido.

No obstante lo apreciable de este trabajo, la Academia entiende que Moratín no acabó de agotar enteramente su argumento, y que a pesar de sus doctas investigaciones todavía dejó mucho que hacer a la diligencia y laboriosidad de los que lo sucedan en su empresa. Como quiera, las dificultades vencidas en la materia de nuestras antigüedades dramáticas, la originalidad de las noticias, la maestría y sagacidad, con que se examinan, y el lenguaje hermoso, castizo, amenísimo con que se explican, recomiendan muy señaladamente el libro de los Orígenes, y le asignan un lugar distinguido en nuestras bibliotecas.

NOTICIA DE LA VIDA Y ESCRITOS DE DON LEANDRO FERNÁNDEZ DE MORATÍN

Don LEANDRO FERNÁNDEZ DE MORATÍN, descendiente de una familia noble de Asturias, nació en Madrid a 10 de marzo de 1760. A su padre don Nicolás debió casi toda su educación no sólo moral sino también literaria, y en verdad ningún maestro pudo guiarle mejor por la senda del Parnaso. Habíale dado la naturaleza excelentes disposiciones, y tan grande inclinación a la poesía, que a los seis o siete años empezó a hacer versos; y cultivado su entendimiento con esmero, se halló a los dieciocho apto para aspirar al premio y obtener el *accessit* que le concedió la real Academia Española en el concurso de 1779 por su romance heroico de la *Toma de Granada*. No fue pequeña la sorpresa del padre cuando lo supo, pues como para que mejor asegurase su mantenimiento hubiese aplicado el hijo al oficio de joyero, apartándole de la carrera de las letras, el joven hizo su composición a hurtadillas de aquel, y la presentó con fingido nombre. Al año siguiente tuvo el dolor de perderle, y para cumplir con la sagrada obligación de mantener a su madre, viuda, infeliz, continuó trabajando en el ejercicio de hacer joyas, en el cual ganaba dieciocho reales diarios. Pocos años después falleció también ésta, y entonces pasó a vivir con un tío suyo, que asimismo trabajaba en la joyería del rey: mas ni antes ni después abandonó sus ocupaciones literarias, fomentadas con el trato y amistad de don Juan Antonio Melón y de los padres Estala y Navarrete, ambos escolapios, todos ellos humanistas distinguidos. Así que en el concurso de 1782 volvió a obtener el *accessit* de la real Academia Española por la sátira contra los vicios introducidos en la poesía castellana, que presentó con el título de *Lección poética* bajo el nombre de don Melitón Fernández. Duro era a la verdad el estado de Moratín, precisado a oscurecer sus luces e instrucción con un arte mecánico que apenas le proporcionaba mezquino sustento, por cuya razón trató de solicitar un destino que le dejase tiempo suficiente para el comercio de las musas; y como ya se tenía noticia de su mérito, consiguió por medio de don Gaspar Melchor de Jovellanos que le llevase en clase de secretario a Francia el conde de Cabarrús, adonde éste pasó comisionado por el gobierno en 1787. No tardó en adquirir la confianza de su jefe: con él fue a París y volvió a España: en aquella capital conoció y trató al famoso poeta cómico italiano Goldoni: durante su viaje siguió correspondencia con los más célebres literatos que residían en esta corte, Jovellanos, Llaguno, Cean, Forner, Signorelli, Conti. Ya había por entonces empezado sus ensayos en la poesía dramática, en la cual habla de ser en adelante, si no el verdadero restaurador[1] de nuestro teatro, el más sobresaliente de cuantos poetas cómicos han unido el Ingenio con el arte. Dos veces entregó al teatro, y retiró de él por causas que no son de este lugar, la comedia de *El Viejo y la Niña*, en la que se propuso demostrar los inconvenientes de matrimonios entre personas de edad muy desigual. Mas aún no era conocido del público sino por las otras composiciones ya citadas, y por la *Derrota de los pedantes*, folleto en prosa, que publicó en 1789 sin nombre de autor, para ridiculizar a los malos poetas de aquel tiempo, siguiendo un plan bastante conforme al del *Viaje al Parnaso* del inmortal Cervantes, cuando sabedor de que el conde de Floridablanca oía con gusto los romances de Marcolini, músico de la capilla real, le dirigió otro burlesco pidiéndole alguna merced: y como por entonces hubiese compuesto su oda a la proclamación de Carlos IV, obtuvo en recompensa una prestamera de trescientos ducados en el arzobispado de Burgos, a cuyo título se ordenó de tonsura en aquel mismo año. Tan escasa renta no podía servir de remedio a la mala fortuna de Moratín: pero cambió de repente su situación; porque habiéndole dado a conocer don Francisco Bernabeu y don Luis Godoy a don Manuel, hermano del último, éste le alcanzó un beneficio en Montoro de tres mil ducados, y una pensión de seiscientos sobre la mitra de Oviedo. Mostrándose ya al público en el verdadero puesto que le señalaba Apolo, dio al teatro y a la imprenta en 1790 *El Viejo y la Niña*, y en 92 la *Comedia nueva*, obra no menos ingeniosa que original, y fuerte censura de los grandes defectos que afeaban nuestra escena. El buen éxito de ambas piezas le hubiera sin duda estimulado a no interrumpir en aquel tiempo su carrera dramática, si el deseo de observar los teatros extranjeros no le hubiese determinado a pedir licencia para viajar. Obtenida, salió de España, y estuvo en Francia, en Inglaterra, en Flandes, en Alemania, en la Suiza, y en Italia, cuyas principales ciudades recorrió, fijando su residencia en Bolonia. Escribió la relación de su viaje, que conserva manuscrita don Manuel Silvela[2], y no puede negarse que le fue muy útil cuanto observó en las diversas regiones por donde anduvo. Vio y detestó las crueldades y horribles máximas de los revolucionarios de Francia; juzgó con imparcialidad de los ingleses, sin alabarlo ni vituperarlo

---

1. Es muy extraño que la Academia de la Historia no se atreva a dar sin rebozo a Moratín este honroso título, cuando para ella, con arreglo a las ideas acerca del arte dramática que manifiesta en este y en todos sus escritos, Moratín es el primer poeta español verdaderamente acreedor a él. Y en efecto, si no se le concede a Moratín, ¿para quién le reserva? (N. de E. de Ochoa.)

2. Don Manuel Silvela falleció en París en el año de 1830. En cuanto al manuscrito de que aquí se hace mención, ignoramos cual sea su paradero, pues a pesar del vivo interés que ciertamente ofrecería su lectura, ni se ha publicado todavía, ni hay anuncios de que piensen en publicarle por ahora los que tienen la dicha de poseerle. (N. de E. de Ochoa.)

todo con pasión: admiró los preciosos monumentos y las riquezas naturales de Italia. Regresó a España a fines de 96, y después de una larga y penosa navegación desembarcó en Algeciras. Apenas saltó en tierra, le restauró de sus fatigas anteriores, más que ninguna otra cosa, la noticia de haber sido nombrado en 4 de octubre secretario de la interpretación de lenguas por diligencia de don Juan Antonio Melón. Vino pues en febrero del año siguiente a Aranjuez y a Madrid a desempeñar su destino, después de haber visitado a Cádiz, Sevilla, Córdoba y otros pueblos. Alternó las ocupaciones de la secretaría con sus tareas literarias: asistía también con frecuencia a la tertulia que en casa de don Juan Tineo tenían diversas personas aficionadas a los estudios amenos, y a la que llamaba Moratín por zumba *sociedad de los Acalófilos*, y pasaba asimismo algunas temporadas en Pastrana, donde había comprado una casa. En 1798 imprimió su traducción del *Hamlet* de *Shakespeare* con notas, en que le juzga conforme a los severos principios de crítica clásica que profesaba. Ciertamente aquella traducción exacta pero débil no podía asignarle lugar tan distinguido en la república de las letras, como el eminente talento dramático que descubrió en las piezas originales, y la belleza de estilo, facilidad y desembarazo en la ejecución de otras composiciones métricas de diversos géneros, que hizo también en diferentes tiempos, parte de las cuales se han impreso, parte dejó inéditas. Bien persuadido se hallaba el gobierno del celo con que miraba la corrección del teatro, pues le nombré individuo de una junta erigida para reformarle, y después único director de los mismos. Moratín a poco tiempo renunció lo primero y no admitió lo segundo; y sin duda obró con acierto, como quiera que su índole y su ingenio eran más a propósito para corregir las ridiculeces de los hombres en la escena, que para dar providencias que la mejorasen. Lo que principalmente contribuyó a su gloria fue la continuación de sus obras dramáticas. En 1823 se representó en el coliseo de la Cruz, notablemente corregida, aumentada y reducida a forma más regular, la comedia de *El Barón*, compuesta a modo de zarzuela en 1787, la cual figura con admirable propiedad los embustes y trápalas de los petardistas metidos a grandes señores. La compañía de los Caños del Peral, ofendida de la preferencia que para su Representación se había dado a la de la Cruz, buscó en los enemigos del poeta medio de desquitarse; y sabiendo estos que sobre el mismo argumento se había compuesto otra comedia con el título de *La Lugareña orgullosa*, se apresuraron por una parte a representarla para oponerla a la de Moratín, y por otra a pagar gente que silbase la de este Insigne poeta. Sólo sirvieron estas arterías, como era de esperar, para asegurar el triunfo del verdadero mérito. *La Lugareña orgullosa*, pieza que carecía de él enteramente, cayó al instante en olvido, y *El Barón* sobrevivió a los esfuerzos con que habían pretendido desacreditarla. Al año siguiente se representó también en la Cruz *La Mojigata*, escrita muchos años antes, cuyo nombre indica que el autor acometió en ella a la hipócrita gazmoñería. No se notó el empeño de deslucirla, y al contrario fue recibida con aplauso, sin que se publicasen acerca de ella más que algunas críticas urbanas y moderadas. En 1806 se representó *El Sí de las Niñas*, cuyo fin moral es el de mostrar la influencia de la educación en la elección de estado, y los riesgos que se siguen de no dirigir aquella con suma prudencia. Lejos de haber entonces partidos y aun críticas, obtuvo tan extraordinario aplauso que duraron sus primeras representaciones veintiséis días consecutivos, y acaso hubieran durado más si por causa de la cuaresma no se hubieran interrumpido, y en aquel mismo año se hicieron de la pieza cuatro ediciones que se despacharon al instante. Pero los que miraban con envidia su gloria apelaron para derribarle a otro arbitrio tan bajo como odioso, que si bien no logró su efecto por el influjo de Godoy, bastó para que Moratín, de genio tímido y aun receloso, abandonase el teatro, inutilizando las apuntaciones que había hecho relativas a otras cuatro o cinco comedias, cuyos planes tenía trazados. Procuró pues hacer vida retirada sin más trato que el de sus amigos, y sin más cuidados que los de su secretaría, y el cultivo de un jardincito que había comprado casi al mismo tiempo que una casa en la calle de Fuencarral donde vivía, y mientras tanto iba recogiendo materiales para componer su obra sobre los *Orígenes del teatro español*. Nada faltaba entonces para colmar los deseos de un hombre sobrio, frugal, sin ambición ni pretensiones, ni más inclinación que al ocio de las musas; pero la suerte le preparaba muy grandes sinsabores y amarguras en medio de continuas agitaciones por la parte de donde menos pudiera prever ni aun imaginar.

Vino el año de 1808, fecundo en acontecimientos de indeleble memoria, preparados en el anterior por la entrada de los franceses en la Península y ocupación de sus principales fortalezas, y por la causa del Escorial. Cayó el valido de la cumbre de la fortuna; subió al trono el príncipe Fernando, fue dolosamente cautivado en Bayona: alzose España para vengar el ultraje hecho a su soberano; venció al enemigo en Bailen, y ante los muros de Zaragoza y de Valencia; huyeron los franceses de Madrid al Ebro. En medio de aquellos sucesos creyéndose Moratín expuesto por el favor que había debido a Godoy, y sin arbitrio para reflexionar, luego que los franceses evacuaron la corte, salió de ella también con su íntimo amigo don José Antonio Conde, y ocultándose primero en su casa de Pastrana, se dirigió luego a Vitoria. Efecto de este paso fatal fue la conducta que guardó durante la guerra. Volvió pues con los franceses a Madrid a fines de aquel año, y se retiró con ellos a Valencia en 1812, desde donde por último se refugió en Peñíscola. Pero en honor de Moratín es necesario decir que en su pecho, ajeno de falsedad y de infidelidad, no tuvo entrada ningún género de traición contra su patria: siguió maquinalmente el camino por donde lo arrastraba la suerte, y no sólo no tomó parte activa contra los que defendían los derechos de Fernando VII, ni admitió del gobierno intruso otro cargo que el de bibliotecario mayor, el cual ni había pretendido ni era capaz de comprometerle, sino que favoreció en cuanto estuvo de su parte a los vasallos leales que por su mala ventura caían en poder de los que seguían a Bonaparte. En una de estas ocasiones habiendo intercedido por algunos patriotas con don Manuel Silvela, que era alcalde de corte y vocal de la junta criminal de Madrid, y que desempeñaba con humanidad su encargo, la conformidad de sentimientos entre ambos produjo una amistad que fue creciendo de día en día sin haberse desmentido jamás. No era posible que en medio de tantas calamidades prosiguiese éste, continuamente angustiado y oprimido, componiendo para el teatro; y así no obstante las repetidas instancias que para ello le hicieron, sólo se pudo conseguir que se representase e imprimiese la *Escuela de los Maridos*, concluida ya en 1808, y traducción de la que con el mismo título había escrito el célebre Molière. Había decaído notablemente su renta, y más aún su salud y su espíritu en tan deshecha borrasca, por lo que cansado ya de sufrir incomodidades y trabajos, pensó retirarse a un rincón donde vivir tranquilo lo que le quedara de vida. Llevado de este pensamiento, en lugar de seguir a los franceses, luego que se rindió Peñíscola a nuestras armas, huyó de ella y fue a Valencia, ocupada ya por las tropas españolas, y se presentó, como hombre a quien no remordía la conciencia de ningún delito, al general en jefe. Mas éste no viendo en Moratín sino uno que pertenecía al partido francés, le trató con rigor, y mandó después de otras providencias embarcarle en un falucho que le condujo a Barcelona. Allí le dieron favorable acogida el barón de Eroles y el marqués de Casacagigal, y asimismo don Francisco Javier de Castaños y el marqués de Campo Sagrado, capitanes generales que fueron sucesivamente del principado. Entre tanto la guerra, seguida con encarnizamiento por espacio de seis años, en los cuales la nación entera había hecho heroicos sacrificios para rescatar a su monarca, se acercaba a su término. Ya pisaban las tropas españolas el territorio francés, ahuyentados del nuestro casi todos los ejércitos enemigos, y por el norte los de las potencias coligadas ganando repetidas victorias amenazaban muy de cerca arruinar el imperio de Bonaparte. Vino éste por fin al suelo y restituido el rey nuestro señor y Luis XVIII a los tronos de sus mayores, se celebró la paz de París, descansando Europa de las porfiadas contiendas y grandes calamidades de los años anteriores. La tranquilidad que de nuevo empezaba a disfrutarse dio ocasión a Moratín para que, agradecido a los favores del actor Felipe Blanco, hiciese para su beneficio a fines de 1814 otra traducción de Molière, a saber: *El Médico a palos*, tomada de la que intituló aquel ilustre poeta: *Le Médecin malgré lui*. A pesar de todo era su situación tan deplorable que estaba expuesto a perecer de hambre; pero el rey nuestro señor empezó desde luego a dispensarle su generosa protección. Mandó que se le admitiese al juicio de purificación que solicitaba; declaró que Moratín no estaba comprendido en el artículo 1º del decreto de 30 de mayo, y por repetidas órdenes mandó también que se le pusiese en posesión de los bienes que se le habían secuestrado. No fueron éstas las únicas señales de benevolencia que le dispensó S. M. Los años adelante trató de darle un destino honorífico con buena asignación; pero Moratín, cuyo ánimo habían exasperado los trabajos padecidos, figurándose que por todas partes le acometía gente frenética para asesinarle, lo rehusó abiertamente, sin que fuesen poderosas a convencerle cuantas razones se le hicieron presentes para aquietarle. Los miedos de que siempre andaba agitado le sacaron en 1817 de Barcelona, donde vivía protegido, estimado y honrado, y donde tenía entrada franca en los teatros, que era toda su diversión. Volvió sin embargo en 1820 después de haber pasado algún tiempo en París con don Juan Antonio de Melón, y en Bolonia con don Antonio de Robles y Moñino. Parecíale sin duda necesario habitar bajo un mismo techo con alguno de sus amigos, pues en Barcelona residió también en compañía de don Manuel García de la Prada, y cuando la peste los arrojó de allí, separado de este último en Bayona, fijó su estancia en Burdeos con don Manuel Silvela. Desde entonces no pensó ya en hacer de nuevo obra alguna, ocupándose sólo en concluir y perfeccionar la de los *Orígenes del teatro español*, que dejó manuscrita a Silvela, y que compró a este S. M., deseoso de que bajo sus auspicios viese cuanto antes la luz pública. En 1821 había vendido su autor las demás a don Vicente González Arnao, y éste hizo el año siguiente en París una edición que comprende la mayor parte de ellas, única reconocida por Moratín. En 1827 se trasladó con Silvela a París; y allí permaneció con bastante quebranto en su salud, ya alterada desde fines de 1823, hasta que sobreviniéndole vómitos, hipo y fiebre, murió en 21 de junio de 1828, conservando todo su conocimiento hasta cinco horas antes de expirar. Dejó por heredera de todos sus bienes a una nieta de Silvela, y antes había cedido a la inclusa de esta corte la casa y huerto de Pastrana, y una inscripción de dos mil ochocientos francos, mediante una renta vitalicia, a don Julián Aquilino Pérez, y cantidades de dinero muy considerables a varios parientes. Tenía Moratín prendas recomendables, y era uno de los escritores que más honran el Parnaso español; pero estando su muerte tan reciente, no queremos anticipar el juicio de la posteridad, y sólo diremos que jamás olvidarán su nombre cuantos amen la bella literatura. Fue igual en ingenio, y superior en buen gusto a su padre don Nicolás, cuya memoria cuidó de perpetuar como buen hijo en el prólogo y vida que con las poesías del mismo publicó en 1821 en Barcelona.

Prólogo [di Moratín]

Hasta ahora no se ha escrito una historia del teatro español: la molesta fatiga de buscar los documentos relativos a él desde su origen hasta fines del siglo XVI ha debido retraer a muchos, que por su talento y su buen gusto hubieran sabido desempeñar esta empresa difícil.

La maravillosa abundancia de autores dramáticos en el siglo XVII, y el crecido número de sus obras, añaden a la necesidad de conocerlos la de clasificarlos, compararlos y juzgarlos con la rectitud que pide la buena crítica.

Cultivada en el siglo anterior y en lo que va del presente la poesía teatral, siguiendo unos el ejemplo de los que les habían precedido, y ateniéndose otros a los principios que conoció la antigüedad y ha restablecido el gusto moderno, se hace indispensable un estudio particular para distinguir el mérito respectivo de obras que pertenecen a escuelas tan opuestas entre sí. Ni es conveniente para este examen aprovecharse de lo que juzgaron los coetáneos acerca de ellas; porque en el choque de las opiniones que sostenían, muchas veces dirigió su pluma la parcialidad, y muy pocas la inteligencia.

Por otra parte el influjo que han tenido siempre en las producciones literarias el sistema del gobierno, el gusto de la corte, el método de estudios, la política y las costumbres, obligará a quien se proponga escribir la historia de nuestro teatro a buscar el origen verdadero de sus progresos o su decadencia; y esta indagación está sujeta a las restricciones que imponen el respeto debido a la autoridad, y las demás circunstancias del tiempo en que se escribe.

Cuanto escribieron nuestros mejores bibliógrafos acerca de la dramática española no pasa de algunas indicaciones sueltas, traídas por incidencia, diminutas, mal ordenadas, y no capaces de satisfacer la curiosidad de los que desean una historia de nuestro teatro. Los segundos copiaron a los primeros, y los últimos nada han añadido de particular, repitiéndose por consiguiente las equivocaciones, la falta de plan y de verdad histórica y crítica que se advierte en tales escritos. Llegó el tiempo de las apologías, y apoyados los defensores de nuestro crédito literario sobre tan débiles fundamentos, compusieron libros enteros llenos de sofismas y errores, hablaron largamente del teatro, clasificaron obras que jamás habían visto, y manifestaron cuanto carecían (por la clase de estudios que habían tenido, por el estado que profesaban, y por el lugar en que escribían) de los auxilios y de la inteligencia que hubieran sido menester para que el desempeño hubiese correspondido a su celo laudable.

¿Qué pudieron hacer los extranjeros cuando quisieron decir algo de nuestra poesía escénica, sino repetir las pocas noticias que hallaron esparcidas en algunos libros, o cortar la dificultad diciendo que la literatura española es una pobre mina, que no paga el trabajo del beneficio? Así han creído algunos de ellos disimular con un desatino el orgullo de su ignorancia.

Falta pues a la cultura de nuestra nación una historia crítica de su teatro, empresa tan superior a mis débiles fuerzas, que nunca tuve el atrevimiento de intentarla. No obstante habiéndome aplicado desde mi juventud a reunir y ordenar cuantas noticias pude adquirir acerca de esto así en España como fuera de ella, me persuadí de que podría ya formar con lo que tenía escrito una obra (que hoy presento al público) en que ilustrase los orígenes del teatro español.

No intento recomendar mi trabajo, ponderando la constante diligencia que supone la adquisición de materiales que forman este libro, la lectura que me ha sido necesaria para ilustrarte, la meditación que ha precedido a mis dictámenes, y el empeño nunca desmentido de hallar la verdad, rectificar las equivocaciones de los que me habían precedido, juzgar por mí propio, y presentar a los inteligentes un resumen crítico en que manifiesto cual fue el origen de nuestra escena, cuales sus progresos, y cuales las causas que influyeron en las alteraciones que padeció, hasta que Lope de Vega las autorizó con su ejemplo. Éste es en compendio el plan del Discurso histórico que precede a todo lo demás.

En las notas que le acompañan creo haber dado las pruebas de cuanto en él se afirma con autoridades irrecusables, mediante las cuales se aclaran muchos puntos pertenecientes a nuestra antigua literatura mal entendidos hasta ahora, o del todo ignorados.

Sigue a esto un catálogo histórico y crítico de piezas antiguas, el primero que se ha publicado de este género. En él se da razón de más de ciento sesenta composiciones dramáticas, todas anteriores al tiempo en que Lope de Vega comenzó a escribir. Hablo del mérito de las que he tenido a la vista, hago mención de sus bellezas y sus defectos, cito a la letra los pasajes más sobresalientes de muchas de ellas, y no me olvido de copiar aquellos que merecen severa censura. Sé muy bien cómo se desacredita una obra excelente, citando sólo sus faltas, y cómo se recomienda otra de poquísima estimación, entresacando de ella los pasajes en que el autor, sin mérito suyo, acertó por casualidad; pero he querido apartarme de uno y otro extremo. No he querido hacer ni una apología, ni una acriminación de nuestro teatro, sino una historia crítica de sus orígenes, presentándole tal como fue durante la época a que me he querido ceñir. Acompaña al examen de las obras la noticia de muchos de sus autores. Los extranjeros más que nosotros necesitan esto para salvar las equivocaciones que frecuentemente han padecido en sus atropellados diccionarios biográficos. En el orden que he dado a las piezas se observará toda la exactitud de que es susceptible, habiéndole sujetado a la autoridad de escritores los más inmediatos que hablaron de ellas, a las fechas conocidas de sus primeras ediciones, y a las épocas en que pudieron ser escritas y representadas, según lo que resulta de la vida de sus autores, y las indicaciones que he sacado de la lectura de las mismas piezas. La mayor parte de las fechas que les he puesto es de una absoluta certeza; lo restante, de una probabilidad la más verosímil. En este catálogo sólo se incluyen las piezas dramáticas que se representaron o pudieron representarse en los teatros de la nación privados o públicos: no se habla de las obras que con el título de comedias, tragedias, tragicomedias, fueron tan abundantes en el siglo XVI, que componen crecidos volúmenes, y nunca se hicieron para representarse, ni es posible hacerlo. A excepción de *La Celestina*, origen primero de esta clase de composiciones, a quien la prosa y diálogo castellano debieron conocidos adelantamientos, se ha omitido hablar de las otras, porque no siendo obras de teatro, piden una clasificación distinta, y no conviene mezclarlas con las que se hicieron para representarse en él. De éstas hablo exclusivamente, de las otras no. He mezclado las obras de los poetas dramáticos que vivían y componían en un mismo tiempo, para evitar el retroceso de los años y la confusión que necesariamente hubiera producido.

A continuación del catálogo sigue una colección de piezas de teatro, elegidas según me pareció conveniente para presentar lo más digno de aprecio que nos queda de nuestros antiguos dramáticos así en prosa como en verso, y en todos los géneros que se cultivaron entonces. Las únicas alteraciones que he practicado en ella han sido poner título a algunas piezas que no le tenían, indicar el lugar y las mudanzas de la escena, dividir en actos dos comedias para hacer más perceptible la regularidad de su fábula, suprimir algunas líneas del diálogo, o por ser enteramente ocioso lo que en ellas se dice, o porque la oscuridad del sentido anuncia desde luego que el impresor estropeó por descuido, o no llegó a entender el original que copiaba. Esto es lo que me ha parecido no solo lícito, sino necesario; pero a esto solo he reducido las alteraciones y las enmiendas. El texto que presento es todo de los autores; no hay ni una sílaba añadida a lo que ellos escribieron. Fácil me hubiera sido hacer una colección más crecida, incluyendo en ella otras piezas de mérito, pero he creído que para desempeñar el fin que me propuse, la que he formado será suficiente.

DISCURSO HISTÓRICO

El origen de los teatros modernos debe considerarse posterior a la formación de las lenguas que hoy existen en Europa; si se les quiere atribuir mayor antigüedad, sería confundirlos con el teatro latino. Éste acabó cuando las naciones sujetas antes al imperio de Roma y después a los bárbaros, corrompida la lengua latina, formaron dialectos diferentes, variándolos según la influencia física de los climas que habitaban, y según la que pudieron ejercer en el régimen y propiedad, en la acepción y pronunciación de los vocablos, o en la introducción de otros nuevos las gentes advenedizas que se mezclaron y confundieron con ellas. Los visogodos[3], que por espacio de tres siglos dominaron nuestra península, no nos dejaron otras reliquias de su lenguaje primitivo que algunas palabras, y en tan corto número, que no componen la milésima parte del nuestro, debiendo añadirse a ellas el uso de los artículos, lo indeclinable de los nombres, y alguna

---

3. Al empezar el siglo V ocuparon los visogodos una parte de España, y en los sucesivos (vencidas otras naciones bárbaras) la dominaron toda. Cuando entraron en ella hablaban con más o menos propiedad la lengua latina, puesto que había ya más de medio siglo que atravesando el Danubio se habían establecido en varias provincias del imperio, primero en calidad de refugiados, después como aliados, y por último como enemigos y conquistadores. La mayor parte de la nobleza gótica había recibido su educación entre los romanos. Así es que cuando llegaron a internarse en España, su lengua y sus costumbres eran las mismas que tenían los pueblos vencidos.

Los autores españoles que florecieron durante la monarquía gótica pertenecen exclusivamente a la baja latinidad. Justiniano, Elpidio, Justo, Nebridio, Aprigio, Luciano, Severo, Eutropio, Leandro, Juan Biclarense, Fulgencio, Máximo, Isidoro, Balgasano, Sisebuto, Artuago, Paulo Emeritense, Brautio, los dos Eugenios, Fructuoso, Ildefonso, Orencio, Tajon, Juliano, Valerio; todos escribieron en latín.

Como los doctos y el vulgo tenían un mismo idioma con la sola diferencia de que los unos le cultivaban en sus escritos con la pureza que les era dable, en tanto que la multitud lo iba corrompiendo cada vez más, no es de admirar que no se conserve ni un sólo documento de la lengua gótica. Ha sido estudio particular de algunos eruditos reunir los vocablos que nos quedan de ella, y no hay más que añadir a sus investigaciones. Pudieran acumularse citas sin número en apoyo de cuanto se acaba de decir. Don Tomas Sánchez redujo a estas pocas líneas una aserción tan autorizada y tan evidente: «Cuando entraron en España los godos y demás naciones del Norte, era vulgar y casi universal en todo nuestro continente la lengua latina introducida por los romanos. Pero como los godos que le dominaron después no aspiraron a introducir la suya, se conformaron con la de los romanos vencidos, introduciendo en la latina muchos vocablos de la gótica, dejando indeclinables los nombres porque lo eran en su idioma. Éste fue el principio de la corrupción de la lengua latina en España, y el origen del romance que ahora usamos».

Sólo el deseo de opinar al revés de cuanto han dicho los demás pudo determinar al traductor del Blair a decir que «la lengua castellana es de origen godo: admitió con el tiempo vocablos latinos». Debe leerse precisamente lo contrario. «La lengua castellana es de origen latino: admitió con el tiempo vocablos godos». (N. del A.)

otra alteración gramatical. Ni en códices, ni en monedas, ni en mármoles se halla ningún vestigio gótico: casi todo se habló y todo se escribió en latín.

Este idioma, conservado en las obras estimables de los sabios que florecieron en aquella edad, fue corrompiéndose con mucha rapidez en boca del pueblo, y no es fácil averiguar cómo le hablaba al empezar el siglo VII. Baste decir que si se representaron piezas dramáticas en España durante la dinastía de los visogodos[4], debieron escribirse en el lenguaje que usaba la multitud; mezcla informe del latín que ya se perdía, y del romance que se iba formando.

Conquistada España por los árabes en el siglo VIII, y empezada en el mismo su recuperación, el idioma vulgar fue apartándose cada vez más de su origen primero, y enriqueciéndose con palabras, frases y modismos arábigos. Las conquistas fueron dilatándole por los países que los cristianos iban ocupando, y la prosa castellana fue adquiriendo sucesivamente corrección, propiedad y copia de palabras hasta que se halló capaz de vulgarizar en ella las leyes y la historia.

---

4. Las naciones bárbaras del Norte que invadieron a Europa, disfrutaron en España, como en todas las demás provincias del imperio romano, de los espectáculos del anfiteatro, del circo y de la escena que hallaron establecidos; y además de los teatros de madera que se construían en ocasiones particulares, existían usuales todavía los que había de piedra en las principales ciudades de nuestra península: tales eran los de Sagunto, Acinipo, Carteya, Emerita Augusta, y otros que yacen hoy desconocidos en sus ruinas.

Desde el siglo IV en que el concilio iliberitano hizo mención de los aurigas, pantomimos y cómicos, hasta el VII en que todavía existían, se advierte la continuación de los espectáculos que los godos adoptaron y sostuvieron. San Isidoro en sus Orígenes, lib. 18, cap. 41 y 59, exhorta a los cristianos a que se abstengan de las fiestas del circo, del anfiteatro, y de la escena: lugares que según lo expresa aquel santo doctor infectaba todavía la superstición gentílica, y ofrecían a los ojos pompas y vanidades mundanas, crueldades feroces, imágenes de lascivia y torpezas abominables. Por los años de 620 Sisebuto «depuso a Eusebio, obispo de Barcelona, e hizo poner otro en su lugar, como se entiende por las mismas cartas suyas. La causa que se alegaba fue que en el teatro los farsantes representaron algunas cosas tomadas de la vana superstición de los dioses que ofendían las orejas cristianas. Ésta pareció por entonces culpa bastante por haberlo el obispo permitido». Así refiere Mariana esta anécdota en su Historia general de España, lib. 6.

Resulta de aquí que noventa años antes de la irrupción de los árabes duraban en España los espectáculos del teatro, y puede inferirse con toda verosimilitud que continuaron hasta que Rodrigo perdió en Jerez la corona y la vida. Esclava la nación en poder de los agarenos, sólo una pequeña parte de ella conservó su libertad al abrigo de montañas inaccesibles: desde allí fue dilatando progresivamente sus conquistas, y durante algunos siglos no conoció más ocupaciones que la de pelear, ni más artes que las necesarias a la guerra. Si en alguna de las naciones de Europa cesaron del todo las diversiones de la escena, ninguna tuvo como la nuestra tanto motivo de abandonarlas. (N. del A.)

La poesía[5], siguiendo los progresos de la lengua, imitó por aproximación la medida de los versos latinos, suplió la falta de cantidad con el uso de las consonantes, y acompañada algunas veces de la música y otras sin ella, sirvió para celebrar las alegrías privadas y públicas o para recomendar a la posteridad las virtudes cristianas de los santos, o las acciones heroicas de los príncipes y capitanes. Además de estas composiciones sagradas y profanas había otras más cortas, cantadas al son de instrumentos por los *yoglares y yoglaresas*[6], gentes que ha-

5. El primer poema castellano de los que hoy se conservan es el del Cid, escrito por desconocido autor a mitad del siglo XII, como lo manifiesta su misma rusticidad. En él todo es deforme: el lenguaje, el estilo, la versificación y la consonancia. La única regularidad que se advierte (y no es plausible en un poema) es la de haber seguido en su narración el orden de los sucesos según los refiere la historia.

El clérigo Joan Lorenzo, natural de Astorga, escribió por los años de 1250 un poema de la vida de Alejandro siguiendo en general la narración de Quinto Curcio, añadiendo a veces circunstancias y hechos fabulosos que halló en otros autores. El lenguaje de Joan Lorenzo es ya mucho más culto que el del poema del Cid, la versificación más sonora, la consonancia más exacta.

Por el mismo tiempo floreció el presbítero Gonzalo de Berceo, que compuso entre otras obras poéticas la vida de santo Domingo de Silos, la de san Millán, la de santa Oria y el martirio de san Lorenzo. En ellas, ciñéndose con poca invención al asunto histórico que se había propuesto desempeñar, manifestó ilustrado talento, sencillez, fácil abundancia, y tan puro y religioso candor (no desnudo de gracia en el estilo ni de armonía en los versos), que puede contarse entre los que ilustraron el primitivo Parnaso castellano como el más digno cantor de la devoción y la virtud; sus versos anuncian la inocencia de sus costumbres. ¿Quién hay que los lea sin prendarse del poeta que los compuso?

Alfonso X, llamado con sobrada razón el Sabio, entre varios monumentos que nos dejó de su literatura escribió algunas composiciones poéticas en castellano y en gallego, y las que dedicó a celebrar los milagros de la Virgen se conservan con la música que les puso él mismo. Así se cantaron durante algunos años en la catedral de Sevilla.

Séame lícito con este motivo exponer mi opinión acerca del Libro de las Querellas, y el de El Tesoro. No creo que estas composiciones sean de Alfonso X. Cualquiera que tenga conocimiento de los progresos de la lengua y poesía castellana les dará dos siglos menos de antigüedad. Si las coteja con las demás obras en verso de aquel rey hallará más fundada esta aserción y si reflexiona que se hallaron entre los manuscritos del marqués de Villena, sospechará quién pudo ser el verdadero autor, y a cual época pertenecen.

Hecha ya mención de los primeros autores de nuestra poesía vulgar, no es de mi propósito continuar la serie de todos ellos. Velázquez habló de esto, y después de él don Tomás Sánchez añadió cuantas noticias pudo adquirir su diligencia. (N. del A.)

6. Juglar, del latín jocularis, músico de instrumento y voz, pantomimo y representante. La primera indicación que he podido hallar acerca de los juglares en España, se encuentra en la crónica general, en donde hablándose del casamiento de las hijas del Cid con los condes de Carrión (que debió ser hacia el año de 1098), se refiere que los juglares intervinieron en las fiestas celebradas en Valencia con aquel motivo.

Lo mismo se verificó después cuando el Cid casó otra vez a sus hijas con don Ramiro, infante de Navarra, y don Sancho, infante de Aragón, según refiere también la citada crónica.

cían profesión de la música, del baile y la pantomima graciosa o ridícula, con lo cual ganaban la vida entreteniendo al pueblo. También acudían a las casas particulares y a los palacios, donde ejercían sus habilidades a presencia de los reyes y de su corte. No hay que buscar el principio de esta costumbre, que se pierde en la oscuridad de los siglos. La combinación de los sonidos agradables, el canto, la risa, la danza, la imitación de la figura, gesto, voz y acciones características de nuestros semejantes son tan geniales en el hombre, que en todas las edades y en todos los países habitados se encuentran más o menos perfeccionados por el arte.

Han sido inútiles hasta ahora las investigaciones de los eruditos, que se lisonjearon de hallar entre las poesías de los árabes o de los provenzales el origen de los teatros modernos de Europa, y por consiguiente del nuestro.

Los árabes, así los que se extendían por el Oriente, África, Italia y las islas del Mediterráneo, como los que hicieron a Córdoba capital de su imperio en España, cultivaron con éxito feliz las ciencias naturales, la medicina, las matemáticas y la historia. En la poesía nada hicieron, fuera de los géneros narrativo, descriptivo, amoroso, encomiático y satírico; desempeñando sus argumentos en poemas cortos, llenos por lo común de metáforas, traslaciones y enigmas, de acrósticos, laberintos, antítesis, paronomasias y equívocos. Los diálogos sin acción que se hallan entre sus composiciones poéticas no pertenecen al género dramático[7].

En un privilegio dado en Burgos por Alfonso VII en el año de 1136 firma entre otros un juglar con estas palabras: Pallea juglar confirmat.

En los siglos posteriores se hace frecuente mención de los juglares, y a este fin pueden verse las Leyes de Partida, las Obras de Berceo y Joan Lorenzo, el manuscrito de cuentas de Sancho IV, la Historia de los reyes de Aragón por Montaner, El conde Lucanor, las Obras del Arcipreste de Hita, la Historia del monasterio de Sahagún, el Ceremonial del rey don Pedro de Aragón, y las noticias que el padre Liciniano Sáez sacó del archivo de Contos de Navarra.

La cita más reciente que ha llegado a mi noticia relativa a juglares, es la que copió don Tomas Sánchez del Cancionero de Baena, en donde se incluye una cántiga del poeta Villasandino hecha «por alabanza e loores de la redundante ciudad de Sevilla, y presentola en cavildo e hízola cantar con juglares delante de los oficiales, e ellos mandáronle dar en aguinaldo cien doblas de oro por esta cántiga». Refiérese esto a los principios del siglo XV, durante el cual, aunque las habilidades de los juglares permanecieron, la denominación se fue olvidando y llegó a faltar enteramente en el uso común del idioma después de haber durado en él por espacio de más de cuatro siglos. (N. del A.)

7. Nasarre dijo en el prólogo a las comedias de Cervantes: «Los árabes y moros fueron en las representaciones con hechos, gestos y palabras muy excelentes, ayudados del genio poético y elegante lenguaje de su nación, como se hará ver cuando se publiquen las reliquias de su literatura, que por felicidad grande se han hallado poco ha en la famosa librería del Escorial, y aun sin ellas se puede probar con nuestras historias». Lo cierto es que en nuestras historias nada se halla que autorice tal opinión. En el Escorial no existe ninguna

Los provenzales, con un idioma mucho más pobre sin comparación que el de los árabes, no instruidos como ellos en el conocimiento de las ciencias, pero dotados de una imaginación fecunda (no extraviada fuera de los términos justos, no viciada con ornatos pueriles), y movida igualmente por los poderosos estímulos del heroísmo y del amor, cultivaron un género de poesía que les fue peculiar, y perfeccionándose después con el estudio de la antigüedad y el uso de la buena crítica, llegó a ser común a todas las naciones modernas[8]. Las ciudades de Tolosa, Aviñón, Aix, Bessieres, Barcelona y Tortosa fueron célebres por el estudio de la gaya ciencia[9], en que se ocuparon sujetos muy ilustres para celebrar amores

---

composición de teatro escrita por los árabes. Casiri, que publicó la Biblioteca arábiga escurialense, ni vio ninguna ni adquirió siquiera la noticia de que entre los árabes se cultivase este género de poesía, Jam vero arabes europæorum, more nec tragædias nec comædias agunt; an vero scripserint, altum, apud scriptores silentium. El erudito don José Antonio Conde, a quien merecí la más cordial amistad y confianza, me aseguró repetidas veces que entre los muchos manuscritos que había leído y extractado para la formación de su Historia de los árabes en España, no había encontrado el menor indicio de que en aquella nación se hubiese conocido nunca la poesía teatral. (N. del A.)

8. No es dudable que la poesía italiana trae su origen de la provenzal o lemosina. En cuanto a la nuestra podemos asegurar que tuvo el mismo principio luego que abandonó la imitación latina. De esta opinión fue el marqués de Santillana, el cual dijo: «Extendiéronse, creo, de aquellas tierras y comarcas de los lemosinos estas artes a los gállicos, e a esta postrimera e occidental parte que es la nuestra España, donde asaz prudente e fermosamente se han usado... Los catalanes, valencianos y aun algunos del reino de Aragón fueron e son grandes oficiales de esta arte... Ovo entre ellos de señalados hombres, así en las invenciones como en el metrificar».

Don Luis Velázquez dijo: «Los poetas provenzales de España de que tenemos noticia suben hasta el siglo XI. En él vivía don Pedro I de Aragón, si acaso es a él y no a don Pedro II a quien deben atribuirse los versos provenzales de que habla Guillermo Castel. En el siglo XII los hizo don Alfonso I de Aragón», y continua nombrando algunos célebres poetas catalanes y valencianos que cultivaron la poesía en lenguaje lemosino hasta el siglo XVI. A estas noticias deben añadirse las que recogió don Tomas Sánchez relativas al mismo propósito. Los trovadores de Castilla escribieron en su propia lengua imitando a los provenzales y adoptando la medida y colocación de sus versos. Los aragoneses compusieron algo en lemosino, y la mayor parte en castellano, que era su idioma natural. Los portugueses en el suyo siguieron también la misma esencia, es decir que el gusto, la versificación y el lenguaje provenzal fueron generales en Cataluña y en Valencia; pero los aragoneses, portugueses y castellanos cultivaron exclusivamente la suya introduciendo en ella las formas poéticas que tomaron de los provenzales. (N. del A.)

9. Desde el siglo XII empezaron a florecer en la parte meridional de Francia muchos trovadores cultivando la poesía que se llamó provenzal. Dueños los condes de Barcelona de grandes estados a la otra parte de los Pirineos, fácilmente pasó a Cataluña el gusto de versificar, siendo una misma la lengua vulgar en una y otra parte, la cual en lo sucesivo se extendió a Valencia conquistada por el rey don Jaime I.

En el libro que escribió el marqués de Villena de la Gaya ciencia, hablando de los progresos que hizo en la corona de Aragón, dice: «El rey don Juan de Aragón primero de este nombre, fijo del rey don Pedro II, fizo solemne embajada al rey de Francia pidiéndole mandase al colegio de trovadores que viniese a plantar en su reino el estudio de la gaya ciencia, e obtóvolo, e fundaron estudio della en la ciudad de Barcelona dos mantenedores que vinieron de Tolosa para esto, ordenándolo de esta manera: Que hubiese en el estudio o consistorio de esta ciencia en Barcelona cuatro mantenedores: el uno caballero, el otro maestro en teología, el otro en leyes, el otro honrado cibdadano; e cuando alguno de estos falleciese, fuese otro de su condición elegido por el colegio de los trovadores e confirmado por el rey.

En tiempo del rey don Martín su hermano fueron más privilegiados e acrecentadas las rentas del consistorio para las despensas facederas, así en la reparación de los libros del arte e vergas de plata de los vergueros que van delante de los mantenedores o sellos del consistorio, como en las joyas que se dan cada mes e para celebrar las fiestas generales, e hiciéronse en este tiempo muy señaladas obras que fueron dignas de corona. Después de muerto el rey don Martín por los debates que fueron en el reino de Aragón sobre la sucesión, hubieron de partir algunos de los mantenedores e los principales del consistorio para Tolosa, y cesó lo del colegio de Barcelona.

Las materias que se proponían en Barcelona estando allí don Enrique (habla de sí mismo), algunas veces loores de santa María, otras de amores e de buenas costumbres. E llegado el día prefijado congregábanse los mantenedores e trovadores en el palacio donde yo estaba, y de allí partíamos ordenadamente con los vergueros delante, e los libros del arte que traían y el registro ante los mantenedores; e llegados al dicho capitol, que ya estaba aparejado e emparamentado de paños de pared al derredor e fecho un asiento de frente con gradas en donde estaba don Enrique en medio e los mantenedores de cada parte, e a nuestros pies los escribanos del consistorio, e los vergueros más abajo, e el suelo cubierto de tapicería e fechos dos circuitos de asientos donde estaban los trovadores, e en medio un bastimento cuadrado tan alto como un altar cubierto de paños de oro, e encima puestos los libros del arte e la joya, e a la man derecha estaba la silla alta para el rey, que las más veces era presente, e otra mucha gente que se ende allegaba: e fecho silencio levantábase el maestro en teología que era uno de los mantenedores, e facia una presuposición con su tema y sus alegaciones y loores de la gaya ciencia e de aquella materia de que se había de tratar en aquel consistorio, e tornábase a sentar. E luego uno de los vergueros decía que los trovadores allí congregados expandiesen y publicasen las obras que tenían hechas de la materia a ellos asignada; e luego levantábase cada uno e leía la obra que tenía fecha, en voz inteligible, e traíanlas escritas en papeles damasquinos de diversos colores con letras de oro e de plata, e iluminaduras fermosas lo mejor que cada uno podía; e desque todas eran publicadas, cada uno las presentaba al escribano del consistorio.

Teníanse después dos consistorios, uno secreto y otro público. En el secreto facían todos juramento de juzgar derechamente sin parcialidad alguna según las reglas del arte, cual era mejor de las obras allí examinadas e leídas puntuadamente por el escribano. Cada uno de ellos apuntaba los vicios en ella cometidos, e señalábanse en las márgenes de fuera. E todas así requeridas, a la que era hallada sin vicio, o a la que tenía menos, era juzgada la joya por los votos del consistorio.

En el público congregábanse los mantenedores e trovadores en el palacio, e don Enrique partía dende con ellos como está dicho para el capítulo de los frailes predicadores; e colocados e fecho silencio, yo les facía una presuposición loando las obras que ellos habían fecho, e declarando en especial cual de ellas merecía la joya, e aquella la traía ya el escribano del consistorio en pergamino bien iluminada e encima puesta la corona de oro y firmábalo don Enrique al pie, e luego los mantenedores, e sellábala el escribano con el sello pendiente del consistorio e traía la joya ante don Enrique, e llamado el que fizo aquella obra, entregábale la

y victorias, y amenizar las diversiones cortesanas con los frutos del ingenio, de la sensibilidad y la armonía. Estos poetas, que se llamaron trovadores, llegaron a formar colegios y academias: algunos recitaban y cantaban sus propios versos, otros fiaban este encargo a los músicos; pero nada se halla entre las obras que se conservan de ellos que pueda llamarse teatral. Las trovas, ditados, villanescas, tensiones, serventesios y otras piezas que se escribieron entonces, no son de la clase de poemas activos que pido la escena. Es pues inútil buscar en la poesía de los árabes ni de los provenzales los orígenes del teatro moderno.

Italia fue la primera nación de Europa que después de la dominación de los bárbaros (cuyas últimas dinastías desaparecieron a vista de las armas vencedoras de Carlomagno) empezó a cultivar las letras y renovar las perdidas artes. Muchas circunstancias políticas contribuyeron a su opulencia y su ilustración durante los siglos XI, XII y XIII. Venecia frecuentaba todos los puertos del Mediterráneo, trayendo por Alejandría los frutos de Asia; y desde Istria, Dalmacia y las islas que ocupó en el Archipiélago, amenazaba con sus ejércitos y sus naves a la capital del imperio de Oriente. Pisa, Florencia, Padua, Cremona, Luca, Siena, Génova y otras ciudades apellidaron libertad, y la sostuvieron con varia fortuna, haciéndose florecientes por el comercio con el auxilio de la política y las armas. Bolonia empezó a ser docta; Milán, renaciendo de sus ruinas, adquiría el nombre de espléndida; Amalfi se enriquecía con el tráfico y la industria, y Roma, después de algunos siglos en que fue común la ignorancia, gobernada ya por sabios pontífices, añadía a las donaciones de Pepino y de la condesa Matilde los tesoros que con ocasión de las novedades introducidas en la disciplina eclesiástica empezaban a llevarlo los negocios de todo el orbe católico. Las cruzadas, llevando al Oriente numerosos ejércitos, contribuían a la prosperidad de la Italia, que suministraba en sus ciudades y sus puertos las armas, las provisiones y los transportes necesarios a una expedición malograda y repetida tantas veces. Los mercados y las ferias que se celebraban frecuentemente, propagaron la abundancia y el lujo, y con él las fiestas y las diversiones públicas. Solemnizábanse

---

con magnificencia los desposorios de sus príncipes[10], sus paces y coronaciones, en las que se llamaron *Corti bandite*; y todas estas causas dando estímulos al carácter nacional, produjeron una multitud de juglares, bufones, truhanes, mimos, bailarines, músicos y cantores, que acudían adonde los llamaba la ocasión del interés y del aplauso.

Entonces empezaron a renovarse (si del todo se habían perdido)[11] las ficciones dramáticas, imitando a la naturaleza en farsas groseras con figuras ridícu-

10. El docto Muratori en sus disertaciones sobre las antigüedades de Italia nos da una idea de la pompa espléndida de tales fiestas. En cuanto a los espectáculos teatrales que empezaron a usarse en aquella nación, merecen consultarse, entre muchas obras que tratan de esto, la Historia literaria de Italia de Tiraboschi y la de los teatros de Signorelli. (N. del A.)

11. A las comedias y tragedias griegas o latinas que se representaban por toda la extensión del imperio romano, sucedieron los mimos y pantomimos, que durante los últimos emperadores gentiles llegaron a ocupar casi exclusivamente los teatros de Roma y de las provincias sujetas a su dominación.

La paz dada a la Iglesia por Constantino en el siglo IV no hizo cesar los acostumbrados espectáculos; apenas pudo contener la sangrienta ferocidad del anfiteatro y reprimir en la escena la torpe disolución de sus mimos y acciones mudas. Constantino prohibió los gladiadores, obedeciéndose tan mal su decreto que al cabo de muchos años Arcadio y Honorio volvieron de nuevo a prohibirlos. El papa Gelasio I se lamentaba a fines del V siglo de la celebración de las fiestas lupercales, que su celo y su autoridad no podían extinguir. Tanto tardan las naciones en abandonar sus costumbres y olvidar lo que las deleita.

Duraron pues los teatros con más o menos esplendor no solo en el Oriente (hasta que en el siglo XV acabó aquel imperio) sino también entre las demás naciones de Europa. En España, como ya se ha dicho, cesaron con la irrupción de los moros en el siglo VIII. Véanse algunas pruebas de la continuación de las fiestas teatrales, supuesta siempre la diferente forma que debieron ir adquiriendo con el transcurso de los años y la mudanza de las costumbres.

Siglo IV, concilio cartaginense III, año de 397: Ut scenicis atque histrionibus cæterisque hujusmodi personis vel apostaticis conversis vel reversis ad Dominum gratia tel reconciliatio non negetur.

El poeta Ausonio, que murió a fines del mismo siglo, escribiendo a su amigo Auxio Paulo, le dice en su epístola 10:

Dactylicos elegos choriambum carmen epodos

Socci et cothurni musicam

Carpentis impone tuis: nam tota supellex

Vatum piorum chartea est.

Y en la epístola 14:

Attamen ut citius venias leviusque vehare

Historiam, mimos, carmina linque domi.

Siglo V, concilio africano, año de 417: Petendum ab imperatore ut prohibeat spectacula theatrorum in diebus dominicis et aliis sanctorum festis.

Siglo VI. Teodorico mandó hacer en el teatro de Pompeyo en Roma las reparaciones que fueron necesarias, como se lee en la epístola 51 de Casiodoro, lib. 4, en que escribiendo a Simaco le dice el rey: Et ideo theatri fabricam magna se mole solventem, consilio vestro credimus esse roborandam. En el mismo lugar hace mención de la existencia de los mimos y pantomimos, y de la perfección a que habían llegado en sus días aquellas artes.

Atalarico, su inmediato sucesor, escribiendo al senado romano dice (lib. 9. epístola 21 de la colección de Casiodoro): Nam si opes nostras scenicis pro populi oblectatione largimur et ea studiosissimé consequuntur, qui adeo necessarii non habentur, quanto magis illis sine dilatione præbende sunt, per quos et honesti mores proveniunt, et palatio nostro facunda nutriuntur ingenia?

En el concilio constantinopolitano, año de 536, contra los herejes acéfalos, se dice hablando de Pedro, uno de ellos: Quantam servavit voluptuosissimam affectionem circa Stephanam scenicam, quam adducendo persuasione et blanditiis monasterio inique immittit et omni tempore privatim et continuò ipsi assidet.

Las anécdotas de la misma Teodora, elevada por Justiniano al tálamo y solio imperial, son tan conocidas en la historia que sería ocioso repetirlas.

Siglo VII, concilio romano, año de 680: Statuimus etiam atque decernimus ut episcopi, vel quicumque ecclesiastici religiosam, vitam professi sunt, armis non utantur, nec citharædos habeant, vel quæcumque symphonia, nec quoscumque jocos vel ludos ante se permittant.

Concilio constantinopolitano III, año de 680: Omninò prohibet hæc sancta et universalis synodus eos, qui dicuntur mimi, et eorum, spectacula, deinde venationum quoque spectationes atque in scena saltationes fieri... Nec quid liceat eorum qui in sacerdotali ordine enumerantur vel monachorum in equoruin curriculis subsistere, vel scenicos ludos sustinere.

Siglo VIII, en los capitulares de Carlomagno (por los años de 790): Ut episcopi et abbates et abbatisæ cuplas canum non habeant, nec falcones, nec accipitres, nec joculatores.

Por el mismo tiempo el monje Alcuino exhortaba en una de sus cartas a Angilberto, yernò de Carlomagno, a que se abstuviese de asistir a los espectáculos del teatro. Mabillon, Anales benedictinos, lib. 26, núm, 13.

Siglo IX, concilio turonense, año de 813: Histrionum quoque et obscenorum insolentias jocorum et ipsi animo cæterisque sacerdotibus effugienda prædicare debent.

Concilio aquisgranense, año de 816: Quod non oporteat sacerdotes aut clericos quibuscumque spectaculis in secnis aut in nuptiis interesse.

Concilio parisiense, año de 829: Hæc quippe a sanctis viris penitus sunt propellenda, quibus magis convenit lugere, quàm ad scurrilitates et stultiloquia et histrionum obscenas jocationes et cæteras vanitates, quæ animum christianum a rigore suæ rectitudinis emollire solent, in cachinnos ora dissolvere.

Siglo X. En la oración del rey Edgar de Inglaterra, año de 967, se dice hablando de los vicios del clero: Dicam quod boni lugent, mali rident, dicam dolens, et si tamen dici potest quomodo diffluant in comessationibus, in ebrietatibus, in cubilibus et impudicitiis, ut jam domus clericorum putentur prostibula meretricum, conciliabulum histrionum.

En este siglo Roswita, religiosa benedictina de Grandesheim, compuso en latín bárbaro seis dramas intitulados Gallicanus, Dulcitius, Callimachus, Abrahamus heremita, Paphnutius, y Fides, spes et charitas. Los argumentos de tales piezas y la calidad de la autora hacen creer que las compuso para representarse en el templo según costumbre de aquella edad, y a vista de un escogido auditorio.

Siglo XII. Un monje de Canterbury, llamado Guillermo Stephanides o Fitz Stephen, que escribió durante el reinado de Enrique II una obra intitulada Descriptio nobilissimæ civitatis Londoniæ, dice en ella: «Londres en vez de las farsas ordinarias propias del teatro tiene dramas de un asunto más santo, representaciones de

las, disfraces y acciones que remedaban las costumbres de aquella edad. Los eclesiásticos[12], después de haber intentado muchas veces la abolición de tales espectáculos, cuya desenvoltura era en extremo perjudicial, conocieron la insuficiencia de las leyes contra la fuerza de la opinión; y continuando la costumbre establecida en las iglesias catedrales algunos siglos antes, de celebrar con músicas alegres, canciones, bailes y máscaras las fiestas más solemnes de la religión, determinaron añadirles nuevos atractivos, y dar al pueblo con más honestidad en el santuario los mismos placeres que disfrutaba en los paseos y plazas públicas. Lejos de mitigar por este medio el escándalo, le hicieron más grande. Unieron a la pompa católica las libertades del teatro, y los mismos que predicaban en el púlpito y sacrificaban en el altar, divertían después a los fieles con bufonadas y chocarrerías, depuestas las vestiduras sacerdotales, disfrazándose de rufianes, rameras, matachines y botargas. Entre los pasos a que daban lugar estas figuras, se mezclaban otros alusivos a los misterios de la religión, a la santidad de sus dogmas, a la constancia de sus mártires, a las acciones, vida y pasión de nuestro Redentor: unión por cierto irreverente y absurda.

Duró este abuso hasta que Inocencio III prohibió severamente al empezar el siglo XIII que interviniesen los clérigos como actores en tales farsas; pero si en Italia, y particularmente en Roma, logró moderarse esta costumbre, ni el mal se extinguió enteramente allí, ni dejó de continuar por algunos siglos en las demás naciones de Europa[13], adonde se había propagado con mucha rapidez.

---

los milagros que los santos confesores obraron, o de los sufrimientos en que la gloriosa constancia de los mártires se manifiesta». Biografía dramática. Londres, 1782.

A este siglo se refiere en la opinión de muchos eruditos un drama latino escrito en Alemania intitulado Ludus paschalis de adventu et interitu Antichristi. Son interlocutores el Papa, el Emperador, los Soberanos de Francia, de la Grecia y de Babilonia, el Anticristo, la Heregía, la Hipocresía, la Sinagoga y el Gentilismo.

Siglo XIII, concilio lateranense, año de 1215: Clerici mimis joculatoribus et histrionibus non intendant.

Concilio ravenatense, año de 1286: Ne clerici joculatores vel histriones a laicis transmissos recipiant.

Pertenecen a este siglo las primeras noticias que se conservan de la existencia de piezas dramáticas en España, orígenes de nuestro moderno teatro. Nadie duda que de esta época en adelante continuaron estos espectáculos en todas las naciones de Europa, y solo Grecia llegó a perderlos a fines del siglo XV, como ya se ha dicho. (N. del A.)

12. Signorelli, en su Historia de los teatros, lib. 3, dice: Il clero cui importava che i popoli non venissero distratti dalla divozione, alla prima proscrisse siffatti spettacoli, indi cangiando condotta e seguendo lo stile delle precedenti età (quando ad onta di divieti si videro introdotti nelle chiese) ne ripiglio egli stesso l'usanza, esercitando l'arte istrionica e mascherandosi e cantando favole profane nel santuario. (N. del A.)

13. Para comprobar esta aserción bastarán algunas ligeras indicaciones. El que aspire a mayor noticia la encontrará en las muchas obras extranjeras histórico-críticas que tratan de esto.

De los cuatro reinos cristianos en que se dividía la mayor parte de España en el citado siglo, eran los más poderosos el de Aragón, que gobernaba don Jaime llamado el Conquistador, príncipe de esclarecida memoria, y el de Castilla, en que reinaba Fernando III, que mereció el nombre de Santo. Los moros que quisieron permanecer en las provincias que uno y otro habían conquistado, profesaban las ciencias físicas y matemáticas, las buenas letras, la agricultura y las artes industriales: los judíos que vivieron bajo la dominación de aquellos soberanos, sobresalían en el estudio de la medicina, y ejercitaban el comercio, que aumenta las riquezas y las comodidades de las naciones. Los vencidos contribuyeron a suavizar las costumbres de los vencedores. La corte de Alfonso X de Castilla apadrinó y aprovechó en favor de las ciencias los conocimientos de los sectarios del Talmud y del Alcorán: en ella y en la de su padre el rey San Fernando, y en la de su hijo y sucesor don Sancho, resonaron ya los versos de los trovadores y los cantos de los juglares, y se difundió la inclinación a los estudios útiles y agradables. No estuvo ya ceñido el saber a los monasterios, adonde lo había retraído en tiempos feroces el estrépito de las armas: se acercó al trono de los príncipes; y estos y los ricoshombres, y los caballeros que componían la corte, empezaron a gustar de los adornos del entendimiento y de los placeres de la civilización sin descrédito del valor.

No es posible fijar la época en que pasó de Italia a España el uso de las representaciones sagradas; pero si se considera que al principio del siglo XIII eran ya intolerables los abusos que se habían introducido en ellas, puede suponerse con mucha probabilidad que ya en el siglo XI se empezarían a conocer en nuestra península.

Cultivada la lengua patria con felices adelantamientos, hecha ya la poesía estudio de los eclesiásticos, de los caballeros y de los reyes, sonando ya en los templos, en los palacios y en los concursos populares las armonías de la música, y uniéndose a ella muchas veces las habilidades de la pantomima y la saltación, poco era menester para que llegaran a formarse espectáculos dramáticos, que son el resultado de todos estos primores juntos.

Las fiestas eclesiásticas fueron en efecto las que dieron ocasión a nuestros primeros ensayos en el arte escénica: los individuos de los cabildos fueron nuestros primeros actores, el ejemplo de Roma autorizaba este uso, y el objeto religioso que le motivó disipaba toda sospecha de profanación escandalosa. En aquellas farsas se representaban varias acciones tomadas del antiguo y nuevo Testamento, y no pocas también de los evangelios apócrifos. La festividad establecida por Urbano IV en honor de la sacrosanta Eucaristía se extendió a toda la cristiandad reinando en Castilla Alfonso X, y esto dio motivo a otras composiciones teatrales, en que empezaron a introducirse figuras fantásticas, mezclándose con repugnante unión la alegoría y la historia.

La escasez de documentos no permite dar una idea más individual de aquel teatro; pero resumiendo cuanto puede colegirse de los datos que existen relativos a este propósito, parece seguro que el arte dramática empezó en España durante el siglo XI, que se aplicó exclusivamente a solemnizar las festividades de la Iglesia y los misterios de la religión; que las piezas se escribían en castellano y en verso; que se representaban en las catedrales, adornadas con la música de sus coros; y que los actores eran clérigos, como también los poetas que las componían.

Alfonso X, conformándose en parte con lo que Inocencio III había dispuesto, indicó[14] a los eclesiásticos la clase de piezas en que podían representar lícitamente; y éstas, ya históricas, ya alegóricas, morales o dogmáticas, continuaron por espacio de algunos siglos, hasta que desterradas del santuario pasaron a los

---

camino las entrañas del mal apóstol. Satanás volaba al pináculo con Jesucristo a cuestas. Esto se representaba en la capital de Francia a mediados del siglo XV, y esto duró hasta pasado el XVI.

Pertenecen a esta última época, además de las vidas y milagros de los santos reducidas a acción dramática, las moralidades y misterios intitulados Encarnación y Nacimiento de nuestro Señor Jesucristo. Misterio de la Pasión. La Resurrección de Cristo. Misterio del caballero que dio su mujer al diablo. Las Actas de los Apóstoles. La Asunción de nuestra Señora. Combate de la carne y del espíritu. Misterio de la Encarnación de nuestra Señora. El Diluvio universal. Moralidad del hijo de perdición que ahorcó d su padre. Tragedia del nacimiento y creación del mundo, etc., etc. (N. del A.)

14. «Los clérigos... non deben jugar dados nin envolverse con tafures nin atenerse con ellos, nin deben entrar en tabernas a beber, fueras ende si lo ficieren por premia andando camino, nin deben ser facedores de juegos de escarnios porque los vengan a ver gentes como se facen. E si otros omes los ficieren, non deben los clérigos hi venir porque facen hi muchas villanías e desaposturas. Nin deben otrosí estas cosas facer en las eglesias: antes decimos que los deben echar de ellas deshonradamente a los que lo ficieren: ca la eglesia de Dios es fecha para orar e non para facer escarnios en ella, ca asi lo dijo nuestro Señor Jesucristo en el Evangelio: que la su casa era llamada casa de oración, e non debe ser fecha cueva de ladrones. Pero Representación hay que pueden los clérigos facer, así como de la nacencia de nuestro Señor Jesucristo en que muestra como el ángel vino a los pastores, e como les dijo como era Jesucristo nacido. E otrosí de su aparición como los tres reyes magos le vinieron a adorar. E de su resurrección que muestra que fue crucificado e resucitó al tercero día: tales cosas como estas que mueven al ome a facer bien e a haber devocion en la fe, puédenlas facer, e demás, porque los omes hayan remembranza que segun aquellas fueron las otras fechas de verdad. Mas esto deben facer apuestamente e con muy grand devoción e en las cibdades grandes donde oviere arzobispos o obispos, e con su mandado de ellos o de los otros que tovieren sus veces, e non lo deben facer en las aldeas». 1ª Partida, tít. VI, ley 34. (N. del A.)

teatros públicos, El mismo Alfonso X[15] declaró infames a los que ejecutaban por dinero las habilidades pantomímicas, las de bailar, cantar y tañer; y esta pudo ser entre otras la causa principal de que tardase tan largo tiempo en pasar el arte escénica a manos de representantes de oficio, puesto que siendo entonces una diversión puramente sagrada y religiosa, no era posible fiar su desempeño a los que se hallaban declarados infames por la ley.

Sancho IV tenía a su servicio[16] esta clase de gentes, juglares, bufones y *facedores de escarnio*, que con cantares y romances, diciendo agudezas, saltando y tocando instrumentos, entretenían privadamente a la familia real.

El breve reinado de aquel monarca, lleno de turbulencias, como el de su hijo Fernando IV, y la menor edad de Alfonso XI, en que se vio Castilla agitada de parcialidades y discordias, fueron épocas no favorables para el progreso de las artes, hijas de la abundancia y la paz; pero no se interrumpieron del todo los estudios filosóficos, la erudición y las buenas letras.

---

15. «Otrosí los que son juglares e los remedadores e los facedores de los zaharrones que públicamente andan por el pueblo o cantan o facen juegos por precio, esto es porque se envilecen ante otros por aquel precio que les dan. Mas los que tañeren estrumentos o cantasen por facer solaz a si mesmos, o por facer placer a sus amigos o dar solaz a los reyes o a los otros señores, non serian por ende enfamados». VIIª Partida, tít. VI, ley 4. «Ilustres personas son llamadas en latín las personas honradas e de gran guisa e que son puestos en dignidades así como los reyes e los que descienden de ellos, e los condes, e otrosí los que descienden dellos, e los otros omes honrados semejantes destos. E estos atales, como quier que segun las leyes pueden recebir las barraganas, tales mugeres ya que non deben recebir asi como la sierva o fija de sierva. Nin otrosí, la que fuese aforrada nin su fija, nin juglaresa nin sus fijas, nin tabernera, nin regatera, nin alcahueta nin sus fijas, nin otra persona de aquellas que son llamadas viles por razón de si mismas, o por razón de aquellos do descendieren; ca non seria guisada cosa que la sangre de los nobles fuese embargada nin ayuntada a tan viles mugeres. E si alguno de los sobredichos ficiere contra esto, si oviese de tal muger fijo segun las leyes, non seria llamado fijo natural, ante seria llamado spurio, que quier tanto decir como fornecino. E demás tal fijo como este non debe partir en los bienes del padre, nin es el padre tenudo de criarle si non quisiere». IVª Partida, tít. XIV, ley 3. (N. del A.)

16. En los libros de cuentas de este rey pertenecientes al año de 1293 se hace mención de los vestidos y raciones que se daban en palacio a quince tamboreros u omes de los atambores, a cuatro tromperos, a dos saltadores y a los joglares o músicos del tamboret, del ayabeba, del añafil, de la rota, y al maestro de los órganos. Dábase ración a uno que tocaba el tamboril, llamado Juanot. Los saltadores parece que eran moros, uno de ellos se llamaba Fate. Había mujeres músicas de voz y de instrumentos, y en una de las Partidas se apunta lo que costó un asno para las juglaresas. Existe este curioso manuscrito en la Real Biblioteca de Madrid. (N. del A.)

El ilustre don Juan Manuel[17], nieto de Fernando III, fue un distinguido profesor en todas ellas, al paso que sus victorias le acreditaron de excelente caudillo. En sus obras doctrinales y poéticas dejó un testimonio de su extensa literatura y su buen gusto, y en las novelas o cuentos de que se compone *El Conde Lucanor*, la primera colección de este género que se vio en España, anterior sin duda al *Decameron* del Boccaccio, aunque en el mérito no le compita.

Juan Ruiz[18], Arcipreste de Hita, floreció igualmente en el reinado de Alfonso XI, y aunque no escribió ninguna pieza dramática, imitó aquel género en sus compo-

17. Floreció en los reinados de Sancho IV, Fernando IV y Alfonso XI. La historia refiere sus acciones militares y políticas; la literatura conserva noticias de las doctas obras que compuso, si bien hasta ahora solo se ha publicado por medio de la prensa la del Conde Lucanor. Escribió ademas la Crónica de España: el Libro de los Sabios: Libro del Caballero y del Escudero: Libro del Infante: Libro de Caballeros: Libro de la Caza: Libro de los Engeños: Libro de los Cantares: Libro de los Ejemplos: Libro de los Consejos. Estas obras existieron en el monasterio de padres dominicos de san Pablo de la villa de Peñafiel: allí estaban hace dos siglos y medio. ¿Quién sabe en dónde pararán ahora, o si habrán perecido como otras muchas que la ignorancia y el total abandono de los buenos estudios ha dejado perecer?

El docto alemán Bouterwek se inclinó a creer que ciertos versos que se hallan en el Cancionero general fuesen compuestos por el que escribió el Conde Lucanor; pero no son de él, sino de algunos de sus descendientes, que según la cultura del lenguaje y la corrección de los versos, debió florecer muy poco antes de la publicación del Cancionero. Una sola reflexión bastará para comprobarlo. En el romance que cita Bouterwek se hace mención de los frailes del Paular. El infante don Juan Manuel murió en el año 1347, y el convento del Paular se fundó en el de 1440. (N. del A.)

18. Son muy escasas las noticias que nos han quedado de este autor. Se cree que fue natural de Alcalá de Henares, y que murió de edad avanzada antes del año de 1351.

«De los poemas misceláneos (dijo don Juan Antonio Pellicer) de que se compone este códice del Arcipreste de Hita, el más principal es la fábula en que se finge que por consejo de la diosa Venus, y con la tercería de la vieja Trota-conventos, consigue don Melón de la Huerta casarse con una viuda llamada doña Endrina. Pero este poema no es parto original del Arcipreste, sin embargo de su fecundo ingenio. Hallole inventado por un poeta de la baja latinidad, y de él le adoptó. Hay en efecto un poema jocoso atribuido a Ovidio intitulado de Vetula. Habla de él Fabricio (Bibl. latina, tomo I, pág. 277), y dice que se atribuye a Ovidio sin ningún fundamento, y que acaso es obra de Pánfilo Mauriliano, monje que floreció en la media edad. Hace mención de dos ediciones que se hicieron de él, una en el año de 1470 y otra en el de 1471», (no conoció otra de 1511 que he visto en la curiosa librería de mi amigo don Manuel Silvela) «pero omite la única que se ha tenido presente para esta advertencia publicada en París, año de 1550, con este título: Pamphilus de Amore cum commento familiari, en 4°: consta de treinta y cuatro hojas con texto y comentario. El autor de este es Antonio Proto, que antes que Fabricio y otros conoció que no era obra de Ovidio, porque es fácil de conocer, pues solo es semejante a las de aquel poeta en la materia amatoria de que trata, o por mejor decir, antes que todos lo descubrió nuestro Arcipreste, que habló de Ovidio y Pánfilo como dos poetas distintos, si ya no es que entonces no se hubiesen aun confundido. Está escrito en hexámetros y pentámetros, es dramático: introdúcense en él cuatro personas que son Venus, Pánfilo, una vieja, y una doncella llamada Galatea: divídese en cinco actos... De este

siciones, mezclando en ellas chistes, cuentos, descripciones y diálogos cómicos que le fueron geniales. Éste y los demás trovadores de su tiempo usaban ya diferentes combinaciones y medidas de versos[19] con que había ido enriqueciéndose

---

breve extracto resulta que sobre esta tela tejió el Arcipreste de Hita su poema exótico de las bodas de don Melón de la Huerta con la hija de don Endrino y doña Rana. En él se observan trasladados los pensamientos y comparaciones del poema latino. Pero esta traducción es tan libre y parafrástica, y el intérprete supo con la agudeza de su ingenio y amenidad de su imaginación añadir tantas cosas ya de suyo, ya tomadas de Ovidio, que hizo una como obra nueva, pero en quien siempre se trasluce la trama ajena, etc.». Véase la colección de poesías castellanas anteriores al siglo XV, por don Tomás Sánchez, tomo IV. (N. del A.)

19. Prescindiendo de la irregular versificación del poema del Cid, en que se hallan versos de doce, catorce, quince, dieciséis y dieciocho sílabas, y considerando las composiciones posteriores escritas con mayor cultura y exactitud por los trovadores del XIIIº y XIVº siglo, vemos en ellas diferentes medidas de versos colocados con mayor artificio.

De cuatro sílabas.

Madre de Dios gloriosa,

Virgen santa María,

fija e leal esposa

del tu fijo Mesía;

Tú, Señora,

dame agora

la tu gracia toda hora

que te sirva todavía.

De seis sílabas.

Encima del puerto

coidé ser muerto

de nieve e de frío,

e dese rosío,

é de grand elada.

É a la decida

di una corrida:

fallé una serrana

fermosa, lozana,

é bien colorada.

Dije yo á ella:

homíllome, bella.

Dis tú que bien corres,

aquí non te engorres,

anda tu jornada.

De siete sílabas.

Si no es lo que yo quiero,

quiera yo lo que es.

Si pesar he primero,
lacer habré después.
Tened esto por cierto:
ca es verdad probada
que honra y vicio grande
o han una morada.
De ocho sílabas.
Muy fuerte fué la contienda:
Dios ayuda á los cristianos,
el arraz volvió la rienda,
é fuió con sus paganos.
Si por el vicio o folgura
la buena fama perdemos,
la vida muy poco dura;
denostados fincaremos.
De nueve y diez sílabas.
Por que trovar é cousa en que yaz
entendimiento por en quen o faz,
a o deber é de razon assaz:
Por que entend é sabia dicer,
a que entend é de decir lle praz;
ca ben trovar assi s'á de facer.
En el comienzo debe ome monstrar
a su muger como debe pasar.
De once sílabas.
Non aventures mucho tu riqueza
por conseio de ome que ha pobreza.
Por falso dicho de ome mentiroso
non pierdas al amigo provechoso.
Non castigues al mozo maltrayéndole;
mas dile como vayas aplaciéndole.
Quiero seguir a ti, flor de las flores,
siempre desir, cantar de tus loores.
De doce sílabas.
Magüer que algunos te hayan errado,
por eso non dejes facer aguisado.
A esta mi danza trax de presente
estas dos doncellas que vedes, fermosas:
ellas vinieron de muy mala mente
a oír mis canciones, que son dolorosas.
De catorce sílabas.

nuestra poesía, al paso que la música llegó también a adquirir el uso de muchos instrumentos[20] tomados de los árabes, de los italianos y franceses.

Entretanto la corte de los reyes de Aragón disfrutaba con más segura tranquilidad de las composiciones de sus poetas y de las gracias de sus juglares. En la coronación de Alfonso IV[21], año de 1328, se representaron, cantaron y bailaron por el infante don Pedro, conde de Ribagorza, hermano del rey, y por los ricoshombres, acompañados de algunos juglares, varias composiciones poéticas escritas por el mismo infante. De esta noticia se deduce que la profesión de los juglares no solo se hallaba ya muy estimada, sino que había adquirido mayores aumentos, puesto que no solo tañían, cantaban y bailaban, sino que también declamaban razonamientos y diálogos.

Por los años de 1360, reinando en Castilla el rey don Pedro, se empezaron a ver (además de los dramas destinados al uso de las iglesias) algunas otras composiciones teatrales; y existe una que se ha creído de aquel tiempo[22], en que su

---

Era esta manceba de Dios enamorada;

por otras vanidades non daba ella nada;

Ninna era de dias, de seso acabada;

mas querrie ser ciega que veerse casada.

Con paz é seguranza es buena la pobreza,

al rico temeroso es pobre la riqueza;

siempre tiene recelo, o con miedo tristeza;

la pobredat alegre es segura nobleza.

(N. del A.)

20. En varias obras antiguas, y particularmente en las poesías del Arcipreste de Hita, se hace mención de los instrumentos que se usaban antes de la mitad del siglo XIV, cuyos nombres no será ocioso copiar aquí. Arpa, Atambor, Ajabeba, Albogue, Albogon, Adedura, Añafil, Albardana, Adufe, Atabal, Bihuela, Bihuela de péndola, Bihuela de arco, Baldosa, Caño entero, Chirimia, Caramillo, Cítola, Dulcema, Guitarra, Guitarra morisca, Guitarra latina, Giga, Galipe francés, Laud, Mandurria, Medio caño, Ministril, Odrecillo francés, Orabin, Organo, Pandero, Panderete, Rabé, Rabé niorisco, Rota, Salterio, Sinfonía, Sonajas, Tamborete, Trompa, Zampoña. En las obras manuscritas de Alfonso X existentes en la biblioteca del Escorial se hallan pintados algunos de los instrumentos de que va hecha mención. (N. del A.)

21. É comforen tols aseguts. en Romaset jutglar cantá altes veus un serventesch davant lo senyor rey novell, quel senyor infant en Pere hach feit á honor del dit senyor rey, é la sentencia del dit serventesch era aytal quel senyor infant li dix en aquell que significaba la corona, é el pom é la verga é segons la significanza lo senyor rey que debia fer. É apres com lo dit Romaset hach dit lo dit serventesch en comi dix una canzó novella que hanch feyta lo dit senyor infant en Pere, é perzó com en corni canta mills que nulhom de Catalunya, donala á ell que la cantas, é com la hach cantada é llevás en Novellet juzglar, é dix en parlant setcents versos rimats quel dit senyor infant en Pere habia novellament feyts. Montaner, Crónica de los reyes de Aragón. (N. del A.)

22. Véase el número 1 del catálogo. (N. del A.)

autor supo reunir el baile, la música instrumental, la declamación y el canto. El argumento de esta pieza inclina a sospechar que fuese precisamente una de las muchas que se ejecutaban en el templo, y en este caso sería la más antigua que se conserva de aquella clase.

Don Pedro González de Mendoza, que apartándose de la obediencia del rey don Pedro siguió el partido de don Enrique, del cual fue después mayordomo mayor, escribió[23] piezas dramáticas imitando las del teatro latino, y adornándolas con estribillos y canciones pastoriles. Atendida la calidad del autor, puede creerse que compondría tales dramas en obsequio del rey para privado entretenimiento del palacio.

Ya por este tiempo, y en los reinados siguientes de Juan el I y Enrique III, además de la constante lectura de los trovadores provenzales, que era común en España, adquirieron estimación entre nosotros[24] los célebres italianos Güido Cavalcanti, Dante Alighieri, Cino de Pistoya, y el príncipe de sus poetas líricos Francisco Petrarca. Hallaron sus obras en Castilla un aprecio particular, y comparándolas con las de los trovadores antiguos, vieron en estas más elevación de ingenio, más oportuna erudición, más cultura en la frase poética, y una versificación más variada y más capaz de prestarse a las combinaciones de la armonía. El gusto poético de los árabes y el conocimiento de sus costumbres (que dieron origen a muchas nuestras) mantuvieron y perfeccionaron los romances históricos o amorosos[25], los cuales, sujetos del principio al fin a un solo consonante, se

---

23. «Pedro González de Mendoza mi abuelo... usó una manera de decir cantares así como cénicos, plautinos y terencianos también en estrambotes como en serranas». Marqués de Santillana en su Proemio al condestable. (N. del A.)

24. Güido Cavalcanti murió en el año de 1300, Dante en el de 1321, Cino de Pistoya en el de 1336, y Petrarca en el de 1374. (N. del A.)

25. El origen de nuestros romances se pierde en la oscuridad del tiempo: solo sabemos que los castellanos tomaron de los árabes esta composición métrica. Conde en el prólogo de su estimable Historia de los árabes en España dijo: «Como la erudición y la poesía eran una parte principal de la educación caballeresca de nuestros árabes, y sirven tanto para notar su ingenio y sus costumbres, no he querido privar a mi historia de este ornato de gusto arábigo, pues no hay entre ellos historia alguna de mérito que no esté adornada de versos con más o menos profusión. Por eso he insertado los que me han parecido más característicos, y que por lo regular tienen relación con los sucesos históricos. Aun en esta parte he querido imitarlos en la traducción, haciéndola en nuestros versos de romance, que es género más usado en la métrica arábiga de donde procede sin duda. Y los he hecho imprimir como ellos los escriben, porque cada dos versos de nuestros romances equivalen a uno arábigo que ellos dividen en dos partes». Véase por ejemplo uno muy corto de los que Conde incluyó en la citada historia: es composición de uno de los poetas favorecidos de Almanzor, que le enviaba en el invierno un cesto de rosas.

Cuando yo de mi jardín - te envío las rosas bellas,

libertaron después de esta enfadosa monotonía, y produjeron el asonante, cadencia peculiar de los españoles. No puede asegurarse si la poesía teatral, que entonces permanecía exclusivamente en manos de los eclesiásticos, adquirió mayor perfección a vista de los adelantamientos que se verificaron en el género lírico, puesto que no nos queda pieza ninguna representable de aquel tiempo para juzgar su mérito, ni compararla con otras anteriores.

Al reinado de Enrique III siguió la menor edad de Juan el II, durante la cual su tío y tutor el infante don Fernando acreditó su consumada prudencia en el gobierno, igualmente que su valor y sus conocimientos militares. Sostuvo el trono de Castilla quebrantando el poder de los moros granadinos, y reprimiendo en el palacio las maquinaciones de la ambición y de la envidia. Sus prendas le hicieron digno de la corona de Aragón, que en competencia de otros príncipes lo adjudicó el voto unánime de nuevo electores (entro ellos el insigne orador cristiano san Vicente Ferrer), y en el año 1414 se coronó en Zaragoza con pompa magnífica. Acudió a esta solemnidad no sólo la nobleza de aquellos reinos sino también la mayor parte de los grandes de Castilla. Fueron muy singulares las fiestas que se hicieron en tal ocasión; y el célebre don Enrique de Aragón, marqués de Villena, compuso[26] una comedia alegórica, que se representó delante del rey, de la reina y de aquella corte brillante.

Lo extraña la gente y dice - con admiración de verlas:

Feliz se apresura el año, - flor temprana el prado lleva;

O es que el tiempo de Almanzor - es perpetua primavera.

Fernando III dio repartimientos en Sevilla a dos trovadores que le acompañaron en la conquista de aquella ciudad, llamados el uno Nicolás de los romances, y el otro Domingo Abad de los romances.

Los romances más antiguos que hoy conocemos pertenecen al reinado de Juan el II: los anteriores todos se han perdido. Tal vez pudieran hallarse algunos entre las poesías manuscritas de don Juan Manuel, si por fortuna llegasen a parecer algún día.

Este género se fue perfeccionando como las demás combinaciones líricas, y en él se expresaron afectos delicados o heroicos, según los varios argumentos a que supieron aplicarle. Góngora y los que le imitaron mejor desempeñaron con mucho acierto esta parte de nuestra poesía nacional.

En el siglo anterior don Vicente García de la Huerta y don Nicolás Fernández de Moratín renovaron la composición de romances históricos; y en los amorosos manifestó Meléndez su delicada sensibilidad y su buen gusto. (N. del A.)

26. Véase el núm. 2 del catálogo. Cervantes no tuvo razón en decir que él había sido el primero «que representase las imaginaciones y los pensamientos escondidos del alma, sacando figuras morales al teatro». Desde que el nuestro empezó a existir, incurrieron algunos autores dramáticos en este desacierto. Ya se había visto en él «la muerte, la justicia, la fama, la verdad, la razón, la fortuna, la misericordia, el amor, la paz, el tiempo, el sueño, el consuelo, el remedio, el mundo y la carne», antes que le ocurriese a Cervantes hacer hablar en

Desde entonces la etiqueta del palacio, los usos cortesanos, los trajes, las diversiones, la lengua, la literatura y la poesía castellana acabaron de naturalizarse en la capital de Aragón, y por consiguiente decayeron de su antiguo esplendor el gusto y cultura del idioma lemosino, en que los catalanes y valencianos habían adquirido tan merecida celebridad.

El reinado de Juan el II, que duró cerca de medio siglo, fue muy favorable al progreso de las buenas letras, cultivadas en prosa y verso por autores muy instruidos, dotados de un juicio recto y de una fecunda imaginación. Entre los muchos de aquel tiempo se distinguió nuestro Enio cordobés Juan de Mena, que no hallando suficiente el idioma patrio para la elevación de sus conceptos, supo enriquecerle y añadirle sonoridad y robustez, atreviéndose a adoptar nuevos modos y palabras latinas, que han permanecido en nuestra dicción poética, y cuyo uso siempre será laudable, si saben evitarse los extremos inmediatos de la oscuridad y la afectación.

Fueron émulos de su gloria el ya citado marqués de Villena y don Íñigo López de Mendoza, marqués de Santillana, sin otros muchos que sería ocioso referir. El rey hacía versos, los hacía su gran privado don Álvaro de Luna, condestable de Castilla; los más ilustres personajes de aquella edad eran trovadores[27]. En medio de las turbulencias políticas que agitaron el reinado de aquel monarca, los torneos, los pasos honrosos, las justas, banquetes, danzas, músicas y juguetes cómicos alegraban la corte, distraían de sus miserias al pueblo, que admiraba atónito las galas, la riqueza, el buen gusto, la bizarría y el valor de los que tan

---

sus comedias a «la enfermedad, el hambre, la curiosidad, la guerra, la necesidad, la desesperación, el temor, la ocasión y los celos». (N. del A.)

27. En el Cancionero general compilado por Hernando del Castillo impreso en Valencia en el año de 1511, se halla una lista de ciento treinta y seis autores, cuyas obras se incluyen en el citado Cancionero. Muchos de ellos pertenecen al reinado de don Juan el II, y los últimos al de los reyes Católicos, y aunque no es de este lugar mencionarlos todos, dará una idea del ardor con que se cultivó la poesía en aquellos tiempos la enumeración de los siguientes poetas pertenecientes a la más alta nobleza de España:

Duque de Medinasidonia. Duque de Alba. Duque de Alburquerque. Marqués de Santillana. Marqués de Astorga. Marqués de Villena. Marqués de Villafranca. Conde de Oliva. Conde de Benavente. Conde de Haro. Conde de Rivadeo. Conde de Coruña. Conde de Castro. Conde de Feria. Conde de Ureña. Conde de Paredes. Conde de Ribagorza. Vizconde de Altamira. Almirante de Castilla. Adelantado de Murcia. Mariscal Sayavedra. Fernán Pérez de Guzmán. Gómez Manrique. Lope de Estúñiga. Don Enrique Henríquez. Don Diego López de Haro. Don Íñigo de Velasco. Don Luis de Vivero. Don Antonio de Velasco. Don Alonso de Silva. Don Rodrigo Manrique. Don Juan de Meneses. Don Álvaro de Bazán. Don Alonso de Cardona. Don Carlos de Guevara. Don Pedro de Acuña, etc. Si hoy se tratase de publicar una colección de poesías de los que han cultivado este arte en los cien años últimos, no sería posible enriquecerla con nombres tan ilustres. (N. del A.)

mal le gobernaban. Don Álvaro de Luna, buen caballero en el campo y en la tela, temido de sus émulos por su extremo poderío, la constancia de su fortuna y la energía de su carácter, grato a las damas por su gallarda presencia, su donaire natural, su cortesanía y su discreción, en tanto que reunía en sí toda la autoridad que abandonaba su rey indolente, sabía entretenerle y apartarle de sus obligaciones con espectáculos ingeniosos y magníficos, dignos ya de la cultura de aquellos tiempos.

En el año de 1436 se vieron en Soria el rey don Juan y su hermana la reina de Aragón: hubo grandes fiestas[28], y los juglares y remedadores entretuvieron a la corte con música, bailes y acciones cómicas.

En el de 1440 don Pedro de Velasco, conde de Haro, el marqués de Santillana[29], y don Alonso de Cartagena, obispo de Burgos, fueron a Logroño, a recibir y acompañar a la infanta doña Blanca, esposa del príncipe don Enrique, y a su madre la reina de Navarra. El conde de Haro, entre varias diversiones que dispuso en Briviesca para obsequiar a aquellas señoras, tuvo fiestas de toros, juegos de cañas, danzas y representaciones teatrales[30].

Enrique IV heredó con el reino la incapacidad de gobernarle. Entendía muy bien el latín, gustaba mucho de leer, de tocar el laúd y cantar; tenía a su servicio excelentes músicos de instrumento y de voz que asistían a su capilla privada, en donde pasaba mucho tiempo oyendo las horas canónicas. Lo restante de su vida se entretenía en el monte: fue gran cazador, y mientras perseguía las fieras en los bosques del Pardo y de Balsain, los grandes se apoderaban de su autoridad y de sus tesoros, allanaban sus alcázares, se le alzaban con las fortalezas, alborotaban las ciudades y mantenían en todo el reino la anarquía más espantosa. Si algunas fiestas permitió a la corte el genio melancólico del rey en los primeros

28. «El rey hizo gran fiesta a la reina en tanto que en Soria estuvo: se hicieron grandes fiestas donde salieron los caballeros ricamente habillados, y después de aquellas se hicieron danzas y momos». Crónica de don Juan el II. (N. del A.)

29. Entre las muchas obras poéticas de este célebre literato se conserva una titulada Comedieta de Ponza. Cualquiera presumirá por este título que fuese una pieza teatral, pero ni es comedia ni diálogo representable; es un poema escrito en coplas de arte mayor en que el poeta propone, invoca, describe, reflexiona, refiere. y lleva al cabo su difusa narración, mezclando en ella varios razonamientos de las dos reinas de Aragón, la de Navarra y la infanta doña Catalina. Bocacio las consuela, y la Fortuna les promete la próxima libertad de los reyes de Aragón y Navarra, presos por los genoveses en la batalla naval de Ponza el día 25 de agosto de 1435. Si se pregunta por qué llamó comedia a este poema, podrá decirse que tuvo las mismas razones que el Dante para dar igual denominación al suyo. (N. del A.)

30. «Y en los tres días siguientes hubo danzas de los caballeros y gentiles hombres en palacio y momos y toros y juegos de cañas». Crónica de don Juan el II. (N. del A.)

años de su administración, fueron sólo algunas danzas en palacio, y algunas justas y ejercicios de caballería, como los que dio en el camino del Pardo don Beltrán de la Cueva. Las habilidades mímicas, que en tiempo de don Juan el II habían sido estimadas, en el de su hijo decayeron considerablemente, y hasta el nombre de juglar se fue olvidando en el lenguaje común.

La conducta libre de la reina, los escándalos del palacio, la impotencia física y moral del rey dieron ocasión al atrevimiento de muchos prelados, grandes y caballeros para declararle desposeído de la corona, eligiendo en su lugar al infante don Alfonso, cuya temprana muerte dejó a su hermana doña Isabel la esperanza y el deseo de reinar. Entre los que solicitaron su mano eligió a don Fernando, príncipe de Aragón, con el cual se casó sin noticia del rey don Enrique en el año de 1469. Viniendo don Fernando a Castilla ocultamente para celebrar su desposorio, lo hospedó en su casa el conde de Ureña, haciendo representar en su obsequio una comedia, de la cual se ignoran todavía el autor y el título[31].

Los males políticos siguieron aumentándose durante los últimos años de Enrique IV, y una de las consecuencias que produjeron fue la ignorancia que se extendió a todas las clases del estado. Entre el corto número de escritores que florecieron en aquella edad funesta a las letras, se distinguió Rodrigo de Cota, autor de un *Diálogo entre el Amor y un viejo*, pieza representable, escrita con gracia y elegancia; también compuso un diálogo pastoril entro *Mingo Revulgo y Gil Arribato*, en que pintó con una alegoría bien sostenida los desórdenes y calamidades de su tiempo.

Los eclesiásticos vivían en la más crasa ignorancia y en la corrupción de costumbres más escandalosa, como se infiere por los decretos del concilio que mandó celebrar en Aranda en el año de 1473 don Alfonso Carrillo, arzobispo de Toledo. Allí se trató de mejorar la disciplina y los estudios del clero español, y entre otras cosas se prohibió a los clérigos de las catedrales y demás iglesias que celebrasen ni permitiesen en las fiestas de Navidad, de san Esteban, san Juan, santos Inocentes y misas nuevas las diversiones escénicas en que intervenían máscaras, figuras monstruosas, coplas indecentes, bufonadas y otros desórdenes indignos de la majestad del templo, que hasta entonces se habían acostumbrado, permitiendo no obstante que continuasen las representaciones sagradas y honestas, que fuesen a propósito para excitar la devoción de los fieles.

El reinado de los reyes Católicos dio principio a una época más feliz para la monarquía. La autoridad real, única, vigilante y justa aseguró la paz interior del estado, ya reprimiendo las violencias de tantos ilustres tiranos que le tenían sa-

---

31. Véase el número 3 del catálogo. (N. del A.

crificado a su ambición y a sus venganzas, ya reduciendo a moderados límites la libertad del pueblo, que solo es feliz en la obediencia de las leyes. En vano el rey de Portugal quiso apoyar con las armas los dudosos derechos de la infanta doña Juana su sobrina: la suerte de la guerra, que da y quita los imperios, aseguró el cetro a Isabel y Fernando.

El celo de la religión hizo a estos príncipes emprender la conquista reino de Granada: difícil empeño, que necesitó diez años de fatigas y de combates, hasta que vencida la obstinada resistencia de sus enemigos, acabaron dichosamente en las torres del Alhambra la recuperación que Pelayo empezó en Covadonga. Grande y poderosa la nación bajo su gobierno, dilatados sus dominios, y abierto el paso por el mar a las desconocidas regiones de occidente, empezó a disfrutar los beneficios que traen consigo el estudio de las letras y de las artes, la agricultura, la industria, la navegación y el comercio.

En este tiempo dándose a conocer Juan de la Encina[32] con sus composiciones dramáticas, mereció la asistencia y el aplauso de la corte, que admiró en aquellas fábulas (aunque demasiadamente sencillas) buen lenguaje, gracia natural y versificación sonora. Estas privadas diversiones, y otras hechas a su imitación pasaron al pueblo, que desde entonces empezó a ver cómicos de oficio dedicados a representar pequeños dramas de tres o cuatro personajes, desempeñando algunos muchachos los papeles de mujer.

Fue contemporáneo de Juan de la Encina el célebre Fernando de Rojas, continuador de la novela dramática[33] intitulada *Celestina*[34], en la cual añadió veinte

---

32. Véase desde el número 5 hasta el 17 del catálogo. (N. del A.)

33. En el apéndice al fin de esta obra insertaremos dos de los veintiún actos de esta curiosísima composición y una ligera noticia del argumento de cada uno de los otros, para que el lector pueda formarse una idea del estilo y del carácter general del drama que Moratín califica de novela dramática y que en todas partes se conoce con el título de tragicomedia de Calisto y Melibea, que le dieron sus autores y que, con razón o sin ella, le ha conservado la posteridad. (N. de E. de Ochoa.)

34. La Primera edición de la Celestina se hizo en Salamanca en el año de 1500. Algún tiempo antes corría manuscrita entre los curiosos toda la parte que compone el primer acto, que unos atribuyen a Juan de Mena, y otros a Rodrigo de Cota. El bachiller en leyes Fernando de Rojas, natural de la Puebla de Montalbán, añadió veinte actos al que halló escrito, en lo cual ocupó quince días de vacaciones, que a decir verdad no pudieron ser mejor empleados.

Si él mismo ignoraba quién había compuesto lo que halló inédito, difícil será, si no imposible, averiguarlo ahora; baste decir que ni se reconoce en el primer acto el estilo de Juan de Mena, ni se puede comparar con el de Cota, puesto que sólo se conservan de estos autores composiciones en verso. El que examine con el debido estudio el primer acto y los veinte añadidos, no hallará diferencia notable entre ellos, y si nos faltase la noticia que dio acerca de esto Fernando de Rojas, leeríamos aquel libro como producción de una sola pluma. Expongo mi opinión apartándome de la del autor del Diálogo de las lenguas, y de los que le han copiado

actos al primero que halló escrito ya por autor no conocido. Juan de la Encina en sus composiciones representables sirvió de ejemplo a los que le siguieron y aventajaron después, cultivando la dramática en verso; y Rojas, aunque no hizo su obra para el teatro, dejó en ella tan excelente diálogo en prosa, que habiéndole imitado muchos, fueron muy pocos los que llegaron a igualarle. Con estos felices ensayos en el género escénico acabó el siglo XV.

La invención de la imprenta, destinada a fijar y propagar verdades útiles a los hombres, difundía ya por todas partes sus artífices a principios del siglo XVI. Italia, siempre maestra del saber, cultivaba las letras con éxito feliz, buscando los ejemplares de perfección en las obras clásicas de la antigüedad, imprimiéndolas, traduciéndolas e imitándolas. La historia, la elocuencia, la poesía, la erudición y todas las artes del diseño empezaron a florecer en grado eminente. Venecia, Milán, Ferrara, Florencia, Roma y Nápoles eran las capitales más cultas de Europa en aquella sazón. La plausible ocupación de los Médicis, y el pontificado de León X, renovaron en Italia la edad de Pericles y de Augusto.

A este tiempo nuestros ejércitos acaudillados por el que mereció el nombre de Gran Capitán aseguraban la posesión de Nápoles, y nuestra influencia sobre todos los estados de aquella nación. En vano el poder de Francia quiso oponerse a la fortuna de nuestras armas: unas victorias eran presagio de otras mayores: la

---

después. Creo en fin que el primer autor no pudo ser muy anterior al segundo, y que el ignorarse quién haya compuesto una obra anónima nunca ha sido razón bastante para suponerla muy antigua.

Como la tragedia griega se compuso de los relieves de Homero, la comedia española debió sus primeras formas a la Celestina. Esta novela dramática, escrita en excelente prosa castellana, con una fábula regular, variada por medio de situaciones verosímiles e interesantes, animada con la expresión de caracteres y afectos, la fiel pintura de costumbres nacionales, y un diálogo abundante de donaires cómicos, fue objeto del estudio de cuantos en el siglo XVI compusieron para el teatro. Tiene defectos que un hombre inteligente haría desaparecer sin añadir por su parte una sílaba al testo; y entonces conservando todas sus bellezas, pudiéramos considerarla como una de las obras más clásicas que ha producido la literatura española.

Las ediciones de la Celestina de que he podido adquirir noticia, y de las cuales la mayor parte he tenido presente, son las que siguen.

Año de 1500 Salamanca. -1501 por Estanislao Polono, Sevilla. -1502 Sevilla. -1514 por Tanotti da Cartrone, Milan. -1515 Venecia. -1523 Sevilla. -1525 Venecia. -1529 por Juan Viñao, Valencia. -1534 por Estefano Sabio, Venecia. -1535 Venecia. -1538 por Juan de Ayala, Toledo. -1539 Sevilla. -1553 por Gabriel Giolito, Venecia. -1558 por los herederos de Juan de Sunta, Salamanca. -1571 por Juan de Canova, Cuenca. -1563 por Francisco de Cormellas, Alcalá. -1569 por Francisco de Robles, Alcalá. -1569 por Martín Mares, Salamanca. -1570 por Matías Gast, Salamanca. -1591 por Fernando Ramírez, Alcalá. -1595 oficina plantintana, Amberes. -1599 oficina plantiniana, Amberes. -1601 oficina plantiniana, Amberes. -1601 por Andrés Sánchez, Madrid. -1619 por Juan de la Cuesta, Madrid. -1633 con traducción francesa por Carlos Labayen, Pamplona. -1634 Ruan. -1614 con traducción francesa por Carlos Osmont. -Por don Leon de Amarita, Madrid, 1822. (N. del A.)

derrota del Garellano y la rendición de Gaeta anunciaban para después la prisión de un rey, y el saqueo espantoso de Roma.

La comunicación con los italianos propagó, mejoró y amenizó nuestros estudios; y como el agreste Lacio se había ilustrado muchos siglos antes con las artes y literatura de la Grecia vencida, así España supo aprovecharse en igual ocasión de las que halló tan florecientes en los países que sujetaba a su gobierno.

Tuvo gran parte en esta revolución el talento creador de Cisneros, ayudado de la instrucción que había adquirido en sus viajes y de la extraordinaria fortaleza de su carácter, prenda necesaria para ilustrar y gobernar a los hombres. A principios del siglo XVI se erigía bajo sus auspicios la célebre universidad complutense[35], y en ella y en las demás del reino empezaron a distinguirse muchos profesores en todas facultades, que sobre el conocimiento de las lenguas sabias y de una selecta erudición, enseñaron ciencias no conocidas en España hasta aquella época, o mejoraron el método y la doctrina de las que antes se enseñaban mal. A los esfuerzos de aquel gran ministro debieron sus adelantamientos las letras sagradas, la jurisprudencia, la medicina, las humanidades, la historia, las lenguas doctas, la gramática, y la crítica, aunque no todos estos estudios pudieron prosperar igualmente, porque no en todos se adquirían iguales recompensas.

Francisco de Villalobos[36], erudito médico y buen prosista, dio a conocer el *Anfitrión* de Plauto con la traducción que publicó de aquella comedia en el año de 1515.

Bartolomé de Torres Naharro[37], que vivía en Italia por entonces, compuso ocho comedias en que manifestó mucho conocimiento de su lengua, facilidad en la versificación, y talento dramático. Apartándose de la manera tímida de componer que Juan de la Encina había seguido, dio a sus comedias mayor interés y extensión; las dividió en cinco jornadas, aumentó el número de los personajes, y pintó en ellos caracteres y afectos convenientes a la fábula, adelantó el artificio de la composición, y sujetó algunas de sus piezas a las unidades de acción, lugar y tiempo. Representadas e impresas en Italia pasaron a España, en donde sucesivamente impresas y prohibidas, y vueltas a imprimir (según el influjo de las

---

35. La universidad de Alcalá, así llamada del antiguo nombre de esta ciudad, Compluto. (N. de E. de Ochoa.)

36. Véase el número 20 del catálogo. (N. del A.)

37. Véase desde el número 21 hasta el 29 del catálogo. Tuve entre mis libros la rarísima edición de Roma de 1517 en folio, letra gótica, de la cual ninguno de nuestros bibliógrafos tuvo noticia. Era dádiva de don Gaspar de Jovellanos, que había ilustrado con notas marginales de su mano algunos pasajes del texto: circunstancias que añadidas a la singularidad del libro, le hacían para mí mucho más precioso. Las revueltas de los tiempos me privaron de esta rara y apreciable alhaja, sin que después me haya sido posible averiguar su paradero. (N. del A.)

circunstancias), sirvieron de estudio a los que entonces se aplicaron a cultivar la poesía cómica.

Vasco Díaz Tanco[38] escribió tres tragedias (las primeras que se hicieron en España) tomando sus argumentos de la historia sagrada, las cuales no han llegado a nosotros.

Las graciosas comedias[39] que Cristóbal de Castillejo empezó a componer poco después, fueron recibidas con mucho aplauso. Puede considerarse este poeta como el último y acaso el mejor de la antigua lírica española, y en el género cómico el más digno sucesor de Torres Naharro. Fecunda imaginación, conocimiento de costumbres, recto juicio, agudeza satírica, expresión clara, versificación suave, tales prendas hicieron estimables sus fábulas cómicas, al mismo tiempo que las personas honestas las desaprobaron por su falta de moralidad y desenvoltura de sus personajes y situaciones.

En el año de 1527 se celebró en Valladolid con la Representación de algunos autos el bautismo de Felipe II. Estos cortos dramas, representados en las calles y sitios públicos, los desempeñaban los cómicos que ya en aquel tiempo componían su caudal indistintamente de piezas sagradas y profanas, aplicándolas según la ocasión lo requería.

Fernán Pérez do Oliva[40] tradujo en prosa el *Anfitrion* de Plauto, la *Electra* de Sófocles, y la *Hécuba* de Eurípides. Su talento era más a propósito para la gravedad de la tragedia que para los chistes y ligereza cómica; y así es que aunque la versión que hizo de Plauto es inferior a la de Villalobos, en las dos tragedias elevó la prosa castellana a tanto decoro y robustez, que pudiera haber servido de ejemplar a los que hubiesen querido poner en la escena argumentos heroicos; pero no tuvo imitadores. Estas piezas nunca se representaron, y cuando llegaron a imprimirse, el mal gusto era ya general y dominante en nuestro teatro.

Estos fueron los autores más distinguidos que cultivaron en España la poesía escénica antes del año de 1540; pero no es posible pasar de esta época sin hablar de las causas que empezaron a motivar su corrupción. Las principales fueron falta de estímulos y recompensa en favor de los que aplicaban su talento a este difícil género; decidida afición a todo lo maravilloso, efecto inmediato de la común lectura de los libros caballerescos; espíritu de mal entendida devoción que profanó los sagrados misterios de la fe, haciéndolos asunto de las representaciones histriónicas; abusos de la autoridad censoria.

---

38. Véanse los números 30, 31 y 32 del catálogo. (N. del A.)

39. Véase el número 35 del catálogo. (N. del A.)

40. Véanse los números 43, 44 y 45 del catálogo. (N. del A.)

Las universidades de España[41], aunque rectificaron y amenizaron sus estudios, no alteraron su organización antigua; y en aquellas escuelas generales en que la juventud debió hallar enseñanza elemental de todas las ciencias, solo se enseñaron la teología, los cánones, la jurisprudencia y la medicina. De estas facultades las tres primeras obtuvieron la preferencia para ellas se establecieron colegios magníficos, para ellas se guardaron las más altas dignidades del estado: la última, poco estimada de los que se dedicaban a las otras, existía en razón de la importancia que le ha dado en todos tiempos el miedo de morir; pero el profesor más eminente en ella no podía aspirar jamas ni al premio, ni al honor que obtenían un teólogo, un canonista o un jurisconsulto. Las demás ciencias se consideraban como auxiliares o secundarias, y por consiguiente ni el estudio de las lenguas, ni la erudición histórica, ni la filosofía moral, ni la oratoria, ni la poética, ni la amena literatura obtenían otra recompensa que la de facilitar a sus profesores una cátedra en que poder enseñarlas; y si estas que servían más inmediatamente a las facultades privilegiadas merecían tan escasos premios, ¿cuál sería el que se destinase a las ciencias naturales y exactas?, ¿y cuáles podían ser los progresos del teatro?, ¿ni quién había de aplicarse a un estudio tan difícil, tan apartado de las sendas de la fortuna, si desatendido de las clases más elevadas,

---

41. Don Gaspar de Jovellanos en un informe dirigido al rey, durante su ministerio, le decía: «Hubo un tiempo en que España, saliendo de los siglos oscuros, se dio con ansia a las letras: convencida al principio de que todos los conocimientos humanos estaban depositados en las obras de los antiguos, trató de conocerlas; conocidas, trató de publicarlas e ilustrarlas; y publicadas, se dejó arrastrar con preferencia de aquellas en que más brillaba el ingenio y lisonjeaban más el gusto y la imaginación. No se procuró buscar en éstas la verdad, sino la elegancia; y mientras descuidaba los conocimientos útiles, se fue con ansia tras de las chispas del ingenio que brillaban en ellas... Vino después otra época en que los riesgos de la religión arrebataron toda su atención hacia su estudio. Vino el tiempo de las herejías y las sectas, tanto más ominosas a los estudios, cuanto entrándose a discurrir sobre los derechos de los príncipes y los pueblos, parecían atacar la autoridad pública, y presentar la horrible imagen de la anarquía y del desorden. Desde entonces las ciencias eclesiásticas merecieron todo su cuidado, y de cuantos progresos hicieron en ellas pueden ser ejemplo el Concilio Tridentino, y las insignes obras que nos dejaron. En esta época nacieron nuestras universidades formadas para el mismo objeto y sobre el mismo gusto. Ellas fueron desde el principio unos cuerpos eclesiásticos; como tales se fundaron con autoridad pontificia. Tuvieron la preferencia en las asignaciones de sus cátedras la teología y el derecho canónico. La filosofía se cultivó solamente como un preliminar para entrar a estas ciencias, y aun la jurisprudencia y la medicina hubieran sido descuidadas, si el amor del hombre a la vida y a los bienes pudiera olvidar el aprecio de sus defensores. No hablaré aquí de los vicios de esta enseñanza, que de una parte eran derivados del estudio general de la literatura de Europa, y de otra inherentes a la constitución misma de estos cuerpos. En la renovación de los estudios el mundo literario fue peripatético; y el método escolástico, su hijo mal nacido, fijó en todo él la enseñanza. Más o menos tarde fueron las naciones sacudiendo este yugo... la nuestra le siente todavía». (N. del A.)

y menospreciado de los que se llamaban doctos, era solo el vulgo el que debía premiar y aplaudir sus aciertos?

En otra edad habían merecido las rudas producciones de nuestra dramática más favorable acogimiento: los más esclarecidos personajes la protegieron y la cultivaron, siendo igualmente estimada en los palacios y en los templos; pero aquella época había pasado ya Fernando el Católico, cuyo desabrido carácter habían hecho más melancólico la vejez y las dolencias, nunca unió las prendas de literato ni estudioso a las que tuvo de buen caballero, de político y prudente rey. Germana de Fox, extranjera a nuestra lengua y nuestras costumbres, no era la protectora que más convenía para fomentar el teatro. Felipe I y toda su corte, venidos de Flandes para introducir en el palacio desconocidas etiquetas y ceremonias, hecho esto, no hicieron más; ni la temprana muerte de aquel soberano permitió otra cosa. Carlos V viajando[42] y guerreando mientras reinó, flamenco, y rodeado de flamencos que se disputaron con escandalosa codicia las dignidades y los tesoros de la nación, ni contribuyó al esplendor de nuestro teatro, ni supo conocerle: su corte ambulante y guerrera imitaba las inclinaciones del monarca, Los tumultos y discordia civil que alteraron las provincias en los primeros años de su gobierno fueron incidentes poco favorables a los progresos de la escena española.

Los libros de caballerías, que empezaron a conocerse en Europa hacia el siglo XI, se extendieron por toda ella, y entretuvieron el ocio de los que gustaban de leer: apasionados de todo lo grande y extraordinario, suplieron con ellos el abandono de la historia. En España imitando lo que se había escrito fuera de ella, se compuso el libro de *Amadís de Gaula* acaso hacia la mitad del siglo XIV, y después de él otros del mismo género aunque menos ingeniosos no por eso menos desatinados. Su crecido volumen, el coste excesivo de las copias manuscritas[43], y por consiguiente la escasez de sus ejemplares mantuvieron escondida esta

---

42. Sus empresas políticas y militares le tuvieron casi siempre ausente de España, en donde no había corte ni residencia estable para el soberano ni para los grandes caballeros y caudillos que le acompañaban. Dos veces estuvo en África, dos en Inglaterra, cuatro en Francia, siete en Italia, nueve en Alemania y diez en Flandes. (N. del A.)

43. En una de las eruditas notas con que ilustró el padre Liciniano Sáez su tratado de las monedas del reinado de Enrique III, se hallan noticias interesantes acerca de la escasez de libros, y su excesivo coste antes de la invención de la prensa. No será inoportuno resumir aquí parte de ellas.

Alfonso X, en la Partida IIª, ley 11 del título XXXI, previno lo siguiente: «Estacionarios ha menester que haya en todo estudio general para ser complido que tenga en sus estaciones buenos libros e legibles e verdaderos de texto e de glosa: que los loguen a los escolares para facer por ellos libros de nuevo, o para enmendar los que toviesen escritos, etc., etc.».

perjudicial erudición en las bibliotecas privadas de los reyes y de los grandes señores, y no pasaron a manos del pueblo, ni pudo hacerse general su lectura hasta que la imprenta economizando el tiempo y el coste, halló el secreto de multiplicar prodigiosamente los escritos en copias idénticas. La primera obra de esta clase que se imprimió en España fue la citada historia de *Amadís*, como la más célebre de todas ellas entre nosotros, y antes de acabarse el siglo XV era ya la común lectura del pueblo.

En el siguiente se dieron muchos a imitar aquel género de ficción y aquel estilo; y como apartándose de la verdad de la naturaleza, encuentra la fantasía espacios inmensos en que perderse, fue tal la abundancia de libros caballerescos publicados en aquella centuria[44], que ellos solos compondrían hoy una numerosa biblioteca, si la pluma del más excelente de nuestros novelistas no hubiera acelerado

---

El Arcediano de Alcor, que vivía en el año de 1401, dice que había tanta falta de libros en Castilla que se arrendaban por años, y vayan a las fábricas de las iglesias catedrales que los tenían muchos maravedís... Se arrendaba el uso de ellos cada año públicamente a dinero, a quien más daba a la iglesia.

El abate Pluche, en su obra del Espectáculo de la naturaleza, dice: «En un hermoso ejemplar manuscrito de los cánones de Graciano que se guarda con mucho cuidado en la biblioteca de los Padres celestinos de París, nos advierte el copiante (al mismo tiempo que nos dice su nombre y patria) que tardó veintiún meses en acabar la copia. Con que en esta suposición sería menester para sacar cuatro mil ejemplares de esta colección, emplear cuatro mil copiantes cerca de dos años, o un copiante continuado por espacio de casi ocho mil años, cosa que puede hacerse hoy en menos de cuatro meses».

La librería más copiosa de que pudo hallar noticia el padre Liciniano, es la que tenían los condes de Benavente en la fortaleza de aquella villa a mediados del siglo XV. Todo el catálogo de ella contiene unos ciento veinte volúmenes, debiendo advertirse que muchos de ellos son duplicados, puesto que solo de Tito Livio había ocho copias más o menos completas.

Más numerosa debió ser la librería del marqués de Villena, pues con los tomos que sacaron de ella se llenaron dos carros.

Por el dinero que hoy cuestan dos mil volúmenes, apenas podrían entonces adquirirse cincuenta. La lectura estaba reservada a los muy ricos; el pueblo no leía. (N. del A.)

44. Para dar una idea del entusiasmo con que se recibieron en España las ficciones de la andante caballería, cuánto debieron influir en la opinión y en las costumbres, y qué gusto fantástico debieron excitar en la multitud que se entregó a tan perjudicial lectura, bastará presentar una lista de las que se publicaron desde los últimos años del siglo XV hasta fines del XVI, suponiéndose que en la que he formado no se incluyen todas, ni era posible, sino aquellas únicamente de cuya existencia he hallado noticia. Debe advertirse que muchas de estas obras se reimprimieron, según la aceptación que habían adquirido.

Cárcel de Amor, por Diego Hernández de San Pedro, en Burgos año de 1496.

El Baladro del sabio Merlin con sus profecías, en Burgos 1498.

Merlín y Demanda del santo Grial, Sevilla 1500.

Historia de los nobles caballeros Oliveros de Castilla y Artús de Algarve, Sevilla 1507.

su exterminio, dejándonos sólo la memoria de que existieron. Ellos depravaron

---

El sexto libro de Amadís de Gaula, en que se cuentan los grandes hechos de Florisando, príncipe de Cantuaria, su sobrino, fijo del rey Florestan, por Paez de Rivera, Salamanca 1510.

Tirante el Blanco de Rocasalada, caballero de la Jarretiera, que por su alta caballería alcanzó a ser príncipe y cesar de Grecia. Valladolid 1511.

Historia amorosa de Flores y Blancaflor, 1512.

Crónica del caballero Cifar, Sevilla 1512.

Libro del esforzado caballero conde Pantinoples, que fue emperador de Constantinopla, Alcalá de Henares 1515.

Historia del valeroso caballero Polisman Florisio, que por otro nombre se llamó el caballero del Desierto, el cual por su gran esfuerzo y mucho saber alcanzó a ser rey de Bohemia, por Fernando Bernal, Valencia 1517.

Libro del esforzado caballero Alderique, traducido en lengua española, Valencia 1519.

Libro del muy esforzado caballero Claribalte, nuevamente venido a esta lengua castellana, por Gonzalo Fernández de Oviedo, Valencia 1519.

Los cuatro libros del caballero Amadis de Gaula, por García Ordóñez de Montalvo, impresos por Antonio de Salamanca 1519.

Crónica del emperador Clarismundo, por Juan de Barros, Coimbra 1520.

Historia de don Olivante de Laura, por Antonio de Torquemada.

El séptimo libro de Amadis, en el cual se trata de los grandes fechos en armas de Lisuarte de Grecia, fijo de Esplandian, y de Perion de Gaula, Sevilla 1525.

Libro del noble y esforzado caballero Reinaldos de Montalban, y de las grandes proezas y extraños hechos en armas que él y Roldan y todos los doce pares paladinos hicieron, Sevilla 1525.

Historia de la linda Magalona, hija del rey de, Nápoles, y de Pierres, hijo del conde de Provenza, Toledo 1526.

Historia de Gresil y Mirabella, con la disputa de Torrellas y Branzayda, por Juan de Flores, Toledo 1526.

Libro del famoso caballero Palmerín de Oliva, que por el mundo grandes hechos en armas hizo, sin saber cuyo hijo fuese. Venecia 1526.

Historia del caballero don Polindo, Toledo 1526.

Libro de caballería celestial del pie de la rosa fragante, por Gerónimo de San Pedro.

Libro primero del esforzado caballero don Clarian de Landanis, hijo del noble rey Lautedon de Suecia, por Gerónimo López, Sevilla 1527.

La cuarta parte de don Clarian, en la cual se tratan los grandes hechos de Lidaman de Ganail, hijo de Rivamon de Ganail y de la princesa Daribea, Toledo 1528.

Libro del esforzado caballero don Tristan de Leonís, y de sus grandes hechos en armas, Sevilla 1528.

Historia de Lanzarote del Lago.

Historia del emperador Carlomagno y de los doce pares de Francia, por Nicolás de Piamonte, Sevilla 1528.

Los tres libros del caballero Primaleon, Toledo 1528.

Libro del caballero Florindo, 1528.

Crónica llamada el triunfo de los nueve preciados de la fama, en la cual se contienen las vidas de cada uno, y los excelentes hechos en armas y grandes proezas que cada uno hizo en su vida, con la vida del muy famoso caballero Beltrán de Guesclin, condestable que fue de Francia y duque de Molina, nuevamente traducida de

el gusto de la multitud, presentándole ficciones brillantes y maravillosas, otro or-

---

lenguaje francés en nuestro vulgar castellano, por el honorable varón Antonio Rodríguez Portugal, principal rey de armas del rey nuestro señor, Lisboa 1530.

Crónica del muy valiente caballero Platir, hijo del emperador Primaleón, Valladolid 1533.

Historia de Enrique, hijo de doña Oliva, rey de Jerusalén y emperador de Constantinopla, Sevilla 1533.

Historia de los caballeros Tablante de Ricamonte y Jofre, hijo del conde Donaron, por Nuño de Garay.

Libro primero y segundo de Morgante y Roldan y Reinaldos, Valencia 1535.

Crónica del muy valiente Amadis de Grecia, llamado el caballero de la Ardiente Espada, Sevilla 1512.

Crónica del príncipe don Florando de Inglaterra, Lisboa 1515.

Los cuatro libros del valeroso caballero don Cirongilio de Tracia, hijo del noble rey Elesfron de Macedonia, según los escribió Novarco en griego y Promusis en latín, por Bernardo de Vargas, Sevilla 1515.

Historia de los altos hechos de Silvis de la Selva, hijo de Amadis de Grecia.

Libro de los honestos amores de Peregrino y de Ginebra, por Hernando Díaz, Salamanca 1548.

Los cuatro libros del muy noble y valeroso caballero Félix Magno, hijo del rey Falangrés de la Gran Bretaña y de la reina Clarinea, Sevilla 1543.

Historia de los amores del caballero Paris y de la infanta Viena.

Historia del caballero Florimon.

Espejo de caballerías, en el cual se trata de los fechos de don Roldan y de Reinaldos, Sevilla 1550.

Segunda parte del esforzado caballero don Clarian de Landanis y de su hijo Floramante de Colonia, por Gerónimo López, Sevilla 1550.

Crónica de Palmerín de Inglaterra, primera y segunda parte.

Historia del famoso príncipe Steramundi de Grecia.

Historia de la reina Sevilla, Burgos 1551.

La Primera parte de la cuarta de la Crónica del escelentísimo príncipe don Florisel de Niquea, que fue escrita en griego por Galersis, y sacada en latin por Filastres Campaneo, por Feliciano de Silva, Salamanca 1551.

Libro segundo de la cuarta parte del escelente príncipe don Florisel de Niquea, en que se trata principalmente de los amores del príncipe don Rogel y de la muy hermosa Archisídea, por Feliciano de Silva, Salamanca 1551.

Caballerías de Clarindo de Grecia, por Tristán Gómez de Castro.

Historia de los amores de Clareo y Florisea con los trabajos de Isea, por Alonso Núñez de Reinoso, Venecia 1552.

Historia del Príncipe Félix Marte de Hircania, traducida de lengua toscana por Melchor Ortega, Valladolid 1556.

Libro undécimo de Amadis, en el cual se trata principalmente de los hechos de Rogel de Grecia y de Agesilao de Colcos.

Trapisonda. Historia de don Reinaldos de Montalbán, emperador de Trapisonda, primera, segunda y tercera parte, por Luis Dominguez, Toledo 1558.

Leandro el Bel, según le compuso el sabio rey Artidoro en lengua griega, Toledo 1563.

Libro del invencible caballero Lepolemo, hijo del emperador de Alemania, y de los hechos que hizo, llamándose el caballero de la Cruz, Toledo 1562.

den físico y moral diferente de todo lo que existe, otro universo y otros hombres. Hacinaron prodigios para exaltar la fantasía, enredaron las fábulas con artificiosa complicación de incidentes para sostener en movimiento la curiosidad, y pintaron afectos heroicos o tiernos para interesar el corazón. Damas hermosísimas, príncipes, reyes y emperadores: ausencias, celos, placeres de amor, torneos, divisas, conquistas, empresas temerarias, fatigas sobrehumanas, torres de bronce, palacios de cristal, lagos hirvientes, desiertos hórridos, islas nadantes, carros aéreos, hechiceros, fadas, genios, monstruos, enanos, gigantes, dragones, hipogrifos; todo esto fue materia de aquellos libros que llamaron historias. ¿Cómo el pueblo acostumbrado a ellas sabría contentarse en el teatro con una ficción verosímil, imitada de la vida doméstica, animada con la expresión de los caracteres y afectos comunes, complicada por medios naturales, desenlazada con imprevista y fácil solución, y toda ella ingeniosamente dispuesta para enseñar al

---

Libro segundo del emperador Palmerín de Oliva, en que se cuentan los hechos de Primaleón y Polendos sus hijos, Medina del Campo 1563.

Tercera y cuarta parte de Palmerín de Inglaterra, por Diego Fernández de Lisboa.

Historia del invicto y magnánimo caballero don Cristalian de España, príncipe de Trapisonda, y del infante Lucescanio su hermano, hijos del emperador Lindelel, enmendada por doña Beatriz Bernal, Alcalá de Henares 1566.

La Crónica de los muy valientes caballeros don Florisel de Niquea y el fuerte Anaxartes, hijos del excelente príncipe Amadís de Grecia, enmendada del estilo antiguo según la escribió Zirfea, reina de Argines, por le noble caballero Feliciano de Silva, Lisboa 1566.

Historia del valiente caballero Florambel de Lucea, hijo del rey Florineo de Escocia.

Historia del príncipe Erasto, hijo del emperador Diocleciano, por Pedro de la Vega, Amberes 1573.

Libro primero del valeroso e invencible príncipe don Belianis de Grecia, sacado de la lengua griega, en la cual le escribió el sabio Friston, por un hijo del virtuoso varón Toribio Fernández, Burgos 1579.

Selva de aventuras, por Gerónimo de Contreras, León de Francia 1580.

La bella Clotalda y cerco de París, por Bernardo de la Vega.

El Espejo de príncipes y caballeros. Parte primera dividida en tres libros, en los cuales se cuentan las inmortales proezas del caballero del Febo y de su hermano Rosicler, hijos del gran Trebacio, emperador de Constantinopla, con las altas caballerías y amores de la hermosísima y valerosa princesa Claridiana, y de otros grandes príncipes y caballeros, por Diego Ordóñez de Calahorra, Pedro de la Sierra, Marcos Martínez y Feliciano de Sivla, Zaragoza 1580.

Libro primero de los famosos hechos del príncipe Celidon de Iberia, por Gonzalo Gómez de Luque, Alcalá de Henares 1584.

Las Sergas de Esplandian, quinto libro de Amadís de Gaula, por García Ordóñez de Montalvo, Zaragoza 1587.

Libro de caballerías, por Simon de Silveira.

Historia de Luzman y Arbolea, por Gerónimo de Contreras.

Floranda de Castilla, lauro de caballeros, por Gerónimo de Contreras. (N. del A.)

auditorio verdades útiles, inspirándole horror al vicio y amor a la virtud? Ni el arte se hallaba tan adelantado que pudieran esperarse muchas obras dramáticas con estos requisitos, ni el concurso que había de oírlas (acostumbrado en los libros caballerescos a invenciones más seductoras) era ya capaz de percibir y estimar el mérito de una pieza teatral bien escrita. Así fue que apenas se empezó a cultivar la poesía escénica, los mismos que la adelantaron contribuyeron a corromperla, mezclando en sus composiciones personajes e incidentes exagerados, fantásticos, imposibles; y este error propagado de unos en otros, y alentado por el aplauso que recibía, inutilizó en adelante las prendas del ingenio y atropelló los buenos principios de la ficción dramática, cuyo objeto es la imitación de lo que existe, de lo que ha existido, de lo que puede existir entre los hombres.

A las maravillas del género romancesco se añadieron las que son inherentes a la religión; y como sus misterios iban desterrándose de los espectáculos que el pueblo acostumbraba a ver en las iglesias, fácilmente pasaron a los tablados públicos, y abrieron nueva senda a los poetas para excitar la admiración con dramas sagrados, en que la creencia común hacía verosímiles los prodigios, y el total abandono del arte aseguraba los aplausos. De aquí resultó la multitud de comedias de santos y de autos sacramentales o natalicios[45], que por tanto tiempo alimentaron la equívoca devoción del vulgo, haciendo cada vez más difícil la reforma de nuestro teatro.

La poesía lírica no sujeta a la censura de la plebe, libre en sus argumentos, hija de la fantasía, intérprete de los propios afectos, émula de los más calificados originales, llegó en la pluma de Garcilaso y de los que le siguieron a un alto punto de belleza, que desde el *dulce lamentar* de Salicio y Nemoroso hasta las *santas ceremonias pías* de Lupercio, la profecía del Tajo de Luis de León, y la victoria de Lepanto celebrada por Hernando de Herrera, produjo admirables obras; pero tanto distan entre sí los géneros poéticos, que lo que en uno es perfección, es desacierto en otro. El uso de la pompa épica y de los raptos y armonía lírica mal aplicados a las ficciones del teatro contribuyeron a descaminar el gusto. La destemplada imaginación de los que pusieron en la escena argumentos y personajes ni históricos ni posibles mezcló todos los estilos, y adoptó locuciones

---

45. «¿Pues qué si venimos a las comedias divinas? ¿Qué de milagros falsos fingen en ellas, qué de cosas apócrifas y mal entendidas?, atribuyendo a un santo los milagros de otro, y aun en las humanas se atreven a hacer milagros sin más respeto ni consideración que parecerles que allí estará bien el tal milagro y apariencia como ellos llaman, para que gente ignorante se admire y venga a la comedia: que todo esto es en perjuicio de la verdad y en menoscabo de las historias, y aun en oprobio de los ingenios españoles.» Cervantes, don Quijote, parte 1ª, cap. 48. (N. del A.)

tan distantes de la verdad, que la tragedia y la comedia a fuerza de peregrinos adornos perdieron aquella decorosa sencillez que debe caracterizarlas.

Las nuevas doctrinas que separaron de la comunión católica una gran parte de Europa, y el recelo de que su introducción produjese iguales males y escándalos en España dieron ocasión a precauciones extraordinarias, que quizá no se hubieran tomado sin esta causa, imponiendo restricciones a los ingenios y a la libertad de imprimir, y conteniendo en estrechos límites las artes de la imaginación, a quienes tal estado no era ciertamente favorable. La autoridad sacrificó lo útil a lo necesario, y contuvo los vuelos de la ilustración en obsequio de la paz y tranquilidad del reino. Pero no fue de tal modo que se sofocasen enteramente los esfuerzos y lozanía de los talentos españoles; y hoy en día admiramos las producciones de los que siguiendo la sublime inspiración de las musas, ilustraron en aquella época nuestras letras, y dejaron modelos que la edad presente procura, y no siempre consigue imitar.

En el año de 1548 se celebró en Valladolid, ausente el emperador Carlos V, el casamiento de la infanta doña María su hija con el archiduque Maximiliano. Para festejar a la corte se representó en palacio una comedia adornada con suntuoso aparato y decoraciones a imitación de las que se hacían entonces en Roma. Ningún ingenio español mereció emplear su pluma en obsequio de aquellos príncipes: la comedia se representó en italiano, como la había escrito muchos años antes su autor Ludovico Ariosto[46].

La prosa familiar aplicada al teatro no había tenido hasta aquella época escritores que la cultivasen, y este mérito lo reservó la naturaleza precisamente en favor del que parecía menos dispuesto a conseguirle. Un sevillano, hombre del pueblo, sin maestros, sin estudios, aplicado a ganar la vida en un ejercicio mecánico, hizo en la escena española una innovación plausible, y abrió a los autores dramáticos un nuevo camino que no acertaron a seguir. Tal fue Lope de Rueda[47], que antes de la mitad del siglo XVI apareció en los teatros de su patria como ingenioso autor y gracioso representante.

La *Celestina* y las demás novelas en prosa que se hicieron a su imitación tenían dos defectos que en la escena son intolerables: erudición afectada y pedantesca, y largos discursos de inoportunas doctrinas, prescindiendo de la excesiva

---

46. Sandoval en la Historia de Carlos V dice: «Y al cabo de tres o cuatro días que fueron casados, se representó en palacio una comedia de Ludovico Ariosto en la forma de teatro y cenas (escenas) que los romanos solían representar, que fue cosa real y suntuosa». Calvete refiere lo mismo en su Viaje del príncipe don Felipe. (N. del A.)

47. Véanse en el catálogo los números 66 hasta 73, desde 75 hasta 78, desde el 80 al 82, y desde 89 al 93. (N. del A.)

duración de aquellas fábulas, que no se hicieron para ser representadas, sino meramente leídas. Rueda, estudiándolas con prudente discernimiento, conoció sus defectos, imitó sus primores, y acomodándose a la impaciencia del público (que había de oírle en una plaza, en un corral o un almacén, de pie, apretado, y sujeto a continua distracción), escribió pequeños dramas de tres o cuatro personas con una acción muy sencilla, caracteres naturales, lenguaje castizo, diálogo chistoso y popular. Compuso además algunas piezas de mayor extensión con más interés y artificio, mezclando en ellas episodios poco necesarios, que representaba separadamente cuando le convenía: pero en estas piezas, queriendo imitar el gusto que reinaba entonces en Italia, se apartó algunas veces de aquella inapreciable sencillez que caracterizaba su talento dramático. Todavía fue más estimable en los ingeniosos coloquios pastoriles que escribió en verso y se imprimieron después de su muerte; pero esta edición es absolutamente desconocida, y solo nos ha quedado uno entero y un fragmento de otro. Por estas obras mereció el nombre de padre del teatro español; y en ellas mismas, y en el testimonio unánime de los hombres doctos que se las vieron representar, se hallará la razón que tuvo su patria para colmarle de elogios, y recomendar a la posteridad su memoria.

El valenciano Juan de Timoneda[48], contemporáneo suyo, su amigo y editor de sus obras, le imitó en algunas piezas cómicas que compuso en prosa, no desnudas de mérito por la facilidad de la dicción, la rapidez del diálogo, y la regularidad de la fábula. Las que hizo en verso no merecen el mismo elogio, pues ademas de que la versificación de Timoneda es trabajosa y desaliñada, queriendo darles novedad, se valió para conseguirlo (aunque no en todas ellas) de incidentes imposibles y personajes maravillosos, que no existiendo en la naturaleza, no son a propósito para el teatro. Hasta en esto quiso imitar a Lope de Rueda; que los descuidos de un hombre célebre producen por lo común resultados muy infelices.

Alonso de la Vega[49], representante y autor de compañía, escribió algunas comedias en prosa, que en su tiempo tuvieron mucha aceptación; pero la buena crítica halla tantos defectos en las tres que han llegado a nosotros, ya por la composición de la fábula, ya por los caracteres y el estilo, que no justifican el aplauso que sus contemporáneos le dieron.

---

48. Véanse los números 95 y 96, y desde el 106 hasta el 118 del catálogo. (N. del A.)

49. Véanse en el catálogo los números 100, 104 y 105. (N. del A.)

A competencia de estos componían otros muchos, de los cuales se conservan algunas obras, o la noticia de ellas. Las compañías cómicas[50] vagaban por todas las provincias entreteniendo al pueblo con sus *comedias, tragedias, tragicomedias, églogas, coloquios, diálogos, pasos, representaciones, autos, farsas y entremeses*; que todas estas denominaciones tenían las piezas dramáticas que se escribieron entonces.

La propiedad[51] y decencia de los trajes, la decoración y aparato escénico se hallaban todavía en un atraso miserable; porque como no había en ninguna villa ni ciudad teatro permanente, y los actores se detenían muy poco en cada una

---

50. A las reducidas compañías de farsantes que empezaron a conocerse en Castilla a principios del siglo XVI sucedieron otras más numerosas, en las cuales ya había músicos y cantores, y mujeres que representasen. En la pragmática de Carlos V y doña Juana su madre, hecha en Toledo en el año de 1534, se dice: «Mandamos que lo que cerca de los trajes está prohibido y mandado por las leyes de este título, se entienda asimismo con los comediantes hombres y mujeres, músicos y las demás personas que asistan en las comedias para cantar y tañer, los cuales incurran en las mismas penas que cerca de esto están impuestas».

Las diversiones teatrales pasaron de Castilla a Portugal, y el rey don Manuel asistió con su familia y su corte a las representaciones que daba en Lisboa el célebre farsante y poeta portugués Gil Vicente, autor de muchas piezas cómicas portuguesas y castellanas. Ayudábale a componerlas y recitarlas su hija Paula Vicente, insigne actriz, que fue en su tiempo la admiración de Lisboa no menos por su ingenio felicísimo y sus gracias y hermosura, que por su conducta honesta y virtuosa. Continuaron los portugueses en todo aquel siglo cultivando el arte dramática, y entre ellos merecen particular mención Francisco Saa de Miranda, autor de dos comedias, Os Estrangeiros, y Os Vilhalpandos; Antonio Ferreira, que escribió la tragedia intitulada Castro; y el gran Luis de Camoens, de quien se conservan dos comedias, una O Rey Seleuco, y otra Os Amfitrioens. La enumeración de los demás poetas dramáticos portugueses y el examen de su mérito ni pertenecen a nuestra historia literaria, ni al plan de esta obra. (N. del A.)

51. «Todos los aparatos de un autor de comedias se encerraban en un costal, y se cifraban en cuatro pellicos blancos guarnecidos de guadamecí dorado, y en cuatro barbas y cabelleras y cuatro cayados poco más o menos. Componían el teatro cuatro bancos en cuadro y cuatro o seis tablas encima, con que se levantaba del suelo cuatro palmos... El adorno del teatro era una manta vieja tirada con dos cordeles de una parte a otra que hacía lo que llaman vestuario, detrás de la cual estaban los músicos cantando sin guitarra algún romance antiguo». Cervantes, en el prólogo de sus comedias.

Agustín de Rojas hablando de la misma época, dice en su Viaje entretenido:

Tañían una guitarra,

y esta nunca salía fuera,

sino adentro y en los bancos,

muy mal templada y sin cuerdas.

Bailaba a la postre el bobo;

y sacaba tanta lengua

todo el vulgacho embobado

de ver cosa como aquella. (N. del A.)

de ellas (no permitiéndoles mayor dilación el escaso caudal de piezas que llevaban), no era posible conducir por los caminos ni decoraciones, ni máquinas, ni
utensilios de escena, ni la pobre ganancia que les resultaba de su ejercicio les
permitía mayores dispendios.

Duraban todavía los abusos que el concilio de Aranda había querido extinguir.
Seguía celebrándose en el templo la fiesta ridícula de los Inocentes, y los dramas
sagrados cuyo uso había tolerado aquel concilio distaban mucho de la honesta y
religiosa compostura que había exigido en ellos. Fue pues preciso que el concilio
toledano celebrado en los años de 1565 y 66 tomase otra vez en consideración este punto, prohibiendo de nuevo el grotesco regocijo de los Inocentes[52],
previniendo que no se interrumpiesen los oficios divinos con ningún género de
diversión: que las representaciones no se hiciesen dentro de la iglesia, y que los
obispos mandasen examinar previamente las piezas de asunto sagrado que se
diesen al pueblo, repitiendo la prohibición a los clérigos de vestirse de máscara,
ni representar en los citados espectáculos. En las demás diócesis de España se
repitieron sucesivamente iguales providencias, y todo fue menester para deste-
rrar del santuario desórdenes tan escandalosos, y sujetar a sus ministros a no
ser histriones, ni envilecer a vista del público la dignidad de su carácter.

Quedaron pues reducidas las antiguas acciones dramáticas de las iglesias a
unos breves diálogos mezclados con canciones y danzas honestas, que desempeñaban los sacristanes, mozos de coro, cantores y acólitos en la fiesta de
Navidad, procediendo a su ejecución la censura del vicario eclesiástico. Ya no
intervenían patriarcas, profetas, apóstoles, confesores ni mártires, sino ángeles

---

52. Prohibet sancta synodus in posterum turpem illum abusum quod die Innocentium intra ecclesiam thea-
trales quidam ludi edi publicè consuevere magna cum ordinis ecelesiastici ignominia, necnon et divinæ ma-
jestatis offensa; quippe qui christianoruln oculos, quos oportet ad spiritualia provocari, ab his ad peccandi
libidinem avertant... spectacula vero, ludi quicumque et choreæ quæ alioqui præmisso examine permittente
ordinario non alias in aliquot solemnitatibus ac processionibus agenda sint, nullo modo dum divina officia vel
celebrantur vel dicuntur, intra ecclesiam ipsam agi permittantur... Caveant tamen episcopi et eorum vicarii ne-
dum solemnitatis divinæ causa ludos aliquot et spectacula edi publicè permittere velint, ea permillant quæ vel
in minimo christianam religionem, offendere vel spectantium animos in pravos mores quoquomodo inducere
valeant... Decernit etenim sancta synodus non alios ludos, non alia spectacula permittenda ab episcopo fore,
quàm quæ ad pietatem spectantium animos movere, et à pravis moribus deterrere possint.

Et no quid fiat quod ordini ecclesiastico sit indecens, prohibet sancta synodus quoscumque in sacris consti-
tutos aut beneficium ecclesiasticum habentes, ne in quocumque loco et tempore larvis personati incedant aut
cujusque in quibuscumque spectaculis ac ludis personam agant, etc.

Pueden verse además el concilio compostelano celebrado en los años de 1565 y 66, el toledano del año de
1582, el valentino de 1590, y el tarraconense de 1591. (N. del A.)

y pastores; figuras más acomodadas a la edad, al semblante, a la voz y estatura de los niños y jóvenes que habían de hacerlas. De aquí tuvieron origen las piezas cantadas que hoy duran con el nombre de villancicos[53], los cuales más artificio-

53. Véase el núm. 102 del catálogo. El uso de los villancicos era ya común en el siglo XV. Esta composición constaba de una o más copias de versos octosílabos con un estribillo que se repetía al fin de cada una de ellas. Algunas veces se aplicaban a asuntos de devoción, y en general a los amorosos. De esta clase son los que se hallan en el Cancionero: véanse por ejemplo los siguientes:

¿Qué sentís, corazón mío?
¿No decís
qué mal es el que sentís?
¿Qué sentistes aquel día
cuando mi señora vistes,
que perdistes alegría
y descanso despedistes?
¿Cómo a mí nunca volvistes?
¿No decís
donde estáis que no venís?
¿Qué es de vos, que en mí no os hallo?
Corazón, ¿quién os agena?
¿Qué fue de vos que aunque callo,
vuestro mal también me pena?
¿Quién os ató tal cadena?
¿No decís
qué mal es el que sentis?
Llorad, ojos, noche y día;
o os canséis,
Que algún tiempo gozaréis.
Llorad mi mal y tristura
con tal fe, tal confianza,
que si os vence desventura
o se pierda la esperanza.
No os canséis,
que algún tiempo gozaréis.
No os canséis de tal pasión,
pues vosotros merecistes
que sufriese el corazón,
lo que vosotros hicistes.
Llorad y sufrid muy tristes;
o ceséis,
Que algún tiempo gozaréis.

sos entonces que ahora, se componían de Representación, canto, danza, acción muda, trajes, aparato y música instrumental.

Los dramas sagrados, históricos, alegóricos o morales, que por tantos años habían sido ejercicio peculiar de los sacerdotes, desaparecieron enteramente. Nada se había impreso: los cabildos conservaban los manuscritos de estas obras como propiedad suya, y así les fue tan fácil destruirlas todas. El mismo celo religioso que las fomentó, acabó con ellas después: y aunque efectivamente ganó mucho en esto el decoro del templo y de sus ministros, la historia literaria se resiente de su pérdida.

Esta prohibición dio nuevo impulso a los teatros públicos, en los cuales se vieron desde entonces con mayor frecuencia composiciones sagradas que atraían a la multitud: el número de los autores dramáticos se fue aumentando, como igual-

---

Juan de la Encina, Naharro, Castillejo, Timoneda y otros acostumbraron a concluir sus fábulas teatrales con un villancico. En las iglesias se cantaron también, sirviendo de adorno al diálogo que se recitaba entre ángeles y pastores, celebrando el misterio de la Eucaristía, y más comúnmente el nacimiento de nuestro Señor Jesucristo.

Todavía dura este género de composiciones, aunque no siempre exentas de frialdades, bajezas y chocarrerías poco convenientes a la majestad del culto. Tal vez las han cantado los ciegos a las puertas de las tabernas al mismo tiempo que se entonaban con solemnidad en la iglesia. Véanse algunas colecciones impresas de los villancicos y motetes que se han cantado de dos siglos a esta parte en las catedrales de España, y se hallará cuán importante es que la autoridad eclesiástica ejerza su vigilancia para la corrección de semejantes abusos 55.1. (N. del A.)

55.1 Oigamos sobre esta materia el testimonio de un escritor del siglo pasado, de cuya religiosidad, patriotismo y celo de las glorias de España no puede dudar nadie. El célebre Feijoo en su discurso sobre la música de los templos (tomo I, disc. 44) dice: «En España... está la poesía en un estado lastimoso... Esto en general de la poesía española moderna; pero la peor es la que se oye en las cantinelas sagradas. Tales son, que fuera mejor cantar coplas de ciegos... Toda la gracia de las cantadas que hoy suenan en las iglesias, consiste en equívocos bajos, metáforas triviales, retruécanos pueriles. Y lo peor es que carecen enteramente de espíritu y moción, que es lo principal o lo único que se debiera buscar. En esta parte han pecado aun los buenos poetas... Creo que esto ha dependido de que así Solís como otros poetas de habilidad a estas letrillas que se hacen para las festividades las han mirado como cosa de juguete, siendo así que ninguna otra composición pide atenderse con tanta seriedad... Este no es juego de niños (dice nuestro Mabillon hablando de la poesía): mucho menos será juego de niños la poesía sagrada. Con todo la que se canta en nuestras iglesias no es otra cosa... Pero aún no he dicho lo peor que hay en las cantadas a lo divino; y es que ya que no todas, muchísimas están compuestas al genio burlesco. Con gran discreción por cierto, porque las cosas de Dios son cosas de entremés. ¿Qué concepto darán del inefable misterio de la Encarnación mil disparates puestos en las bocas de Gil y Pascual? Déjolo aquí, porque me impaciento de considerarlo. Y a quien no le disonare tan indigno abuso por sí mismo, no podré yo convencerle con argumento alguno».

La Academia ha creído oportuno confirmar con esta prueba la aserción de Moratín, para que no parezcan demasiado duras las expresiones de que éste se vale para censurar tal abuso. (N. de la Academia de la Historia.)

mente el de las compañías cómicas. La emulación de los actores, su interés y el deseo de ser aplaudidos les hizo adelantar en su arte, y nada omitieron para añadir a sus espectáculos el aparato y brillantez, de que tanta necesidad tenían.

Un cómico natural de Toledo, llamado Naharro[54], autor de compañía, *inventó los teatros* por los años de 1570, que es decir introdujo en ellos decoraciones

54. Sucedió a Lope de Rueda Naharro, natural de Toledo... «Éste levantó algún tanto más el adorno de las comedias, y mudó el costal de vestidos en cofres y baúles: sacó la música que antes cantaba detrás de la manta al teatro público: quitó las barbas de los farsantes, que basta entonces ninguno representaba sin barba postiza, e hizo que todos representasen a cureña rasa, si no era los que habían de representar los viejos u otras figuras que pidiesen mudanza de rostro. Inventó tramoyas, nubes, truenos y relámpagos, desafíos y batallas». Cervantes en el prólogo de sus comedias.

En el Viaje entretenido dice Agustín de Rojas:

Después como los ingenios
se adelgazaron, empiezan
la dejar aqueste uso:
reduciendo los poetas
la mal ordenada prosa
en pastoriles endechas,
hacían farsas de pastores
de seis jornadas compuestas
sin más hato que un pellico,
un laúd, una vihuela,
una barba de zamarro,
sin más oro ni más seda.
Y en efecto poca a poco
barbas y pellicos dejan,
y empiezan a introducir
amores en las comedias,
en las cuales ya había dama,
y un padre que a aquesta cela;
había galán desdeñado,
otro que querido era;
un viejo que reprendía,
un bobo que los acecha,
un vecino que los casa
y otro que ordena las fiestas.
Ya había saco de padre,
había barba y cabellera,
un vestido de mujer,
porque entonces no lo eran
sino niños. después de esto

pintadas y movibles, según el argumento lo requería: mudó el sitio de la música, aumentó los trajes, hizo varias alteraciones en las figuras de la comedia, puso en movimiento las máquinas, imitó las tempestades, y animó sus fábulas con el aparato estrepitoso de combates y ejércitos.

Ya se infiere de aquí que la dramática española iba apartándose de aquella sencillez que la había hecho estimable en las mejores composiciones de los autores precedentes. Vanos fueron los esfuerzos del docto anónimo[55] que en el año de 1555 publicó en Amberes una buena traducción da dos comedias de Plauto. El benemérito humanista Pedro Simon Abril[56] dio a conocer a sus compatriotas en los años de 1570 y 77 el *Pluto* de Aristófanes, la *Medea* de Eurípides y las comedias de Terencio en lengua vulgar: nada de esto sirvió de ejemplo a los que escribían para el teatro. Jerónimo Bermudez[57], en el mismo año de 1577, presentó en su tragedia de *Nise lastimosa* una acción interesante, patética, llena de situaciones verosímiles y afectuosas, expresadas con grave y decoroso estilo. Las tragedias en prosa de Fernán Pérez de Oliva, publicadas ya por Ambrosio de Morales, se leían con estimación de los doctos, pero ninguno cuidó de imitarlas. Otros literatos escribieron en la misma época comedias y tragedias latinas con apreciable regularidad: obras de mera erudición, que no pudieron influir en los adelantamientos del teatro. Don Luis Zapata tradujo y publicó el arte poética de Horacio: Juan Pérez de Castro la de Aristóteles. Alonso López, llamado el Pinciano, dio a luz poco después una difusa y juiciosa poética, en que reunió con buen gusto y elección los preceptos de la dramática: todo fue inútil, la depravación de la escena española era ya inevitable.

El sevillano Juan de Malara[58] fue uno de los que más contribuyeron a ella escribiendo dramas desarreglados en que aplaudió el público muchas veces la

---

se usaron otras, sin estas,

de moros y de cristianos,

con ropas y tunicelas.

Estas empezó Berrio,

luego los demás poetas

metieron figuras graves,

como son reyes y reinas,

fue el autor primero de esto

el noble Juan de la Cueva, etc. (N. del A.)

55. Véanse los números 86 y 87 del catálogo. (N. del A.)

56. Véanse los números 120, 121, 123 hasta el 128 del catálogo. (N. del A.)

57. Véase el número 129 y 130 del catálogo. (N. del A.)

58. Véanse los números 74, 88 y 101 del catálogo. (N. del A.)

dicción fácil y sonora, con que supo hermosear los extravíos de su brillante imaginación.

Juan de la Cueva[59], su compatriota, afluente versificador, que cultivando todos los géneros de la poesía para no ser perfecto en ninguno, siguió las huellas de Malara, empezó desde el año de 1579 a dar al público sus comedias y tragedias: oídas primero con general contento en Sevilla, y repetidas después en todas las ciudades del reino, sirviendo de modelos o de disculpa a los que con menos talento se propusieron imitarle.

Entonces se vieron ya confundidos los géneros cómico y trágico en los argumentos de la fábula, en los personajes, en las pasiones y en el estilo. Se adoptaron todas las combinaciones líricas, épicas y elegíacas, olvidándose de la unidad y conveniencia imitativa que pide la expresión de los afectos y caracteres en el teatro. Empezó a desatenderse como cosa de poca estima la prosa dramática, que en ambos géneros había llegado tan cerca de la perfección, merced al estudio de algunos beneméritos autores. Las comedias eran ya novelas en verso, compuestas de patrañas inverosímiles e inconexas: las tragedias un enredo confuso, que se desataba a fuerza de atrocidades repugnantes y feroces, o una serie de situaciones faltas de unidad y artificio, copiadas de la historia, sin que el autor pusiera otra cosa de su parte que el diálogo y los versos.

Así halló el teatro Miguel de Cervantes[60], el cual, bien lejos de contribuir a mejorarle, como pudiera haberlo hecho, solo atendió a buscar en él los socorros que necesitaba su habitual pobreza, escribiendo como los demás, y olvidando lo que sabía para acomodarse al gusto del vulgo y merecer su aplauso.

Esta escuela, si tal debe llamarse, siguieron después Cetina, Virués[61], Guevara, Lupercio de Argensola[62], Artieda[63], Saldaña, Cozar, Fuentes, Ortiz, Berrio, Loyola, Mejía, Vega, Cisneros[64], Morales, y un número infinito de poetas de menor celebridad, que florecieron en Castilla, Andalucía y Valencia.

Hecho ya el teatro necesidad del pueblo, y multiplicándose por todas partes las compañías cómicas, llegaron a establecerse en la corte, ocupando los dos

---

59. Véanse en el catálogo desde el número 132 hasta el 139, desde el 142 hasta el 145, y además los números 147 y 150. (N. del A.)

60. Véanse en el catálogo los números 155, 157, 158, 159, 160, 164, 165, 166 y 167. (N. del A.)

61. Véanse los números 140, 141, 146, 148 y 149 del catálogo. (N. del A.)

62. Véanse los números 161, 162 y 163 del catálogo. (N. del A.)

63. Véase el número 151 hasta el 154. (N. del A.)

64. Véase el número 122 del catálogo. (N. del A.)

corrales[65] de la Cruz y el Príncipe, construido el primero en el año de 1579, y el segundo en el de 1582.

---

65. Las compañías cómicas se detenían en Madrid y en las demás poblaciones considerables, según el acogimiento que les hacían y el caudal de piezas que llevaban. Arrendaban para esto algunos patios o corrales, y en ellos armaban sus tablados y disponían los asientos para el concurso. El nombre de patio y corral llegó a ser sin ánimo de teatro. Aún dura en los modernos la denominación que se dio en lo antiguo a las tablas, patio, gradas, corredorcillo, aposentos, barandilla, degolladero, cazuela y alojeros. La que hoy es luneta se llamó al principio bancos, y la parte alta que hoy es tertulia y palcos terceros se llamó desvanes, porque en efecto lo eran.
Luis Quiñones de Benavente dijo en una de sus loas:

Lorenzo	Piedad, ingeniosos bancos.
Cintor	Perdón, nobles aposentos.
Linares	Favor, belicosas gradas.
Bernardo	Quietud, desvanes tremendos.
Pinelo	Atención, mis barandillas.
Piñero	Carísimos mosqueteros, granujas del auditorio, defensa, ayuda, silencio.
Lorenzo	Damas en quien dignamente cifro su hermosura el cielo.
Inés	Así el abril de los años sea en vosotras eterno, y que el tiempo que tenéis no se sepa en ningún tiempo.
Margarita	Que piadosas y corteses pongáis perpetuo silencio.
Inés	A las llaves y a los pitos, silva de varios sucesos.

En el año de 1568 se representaba en un corral de la Puerta del Sol, en otro de la calle del Príncipe, propio de Isabel Pacheco, y en otro de la misma calle de un N. Barquillos. Después hubo comedias en otro de la calle del Lobo, de quien era dueño Cristóbal de la Puente. Hubo también otro corral llamado de la Valdivieso, en que algunas veces se representó. En el año de 1579 y en el de 1582 establecieron las cofradías de la Pasión y Soledad dos corrales: el primero en la calle de la Cruz, y el segundo en la del Príncipe. Estos mismos son los que transformados ya en teatros conservan todavía el uso, el sitio y el nombre. Pellicer en su tratado sobre el Origen de la comedia y del histrionismo en España, tomo I, recogió varias noticias curiosas acerca de los teatros materiales de Madrid. (N. del A.)

En ellos empezaron a oírse con admiración los fáciles versos del joven Lope de Vega, aquel hombre extraordinario a quien la naturaleza dotó de imaginación tan fecunda, de tan afluente vena poética, que en ninguna otra edad lo ha producido semejante. Nada estimaba el público en los teatros si no era de Lope: los demás poetas vieron que el único medio de adquirir aplausos era imitarle, y por consiguiente abandonaron el estudio de los buenos dramáticos de la antigüedad, las doctrinas de los mejores críticos y aquellos preceptos más obvios que dicta por sí solo el entendimiento sin necesidad del ejemplo ni de la lectura.

Al acabarse el siglo XVI[66], no cumplidos los cuarenta años de su edad, ya había dado Lope a los teatros más de cuatrocientas comedias, improvisadas, ya se

66. El crecido número de las composiciones dramáticas de Lope de Vega no es una tradición oscura: está apoyada en testimonios irrecusables. Véanse aquí reunidos algunos de ellos.

En el año de 1603 corrían ya impresas trescientas treinta y seis comedias suyas, de las cuales puso una lista en su obra intitulada El Peregrino, y allí mismo dijo que sin hacer mención de los autos y de algunas comedias que no se acordaba, llevaba ya compuestas cuatrocientas sesenta y dos. En el Arte nuevo de hacer comedias, publicado en 1609, dijo que tenía escritas cuatrocientas ochenta y tres. Francisco Pacheco en el discurso que imprimió en el mismo año de 1609 sobre el retrato de Lope, afirmó que las comedias de aquel poeta llegaban a quinientas. Cervantes en el prólogo de las suyas, dadas a luz en 1615, dijo que Lope, llevaba escritas más de ochocientas. Dedicando el mismo Lope a su hijo la comedia de El verdadero amante, en el año de 1620, le dice que había compuesto ya novecientas. En el prólogo a la vigésima parte de ellas, impreso en 1627, asegura tener ya escritas mil setenta. En la Égloga a Claudio, escrita antes del año de 1632, dice Lope hablando de sus comedias que hasta entonces había hecho mil quinientas.

Juan Bodino en su epístola latina dirigida a León Allacci en el año 1636, muerto ya Lope, le atribuye mil quinientas. Fernando Cardoso en la oración fúnebre de aquel poeta fija el número de sus comedias en mil quinientas. El padre maestro Avalos en su elogio de Lope dice que había escrito mil setecientas. El licenciado Antonio de Leda en su poema intitulado El Fénix mantuano, alabando a Lope, le reconoce por autor de mil ochocientas. E caballero Juan Bautista Marino dijo en el panegírico de Lope que había compuesto dos mil. Don Juan Antonio de la Peña en la dedicatoria de su égloga elegíaca intitula, a Belardo dice que Lope escribió mil seiscientas comedias, y en el prólogo que precede a la misma obra dice que fueron sus comedias mil seiscientas, y los autos sacramentales más de doscientos, que es decir, le atribuye mil ochocientas obras de teatro. El doctor Juan Pérez de Montalbán, testigo de toda excepción, en su libro intitulado Para todos, dice de Lope que en el año de 1632 llevaba impresos veinte tomos de comedias, y mil quinientas que se habían representado, sin contar los autos. El mismo en la Fama póstuma de Lope dice que las comedias que se habían representado de aquel autor llegaban a mil ochocientas, y que pasaban de cuatrocientos los autos sacramentales, en todo dos mil doscientas piezas dramáticas. Don Nicolás Antonio, en vista de tales aserciones dadas por íntimos amigos de Lope, publicadas en el mismo año que murió, no desmentidas por ninguno de los muchos émulos que tuvo, y que el mismo don Nicolás Antonio pudo verificar por los informes de las que alcanzaron los últimos años de Lope de Vega, y más que todo por las mismas obras que entonces debían existir, no dudó asegurar en su Biblioteca que aquel poeta había compuesto mil ochocientas comedias y cuatrocientos autos sacramentales. (N. del A.)

entiende, como todas las que hizo después, como todas las demás obras que salieron de su pluma en prosa y en verso; pero si es admirable la fecundidad de su fantasía, que nunca supo sujetar a los preceptos del arte, no es menos de maravillar que improvisando siempre, muchas veces acertó. Los que prescindiendo de las infinitas bellezas que se hallan esparcidas en sus composiciones dramáticas, gusten solo de acriminar sus defectos, no les faltará materia abudantísima para la censura; pero si ésta la extienden hasta el punto de culpar a Lope como corruptor de la escena española[67], no hallarán las pruebas que se necesitan para apoyar una acusación tan injusta.

Lope no desterró el buen gusto del teatro que ya estaba enteramente perdido cuando él empezó a escribir. Si algún cargo puede hacérsele, será sólo el de no haber intentado corregirle; y en efecto mucho podía esperarse de un talento como el suyo, de su exquisita sensibilidad, de su ardiente imaginación, de su natural afluencia, su oído armónico, su cultura y propiedad en el idioma, su erudición y lectura inmensa de autores antiguos y modernos, su conocimiento práctico de caracteres y costumbres nacionales. Si con estas prendas no aspiró

---

67. El prólogo que puso don Blas Nasarre a las comedias de Cervantes contiene excelentes doctrinas acerca del arte dramática; pero aquel literato se dejó llevar muchas veces de sus propias imaginaciones, de un espíritu de patriotismo mal entendido, y de un empeño no disculpable en desacreditar a Lope y Calderón, suponiéndolos corruptores de nuestro teatro, como si le hubieran hallado menos defectuoso, como si alguno de sus contemporáneos hubiera escrito con mayor acierto. Véanse aquí los errores que me han parecido más notables en el citado prólogo, relativos a nuestra historia literaria y a otras materias de buen gusto y discernimiento crítico.

«Los árabes y moros fueron excelentes en las representaciones dramáticas. -Los trovadores provenzales fueron los primeros que escribieron comedias. -En las obras poéticas de Alfonso el Sabio, en las de Gonzalo de Berceo y romances antiguos se conservan testimonios auténticos de nuestras composiciones teatrales, con muchos siglos de anterioridad a las piadosas farsas de los italianos y franceses. -Los peregrinos que iban a Santiago cantaban y representaban al vivo los misterios de la religión y las historias sagradas, de cuya costumbre quedaron las relaciones de ciegos y los autos sacramentales. -Cervantes compuso sus comedias con la misma idea que el Quijote, haciéndolas de intento desarregladas y llenas de desatinos a fin de purgar del mal gusto y mala moral el teatro. -Cuando Lope empezó a escribir, eran ya las comedias adultas y perfectas, y él las volvió a las mantillas. -Calderón fue el segundo corruptor del teatro. -Molière puso en la escena algunas de las comedias de este autor, que tuvieron y tienen mucho aplauso y aprobación entre los franceses. -Guillén de Castro, Rojas y Solís guardaron la moderación que pide el estilo de las comedias. -Tenemos mayor número de comedias perfectas y según arte que los franceses, italiano e ingleses juntos. -Tenemos comedias ajustadísimas a la razón y al arte, que en nada son inferiores a las de Molière, Wicherley, Maffei y Riccoboni. -Don Esteban Manuel de Villegas es comparable a los mejores poetas griegos».

Si me preguntasen mi opinión acerca de los artículos precedentes, respondería sin peligro de ser desmentido: todo es falso. (N. del A.)

a la gloria que adquirieron en Francia algunos años después Corneille y Molière, esta es la sola culpa de que se le puede acusar.

El teatro español que, como ya se ha dicho, empezó en el templo, sujetaba a la ficción escénica los misterios de la religión. En el templo, y después en las plazas y corrales, se oyó la voz de Dios, la de Cristo, la de su divina Madre, la de los apóstoles y mártires: los ángeles, los diablos, los vicios y las virtudes eran figuras comunes en aquellos dramas. Esto no lo inventó Lope, ya lo halló establecido en los teatros de su nación. Si enredó sus fábulas con inverosímil artificio, huyendo el orden natural en que se suceden unos a otros los acaecimientos de la vida, si mezcló en ellas altos y humildes personajes, acciones heroicas y plebeyas, si pasó los términos del lugar y el tiempo, si faltó a la historia y a los usos característicos de las naciones; los poetas que le habían precedido le dieron ejemplo. Si puso en el teatro lo que sólo cabe en las descripciones de la epopeya, lo que sólo se permite a los movimientos líricos, si aduló la ignorancia vulgar pintando como posibles las apariciones, los pactos, los hechizos y todos los delirios que una vana credulidad autoriza; otros antes que él habían hecho lo mismo. Si se atrevió a mezclar entre sus figuras las deidades gentílicas, cuya existencia es tan absurda que destruye toda verosimilitud teatral; nada hizo de nuevo, repitió solamente lo que halló practicado ya, lo que el pueblo había visto y aplaudido por espacio de muchos años. No corrompió el teatro: se allanó a escribir según el gusto que dominaba entonces: no trató de enseñar al vulgo, ni de rectificar sus ideas, sino de agradarle para vender con estimación lo que componía, y aspiró a conciliar por este medio (poco plausible) las lisonjas de su amor propio con los aumentos de su fortuna.

El examen de sus obras dramáticas y las que escribieron imitándole sus contemporáneos, las innovaciones que introdujo Calderón dando a la fábula mayor artificio, los defectos, las bellezas de nuestro teatro y su influencia en los demás de Europa durante todo el siglo XVII, su decadencia en el siguiente, los esfuerzos que se hicieron para su reforma, el estado en que hoy se halla y los medios de mejorarle darán materia a quien con mayores luces y menos próximo al sepulcro se proponga continuar ilustrando esta parte de nuestra literatura, que tanto puede influir en los progresos del entendimiento, y en la corrección y decoro de las costumbres privadas y públicas.

CATÁLOGO HISTÓRICO Y CRÍTICO DE PIEZAS DRAMÁTICAS ANTERIORES A LOPE DE VEGA

Año de 1356
Danza general en que entran todos los estados de gentes

1. Anónimo. Danza general en que entran todos los estados de gentes Esta obra existe en la biblioteca del Escorial manuscrita de letra antigua en un tomo en cuarto. Se creyó que el autor de ella fuese Rabí Don Santo, judío, que floreció en tiempo del rey don Pedro de Castilla; pero examinado el códice con mayor atención, se ha visto que no es composición del citado Rabí. El que escribió la Danza general es absolutamente desconocido, y solo puede inferirse que vivió a mediados del siglo XIV.

Su obra es una pieza dramática escrita en copias de arte mayor. No es fácil decidir si los versos se cantaban o se representaban; pero no cabe duda en que a lo menos alternarían con ellos las mudanzas del baile ejecutadas al son de la música. La Muerte, que es uno de los personajes, dice:

Yo só la Muerte cierta a todas criaturas
que son y serán en el mundo durante;
demando, y digo: Oh! home, por qué curas
de vida tan breve en punto pasante?
Pues no hay tan fuerte nin recio gigante
que deste mi arco se pueda amparar,
conviene que mueras, cuando lo tirar
con esta mi flecha cruel traspasante.

Síguense a ésta otras octavas, y luego se introduce a un predicador que intima a todos la necesidad de morir, aconsejando la práctica de las buenas obras a fin de disponerse para entrar en una danza que tiene prevenida la Muerte, y dice esta:

A la danza mortal venir los nacidos
que en el mundo sois de cualquier estado;
el que non quisiere, a fuerza y amidos
hacerle he venir muy toste parado.
Pues que ya el fraile vos ha predicado
que todos ayades a facer penitencia;
el que non quisiere poner diligencia,

non puede ya ser ya mas esperado.

Llama a su danza a dos doncellas, y dice

A esta mi danza trax de presente
estas dos doncellas que vedes, fermosas;
ellas vinieron de muy mala mente
a oír mis canciones, que son dolorosas.
Mas non les valdrán flores ni rosas
nin las composturas que poner solían
de mi si pudiesen partirse querrían;
mas non puede ser, que son mis esposas.

Véanse el 1º y 4º tomo de la colección de poesías castellanas anteriores al siglo XV, por don Tomas Sánchez.

1414
Comedia alegórica

2. Don Enrique de Aragón, marqués de Villena. Comedia alegórica, representada al rey don Fernando de Aragón.
Don Enrique de Aragón, marqués de Villena, nieto de Enrique II, rey de Castilla, y biznieto del infante don Pedro de Aragón, floreció en el reinado de don Juan el II de Castilla. Fue hombre de mucho ingenio, muy estudioso e instruido tanto en letras humanas como en las ciencias físicas y matemáticas, que le adquirieron entre el vulgo la opinión de mágico. Murió en el año de 1434. Dejó sus libros al rey, y con ellos se llenaron dos carretas. Fray Lope de Barrientos, comisionado por el rey para examinarlas, «fizo quemar mas de cien libros (como refiere Fernán Gómez de Cibdareal) que no los vio él mas que el rey de Marruecos ni mas los entiende que el deán de Cidarodrigo; ca son muchos los que en este tiempo se fan doctos, haciendo a otros insipientes y magos; y peor es que se hacen beatos, haciendo a otros nigromantes».
Escribió el marqués varias poesías, canciones y diálogos que se representaron, un poema de los trabajos de Hércules, una traducción, de la Eneida, otra de la Divina Comedia de Dante, y otra del tratado de Oratore de Cicerón. Compuso un libro de la Gaya sciencia, otro del Arte cisoria, y varios opúsculos. Vivió muy estimado así en la corte de Castilla como en la de Aragón, y para esta escribió la comedia alegórica que va mencionada. Hacían papel en ella la Justicia, la Ver-

dad, la Paz y la Misericordia. Nasarre en el Prólogo a las comedias de Cervantes, y Velázquez en los Orígenes de la poesía castellana, hacen memoria de esta comedia, refiriéndose a Gonzalo García de Santa María en la crónica que escribió del citado rey don Fernando I de Aragón.

1469
Anónimo

3. Comedia representada en casa del conde de Ureña para obsequiar al infante don Fernando de Aragón con motivo de su desposorio con la infanta Doña Isabel, hermana del rey Enrique IV de Castilla. Se ignora si esta comedia existe. Nasarre da noticia de ella, atribuyéndola a Juan de la Encina; pero en el año de 1469 en que se casaron los reyes Católicos, Juan de la Encina lloraba en la cuna.

1470
Diálogo entre el Amor y un viejo

4. Rodrigo de Cota. Diálogo. -Comienza una obra de Rodrigo de Cota a manera de diálogo entre el Amor y un viejo, que escarmentado de él, muy retraído se figura en una huerta seca y destruida, do la casa del Placer derribada se muestra, cerrada la puerta, en una pobrecilla choza metido, al cual súbitamente parece el Amor con sus ministros: y aquel humildemente procediendo, y el viejo en áspera manera replicando, van discurriendo por su fabla, hasta que el viejo del Amor fue vencido: y comenzó a hablar el viejo de la manera siguiente. Así se anuncia esta obra en el Cancionero general, de Hernando del Castillo, impreso en Valencia por Cristóbal Hoffman, natural de Basilea, año de 1511.
Este diálogo es una Representación dramática con acción, nudo y desenlace: entre dos interlocutores no es posible exigir mayor movimiento teatral. Supone decoración escénica, máquina, trajes y aparato: el estilo es conveniente, fácil y elegante: los versos tienen fluidez y armonía.
Poca noticia nos ha quedado del autor: se sabe solamente que existieron en el siglo XV dos parientes, vecinos de Toledo, con el nombre de Rodrigo de Cota, y que al más antiguo de ellos llamaron el Tío.
A este se le atribuyen las coplas de Mingo Revulgo, y no con bastante seguridad el primer acto de la Celestina. Francisco del Canto, que reimprimió en Medina del Campo en el año de 1569 el Diálogo del Amor y un viejo, le anunció de este modo: Diálogo hecho por el famoso autor Rodrigo de Cota, el Tío, natural de Toledo, el cual compuso la égloga de Mingo Revulgo, etc. Si esta indicación es

segura, puede decirse que Rodrigo de Cota, el Tío, floreció durante los reinados de Juan el II y de Enrique IV. Las coplas de Revulgo son una sátira de los desórdenes ocurridos en tiempo de este último rey. Los que han creído que aludía los de su antecesor, no han leído detenidamente las citadas copias, en las cuales se pinta muy al vivo el carácter de don Enrique, sus inclinaciones, sus vicios, su retraimiento, su absoluto abandono y su escandalosa pasión a la portuguesa doña Guiomar de Castro, dama de la reina.

1492
Égloga

5. Juan de la Encina. -Égloga representada en la noche de la Navidad de nuestro Salvador, a donde se introducen dos pastores, uno llamado Juan, y otro Mateo: y aquel que Juan se llamaba entró primero en la sala a donde el duque y duquesa estaban, y en nombre de Juan del Encina llegó a presentar cien coplas de aquesta fiesta a la señora duquesa; y el otro pastor llamado Mateo entró después de esto, y en nombre de los detractores y maldicientes comenzose a razonar con él, y Juan, estando muy alegre y ufano, porque sus señorías le habían ya recibido por suyo, venció la malicia del otro. A donde prometió que venido el mayo sacaría la compilación de todas sus obras, porque se las usurpaban y corrompían, y porque no pensasen que toda su obra era pastoril, según algunos decían, mas antes conociesen que a más se extendía su saber. Diálogo en verso sin artificio dramático.

Égloga

6. Égloga representada en la misma noche de Navidad, a donde se introducen los mesmos pastores de arriba: y estando estos en la sala a donde los maitines se decían, entraron otros dos pastores, que Lucas y Marco se llamaban, y todos cuatro en nombre de los cuatro evangelistas de la Natividad de Cristo se comenzaron a razonar. Consiste en un diálogo en verso sin acción, y concluye con un villancico cantado. Se infiere por esta pieza que en alguna sala de casa del duque de Alba se disponía un nacimiento (como es todavía costumbre en España), se rezaban delante de él los maitines con asistencia de los duques y de su familia, y acabado este acto religioso seguían las diversiones de Representación y de música.

1494

7. Representación a la muy bendita pasión y muerte de nuestro precioso Redentor, a donde se introducen dos ermitaños, el uno viejo y el otro mozo, razonándose como entre padre e hijo camino del santo sepulcro, y estando ya delante del monumento, allegose a razonar con ellos una mujer llamada Verónica, a quien Cristo cuando le llevaban a crucificar dejó imprimida la figura de su rostro en un paño que ella le dio para se alimpiar del sudor y sangre. Va eso mesmo introducido un ángel, que vino a contemplar en el monumento y les trajo consuelo y esperanza de la santa resurrección. Diálogo sencillísimo en verso, con buen lenguaje y estilo. Se infiere de su contenido que se representó en casa de los duques delante del monumento que se pondría el jueves santo en el oratorio.

Representación

8. Representación a la santísima resurrección de Cristo, a donde se introducen Josef y la Madalena y los discípulos que iban al castillo de Emaus: y primero Josef comienza contemplando el sepulcro... y en fin vino un ángel a ellos por les acrecentar el alegría y fe de la resurrección. Concluye este diálogo en verso con un villancico. Es creíble que se representase también en el oratorio de los duques.

1495
Égloga

9. Égloga representada en la noche postrera de carnal (que dicen de antruejo o carnestollendas) a donde se introducen cuatro pastores llamados Beneyto, y Bras, Pedruelo, y Llorente. Y primero Beneyto entró en la sala a donde el duque y duquesa estaban y comenzó mucho a dolerse y acuitarse porque se sonaba que el duque su señor se había de partir a la guerra de Francia: y luego tras él entró el que llamaban Bras preguntándole la causa de su dolor, y después llamaron a Pedruelo, el cual les dio nuevas de paz, y en fin vino Llorente que les ayudó a cantar. Esta égloga escrita en verso puede considerarse como un pequeño drama con nudo y solución, en el cual oportunamente introdujo el autor los elogios del duque de Alba. La expresión de caracteres y afectos son convenientes a los personajes de la fábula.

Égloga

10. Égloga representada la mesma noche de antruejo o carnestollendas, a donde se introducen los mesmos pastores de arriba llamados Beneyto, y Bras, y Llorente, y Pedruelo. Y primero Beneyto entró en la sala, a donde el duque y duquesa estaban, y tendido en el suelo de gran reposo comenzó a cenar, y luego Bras que ya había cenado entró diciendo: carnes fuera; mas importunado de Beneyto tornó otra vez a cenar con él, y estando cenando y razonándose sobre la venida de cuaresma, entraron Llorente y Pedruelo, y todos cuatro juntamente comiendo y cantando con mucho placer dieron fin a su festejar. Diálogo en verso desnudo de acción, que se acaba con un villancico.

Égloga

11. Égloga representada en recuesta de unos amores, a donde se introduce una pastorcilla llamada Pascuala, que yendo cantando con su ganado entró en la sala a donde el duque y duquesa estaban, y luego después de ella entró un pastor llamado Mingo, y comenzó a requerilla. Y estando en su recuesta llegó un escudero que también fue preso de sus amores. Recuestando y altercando el uno con el otro se la sonsacó, y se tornó pastor por ella. En esta égloga escrita en verso se advierte un poco de artificio dramático: el lenguaje y estilo son acomodados a los caracteres que en ella se introducen. El de Mingo le representó Juan de la Encina, como se infiere por el contexto de la pieza siguiente.

1496
Égloga

12. Égloga representada por las mismas personas que en la de arriba van introducidas, que son un pastor llamado Gil, y Pascuala y Mingo, y su esposa Menga, que de nuevo agora aquí se introducen. Y primero Gil entró en la sala a donde el duque y duquesa estaban, y Mingo, que iba con él, quedose a la puerta espantado que no osó entrar, y después importunado de Gil entró, y en nombre de Juan de la Encina llegó a presentar al duque y duquesa sus señores la compilación, de sus obras, y allí prometió no trovar mas, salvo lo que sus señorías le mandasen, y después llamaron a Pascuala y a Menga, y cantaron y bailaron con ellas. Y otra vez tornándose a razonar allí, dejó Gil el hábito de pastor que había traído un año, y tornése del palacio, y con él juntamente la su Pascuala, y en fin Mingo y su esposa Menga viéndolos mudados del palacio crecioles envidia, y aunque recibieron pena de dejar los hábitos pastoriles, también ellos quisieron tornarse del

palacio, y probar la vida dél. Así que todos cuatro juntos muy ataviados dieron fin a la Representación cantando el villancico del cabo. La composición de este diálogo en verso no tiene mérito particular, pero la expresión de los caracteres, el estilo, la versificación y el siguiente villancico merecen elogio.

Al Amor obedezcamos
con muy presta voluntad;
pues es de necesidad,
de fuerza virtud hagamos
al Amor no resistamos,
nadie cierre a su llamar,
que no le ha de aprovechar.
Amor amansa al mas fuerte,
e al mas flaco fortalece;
al que menos le obedece
mas le aqueja con su muerte:
a su buena o mala suerte
ninguno debe apuntar,
que no le ha de aprovechar.
Amor muda los estados,
las vidas y condiciones,
conforma los corazones
de los bien enamorados:
resistir a sus cuidados
nadie debe procurar,
que no le ha de aprovechar.
Aquel fuerte del Amor,
que se pinta niño y ciego,
hace al pastor palaciego,
y al palaciego pastor:
contra su pena y dolor
ninguno debe lidiar,
que no le ha de aprovechar.
El que es Amor verdadero
despierta al enamorado,
hace al medroso esforzado,
e muy polido al grosero:
quien es de Amor prisionero

no salga de su mandar,
que no le ha de aprovechar.
El Amor con su poder
tiene tal jurisdicción,
que cativa el corazón
sin poderse defender:
nadie se debe asconder
si Amor viniere a llamar,
que no le ha de aprovechar.

Auto del Repelón

13. Auto del Repelón, en el cual se introducen dos pastores Piernicurto y Johan Paramas, los cuales estando vendiendo su mercadería en la plaza, llegaron ciertos estudiantes que los repelaron, haciéndoles otras burlas peores. Los aldeanos, partidos el uno del otro por escaparse de ellos, el Johan Paramas fuese a casa de un caballero: en entrando en la sala, fallándose fuera del peligro, comenzó a contar lo que le acaeció. Sobreviene Piernicurto en la rezaga, que le dice como todo el hato se ha perdido, y entró un estudiante estando ellos hablando a refacer la chaza, al cual, como le vieron solo, echaron de la sala. Sobrevienen otros dos pastores, y levanta Johan Paramas un villancico. No se alcanza por qué Juan de la Encina llamó auto a esta pieza, y no égloga o Representación, como hizo con las otras. La presente es un diálogo en verso sin acción, en que hizo hablar a los interlocutores un lenguaje extremadamente grosero y rústico, como puede verse en los siguientes versos.

Estudiante	Pues que ya te lo he jurado, ven acá, dímelo tú.
Johan	¿Quieres saber lo que hú? Engañonos, mal pecado, que estábamos nel mercado ña aquella praza denantes; un rebaño de estudiantes nos hizo un mal recado. Aqueste, yo os do la fe que bonico lo paroren.

Piernicurto	¿Y a mi fío me repeloren?
Johan	Así, hízote, no sé qué.
Piernicurto	No, que yo bien me guardé.
Johan	Bien que el rabo lo pagó. ¿Cuidas que ño lo sé yo?
Piernicurto	Cocorrón que te daré.

Representación

14. Representación por Juan del Encina ante el muy esclarecido y muy ilustre príncipe don Juan nuestro soberano señor. Introdúcense dos pastores, Bras y Juanillo, y con ellos un escudero que a las voces de otro pastor, Pelayo llamado, sobrevinieron; el cual de las doradas flechas del Amor mal herido se quejaba, al cual andando por dehesa vedada con sus flechas y arco de su gran poder ufanándose el sobredicho pastor había querido prender. No carece de mérito en esta pieza el soliloquio del Amor, en que describe la extensión de su poderío. Está escrita en verso.

1497
Égloga

15. Égloga trovada por Juan del Encina, en la cual se introducen tres pastores, Fileno, Zambardo y Cardonio, donde se recuentra como este Fileno preso de amores de una mujer llamada Zéfira, de cuyos amores viéndose muy desfavorecido, cuenta sus penas a Zambardo y Cardonio, el cual no fallando en ellos remedio, por sus propias manos se mata. El autor de El Diálogo de las lenguas cita con elogio una comedia intitulada: Fileno y Zombardo; pero no es de creer que aludiese a la presente composición, a la cual su autor llamó égloga, y no comedia. Fileno, después de quejarse largamente de la ingratitud de su pastora, concluye quitándose la vida: sobrevienen dos amigos suyos, cargan con el cuerpo y se le llevan a enterrar: no hay más fábula que ésta. Escribió su obra Juan de la Encina en coplas de arte mayor, a diferencia de todas las otras. La pureza del lenguaje, el estilo y los versos tienen mérito. Véase este pasaje en que declama Fileno contra los vicios de las mujeres:

Desde el comienzo de su creación
torció la mujer del vero camino:
que menospreciando el mando divino,
a si y a nosotros cansó perdición:
de aquella en las otras pasó sucesión,
soberbia, codicia y desobediencia,
y el vicio do halla mayor resistencia
aquel más seguir su loca opinión.
Discretas son todas a su parecer:
si yerran o no sus obras lo digan:
¿dime si viste en cosa que sigan
mudanzas y antojos jamas fallecer?
Si aborreciendo nos muestran querer,
de si penando nos muestran folganza,
yo y los que en ellas han puesto esperanza
te pueden de aqueste bien cierto hacer.
El tiempo no sufre que en esto me extienda,
el cual faltaría, mas no que decir:
sus artes cubiertas, su claro mentir,
huirse debía, mas no lleva enmienda;
y aunque de todas aquesto se entienda,
sola Zefira a todas excede,
cuya crueza no sé, ni se puede
pensar, ni ella misma creo la comprenda.
¿En cuál corazón de muy cruda fiera
pudiera caber tan gran crueldad,
que siendo señora de mi libertad
por otra no suya trocarla quisiera?
¡Oh! Condición mudable ligera:
ioh! Triste Fileno, en qué eres venido,
que ni aprovecha llamarte vencido,
ni para vencer remedio se espera.
La sierpe y el tigre, el oso y león,
a quien la natura produjo feroces,
por uso de tiempo conocen las voces
de quien los gobierna y humildes le son;
mas esta, do nunca moró compasión,

aunque la sigo después que soy hombre,
y soy hecho ronco llamando su nombre,
ni me oye ni muestra sentir compasión.

1498
Égloga

16. Égloga trotada por Juan del Encina representada la noche de Navidad, en la cual a cuatro pastores, Miguellejo, Juan, Rodrigacho y Antón llamados, que sobre los infortunios de las grandes lluvias y la muerte de un sacristán se razonaban, un ángel aparece, y el nascimiento del Salvador les anunciando, ellos con diversos dones a su visitación se aparejan. Es un diálogo en estilo rústico, que se acaba con la inoportuna aparición de un ángel. Cuéntales a los pastores el nacimiento del hijo de Dios, y ellos se encaminan a Belén para adorarle; pero como los tales pastores no son los del Evangelio, sino unos cabreros cristianos y españoles que hablan de los aguaceros y avenidas del año de 1498, resulta demasiado absurdo el anuncio del ángel y el desatinado viaje que emprenden.

1513
Égloga de la tragicomedia de Calixto y Melibea, de prosa trovada en metro, por don Pedro Manuel Urrea

17. Don Pedro Manuel de Urrea. Égloga de la tragicomedia de Calixto y Melibea, de prosa trovada en metro, por don Pedro Manuel Urrea, dedicada a su madre la condesa de Aranda. Está inserta esta pieza entre las varias poesías de que se compone el Cancionero del mismo autor impreso en Logroño a costa y expensas de Arnao Guillen Brocar, maestro de la imprenta en dicha ciudad: le acabó en nombre de la santísima Trinidad a siete días del mes de julio de 1513, en folio.
El autor dice en el argumento: Esta égloga ha de ser hecha en dos veces. Primeramente entra Melibea y después Calixto, y pasan allí las razones que aquí parecen, y al cabo despide Melibea a Calixto con enojo, y sálese él primero, y después luego se va Melibea. Y torna presto Calixto muy desesperado a buscar a Sempronio su criado, y los dos quedan hablando hasta que Sempronio va a buscar a Celestina para dar remedio a su amo Calixto. Está trovado esto hasta que queda solo Calixto, y allí acaba, y por no quedar mal, vanse cantando el villancico que va al cabo. Por esta advertencia preliminar se ve que Urrea no aspiró al mérito de la invención: puso en versos cortos la prosa que halló en el primer

acto de la Celestina, y advirtiendo que no le resultaba una fábula entera añadió un villancico por no quedar mal.

1514
Farsa de Plácida y Vitoriano

18. Juan de la Encina. Farsa de Plácida y Vitoriano. Esta obra, de la cual solo queda la noticia, se imprimió en Roma en el año de 1514. El citado autor de El Diálogo de las lenguas habla de ella con elogio, prefiriéndola a todas las demás del mismo poeta. La Inquisición la prohibió en el año de 1559.

Juan de la Encina nació en Salamanca (o en algún pueblo inmediato a ella) en el año de 1468. Estudió en aquella universidad, protegido del maestrescuela don Gutiérrez de Toledo, hermano de don García de Toledo, conde de Alba. Siguió después la corte, y a los veinticinco años de su edad se hallaba colocado en la casa y familia de don Fadrique de Toledo, primer duque de Alba, y de su esposa doña Isabel Pimentel. Publicó la colección de sus obras con el título de Cancionero, que dividió en cuatro partes, dedicándola a los reyes Católicos, al duque y duquesa de Alba, al príncipe don Juan, y a don García de Toledo, primogénito de los duques, el que murió en la funesta jornada de los Gelves. En la cuarta parte de esta colección incluyó sus obras dramáticas. El duque y duquesa de Alba, don Fadrique Enríquez, almirante de Castilla, don Íñigo López de Mendoza, duque del Infantado, el príncipe don Juan, y los más ilustres caballeros y damas de aquella corte asistieron a estos privados espectáculos, en que Juan de la Encina se distinguió como poeta y gracioso cómico. Ignórase con qué motivo ni en qué tiempo pasó a Roma: sólo se sabe que permaneció algunos años en aquella capital, cultivandolas letras y la música, en la cual llegó a ser eminente profesor. Ordenado de sacerdote, en el año de 1519 hizo un viaje a Jerusalén en compañía de don Fadrique Enríquez de Ribera, marqués de Tarifa: volvió a Roma en el mismo año, y en el de 1521 publicó en aquella ciudad un poema que intituló Tribagia, refiriendo en él menudamente su devota peregrinación. León X le dio la plaza de maestro de la capilla pontificia, y el mismo (o alguno de sus inmediatos sucesores) premió sus méritos con el priorato de León. Restituido a España murió en Salamanca, cumplidos 65 años de su edad, en el de 1534, y fue sepultado en aquella iglesia mayor.

La colección de sus obras (más o menos completa) se imprimió en Salamanca en los años de 1496 y 1509, y en Zaragoza en los de 1512 y 1516.

Égloga

19. Anónimo. Égloga. Personas: Torino. -Guillardo. -Quirul. -Benita. -Illana. En la novela histórica intitulada Cuestión de Amor, en la cual bajo nombres fingidos introdujo su ingenioso autor a los más distinguidos caballeros y damas de la ciudad de Nápoles, supone que la presente égloga fue representada delante de aquella reunión ilustre. Como en la citada novela se habla de lo ocurrido en Italia desde el año de 1508 hasta el de 1512, he creído poder fijar la composición de ella hacia el año de 1514, y todo su contexto anuncia haberse escrito y publicado en Nápoles. La edición que he tenido presente es la que hizo Martín Nucio en Amberes, en el año de 1598.

Sus prendas de lenguaje, estilo y versificación hacen muy estimable la mencionada égloga, que puede considerarse como una de las mejores piezas representables de aquel tiempo.

1515

Comedia de Plauto llamada Anfitrión

20. Francisco de Villalobos. Comedia de Plauto llamada Anfitrión. En esta traducción se omite el prólogo del autor latino, se acorta el monólogo de Mercurio en el acto primero en cuanto es relativo a informar a los espectadores de lo que sucederá en el progreso de la fábula: también se suprime el monólogo de Júpiter en el acto tercero. La traducción está muy bien hecha, a excepción de uno u otro pasaje mal entendido por el traductor. Los demás defectos que en ella se advierten deben atribuirse menos a él que a las malas ediciones que pudo tener a la vista. Todas las que se habían publicado hasta el tiempo en que Villalobos hizo esta versión, estaban llenas de faltas y errores, ya fuesen sacadas de los originales de la biblioteca de Florencia, o de la Palatina, porque unos y otros (y en especial los primeros) eran en extremo defectuosos. Hasta el siglo XVII no se conoció el texto genuino de Plauto, y por consiguiente merece mucha indulgencia el que se atrevió a traducirle a principios del siglo anterior.

Por los siguientes pasajes puede formarse idea del buen lenguaje y cultura de estilo de esta traducción: el que guste de cotejarla con el original hallará que en punto a la fidelidad no es menos estimable.

ALCUMENA, ANFITRIÓN, SOSIA.

Alcumena   Harto poca cosa es el placer que se pasa en esta vida y
                  en todas sus edades para con las tristezas y molestias de

ella: así se compra bien lo uno por lo otro en la edad de los hombres. Así ha placido a los dioses que siempre tras el deleite se siga la compañía del dolor; que si algún bien se alcanza, sea mayor el daño y el mal que de allí redunda. Esto tengo yo ahora por experiencia en mi casa, y por mí misma lo sé: que se me dio un rato de deleite cuando pude alcanzar de ver a mi marido por espacio de una noche, y éste se me partió luego antes que amaneciese. Parece que quedo sola sin alguna compañía en apartarse de aquí aquel a quien yo amo sobre todos. Mas pasión me queda de la ida de mi marido, que placer me dio su venida; mas esto me hace bienaventurada, que a lo menos venció por batalla a los enemigos, y en volver él a su casa con mucha honra me da consolación. Sea de mí absente con tal que alcanzada la gloriosa alabanza se retraiga a su casa. Yo sufriré mucho el absencia suya con fuerte y firme ánimo, pues que tal galardón se me da, que vuelva mi marido vencedor de la batalla: esto habré yo por gran bien, porque la virtud es muy buen premio de los trabajos. La virtud en verdad a todas las cosas precede. La libertad, la salud, la vida, la hacienda, los padres, la patria y los hijos con la virtud se defienden y se guardan; la virtud contiene en sí todas las cosas; todos los bienes están en quien está la virtud...

| Anfitrión | Anfitrión muy alegre saluda a su deseada mujer, a la cual sola estima por la mejor de todas cuantas hay en Tebas, cuya bondad es famosa entre todos los ciudadanos. ¿Has estado buena, has deseado mi venida? |

| Sosia | Nunca vi cosa mas deseada. Ninguno le saluda mas que a un perro. |

| Anfitrión | Y como te veo preñada, y como te veo embarnecida, alégrome. |

| Alcumena | Ruégote por Dios que me digas ¿por qué me saludas para burlar de mí, y me hablas tan amorosamente como |

si de poco acá no me hubieses visto, como si agora fuese la primera vez que llegas a tu casa viniendo de la guerra? Así me hablas, como si de mucho tiempo acá no me vieras.

Anfitrión	Antes lo certifico que yo no te haya visto en alguna parte, si agora no, después que me partí a la guerra.
Alcumena	¿Por qué lo niegas?
Anfitrión	Porque deprendí a decir verdades.
Alcumena	No hace cosa justa el que desaprende lo que aprendió. ¿Probaisme quizá por ver lo que tengo en el corazón? Mas dime, ¿por qué os volvisteis tan presto? ¿Hobo algún agüero que te hiciese tardar, o detenerte alguna tempestad que no te fueses a tus huestes como poco ha me dijiste?
Anfitrión	¿Poco ha? ¿Qué? ¿Tan poco?
Alcumena	Tiéntasme; poquito ha, muy poquito, ahora.
Anfitrión	¿Cómo puede ser esto que dices, poquito ha, y agora?
Alcumena	¿Qué piensas que tengo de hacer sino burlar de ti, pues que burlas de mí? Que dices que llegaste ahora de nuevo, y aun ahora partiste de aquí.
Anfitrión	Esta mujer desvariando está.

El doctor Francisco de Villalobos, médico de Fernando el Católico y de Carlos V, además de algunos comentarios latinos que escribió sobre la historia natural de Plinio, y otros tratados y epístolas eruditas, compuso en castellano sus problemas, discursos y diálogos familiares sobre puntos de física, medicina, política y moral con puro lenguaje y estilo fácil, gracioso y correcto. La comedia de Anfitrión, ilustrada con anotaciones, se imprimió en Zaragoza en el año de 1515, en Zamora en el de 1513, y en Sevilla, juntamente con las demás obras castellanas del mismo autor, en el de 1574. Murió de edad muy avanzada, reinando ya Felipe II, pero se ignora el año de su muerte.

1517
Comedia Serafina

21. Bartolomé de Torres Naharro. Comedia Serafina. Preceden a esta comedia (como a todas las demás del mismo autor) el introito y el argumento. El introito es generalmente una relación en verso, escrita en lenguaje y estilo rústico acomodado al personaje grosero que la representa. En ella pide silencio y atención a los oyentes: refiere sus buenas cualidades, sus amores y sus celos, y algunos lances que ha tenido con las mozas de su pueblo, en todo lo cual hay expresiones y pinturas poco decentes. Acabado el introito sigue el argumento, en el cual se da razón de la fábula que va a representarse. La Comedia Serafina (como todas las obras de Naharro) está escrita en verso y dividida en cinco jornadas. Floristan había vivido mucho tiempo con Serafina bajo palabra de casamiento: disgustado de ella y cediendo a la voluntad de sus padres se casa con Orfea, mujer honesta y virtuosa. Serafina lo sabe, le acusa de inconstante y pérfido, y él reconociendo su primera obligación resuelve matar a Orfea para quedar libre y poderse casar con Serafina. Consulta esta idea con un fraile ermitaño llamado Teodoro, el cual le responde que haga lo que guste, y que él se lava las manos como Pilatos. Orfea, al saber de boca del mismo Floristan que lo va a quitar la vida, llora sus culpas, perdona a su ofensor y pide a Dios misericordia. El fraile sin cuidar de otra cosa trata sólo de confesarla para que muera cristianamente, y a este efecto se la lleva a su casa. Consultan de nuevo Floristan y el fraile, y este le sugiere el arbitrio de casar a Orfea con Policiano, hermano de Floristan, que acaba de llegar después de una larga ausencia, para lo cual no hallan inconveniente, asegurando Floristan que no ha consumado el matrimonio con Orfea, Llega pues Policiano, y felizmente se descubre que era amante de Orfea, con lo cual todo se facilita y quedan ajustados a placer ambos casamientos.
El carácter de Serafina está bien sostenido. Orfea interesa en la tercera jornada, cuando se lamenta como una mujer inocente, enamorada e infeliz. El carácter de Floristan es abominable, supersticioso, cruel, disoluto, inconsecuente, y además hablador insulso y empalagoso pedante. Resuelve matar a Orfea, porque dice que ella o él deben morir precisamente: que si él se mata, como Serafina y Orfea le quieren tanto, se morirán de pesadumbre, y para evitar tres muertes determina asesinar a su inocente esposa. En medio de esta barbarie se encomienda a Dios como pudiera el hombre más penitente, diciendo:

Mas, Señor, por tu pasión
redime mi alma triste,
tú que también redimiste
captivitatem Sion.
Que si en juicio perfecto
con tu siervo entras de grado,
no será justificado
ningún hombre en tu conspecto.
Del mi pecado secreto
Múndame, Rey Nazareno, etc.

El fraile es un ente ridículo, siempre hablando en latín macarrónico, siempre echando sentencias, estropeando la Escritura, y corriendo de una a otra parte muy diligente sin hacer nada. Un leguillo que le acompaña habla también en latín, hace gestos a Dorosia, criada de Serafina, y le ofrece regalos.
El latín que gasta, todo es parecido a este:

Maneo solus in boscorum,
sicut mulus sine albarda,
mortis mea non se tarda
propter meus peccatorum.

La variedad de idiomas que hay en esta comedia produce la más extravagante confusión que puede imaginarse. Serafina y Dorosia hablan en valenciano, el fraile y su lego les responden en latín, Orfea y Bruneta su criada se quejan en italiano, y Floristan las consuela en castellano.

Comedia Trofea

22. Comedia Trofea. Introito y argumento. La Fama celebra las glorias del rey don Manuel de Portugal, y asegura que oscurecería el nombre de Ptolomeo, pues ha ganado más tierras que el geógrafo describió. Sale Ptolomeo con licencia que dice haberle dado Plutón, y se queja de lo que ha dicho la Fama en mengua suya. Ella le hace una larga relación de las provincias y ciudades conquistadas en África y en Asia por don Manuel, y le convida a que vea como se le postran los reyes vencidos. Cascolucio y Juan Tornillo barren el salón donde está la silla del rey: uno de los dos se sienta en ella, e imita al cura de su lugar cuando anuncia

las fiestas el domingo: se entretienen después en echarse maldiciones el uno al otro: un paje los pone en paz y les manda apresurar el barrido: hácenlo así, y entre tanto cantan coplillas y cuentan cuentos. Salen veinte reyes orientales a prestar obediencia a don Manuel, que los recibe sentado en su trono: y aunque ni él ni ellos hablan una palabra, el intérprete suple por todos con un largo razonamiento en que va nombrando a los reyes que están presentes de Gelof, Caul, Narsinga, Mandinga, Monicongo, etc., y dice por último que todos desean bautizarse, y ser gobernados por leyes que esperan recibir del rey de Portugal, su dueño y natural señor. Éste se levanta luego que el intérprete ha concluido, y se va sin responder. Vuelve después el rey a ocupar el trono, y recibe a Cascolucio, Gil Bragado, Juan Tomillo, y Mingo Oveja, que después de haber echado pajitas para saber quien ha de hablarle primero, le presentan una zorra, un gallo, un cordero y un águila, explicándole la alusión política y moral de aquellos presentes. El rey, como lo tiene de costumbre, no les responde nada, y se va. Apolo entrega a la Fama unos versos que ha compuesto en elogio del rey, y le manda que dilate su nombre por toda la tierra, y alabe a la reina y al príncipe La Fama esparce varios papeles (sin duda al auditorio). Mingo Oveja le pide uno para él, ella no quiero dár;ele y altercan sobre esto. Mingo se ofrece a publicar por el mundo las glorias del rey don Manuel cómo la Fama le preste las alas para el viaje. Ella se lo concede; y luego que Mingo las tiene puestas, queriendo volar cae por el suelo y se rompe la cabeza: vuelve sus alas a la Fama llamándola hechicera y puta; y ella a fin de consolarle le da un villancico, que cantan después entre todos para concluir el drama. Esta comedia es un diálogo insípido, dilatado con episodios impertinentes, inconsecuencias y chocarrerías.

Comedia Soldadesca

23. Comedia Soldadesca. Introito y argumento. La escena es en Roma. Guzmán se queja de su mala fortuna: hállale un capitán conocido suyo, le dice que tiene encargo de reclutar quinientos peones para el ejército del papa, y le ofrece el grado de sota capitán. Viene un tambor, queda ajustado también; y el capitán le manda publicar la recluta. Mendoza, Pero Pardo y Juan González hacen varias preguntas al tambor sobre las condiciones del enganche. El capitán habla a sus nuevos soldados: les acuerda sus obligaciones, y les promete por su parte buena paga y buen trato. Manrique y Mendoza se repuntan de palabras, el capitán los pone en paz. Un fraile apóstata se presenta a sentar plaza de soldado, y queda recibido bajo el nombre de Liaño. Juan González, Liaño y Pero Pardo van a alojarse a casa de un labrador llamado Cola: éste habla en italiano; los soldados no

le entienden, y resultan equivocaciones continuas entre unos y otros, Mándanle que les prepare una buena comida, y entre tanto le requiebran la criada: él se desespera, pide favor a Juan Francisco su paisano y amigo, y tratan de dar una buena paliza a los españoles. Guzmán y Mendoza murmuran del capitán: se proponen hurtarle una docena de pagas, comprar dos yeguas, desertar, llevarse dos mujeres para sí, y otras para hacer torpe tráfico de ellas. Cola se queja al capitán de que los soldados que han entrado en su casa se han comido cuanto había en ella, y le han hecho mil insultos: el capitán los apacigua a todos, y propone a Cola y a Juan Francisco que sienten plaza también: admiten el partido, y se concluye la comedia con un villancico, que cantan todos marchando en ordenanza.

Esta pieza, meramente episódica, no tiene particular interés, ni se busque en ella objeto moral, idea de la cual el autor estuvo distante: quiso únicamente hacer una pintura exacta de las costumbres corrompidas de una soldadesca disoluta, y supo desempeñarlo con facilidad y ligereza cómica.

Comedia Tinelaria

24. Comedia Tinelaria. Introito y argumento. La escena es en Roma en casa de un cardenal. La acción se reduce a que sus criados con lo que le hurtan comen y gastan y viven en la mayor disolución y abandono. Al acabar la primera jornada se van a almorzar: la tercera se gasta toda en comer: en la quinta cenan y se emborrachan. Desde el primero al último de los personajes (que llegan a veintidós) todos son ladrones, glotones, borrachos, maldicientes, blasfemos, provocativos y disolutos. El autor acudió al arbitrio infeliz de introducir diferentes idiomas para animar el diálogo: uno habla en latín, otro en francés, otro en italiano, otro en valenciano, otro en portugués, y los demás en castellano. Esta greguería poliglota, y el número excesivo de personajes que pone a un tiempo en la escena, producen una confusión intolerable. A pesar de tantos nulidades no deja de hallarse uno u otro pasaje escrito con inteligencia. Véase el siguiente diálogo entre el despensero del cardenal y la lavandera su amiga.

Lucrecia   Buenos días te dé Dios.

Barrabás   ¡Oh qué milagro tamaño!
                  Y buenas noches a vos,
                  porque es la mitad del año.

Lucrecia   ¿He tardado?

Barrabás   Tanto que me has enojado
                  para hacer maravillas.

Lucrecia   Por tu vida que he esperado
                  que tocasen campanillas.

Barrabás   ¡Qué placer!
                  Dime, ¿quién debe atender,
                  si presumes como sueles,
                  los manteles al comer,
                  o el comer a los manteles?

Lucrecia   No sé nada:
                  como quier que fui criada
                  donde siempre fui servida
                  sé muy poco de colada,
                  y menos de aquesta vida.

Barrabás   ¡Guay de mí!
                  Diez años ha que te vi.
                  Morar en el Burgo viejo,
                  y siempre te conocí
                  lavandera de concejo.

Lucrecia   ¿Cómo qué?
                  Pues, no ha más que me casé.
                  Mira si bien has mentido,
                  pues harto estuve a la fe
                  con el ruin de mi marido.

Barrabás   Si querrás,
                  dime cuantos años has;
                  no me niegues la verdad.

Lucrecia   Veinte, por Dios, y no mas
                  he hecho por Navidad.

Barrabás   Ora pues
                  no quiero ser descortés;
                  pero así me ayude Dios,
                  que creo que ha veintitrés
                  que dices que has veintidós.

Lucrecia   Di, pues, ca,
                  que aquella que en ti se emplea
                  se puede contar por loca:
                  Nunca yo fui vieja y fea,
                  sino en tu maldita boca.
                  ¡Ay perdida!
                  Que de nadie en esta vida
                  nunca fui tan mal tratada
                  ni de hombre menos querida
                  ni menos acariciada.
                  Y aun ayer,
                  por quererte a ti querer
                  (Cosa que no me conviene),
                  he dejado un mercader
                  que me diera cuanto tiene:
                  Y aun hiciera
                  que en llegando me vistiera,
                  y hoy me ruega de hora en hora,
                  y en su casa me tuviera
                  servida como señora.
                  ¡Desgraciado!
                  Dime, ¿dónde has tú hallado
                  otra boba como yo,
                  que hubiera por ti llegado
                  la madre que me parió?
                  Bien me miembra,
                  que quien en ruin tierra siembra
                  diz que coge mal y tarde.
                  ¡Maldita sea la hembra
                  que se fía de un cobarde!

Barrabás   Calla esposa:

por una tan poca cosa
no tomes esos enojos,
que no hay dama mas hermosa
si preguntan a mis ojos.
¿Qué mas quieres?
Vieja o moza, cual tú eres,
quiero yo mas tu gervilla
que a todas cuantas mujeres
han salido de Castilla.

Comedia Himenea

25. Comedia Himenea. Introito argumento. Jornada Primera. Himeneo, amante de
Febea, ronda de noche las puertas de su dama acompañado de sus criados Eliso
y Boréas, a quienes manda guardar el puesto mientras va a disponer una música:
quedándose solos manifiestan uno y otro su cobardía: llega el marqués, hermano
de Febea, seguido de Turpedio su paje: los criados de Himeneo huyen: el marqués, receloso de su hermana porque sabe la frecuencia con que Himeneo le da
músicas y alboradas, quiere entrar a verla; pero Turpedio le disuade con buenas
razones, y ambos se retiran. Jornada segunda. Vuelve Himeneo acompañado
de sus criados y algunos músicos, que cantan al son de instrumentos, algunos
versos amorosos. Febea se asoma a la ventana y habla con Himeneo, a quien
promete, obligada de sus instancias, que a la noche siguiente le permitiría la
entrada en su cuarto. Himeneo se va lleno de lisonjeras esperanzas: el marqués
y Turpedio ven a lo lejos a los que se retiran: el marqués quisiera embestir con
ellos, pero el paje le dice que será mejor remitir su venganza a otra ocasión en
que vengan más bien armados. Aprueba el marqués las reflexiones de su criado,
y quedan en volver a la noche próxima. Jornada tercera, Boréas reprende a Eliso
su compañero porque no quiso recibir unos regalos que su amo Himeneo quería
hacer a los dos. Sale Doresta, criada de Febea, a la ventana: Boréas la requiebra
y le pide que a la noche cuando Himeneo vaya a ver a su señora le permita entrar con él: Doresta se lo concede, y ellos se van. Turpedio, el paje del marqués
habla a Doresta, y ella le desprecia: ambos se repuntan de palabras, injurian y
amenazan recíprocamente. Jornada cuarta. Himeneo encarga a sus criados que
guarden la puerta y se entra en casa de Febea: quedan en la calle Boréas y Eliso
temblando de miedo: sobreviene el marqués con su paje, y ellos huyen inmediatamente dejándose Boréas la capa en el suelo: por ella infiere el marqués que
Himeneo estará dentro con su hermana; rompe las puertas y va a buscarle lleno

de furor. Jornada quinta. Sale Febea huyendo de su hermano, que la persigue con la espada desnuda: ella le suplica que no mate a su amante, confiesa el amor que le ha tenido, y no se juzga culpada sino infeliz en haberle amado. El marqués imagina que sólo con matarla satisface la injuria que ha recibido: va a ponerlo en ejecución cuando sale Himeneo, que con ruegos corteses va mitigando el enojo del marqués, hasta que persuadido de sus razones y las de su hermana, los perdona y aprueba gustoso su casamiento. Fábula muy sencilla, bien conducida, animada con situaciones y afectos naturales y oportunos. La acción consiste en la solicitud de Himeneo a la mano de Febea; el tiempo no excede de veinticuatro horas; el lugar de la escena es invariable. Tiene defectos pero le compensan sobradamente con el mérito particular que la recomienda y distingue.

Comedia Jacinta

26. Comedia Jacinta. Introito y argumento. La escena es en un camino cerca de Roma. En la primera jornada sale Jacinto quejándose en un soliloquio del mal tratamiento que dan los señores a quien los sirve. En la segunda sale Precioso despechado al ver la falsedad de los que se venden por amigos. En la tercera Fenicio llora la vanidad del mundo, y el engaño de los hombres que se olvidan del fin para que fueron nacidos, y va resuelto a meterse fraile y hacer penitencia. Pagano, criado de una principal señora llamada Divina, que vive en un castillo o palacio poco distante del camino, y tiene de costumbre detener a los pasajeros para agasajarlos y saber de ellos novedades, les manda esperar y ya a dar cuenta a su ama de la venida de los tres: quedan solos en la cuarta jornada discurriendo sobre la bondad de aquella señora, y con este motivo alaban en general las buenas prendas de las mujeres. En la jornada quinta viene Divina: les hace preguntas sobre las causas que les han movido a viajar, y por último prendada de la buena gracia de Jacinto le escoge por marido, y a los otros dos les ofrece hospedaje y todo buen tratamiento.
La falta de acción, la distribución simétrica de las escenas, los largos soliloquios, la semejanza de situaciones, el poco interés, lo atropellado e inverosímil del desenlace son los defectos principales de esta comedia. Su mérito consiste en el decoro de los caracteres, la solidez filosófica de las máximas en que abunda, la pureza del lenguaje, la elegancia de estilo, la fluidez de su versificación. Véanse los siguientes trozos que confirmarán esta aserción en el dictamen de los inteligentes. Jacinto dice en la primera jornada:

¿Quieres saber mi fortuna?

Yo te la quiero decir:
que por morir ni vivir
no me da cosa ninguna.
Sabrás que desde la cuna,
sin un punto de reposo,
no me acuerdo vez alguna
poderme llamar dichoso;
de servir muy codicioso,
no de vivir vagabundo,
mas ir al cabo del mundo
tras un señor virtuoso.
Sabe Dios cuanto holgara
de saber algún oficio,
porque en tan ruin ejercicio
tan buen tiempo no gastara:
pero ¿quién jamas pensara,
donde son tantos señores,
que un señor no se hallara
para buenos servidores?
Aquellos son los traidores
que decimos las verdades,
y los que ensayan maldades
suceden en los favores.
Todos están concertados
de traer todas sus vidas,
las bestias muy guarnecidas
y los siervos despojados.
Tienen puestos sus cuidados
en continuo atesorar,
sacando algunos ducados
que se gastan en cazar;
y si quieren algo dar,
no lo dan a pobrecicos,
sino a aquellos que son ricos,
que es echar agua en el mar.

Fenicio en la jornada tercera habla así contra la codicia:

Pues, oh ciega criatura,
que con este mundo vives,
que en cabo de él no recibes
sitio solo sepultura;
¿No miras que es gran locura
si deja tu pensamiento
lo que para siempre dura
por lo que dura un momento?
Que este inundo todo es viento;
pues de pobres, ni de ricos,
ni de grandes, ni de chicos,
ninguno vive contento.
Oh!, loco el hombre y mujer
con cuanto puede afanarse,
que piensa de contentarse
por mas haberes haber!
Que si bien por carecer
se duele la pobre gente,
no veo que por tener
algún rico se contente:
porque en el siglo presente
muy más grande ser conviene
el temor que el rico tiene,
que el dolor que el pobre siente.

Jacinto en la jornada cuarta dice hablando de las mujeres:

Pues esto digo en favor
de las que corren fortuna,
pero digamos de alguna
que tiene un poco de amor.
Con cuanta pena y dolor,
por poco mal que sintáis,
anda y torna en derredor
demandándoos cómo estáis,
diciéndoos qué lo mandáis,
consolándoos como suele,
preguntándoos dónde os duele,

porfiándoos que comáis.
Hela va muy afligida
a decir misas por vos,
y a rogar contino a Dios
que os mande salud y vida;
su comer y su bebida
suspiros, lágrimas son;
llora, gime, plañe, y crida
de todo su corazón.
No puede ningún varón
pagalle cumplidamente
las lágrimas solamente
que deja en cada rincón.
Pues de esto bien informados
que otro bien no hubiere en ellas,
a todas y a cualquier dellas
somos todos obligados:
cuanto mas que sus cuidados,
sus grandezas, sus hazañas
son servir a sus amados
con obras y lindas malas;
y en los tiempos de sus sañas,
cuando os partís, ellas lloran;
cuando tornáis, os adoran
con el alma y las entrañas,
. . . .
¡Qué gloria de nuestra pena,
qué alivio de nuestro afán!
Sin duda no hay cosa buena
donde mujeres no van.
La gente sin capitán
es la casa sin mujer,
y sin ella es el placer
como la mesa sin pan.

Comedia Aquilana

27. Comedia Aquilana. Introito y argumento. En esta comedia hay un don Bermudo, rey de León, cuya hija Felicina está enamorada de Aquilano, joven extranjero y muy querido del rey. Va a verla de noche a su jardín, le dice amores, y ella disimula cuanto puede su pasión con desdenes honestos: suena ruido, él quiere ocultarse entre las ramas de un árbol, pero cae al suelo y queda lastimado del golpe. Este accidente y el desconsuelo de verse despreciado alteran su salud. Bermudo encarga a sus médicos que le asistan, y uno de ellos dispone que salgan varias damas y se presenten a Aquilano por si esto puede distraerle: salen las damas y con ellas la infanta Felicina: luego que Aquilano la ve, se altera y se turba, lo que da a conocer al médico que sin duda está enamorado de ella: sabido esto por el rey determina matar a Aquilano, y de orden suya le llevan a degollar a en patio de palacio: Felicina desesperada en su desventura sale al jardín con propósito de ahorcarse, pero los criados se lo estorban. Descúbrese entre tanto que Aquilano es hijo del rey de Hungria, y Bermudo le casa con la infanta. En esta comedia se muda el lugar de la escena con mucha frecuencia: la acción en unos pasajes desfallece (como sucede en la segunda jornada, que toda es inútil), y en otros está atropellada y violenta. Dos jardineros, que pudiera haber omitido el autor, ocupan una gran parte del drama con necedades impertinentes: lo mismo hacen la criada de Felicina y el criado de Aquilano. El reconocimiento de éste por príncipe de Hungria no está preparado, y hace inverosímil y forzada la solución. El estilo es muy desigual, y por lo común trivial e indecoroso en los personajes más elevados: faltó el autor al respeto que, debe a la historia, suponiendo un príncipe Aquilano de Hungría yerno de un rey don Bermudo de León y heredero de su corona. Las libertades poéticas no permiten tanto.

1520
Comedia Calamita

28. Comedia Calamita. Introito y argumento. Floribundo, hijo de Euticio, enamorado de una joven llamada Calamita (supuesta hija de Trapaneo), se vale de la mediación de Libina, criada de Calamita, para que su señora corresponda. No sin mucha dificultad se consigue vencer la esquivez de la doncella; pero al fin se logra que reciba la visita de Floribundo, y a presencia de los criados los dos amantes se dan las manos, y se abrazan en señal del futuro consorcio. Floribundo, gozoso de su mucha ventura, alaba en un soliloquio las prendas de su amada, y discurriendo sobre la dificultad de hacer una buena elección en el matrimonio, añade estos bellos versos:

Quien ha de tomar mujer
por su vida,
tome la más escondida
para su seguridad;
la que en virtud y bondad
fuere criada y nacida.
La muy en mucho tenida
por hermosa,
esta diz que es peligrosa
la muy sabida mudable,
la muy rica intolerable,
soberbia la generosa;
la cumplida en cualquier cosa
y acabada
menos que todas me agrada,
porque según mi pensar,
mala cosa es de guardar
la de todos deseada.

Euticio, irritado de que su hijo trate de casarse con Calamita, da orden a un criado para que lo aceche, y cuando le vea salir de casa de su querida le mate; pero después de esta resolución hallando a Trapaneo, le ruega con instancia que le diga francamente de quién es hija Calamita. Trapanco le asegura quo el padre de aquella joven fue un señor muy principal de la ciudad de Trapana, y que él recogió aquella niña y la crió como hija suya para evitar la cólera del padre, que había amenazado a su esposa de matar la criatura que pariese si no era varón. Satisfecho Euticio con esto, hace venir a los dos amantes, los perdona y los casa. La acción es mucho más animada en esta comedia que en las anteriores del mismo autor; merced a los incidentes episódicos de que abunda. La escena es en una calle delante de la casa de Calamita: la duración puede considerarse como de veinticuatro horas: el estilo y la versificación no carecen de mérito: los celos de Torcazo, marido de Libina, el carácter de ésta y su excesiva familiaridad con un escolar vestido de mujer dan lugar a situaciones y discursos muy indecentes: la resolución de Euticio de matar a su hijo para estorbar el casamiento es atropellada y brutal: las circunstancias que dan lugar al desenlace y al reconocimiento de Calamita, ni están preparadas ni son verosímiles.

Diálogo del Nacimiento

29. Diálogo del Nacimiento. Introito y argumento. Dos peregrinos, que vienen el uno de Santiago, el otro de Jerusalén, se encuentran en la noche de Navidad cerca de Roma. Hablan largamente del nacimiento de Cristo, y ventilan cuestiones teológicas de las más intrincadas y sutiles: cansados de hablar, tratan de proseguir su viaje esperando alojarse en el hospital de los españoles, y ambos cantan un romance que empieza:

Triste estaba el padre Adán
cinco mil años había,
cuando supo que en Belén
era parida María,
y en el limbo donde estaba
de contento no cabía;
para los unos andaba,
para los otros corría, etc.

Acabado el romance, llegan Hernando y Garrapata, dos pastores zafios, que convidan a los peregrinos a la misa del gallo, y se van todos cantando un villancico. El diálogo de los peregrinos no es más que fatigoso, pesado y pedantesco: el que sigue de los pastores necio y rudo en demasía, y lleno de desvergüenzas y vaciedades.

Bartolomé de Torres Naharro, natural de la Torre cerca de Badajoz, vivió en Roma después de haber sido rescatado de las prisiones de Argel: se sabe que era eclesiástico, y pertenecía a la familia de Fabricio Colona, general del papa. La primera edición de sus obras líricas y dramáticas que intituló Propaladia, se publicó en Roma en el año de 1517 con privilegio que le dio para ello León X, y se las dedicó a don Fernando Dávalos, marqués de Pescara, yerno de Fabricio Colona. En la citada edición sólo hay siete comedias, faltando la Calamita, que su autor publicó después. Divulgada la Propaladia en Roma, se prohibió inmediatamente a causa de la amarga censura que hizo el poeta en algunas de sus obras de algunos vicios de aquella corte. La persecución suscitada contra él debió de ser tan grande que huyó a Nápoles, y allí permaneció bajo la protección de los citados Colona y Dávalos. Se ignoran otras circunstancias de su vida, como también el año en que murió.

Sus comedias han dado ocasión de discordia a los literatos nacionales y extranjeros, en cuyos dictámenes se nota demasiado espíritu de parcialidad, incompatible con la buena crítica. Nasarre dijo que las comedias de Naharro se representaron en Roma y en Nápoles con indecible aplauso, que enseñaron a los italianos a escribir comedias, y que se aprovecharon poco de su enseñanza. Lo cierto es que en la época en que Naharro escribió se hacían en Italia tan buenas y mejores y peores comedias que las suyas. Signorelli no sólo niega esta enseñanza, sino que supone que tales obras no se imprimieron ni se representaron jamás en Italia. No es de admirar que aquel docto crítico no hubiese visto la edición de Roma de 1517; pero ¿cómo se olvidó de haber leído en cualquiera de las ediciones posteriores estas expresiones del autor dirigidas al marqués de Pescara? «Si algún tiempo esté mi bajo libro en los altos reinos de la poderosa España perviniese, supiese decir a los grandes de ella cuán buen hermano y procurador tienen acá en V. S.». ¿Cómo no hizo reparo en éstas? «Ansimesmo hallarán en parte de la obra algunos vocablos italianos (especialmente en las comedias), de los cuales convino usar habiendo respeto al lugar y a las personas a quienes se recitaron». Esto, y la lectura de las mismas comedias (especialmente la Soldadesca, la Serafina, la Tinelaria y la Jacinta.) ¿No era bastante a convencerlo de que las comedias de Naharro se imprimieron efectivamente en Italia, que se representaron en Italia, y que los espectadores, o gran parte de ellos, fueron italianos?

Después de la edición de Roma hay noticia de las que se hicieron en Sevilla en los años de 1520, 1533 y 1545, como también de la de Madrid en el de 1573, aunque muy estropeada con las omisiones y enmiendas que mandó hacer la inquisición. En esta dice el editor: «La Propaladia de Torres Naharro, obra singular y extremada en el donaire y gracia de la lengua, aunque estaba prohibida en estos reinos años habla, se leía e imprimía de ordinario en los extranjeros». Esto supone la existencia de otras ediciones que no he tenido presentes. Véase la Biblioteca de don Nicolás Antonio; el Prólogo a las comedias de Cervantes, por Nasarre; Velázquez, Orígenes de la poesía castellana; Signorelli, Historia crítica de los teatros; y Lampillas en el tomo IV de su Ensayo apologético.

Tragedia de Absalon

30. Vasco Díaz Tanco de Fregenal. Tragedia de Absalon.

Tragedia de Aman

31. Tragedia de Aman.

Tragedia de Jonatas

32. Tragedia de Jonatas. Vasco Díaz Tanco, natural de Fregenal en Extremadura, dedicó a Felipe II siendo príncipe una historia de los turcos, sacada de lo que escribieron sobre esta materia Paulo Jovio y otros autores, y la intituló Palinodia. Publicó además otra obra intitulada Los veinte triunfos: otra sobre los títulos de dignidades temporales y mayorazgos de España: otra con el título de Jardín del alma cristiana, impresa en Valladolid año de 1552, y en ésta dice que siendo joven escribió las tres tragedias mencionadas de Absalon, Aman y Jonatas. Nadie asegura haberlas visto: se ignora si se imprimieron o se representaron; pero no pudiendo dudar que el autor las compuso, he creído poder suponer su existencia con alguna probabilidad hacia el año de 1520, aunque no con una absoluta certeza. Puede creerse que Vasco Díaz murió por los años de 1560. Don Nicolás Antonio, Montiano, Velázquez y Signorelli trataron acerca de este autor en sus respectivas obras citadas ya otras veces.

1521
Comedia Hipólita

33. Anónimo. Comedia llamada Hipólita, nuevamente compuesta en metro. Argumento. Hipólito, caballero, mancebo de ilustre y antigua generación de la Celtiberia (que al presente se llama Aragón) se enamoró en demasiada manera de una doncella llamada Florinda, huérfana de padre, natural de la provincia antiguamente nombrada Bética (que al presente llaman Andalucía); y poniendo Hipólito por intercesor a un paje suyo llamado Solento, estorbaba cuanto podía porque Florinda no cumpliese la voluntad de Hipólito: pero ella compelida de la gran fuerza de amor, que a la continua le atormentaba, concedió en lo que Hipólito con tanto ahínco la importunaba, y así hubieron cumplido efecto sus enamorados deseos, intercediendo ansimesmo en el proceso Solisico, paje de Florinda, y discreto más que su tierna edad requería, y Jacinto, criado de Hipólito, malino de condición, repugnó siempre, y Carpento, criado ansimesmo de Hipólito (hombre arrufianado), por complacer a Hipólito no solamente le parecían, bien los amores, pero devoto que el negocio se pusiese a las manos: y así todas las cosas ovieron alegres fines, vistiendo Hipólito a todos sus criados de brocado y sedas, por el placer que tenía en así haber Florinda (doncella nacida de ilustre familia) concedido en su voluntad, seyendo la más discreta y hermosa, y dotada en todo género de virtud que ninguna doncella de su tiempo. Después de este extravagante anuncio Sigue la comedia, dividida en cinco escenas. La acción es lánguida, y la entorpecen impertinentes discursos, sentencias pedantescas

y rasgos de erudición histórica puestos en boca de los criados de Hipólito y en la de Florinda, que estimulada de indomable apetito habla de Popilla, Medea, Penélope, Sansón, Electra, David, Clodio, Salomón, Lamec, Masinisa, y el rey don Rodrigo, todo para venir a parar en abrir aquella noche la puerta a su amante. Esta indecente farsa esta escrita con muy mal lenguaje, y muchos defectos de consonancia y medida en los versos.

Comedia nuevamente compuesta, llamada Serafina

34. Comedia nuevamente compuesta, llamada Serafina. Argumento. Evandro, caballero, natural del reino antiguamente Lusitania llamado, y al presente Portugal, se enamoró de una señora Serafina llamada, de extremada manera hermosa y dotada de todo género de virtud, natural del reino de Castilla, y era casado con un caballero Filipo llamado, el cual era de natura frío, y fue causa principal para se enamorar de Evandro; pero Artemia, madre de Filipo, en gran manera la guardaba, a cuya causa Pinardo, criado y paje de Evandro, fue en hábito de mujer en casa de Serafina, y concertó con ella que hablase a Evandro, y así tornó a casa muy próspero. Pero Popilia, sirviente de casa de Evandro, y Davo, criado suyo, mucho y largamente informaron a Evandro de como Artemia era dueña de malas costumbres, de lo cual maravillado Evandro fue en casa de Serafina disfrazado, solamente acompañado de Pinardo, donde se efectuó su propósito, y así todo ovo próspero y agradable fin. Esta comedia escrita en prosa se divide en seis escenas: en la cuarta y la sexta hay situaciones de la mayor obscenidad. Es de presumir que una composición de tal naturaleza no se haya representado nunca; pero el autor hubo de suponer que podría ponerse en el teatro, pues al concluir dice uno de los personajes: «Quedad y holgaos entre esa gente de palacio, y regocijaos bien, que yo Pinardo acabo de representar la comedia Serafina llamada». El estilo es en general afectado, oscuro, pedantesco y redundante. Popilia, criada de Evandro, Cratino, Davo y Pinardo, criados del mismo, abundan en máximas y sentencias filosóficas que no hay quien los sufra. Sus autores predilectos son Aristóteles, San Jerónimo, San Bernardo, Platón, Salustio, San Gregorio, Cicerón, Salomón, San Agustín, Séneca y Pitágoras.
El autor de estas comedias es desconocido, y rarísima la única edición que de ellas se hizo en Valencia por Jorge Costilla, año de 1521.
Precede a las dos comedias citadas otra llamada Tebaida, dedicada por el autor al duque de Gandía. No se incluye en este catálogo, porque no es un drama representable, sino una novela dramática escrita en prosa y dividida en quince

escenas, ni menos larga que la Celestina ni más honesta, pero muy inferior a aquel excelente original en las prendas de lenguaje y estilo.

1522
Farsa de la Constanza

35 Cristóbal de Castillejo. Farsa de la Constanza. Precede a la obra un introito y argumento escrito en latín y en coplillas de pie quebrado: el dios Himeneo es el actor de este prólogo, cuya composición es en extremo fastidiosa. La farsa se divide en siete actos: los personajes son Antón, Marina, Gil, Constanza, un cura y un fraile. Los dos primeros actos contienen dos escenas en extremo lúbricas y groseras, entre dos distintos matrimonios, en que maridos y mujeres se echan recíprocamente en cara sus defectos. No menos chocantes son los dos actos siguientes en que hablan un cura y un fraile, y este a instancia del cura predica un sermón infame, digno de un rufián, con expresiones muy semejantes a las de la madre Celestina en la famosa tragicomedia de su nombre. En los actos restantes los dos maridos tratan de descasarse y trocar sus mujeres, y se da el espectáculo tan de mal ejemplo como inverosímil de que los personajes del segundo y tercer acto aprueben y formalicen el proyecto. Continuando la extravagancia, todo concluye con un Oremus en latín bárbaro, y un villancico que se canta entre todos los personajes.
Se advierte en esta farsa poca acción, demasiada semejanza en algunas situaciones, episodios mal unidos a la fábula, pinturas, expresiones y máximas sumamente licenciosas e inmorales. Al mismo tiempo se encuentra mucha gracia cómica, maestría en el uso del idioma, y en la versificación facilidad y dulzura. Lástima es que tan buenas cualidades estén afeadas con tan grandes y reprensibles defectos. El original de esta pieza que tuvo presente existe manuscrito en la biblioteca del Escorial.
Cristóbal de Castillejo nació en Ciudad-Rodrigo por los años de 1494. Antes de cumplir los quince de su edad entró a servir de paje al infante don Fernando. Se halló en los viajes que hizo el rey Católico a Córdoba en el año de 1508, y a Extremadura en el de 1516. Fue secretario del mencionado Infante don Fernando, electo rey de romanos en 1531, y permaneció más de treinta años en su corte: estuvo algún tiempo en Venecia, pero se ignoran la época y el objeto de su viaje. El año de 1541 se hallaba preso en Viena, aunque no se sabe el motivo. Poco medrado y muy lleno de desengaños se retiró de aquella corte y volvió a España tan harto del mundo, que tomó el hábito cisterciense en el monasterio de San Martín de Valdeiglesias, en donde murió de edad muy avanzada. Escribió

con gracia, pureza y facilidad en versos cortos, preferibles en su opinión a los endecasílabos que se introdujeron en su tiempo: enriqueció con chistes satíricos sus composiciones, en cuyo artificio poético si hay algo que reprender, es la lozanía y excesiva abundancia que las caracteriza. El privilegio dado en el año de 1573 a Juan López de Velasco para imprimir las obras de Castillejo, que según dice el editor, «andaban derramadas y perdidas de mal escritas, y con riesgo de prohibirse por algunos respetos», prueba que ni hasta entonces se habían publicado, ni el autor (si vivía) cuidaba de hacerlo. En cuanto a sus comedias, que se suponen fruto de su juventud, ni se sabe cuantas compuso, ni si alguna vez se representaron.

1523
Auto

36. Pedro Altamira. Auto de la aparición que nuestro Señor Jesucristo hizo a los dos discípulos que iban a Emaus, en metro de arte mayor, compuesto por Pedro Altamira, el mozo, natural Hontiveros; impreso con licencia en Burgos año de 1523.
Un ángel hace el prólogo diciendo cuanto ha de verse en la Representación: Lucas y Cleofás van camino de Emaus hablando de la muerte de Jesucristo, de su vida admirable, de su doctrina y sus milagros; pero dudan no obstante si será el Mesías prometido. Cristo se les aparece en forma de peregrino, y van en su compañía discurriendo sobre el mismo propósito. Uno y otro admiran la sabiduría y elocuente persuasión del peregrino, y llegando a Emaus le convidan a cenar. En el siguiente pasaje que sirve de solución a la fábula podrá verse una muestra del buen estilo y versificación en que está escrito.

Lucas	Hasta en la forma de la bendición, Señor, tú pareces al santo Jesús.
Cleofás	Algún señalado varón eres tú que tanto le imitas en conversación.
Lucas	La gran soledad, la pena y pasión que por él tenemos, en solo mirarte parece que amansa. Rabí, tú nos parte el pan con tus manos de consolación.

Peregrino   Tomad.

Lucas   ¿Tú no miras qué bien parecía
                   el pan en su corte que está rebanado?

Cleofás   Verdad es por cierto, y ansí está quebrado
                   según que el nuestro Maestro partía.

Lucas   Él es.

Cleofás   ¡Buen Jesús!

Lucas   ¡Mi bien!

Cleofás   ¡Mi alegría!

Lucas   ¡Maestro!

Cleofás   ¡Buen padre!

Lucas   ¡Mi dulce Señor!

Cleofás   ¡Mi Dios y mi gloria!

Lucas   ¡Mi buen Redentor!

Cleofás   ¡Mi firme remedio!

Lucas   ¡Esperanza mía!

Cleofás   ¡Oh dulce consuelo de desconsolados!

Lucas   ¡Oh gozo gozoso de nos afligidos!

Cleofás   ¡Oh firme remedio de nos ya perdidos!

Lucas   ¡Amparo suave de desamparados!

Cleofás   Pedímosle, Padre, por tierra postrados

la tu bendición.

(Cristo los bendice y desaparece.)

Lucas   Pues qué, ¿ya te vas?

Cleofás   Señor, ¿ya nos dejas?

Lucas   ¿Qué es esto, Cleofás?

Cleofás   ¡Qué gozos excelsos!

Lucas   ¡Y están señalados!

Cleofás   ¿Por qué nos has, Padre, tan presto dejado?

Lucas   ¡Oh gloria! ¿Tan presto desapareciste?

Cleofás   ¿Por qué los tus rayos tan presto escondiste
                 do queda tu cuerpo tan glorificado?

Lucas   Agora te digo que verificado
                 está nuestro bien con mucha firmeza.

Cleofás   ¡Oh, Padre! Perdona la nuestra dureza,
                 que tanto dudamos ser resucitado.

Lucas   ¡Oh, alto misterio!

Cleofás   ¡Oh dulce visión!

Lucas   ¡Oh ciegos nosotros de turbios sentidos!
                 ¡Y no conocelle!

Cleofás   ¡Oh endurecidos,
                 que nunca creímos su resurrección!

Lucas	Debiéramosle sacar por razón:
	¿Qué hombre pudiera tener en el mundo
	tal voz, tal presencia, tal rostro jocundo,
	tan altas palabras de contemplación?
Cleofás	¡Oh santo Maestro Jesú que te vimos!
Lucas	Hermano Cleofás, verdad nos decían
	las santas mujeres que visto le habían;
	maguer que nosotros las nunca creímos.
Cleofás	¿Mas cómo en oírle nos embebecimos
	por el camino cuando nos hablaba,
	y las Escripturas ansí declaraba,
	que todo aquel tiempo no le conocimos?
Lucas	Agora podemos decir que tenemoos
	cierto el remedio, la gloria y el bien.
Cleofás	Razón es que vamos a Jerusalén
	y a nuestros hermanos aquesto contemos

1527
Auto del bautismo de san Juan Bautista

37. Anónimo. Auto del bautismo de san Juan Bautista. No hay otra noticia de esta composición que la que dio Sandoval en su Historia de Carlos V, libro 16, refiriendo el aparato que se hizo en Valladolid «para el bautismo de Felipe II celebrado en 5 de junio del año de 1527. Dice allí que desde la casa de don Juan de Mendoza donde posaba la emperatriz hasta el altar mayor de la iglesia de San Pablo se hizo un pasadizo muy enramado y con muchas flores y rosas, limones y naranjas, y otras frutas. Había en los arcos triunfales y en cada uno de ellos muchos retablos. En el primero hicieron su auto, en el segundo, tercero y cuarto otro auto. El quinto estaba a la puerta que está dentro del patio de la iglesia: éste era más alto que alguno de los otros: estaba en él un altar, a manera de un aparador, de muchas grados. En estas estaban ricas imágenes de bulto de plata doradas, y algunas de oro, con otras piezas de gran valor. Estaban puestos en

dos candeleros dos cuernos grandes de unicornio: estos y todo lo que había era del emperador. Aquí se representó el bautismo de san Juan Bautista». Se ignora el argumento de los otros autos.

1528
Auto

38. Esteban Martínez. Auto de como san Juan fue concebido, y ansimesmo el nacimiento de san Juan. Entran en él las personas siguientes. Primeramente un pastor, Zacarías, santa Isabel, un ángel llamado Gabriel, dos vecinos del pueblo, un muchacho, Josef, nuestra Señora, una parienta de Zacarías, una comadre, una mujer, un bobo, un sacerdote. Ahora nuevamente hecho por Esteban Martínez, vecino de Castromocho. Burgos, en casa de Juan de Junta, año de 1528. No queda otra noticia del autor de esta obra, ni hay en ella mérito particular.

Auto

39. Juan Pastor. Auto nuevo del santo nacimiento de Cristo nuestro Señor, compuesto por Juan Pastor. Son interlocutores de la obra el emperador Octaviano, un secretario suyo, un pregonero, un viejo llamado Blas Tozuelo, un bobo, su hijo llamado Perico, san Josef, santa María, pastores, Miguel Recalcado, Antón Norcilla, Juan Relleno, un ángel. Impreso en Sevilla año de 1528. Esta composición escrita con poco ingenio y absoluta ignorancia del arte, nada contiene que merezca elogio.

Farsa de Lucrecia

40. Farsa de Lucrecia. Tragedia de la castidad de Lucrecia, ahora nuevamente compuesta en metro por Juan Pastor, natural de la villa de Morata, en la cual se introducen las personas siguientes. El rey Tarquino, su hijo Sexto Tarquino, un negro suyo, Colatino duque de Colacia, Lucrecia su mujer, un bobo criado suyo Espurio, Lucrecio padre de Lucrecia, Junio Bruto y Publio Valerio parientes de Colatino. Impresa en 4º, sin lugar de impresión, letra gótica. Está escrita en quintillas con pie quebrado, mala versificación, insufribles impertinencias del negro y del bobo.

Farsa llamada Grimaltina

41. Farsa llamada Grimaltina.

Farsa llamada Clariana

42. Farsa llamada Clariana. No hay otra noticia de estas dos piezas que la que da el mismo autor al fin de la farsa de Lucrecia.

1529
Comedia de Anfitrión

43. Fernán Pérez de Oliva. Comedia de Anfitrión. Esta comedia, que intituló así Fernán Pérez de Oliva: Muestra de la lengua castellana en el Nacimiento de Hércules, o comedia de Anfitrión, tomando el argumento de la latina de Plauto, está escrita en buen lenguaje y estilo. Suprimió Pérez de Oliva entre los personajes de la comedia los de Tésala y Bromia, criadas de Alcumena, y añadió el de Naucrates, amigo de Anfitrión. Como no se propuso hacer una traducción literal, no puede culpársele de haber omitido el prólogo que precede al drama en su original, el soliloquio de Mercurio, en el acto primero y los de Mercurio y Júpiter en el tercero, porque en realidad no son necesarios a la fábula. En las demás alteraciones que hizo fue poco feliz.
Parece que huye voluntariamente de las gracias de Plauto, y en lo que añade manifiesta poco gusto dramático, ningún talento cómico, y mucho deseo de filosofar y disertar fuera de sazón, dilatando o debilitando las situaciones de mayor interés. ¿Quién ha de aprobarle que convierta la escena sencilla y afectuosa del acto primero entre Júpiter y Alcumena en una sesión académica, en que se trata del origen de la guerra, los males que produce, la política de los príncipes en formar ejércitos con la gente más perdida deo la república, para que pereciendo en los combates gocen quietud los hombres virtuosos, con otras máximas de igual solidez, y todas inoportunas cuanto es imaginable? ¿Quién le hade perdonar el cuento intempestivo, insípido y largo que puso en el segundo acto en boca de Sosia, del cual sólo resulta haber echado a perder una de las mejores situaciones del original? ¿Quién le disculpará la alteración de todo el acto quinto, la supresión del excelente monólogo de Bromia con que principia, y la aparición de Júpiter, máquina absolutamente necesaria para dar a la fábula el único desenlace que te conviene? Ésta la concluyó Plauto con la sumisión religiosa de Anfitrión debida a tanto numen, y en la de Oliva se le hacen decir blasfemias contra todos los dioses, y aun profecías alusivas a la venida de Jesucristo, cosa impertinentísima sobre toda ponderación. Son muchos los ejemplos que pudieran citarse de

la culpable libertad con que el imitador español estropeó las bellezas del poeta latino; pero bastará uno solo tomado del acto IV en que se pinta la situación desesperada del esposo de Alcumena.

[...] Perii miser!
Quid ego, quem advocati jam atque amici deserunt?
Numquam edepol me inultus istic ludificabit quisquis est.
Nam ad regem recta me ducam, resque ut facta est eloquar.
Ego pol illum ulciscar hodie Thessalum veneficum,
Qui perversè perturbavit familiæ mentem meæ.
Sed ubi ille est? Intrò edepol abiit credo ad uxorem meam.
Qui me Thebis alter vivit miserior? quid nune agam?
Quem omnis mortales ignorant, et ludificant, ut lubet.
Certum est introrumpam in ædibus ubi quemque hominem aspexero;
Sive ancillam, sive servum, sive uxorem, sive adulterum,
Seu patrem, sive avum videbo, obtruncabo in ardibus.
Neque me Jupiter, neque dii omnes id prohibebunt, si volent.
Quin sic faciam uti constitui: pergam in ædibus nunc jam.

Véase lo que el maestro Oliva sustituyó.

«¿Qué es esto? ¿Heme tornado por ventura loco que así me siento conturbado? Todas mis partes son alteradas: el alma con espanto, el cuerpo con temblor, y con ira el corazón. En la boca siento hiel, en los dientes rabia, mostaza en las narices, rumor en los oídos, y relámpagos en los ojos. Ímpetus me vienen de quebrar, de saltar, de herir, de hacer mayores cosas que mis fuerzas pueden. No pienso que podrán mis miembros reposar sino causados. Ya no podrá mi ira amansarse sino harta. El fuego que en mí arde no se puede apagar sino con sangre, etc.»

Cuando Molière puso en el teatro francés esta comedia, se apartó muchas veces del texto original, y siempre para mejorarle. Oliva al contrario, cada vez que se separa de lo que Plauto escribió, desatina.

1530
La Venganza de Agamenón

44. Tragedia. La Venganza de Agamenón. Traducción muy libre de la Electra de Sófocles. Siguió Pérez de Oliva la disposición de la fábula original y el orden de las escenas con poca alteración; pero suprimió mucha parte del diálogo, sin duda para que resultase el progreso de la acción más rápido, aunque por este medio la desnudó de muchas bellezas. Baste citar por ejemplo la relación de la supuesta muerte de Orestes, diminuta y pobre en la traducción, y tan inferior a la de Sófocles que no es disculpable la mutilación que hizo en ella el traductor español: conservó los coros, y con ellos la inverosimilitud que constantemente producen, suprimiendo sin embargo todos los excelentes trozos líricos del original, que pueden considerarse como entreactos de la tragedia y la parte más brillante y armoniosa de su composición; no acertó en sacar a la escena un ataúd con un cadáver embalsamado dentro, en lugar de la urna manejable y ligera en que supone Sófocles que podían contenerse las cenizas de Orestes: esta alteración hecha por Oliva ni es conveniente, ni teatral, ni conforme a la imitación de costumbres: en lo que añadió al texto original peca muchas veces contra el buen gusto, se aparta de aquella grave sencillez que piden la situación y los personajes, y les hace decir expresiones dignas de la férula. «Principalmente (dice Electra) que yo os ruego me digáis ¿qué lluvia pensáis que tengo yo en mi cuerpo donde se consumiesen tantas lágrimas como vierten mis ojos? ¿O qué capacidad es la de mi pecho para detener en él la muchedumbre de mis gemidos, que salidos fuera no caben en los aires? Habed, yo os ruego, de mi compasión: no queráis atapar con vuestros consejos los respiraderos de las hornazas de fuego que dentro me atormentan». Pregunta Electra a Orestes quién es; y su hermano le responde: «Soy un hombre que navega en su sepulcro por las ondas de la fortuna». Estos y algún otro rasgo de estilo alambicado, metafórico y pedantesco no son de Sófocles: son añadiduras impertinentes de su traductor.

Hécuba triste

45. Tragedia. Hécuba triste. En la traducción de esta pieza de Eurípides usó el maestro Oliva de igual libertad que en la antecedente. Suprimió el personaje de Taltibio (demasiado episódico en el original), puso en boca de una parte del coro la relación de la muerte de Polixena, e igualmente omitió la escena de Agamenón y Hécuba, para lo cual no pudo hallar una razón plausible. Las mujeres troyanas abren un hoyo en la arena para sepultar a Polidoro, cosa que ni se halla en el texto de Eurípides, ni es conforme a las costumbres griegas: en el original se propone Hécuba quemar en una misma hoguera los cuerpos de Polixena y Polidoro y darles un mismo sepulcro. Al fin de la tragedia suprimió las prediccio-

nes de Polimnestor, y echó a perder el desenlace. Aquellos terribles anuncios y el diálogo a que dan lugar, dan a la catástrofe toda la fuerza, movimiento y perturbación trágica que en tales casos se necesita. Entre las añadiduras que se atrevió a hacer Pérez de Oliva, es bien ridícula, la siguiente en el diálogo de Polixena y Hécuba:

Polixena	¿Qué es esto, madre, que lloras con tan tristes gemidos? ¿Qué quieren estos hombres armados?
Hécuba	Vienen, hija, por ti. ¡O hija triste, a qué tálamo te han de, llevar!
Polixena	¿Cómo, di, madre, entre tantas desventuras me quieren casar?
Hécuba	Sí, hija Polixena, adonde nunca me veas.
Polixena	El esposo ¿quién es? ¿A dónde está?
Hécuba	Está con los muertos.
Polixena	¡Ay madre mía! ¿Con hombre muerto me quieren casar?
Hécuba	Sí, hija mía, con muerto muerta te han de casar.

Ni ésta es Hécuba como el poeta la pintó, ni esta es Polixena, cuyo carácter (digno de la hermana de Héctor) es de lo más excelente de la tragedia griega. Hécuba en la traducción entretiene su dolor hablando a su hija en estilo enigmático; y Polixena parece una niña de colegio con mucha gana de casarse, y tan simplecita que se atemoriza creyendo que la van a casar con un muerto. Entienda quien pueda las siguientes expresiones de Hécuba: «¡O mujeres! Ahora siento que los dolores de nuestros partos son dolores que parimos, que nos quedan guardados para cuando los graves casos de nuestros hijos sabemos». Más adelante dice: «De los leones y dragos, y otras bestias fieras, se cuenta que amparan a aquellos que sienten de ellos quererse favorecer, y este hombre (peor que drago y león) mató a mi hijo, de quien él por su voluntad se había encargado». Esta erudición zoológica no es de Eurípides, ni de la situación, ni de la persona que habla: parece un retazo de sermón gerundio.

A estos defectos podrá añadir algunos otros la crítica imparcial de quien examine estas dos tragedias cotejándolas con sus originales; pero al mismo tiempo resultará de su lectura un concepto muy favorable a Pérez de Oliva, el primero que dio a conocer entre nosotros el teatro griego. Su lenguaje es puro, su estilo en general grave, elegante y numeroso: nadie antes de él había dado a la prosa dramática tanto decoro y majestad, y después ninguno le imitó.

Nació Fernán Pérez de Oliva en Córdoba por los años de 1494: estudió en Salamanca y Alcalá de Henares, en París y en Roma, donde permaneció algún tiempo. Volvió a París, enseñó filosofía en aquellas escuelas, y restituido a España en el año de 1524, obtuvo en Salamanca las cátedras de filosofía y teología, y el cargo de rector de aquella célebre universidad. Su extensa erudición en las lenguas sabias, sus profundos conocimientos en las ciencias morales y exactas, su aplicación a las buenas letras, juntamente con las prendas estimables de su carácter, después de haberle merecido el favor de los pontífices León X, Adriano VI y Clemente VII, determinaron a Carlos V a elegirle por maestro del príncipe su hijo, empleo que no llegó a servir, habiendo muerto en el año de 1533 antes de cumplir los cuarenta de su edad. Sus obras castellanas en prosa y verso permanecieron manuscritas, hasta que su sobrino Ambrosio de Morales las dio a la prensa en el año de 1585. Véase la Biblioteca de don Nicolás Antonio, y el tomo VI del Parnaso español.

Farsa

46. Anónimo. Farsa sobre el matrimonio para representarse en bodas, en la cual, se introducen un pastor y su mujer, y su hija Mencía desposada, un fraile y un maestro de quebraduras. Es obra muy apacible y provechosa. Impresa en Medina del Campo con licencia en casa de Juan Godinez de Millis, año de 1530. Se ignora el mérito de esta obra citada por Pellicer en su Tratado histórico sobre el origen y progresos de la comedia y del histrionismo en España, tomo 1

1531

Comedia llamada Tesorina

47. Jaime de Huete. Comedia llamada Tesorina, hecha nuevamente por Jaime de Huete. Se incluyó esta obra en el índice de libros prohibidos por la Inquisición en el año de 1559. No hay otra noticia de ella ni de su autor.

1532

Auto

48. Ausias Izquierdo Zebrero. Lucero de nuestra salvación al despedimiento que hizo nuestro Señor Jesucristo de su bendita madre, pasos muy devotos y contemplativos estando en Betania. Por Ausias Izquierdo Zebrero: en Sevilla, por Fernando Maldonado, año de 1532. Figuras del auto. Hijo y madre, ángel con cartas de Adán, David, Moisen, Hieremias, Abrahán, Magdalena. El nombre de este autor hace sospechar que fuese catalán o valenciano. Jimeno, en su estimable obra de los Escritores del reino de Valencia, habla de un Ausias Izquierdo que publicó algunos opúsculos, y entro ellos una Representación o auto sacramental de un milagro de la Virgen del Rosario, impreso en Valencia, año de 1589. Sin embargo de la identidad del nombre y apellido, no es de creer que sea el mismo que dio a luz en 1532 el auto que se incluye en este catálogo, cuyo corto mérito quita el deseo de toda investigación acerca del autor que le compuso.

Auto

49. Gil Vicente. Auto hecho por Gil Vicente sobre los muy altos y muy dulces amores de Amadís de Gaula con la princesa Oriana, hija del rey Lisuarte.

Comedia Rubena

50. Comedia Rubena.

El templo de Apolo

51. El Templo de Apolo, tragicomedia.

Romería de agraviados

52. Romería de agraviados, comedia.

La Nao de amores

53. La Nao de amores, comedia.

Al parto de la reina

54. Al parto de la reina, tragicomedia.

La Fragua de amor

55. La Fragua de amor, tragicomedia.

La Floresta de engaños

56. La Floresta de engaños, comedia.
La primera de estas piezas se halla prohibida en el índice de la Inquisición de 1559: todas las que van citadas están escritas en castellano, a excepción de otras que compuso el mismo autor en portugués. No he visto la edición que hizo de todas ellas su hijo Luis Vicente en el año de 1557.

1534
Comedia llamada Orfea

57. Anónimo. Comedia llamada Orfea, dirigida al muy ilustre y magnífico señor don Pedro de Arellano, conde de Aguilar. Este caballero fue uno de los que acompañaron a Carlos V en la expedición de Túnez. La comedia se prohibió por el santo oficio, y es una de las obras insertas en el índice que se ha citado ya.

1535
Comedia llamada Fidea

58. Francisco de las Navas. Comedia llamada Fidea, compuesta por Francisco de las Navas. No hay más noticia de esta comedia sino la de haberla incluido la inquisición en el mencionado índice.

1537
Farsa llamada Cornelia

59. Andrés Prado. Farsa llamada Cornelia, en la cual se introducen las personas siguientes: un pastor llamado Benito, y otro llamado Antón, y un rufián llamado Pandulfo, y una mujer llamada Cornelia, y un escudero su enamorado, donde hay cosas bien apacibles para oír: hecha por Andrés Prado, estudiante. Medina del Campo, por Juan Godinez de Millis, año de 1537. Nada se sabe de este autor:

la farsa contiene algunas situaciones de bajo cómico, no mal sostenidas con las gracias del diálogo.

1539
Tragicomedia

60. Anónimo. Tragicomedia alegórica del paraíso y del infierno, moral Representación del diverso camino que hacen las almas partiendo de esta presente vida, figurada por los dos navíos que aquí parecen: el uno del cielo, y el otro del infierno, cuya sutil invención y materia en el argumento de la obra se puede ver. Son interlocutores un ángel, un diablo, un hidalgo, un logrero, un inocente llamado Juan, un fraile, una moza llamada Floriana, un zapatero, una alcahueta, un judío, un corregidor, un abogado, un ahorcado por ladrón, cuatro caballeros que murieron en la guerra contra moros, el barquero Caron. Fue impresa en Burgos en casa de Juan de Junta, a veinte y cinco días del mes de enero, año de 1539. Estos personajes se van presentando sucesivamente para entrar en la barca del paraíso, pero sólo llegan a conseguirlo el bobo Juan y los cuatro caballeros: los demás, aunque altercan y lo resisten, van a parar a manos del diablo, que los embarca para el infierno: las situaciones son idénticas: no hay desenlace ni enredo. Con la introducción de tan diferentes clases de gentes se pintan no sin gracia las costumbres de aquella edad.
Esta obra es una imitación de la que escribió el portugués Gil Vicente por los años de 1519, y se representó delante de los reyes don Manuel y doña Leonor, cuyo título es: Auto de moralidade composto per Gil Vicente, per contemplaçaon da serenissima y muyto catolica Reynha Donha Lionor nossa senhora, y representada per seu mandado a o poderoso Principe y muy alto Rey don Manoel primeiro de Portugal deste nome. Una y otra composición existían pocos años ha en la escogida librería del marqués de Campo-Alange.

1540
Coloquio de Fenisa

61. Anónimo. Coloquio de Fenisa. Hablan en él Valerio, Marsilio, Silvio, Bobo, Fenisa. Fue impreso en Sevilla año de 1540. Esta obra escrita en verso con poca invención y ninguna elegancia no merece particular examen.

Coloquio

62. Anónimo. Coloquio. En las presentes coplas se trata como una hermosa doncella andando perdida por una montaña encontró un pastor, el cual vista su gentileza se enamoró de ella, y con sus pastoriles razones la requirió de amores, a cuya recuesta ella no quiso consentir, y después viene un salvaje a ellos, y todos tres se conciertan de ir a una ermita que allí cerca estaba a hacer oración a nuestra Señora. Vistas y examinadas, y con licencia impresas en Valladolid año de 1540. Ya se ve por lo que antecede que en esta obra no hay composición dramática: la pintura de los afectos y el estilo en que está escrita no carecen de mérito.

1541
Farsa llamada Custodia

63. Anónimo. Farsa llamada Custodia. Se halla prohibida en el citado índice de la inquisición. No hay otra noticia de ella ni del autor que la compuso.

1542
Farsa de los enamorados

61. Anónimo. Farsa de los enamorados. Se halla su título entre las obras prohibidas por el santo oficio en el índice mencionado.

1543
Farsa llamada Josefina

65. Anónimo. Farsa llamada Josefina. Prohibida igualmente en el mismo índice de la inquisición.

1544
Paso

66. Lope de Rueda. Paso en el cual se introducen tres personas: Luquitas, paje; Alameda, simple; Salcedo, amo. Luquitas y Alameda se han entretenido en comer buñuelos y pasteles: su amo Salcedo que los ha estado esperando mucho tiempo, les pide cuenta de aquella tardanza: Luquitas se disculpa echando mentiras, pero Alameda contradice con su simplicidad los artificios de su compañero, y sin querer los inutiliza. El amo persuadido de que ellos comen y se divierten con lo que a él le sisan, los castiga a entrambos. En prosa.

67. Comedia Eufemia. A esta comedia escrita en prosa y dividida en ocho escenas precede un corto prólogo. Leonardo, caballero joven, se despide de su hermana Eufemia deseoso de ver mundo y buscar fortuna: halla en Valencia a Valiano, príncipe ilustre y poderoso, que le recibe por secretario y le da toda su confianza. Leonardo le refiere las calidades de su hermana Eufemia, y Valiano enamorándose de oídas, determina hacerla venir a Valencia y casarse con ella: Paulo, criado antiguo de Valiano, envidioso de la privanza que disfruta Leonardo, parte en diligencia a donde Eufemia está; y siéndole imposible el verla por más que lo procura, logra únicamente que una criada le dé algunos cabellos de un lunar que tiene su señora en un hombro: con esto vuelve a Valencia y dice a Valiano que ha merecido los favores de la hermana de Leonardo, presentando como prueba de lo que asegura los cabellos del lunar: el príncipe irritado contra Leonardo le da pocos días para que se justifique, y al cabo de ellos si no lo hace se propone quitarle la vida: avisada Eufemia por su hermano de la acusación que se hace contra ella y del peligro en que él está, va a Valencia, confunde a impostor Paulo, a quien el príncipe manda llevar al suplicio que estaba preparado para Leonardo; hace poner a este en libertad, le restablece en su gracia, y se casa con Eufemia. Esta fábula, más interesante que verosímil, tiene unidad en la acción, no en el lugar ni en el tiempo. En los caracteres de Eufemia y Leonardo hay oportuna expresión de afectos, y locución pura y elegante: los de Vallejo, lacayo baladrón, Polo su compañero, Grimaldos, paje, Eulalia, negra, y Ana, gitana, abundan en chistes cómicos, y producen incidentes graciosos, aunque no necesarios a la integridad de la composición.

1545
Paso

68. Paso en el cual se introducen dos personas: Alameda, simple; Salcedo, amo. Alameda halla en el monte una máscara, se la enseña a su amo Salcedo, y éste por burlarse le dice que aquella es la cara de Diego Sánchez, un santero a quien había muerto y desollado pocos días antes unos ladrones: añade que la justicia anda en busca de los delincuentes, que si tropieza con ella es perdido, y que lo mejor será que se vaya a la ermita de San Antón y se haga santero: Alameda le deja la máscara y se va a la ermita: Salcedo, envuelto en una sábana con la máscara puesta, le llama en voz lamentable, y le hace creer que es el alma de Diego

Sánchez le encarga que a media noche vaya a un arroya donde está su cuerpo insepulto y le lleve al cementerio de San Gil. Alameda lleno de miedo echa a correr, y el fingido muerto le sigue y le acosa por todas partes. Diálogo en prosa con buen estilo, animado y gracioso.

Comedia Armelina

69. Comedia Armelina. Pascual Crespo, herrero, tuvo en su juventud un hijo en una amiga suya, la cual se fue con un capitán a Hungría llevándose al niño: éste, muerta su madre y también el capitán (que le dejó heredero de sus bienes), fue criado por un caballero de aquella tierra llamado Viana, el cual tenía una hija pequeña llamada Florentina, a quien daba muy mal trato su madrastra; por lo cual un pariente suyo se la robó, hallándose embarcado con ella a vista de Cerdeña le asaltaron corsarios: la niña quedó cautiva; después la vendieron en Cartagena a un hermano de Pascual Crespo, y este por último la recibió en su casa dándole el nombre de Armelina. Crespo y su mujer viéndola ya en edad, tratan de casarla (aunque ella lo repugna) con el zapatero Diego de Córdoba. Llega en esto a aquella ciudad Viana acompañado de Justo su hijo adoptivo, y habiéndole asegurado un griego que allí encontraría a su hija Florentina, no omite diligencia para conseguirlo. Consulta con Muley Bucar, moro granadino, grande hechicero, el cual hace un conjuro espantoso, invoca a Medea, y sale en efecto Medea de los infiernos para decirle que la niña que se busca está en aquella ciudad: entre tanto Justo enamorado de Armelina ronda su casa: ella apurada por Crespo y su mujer, que tratan de reducirla a que se case con el zapatero, se va desesperada a las orillas del mar con resolución de tirarse al agua desde un alto peñasco: al ir a ejecutarlo sale el dios Neptuno y lo estorba: llévala a su casa, y allí delante de todos les hace saber que Justo es hijo del herrero Crespo, y Armelina es la Florentina hija de Viana que con tanto empeño se busca: conciértase la boda de Florentina y Justo: Neptuno en calidad de padrino se entra con ellos a celebrarla. Por este extracto se echará de ver lo complicado, romancesco e inverosímil de esta fábula, en la cual apenas puede alabarse otra cosa que el buen lenguaje y la viveza del diálogo. Puede citarse como la primera pieza de magia que se conoce en nuestro teatro: está escrita en prosa y se divide en seis escenas.

1546
Paso

70. Paso en el cual se introducen, las personas siguientes: Lucio, doctor médico; Martín de Villalba, simple; Bárbara, su mujer; Jerónimo, estudiante. Martín de Villalba es objeto de las burlas de su mujer, que tiene en casa con nombre de primo al estudiante de quien está enamorada: se finge enferma, y el pobre Martín va y viene a casa del médico, le regala pollos para tenerlo grato, y se bebe todas las purgas que aquél receta a su mujer, porque ésta le asegura que lo aprovecharán infinito si él se las toma. Por último la mujer se va de casa acompañada del estudiante, diciendo a Martín que va a cumplir unas novenas: le encarga que ayune a pan y agua en tanto que vuelve, y él promete cumplirlo, aviniéndose a que el médico siga curándole para que ella se restablezca enteramente. Argumento cómico, buena prosa, perniciosa moral.

Paso

71. Paso en el cual se introducen las personas siguientes: Caminante, licenciado Jáquima, bachiller Brazuelos. El caminante se halla sin dinero, y no teniendo conocimientos en la ciudad, le ocurre buscar al licenciado Jáquima, para el cual trae una carta: éste que vive en compañía del bachiller Brazuelos, recibe muy bien al caminante y le convida a comer: quedan solos el bachiller y el licenciado, y como éste no tiene un cuarto para obsequiar al huésped, pide al otro que le preste lo necesario para salir de aquel empeño, pero Brazuelos, que se halla en el mismo caso, nada puede darle. Sin embargo para salir del apuro con menos afrenta discurre que el licenciado se oculte entre la manta de la cama cuando el huésped venga, y que él le dirá que de orden del arzobispo ha tenido que salir de la ciudad a toda prisa con el encargo de publicar unas bulas: acordado esto, llama el caminante: el licenciado se esconde y tapa con la manta, y admirado el huésped de no hallarle en casa, le dice el bachiller que sí está, pero que ha sido tanta la vergüenza que ha tenido de hallarse sin dinero para darle de comer, que se ha metido debajo de la manta, y diciendo esto tira de ella y se le descubre: salta el licenciado de la cama lleno de enojo contra el bachiller, resulta una quimera muy acalorada entre los dos, y el caminante viendo que allí no hay disposición de comida, se aburre, los deja riñendo y se va. Prosa ligera y fácil: la malicia del bachiller produce buen efecto cómico.

1547
Paso

72. Paso en que se introducen las personas siguientes: Honciguera, ladrón; Panarizo, ladrón; Mendrugo, simple. Panarizo y Honciguera esperan a Mendrugo que lleva una cazuela de comida a la cárcel en donde está presa su mujer: le salen al paso, le meten en conversación, y entre otras cosas le hablan de la tierra de Jauja, abundantísima y feliz sobre todo lo descubierto: Mendrugo quiere saber las maravillas que le anuncian de ella: le hacen sentar en el suelo, y empiezan a referirle los ríos de leche, los puentes de mantequillas, los árboles cuyos troncos son de tocino, la miel, los pasteles, las aves y viandas exquisitas que se hallan preparadas y de balde en aquel delicioso país: Mendrugo los oye absorto, y ellos aprovechándose de su aturdimiento arrebatan la cazuela y desaparecen. Ficción sencillísima, en prosa.

Paso

73. Paso en cl cual se introducen las personas siguientes: Brezano, hidalgo; Cebadon, simple; Samadel, ladrón. Brezano da quince reales a su criado Cebadon para que se los lleve al casero: Samadel se hace encontradizo con el criado, y sabiendo la comisión que lleva, finge que es el casero mismo: recibe los quince reales, y le da por carta de pago una carta particular que lleva consigo: vuelve Cebadon a ver a su amo, y por el contenido de la carta y las señas que da el mozo del fingido casero, conocen uno y otro el engaño que les ha hecho: van en busca del ladrón, le encuentran en la calle, riñen, y Cebadon y su amo corren tras él. En prosa, buen diálogo.

1548
Comedia llamada Locusta

74. Juan de Malara. Comedia llamada Locusta. Se ignora el argumento de esta comedia.

Paso

75. Lope de Rueda. Paso en el cual se introducen las personas siguientes: Torrubio. simple viejo; Agueda de Toruégano, su mujer; Mencigüela, su hija; aloja vecino. Torrubio viene del campo con una carga de leña: Agueda su mujer le pregunta si ha plantado el renuevo de olivo que él llevó: él dice que sí, y ella supone que dentro de seis o siete años ya llevará cuatro o cinco hanegas de aceitunas, y cortando de él otros renuevos podrá plantarse un olivar: ella cogerá

las aceitunas, el marido las llevará en el asilo a la plaza, y Mencigüela las venderá: aquí empieza lo más agitado de la acción, porque Agueda no quiere que la chica venda el celemín de aceitunas en menos de dos reales, y su marido dice que bastará venderlas a catorce o quince dineros: Mencigüela recibe órdenes contrarias de su padre y de su madre, y a cada uno de ellos promete hacer lo que le mandan: esta docilidad le perjudica mucho porque sólo sirve de excitar la cólera de entrambos, que la castigan alternativamente: sale al ruido Aloja su vecino; pregunta la causa de aquella desazón, y viendo que todo ello es sobre fijar el precio a que han de venderse las aceitunas que deben nacer de allí a treinta años, procura ponerlos en paz y concluir aquella ridícula contienda. Motivo cómico muy gracioso sostenido con un buen diálogo en prosa.

1549
Farsa del Sordo

76. Farsa del Sordo. Esta pieza escrita en verso, atribuida a Lope de Rueda, no tiene mérito particular.

1550
Comedia Medora

77. Comedia Medora. Introito. La comedia está escrita en prosa y distribuida en seis escenas: la acción se supone en Valencia. Acario tuvo una hija y un hijo en extremo parecidos el uno al otro: siendo muy chicos los dos, una gitana robó al niño, dejando uno suyo en su lugar que murió de allí a poco tiempo: crió Acario a su hija llamada Angélica, y llegando a edad juvenil se enamoró de ella Casandro, mancebo acomodado de aquella ciudad: la gitana vuelve a Valencia trayendo consigo a Medoro vestido de mujer: resultan frecuentes equivocaciones nacidas de la semejanza de Medoro y Angélica hasta que la gitana descubre la verdad, refiere el hurto que hizo del niño, pide perdón y fácilmente se le concede, verificándose el casamiento de Casandro con Angélica. Esta fábula, en que Lope repitió lo que ya había puesto en otra (y no ciertamente para mejorarlo), se entorpece y confunde con episodios inútiles, y carece de verosimilitud. Los amores del viejo Acario con Estela, los disfraces que se pone, los palos que recibe, la salida de Barbarina su mujer, que se va en camisa a media noche al cementerio a buscar tierra de siete muertos, y otras impertinencias de esta clase son incidentes de farsa grosera y trivial. Las baladronadas de Gargullo y el chasco que te da la gitana no carecen de gracia cómica: el diálogo en general es animado y fácil.

78. Coloquio de Camila. Introito. Sigue el coloquio en prosa sin división de actos ni de escenas. La acción parece que se supone en las cercanías de Valencia: Socrato perdió un hijo pequeño que tenía, y poco después halló en su puerta una niña de pecho, a quien crió con nombre de Camila, hasta que llegando a edad de diecisiete años, trató de casarla con el barbero Maese Alonso, viudo y viejo: Camila, enamorada del pastor Quiral, repugna el matrimonio que se le propone, y viéndose hostigada de las instancias de Socrato se huye de casa, se va al monte, y en él quiere quitarse la vida, pero la Fortuna se le aparece y le promete su protección: sospéchase que Quiral haya sacado de su casa a Camila, y él desesperado de haberla perdido, viendo que le piden cuenta de ella, dice que en efecto la ha robado y después la ha muerto: en consecuencia de esta declaración tratan de ahorcarle: la Fortuna encargándose de desenredar esta maraña lleva consigo a Camila, y hace saber a los interesados en ello que aquella niña criada por Socrato es Galatea, hija del barbero Maese Alonso: declara también como Socrato es Anastasio, natural de Rosellón, el cual mudando de residencia tuvo por conveniente mudar de nombre, y por último dice también que el pastor Quiral es el hijo de Socrato, a quien halló pendiente de las mantillas en un árbol un hostalero del Coll de Balaguer: esto sabido sale Quiral de la cárcel y le casan con Camila. Tal es el embrollo que sirve de acción de esta pieza. La confusión que resulta de la discorde unión de tan opuestos caracteres y personajes es extravagante en demasía: el lenguaje siempre es bueno: el estilo muy desigual, a veces propio del bajo cómico, y a veces cuando quiere ser culto degenera en pedantesco, cadencioso, lleno de perífrasis y trasposiciones violentas.

Comedia

79. Juan de Rodrigo Alonso. Comedia hecha por Juan de Rodrigo Alonso (que por otro nombre es llamado de Pedrosa), vecino de la ciudad de Segovia, en la cual por interlocución de diversas personas en metro se declara la historia de santa Susana a la letra, cual en la prosecución claramente parecerá: hecha a loor de Dios nuestro Señor: año de 1551. Son interlocutores de la presente obra los de suso contenidos: santa Susana, sus doncellas Orisia y Patricia, su padre Elquías, su madre, Joaquín su marido, dos criados suyos, voz popular, los dos únicos viejos, sus dos ministros, los substitutos Elifaz y Manasés, Daniel, carce-

lero, pregonero. Esta comedia escrita en redondillas (en la cual no hizo más el autor que poner en diálogo lo que refiere la historia) tiene sin embargo interés dramático, situaciones y afectos, enredo, solución y moralidad. El ejemplar que tuve presente existe en la Biblioteca Real de París. En la de Madrid hay otro.

Coloquio

80. Lope de Rueda. Coloquio. Se ignora si estaba escrito en prosa o verso: los interlocutores son dos pastores, dos pastoras y el Amor. Lorenzo Gracián, en su tratado de la Agudeza o Arte de ingenio, recomendó el artificio dramático de este coloquio diciendo: «Comenzó el prodigioso Lope de Rueda, a quien llamó el jurado de Córdoba Juan Rufo inimitable varón con verdad; tuvo excelentes invenciones: sea bastante prueba aquella en que introduce cuatro amantes encontrados, dos pastores y dos pastoras, apasionados entre sí con tal arte que ninguno correspondía a quien le amaba: pidieron al Amor en premio de haberle desatado un árbol, a que le habían amarrado la Virtud y la Sabiduría, que les trueque las voluntades y haga el Amor que ame cada uno a quien le ama; y cuando parece que se desempeña, entonces se enreda más la traza, porque pregunta Amor qué voluntades quiere que violente y mude, las de los hombres o las de las pastoras, que se concierten entre sí, aquí entra la más ingeniosa disputa, dando razones ellos y ellas por parte de cada sexo, que es una muy ingeniosa invención».

1552
Coloquio

81. Coloquio en verso. Nada se sabe acerca del argumento y personajes de este coloquio, citado por Cervantes en la comedia de Los Baños de Argel, donde incluyó el fragmento que sigue.

Si el recontento que trayo
venido tan de rondón,
no me lo abraza el zurrón,
¿Cuáles nesgas pondré al sayo,
o qué ensanches al jubón?
Y si al contarlo Extremeño,
con un donaire risueño
ayer me miró Constanza,

¿Qué turba habrá ya o mudanza
que no la pase por sueño?
Esparcios, las mis corderas,
por las dehesas y prados,
mordey sabrosos bocados;
no temáis las venideras
noches de nubros airados,
antes os anday esentas
brincando de recontentas,
no os aflija el ser mordidas
de las lobas deshambridas,
tragantonas, mal contentas;
y al dar de los vellocinos
venid siempre no ronceras
rumiando por las laderas
a jornaleros vecinos
o al corte de sus tijeras,
que el sin medida contento
cual no abarca el pensamiento
os librará de lesión,
si al dar el branco vellón
barruntáis el bien que siento.
¿Mas quién es este cuitado
que asoma acá entelerido
cabizbajo, atordecido,
barba y cabello erizado,
desairado y mal erguido?

Coloquio deTimbria

82. Coloquio de Timbria, Introito. Este coloquio no tiene división de actos ni de
escenas: está escrito en prosa: su fábula es en extremo complicada y absurda, y
el empeño de referirla causaría fastidio al lector, no instrucción ni deleite.

1553
Comedia de Peregrino y de Ginebra

83. Anónimo. Comedia de Peregrino y de Ginebra. Se halla entre las obras prohibidas del citado índice de inquisición. Probablemente el autor de esta comedia redujo en ella a acción dramática el argumento de una novela que se había publicado en el año de 1548 con este título: Libro de los honestos amores de Peregrino y Ginebra, fecho por Hernando Díaz.

Comedia

84. Francisco de Avendaño. Comedia nuevamente compuesta por Francisco de Avendaño, muy sentida y graciosa, en la cual se introducen las personas siguientes: la Fortuna, un caballero quejoso de ella llamado Muerto, otro caballero herido de amor llamado Floriseo, una doncella llamada Blancaflor, dos pastores, el uno llamado Salaver y el otro Pedrucio, un page llamado Listino: dirigida al muy noble y valentísimo señor don Juan Pacheco, capitán general de la gente del ilustrísimo señor marques de Villena, año de 1553, sin lugar de impresion.
En el introito que lo precede se alaba el autor de ser esta la primera pieza de teatro escrita en tres jornadas. Virués, Cervantes y Artieda, que florecieron muchos años después, creyeron ser inventores de esta novedad.
La obra citada está escrita en coplas de pie quebrado.

1554
Comedia Pródiga

85. Luis de Miranda. Comedia Pródiga. Dirigida al muy magnífico señor Juan de Villalba, de la cibdad de Plasencia, compuesta y moralizada por Luis de Miranda, placentino, en la cual se contiene (demás de su agradable y dulce estilo) muchas sentencias y avisos muy necesarios para mancebos que tan por el mundo, mostrando los engaños y burlas que están encubiertos en fingidos amigos, malas mujeres y traidores sirvientes. Impresa en Sevilla en casa de Martín de Montesdoca: acabose a diez días de diciembre año de 1554. En unas coplas que se hallan al fin de la obra dice el autor que después de haber servido algunos meses en la milicia se había hecho clérigo, y esto es lo único que se sabe acerca de él. La comedia está escrita en redondillas, y se divide en siete actos cortos. acto primero. Publicase a son de tambor una recluta de gente para la guerra: Pródigo, deseoso de salir de la sujeción doméstica, resuelve seguir la milicia en calidad de caballero aventurero: pide a su padre Ladan la legítima que le corresponde: el padre lo repugna mucho, pero al fin cediendo a sus instancias le entrega dos mil ducados en oro y tres mil en una letra de cambio, le da muy buenos consejos, le

despide y le deja ir acompañado de Felisero, criado de toda su confianza: júntan-
se en el camino con Silvan y Orisento, soldados viciosos y estafadores: llevan a
Pródigo a una venta cerca de Sevilla: él paga por todos, se aficiona de una moza
llamada Sirguera, y con ella y los demás prosigue su viaje. acto segundo. Llegan
a un pueblo donde hay feria: gasta Pródigo mil ducados en cadenas y medallas
que regala a Silvan y Orisento su criado Felisero quiere irle a la mano, pero él no
hace caso y se va con la moza; Olivenza, rufián baladrón y cobarde con quien
ella vivía, la anda buscando: Alfenisa y Grimana, mujeres públicas, le dan noticia
de que está en poder de Pródigo: conciertan Olivenza, Silvan y Orisento lo que
ha de hacerse para quitar a Pródigo la gorra guarnecida y el rico joyel de oro que
lleva al cuello: luego que viene, sale Olivenza con la espada desnuda pidiendo la
moza a los soldados haciendo grandes amenazas: ellos embisten con él, Pródigo
se mete en medio para apaciguarlos, y en la fingida quimera le atropellan, le tiran
al suelo, le hieren en la cara, le quitan el joyel y la gorra, y todos desaparecen: la
madre de las mozas viéndole tan mal parado le recoge en su casa. acto tercero.
Un alguacil lleva preso a Pródigo como también a Grimana y su madre para que
en la cárcel declaren lo que ha sucedido: Felisero va a verse con su amo, habla
después con el alguacil y el carcelero, y a fuerza de gratificaciones consigue
que suelten a Pródigo y a las dos mujeres: los dos mil ducados en oro se con-
sumieron enteramente, y Pródigo encarga a su criado que vaya a cobrar la letra
de cambio: estando en la prisión había visto en unas ventanas de enfrente a una
hermosa doncella de la cual quedó enamorado: luego que se ve libre y solo, se
pasea delante de la casa: ve salir de ella a una criada llamada Florina, de la cual
se informa acerca del nombre y circunstancias de aquella dama: Florina le dice
que sería muy conveniente que diese una alborada a su señora, y él promete
hacerlo así en la mañana próxima: llega Felisero y le cuenta que los pajes que
había recibido se han escapado, y que los soldados sus amigos se le han llevado
los caballos, el sayo y la capa: le da el dinero de la letra; y él lleno de esperanzas
amorosas olvida sus pérdidas, y solo piensa en la música que ha de dar a su
dama. acto cuarto. Dada la música, proporciona Florina que Pródigo pueda ver a
su señora Alcanda escondido en la huerta, de lo cual resulta el siguiente diálogo:

Pródigo	¿Hora dónde me pornia
	para ver si ser pudiese
	lo que hace o respondiese
	mi señora aqueste dia?
	Aquí me pongo en parada
	por estar mejor alerta.

Alcanda

Florina, cierra esa puerta.

Florina

Señora, ya está cerrada.

Pródigo

¡Oh mi remedio y mi amada!
Tras sus pisadas me voy
por ver lo que por mi hoy
hace o dice su criada.

Florina

¿Qué te pareció, señora,
del cantar de esta mañana?

Alcanda

Tan bien, que de buena gana
le escucharía hasta agora.

Florina

¿Parécete que do mora
tal virtud que habrá verdad?
Pues sabe que en la ciudad
solo a ti, señora, adora.
Esto téngolo entendido
(aunque no pensé decillo)
en que ayer me dio este anillo,
y una saya ha prometido.

Alcanda

¿Aquesto me has escondido?
Muestra el anillo, veremos.
Vos ni yo no le tendremos,
vuelva allá donde ha venido.
Y otra vez de esta manera
con nuevas no me vengáis,
si malas pascuas hayáis,
Doña sucia y hechicera.
¡Mira si yo soy ramera
de extraños y forasteros,
o si me faltan dineros
para que precie a un cualquiera!

| Florina | No pensé que la enojara: |
| | perdóneme tu merced. |

| Alcanda | ¡Gentil pensar! Entended. |
| | ¿Pensábais que me holgara? |

| Florina | A lo menos que burlara |
| | de velle así enamorado. |

Alcanda	¿Y por qué, si tú le has dado
	a sus hablas buena cara?
	¡Mal pecado! Ya le habrás
	dado cuenta de quien soy,
	de lo que hago y a do voy
	y de todo lo demás.

| Florina | Por cierto, nunca jamas |
| | a él ni a nadie tal di. |

| Alcanda | Hora quítate de ahí: |
| | no hablemos en esto mas. |

Pródigo	Ya yo me maravillaba
	de suerte tan favorable.
	¡Oh mi ventura mudable!
	¡Y cuán engañado estaba!

Felisero aconseja a Pródigo que desista de aquella solicitud; pero Florina, a pesar de todo lo ocurrido, anima su esperanza, y le dice que no haría mal en valerse de la mediación de una vieja alcahueta que vive allí cerca: Pródigo, después de regalar a Florina, va a verse con Briana (que así se llama la alcahueta), la cual en fuerza de las dádivas que recibe, se pone en camino para favorecer los amores de Pródigo. acto quinto. Felisero vista la perdición inevitable de su amo, y no atreviéndose a volver a casa de Ladan, se ya con resolución de hacerse ermitaño: Alcanda hace echar a la Briana de su casa a palos y golpes que le dan sus criados: Lizan y Cerbero, rufianes, amigos de la vieja, la encuentran en la calle y la llevan a su casa, en donde Pródigo la estaba esperando: refiérele el mal éxito de su mensaje, y se lamenta de que los criados de Alcanda le han quitado todo el dinero que tenía: Pródigo para consolarla la socorre con doblada cantidad, y a instancias de la Briana recibe en su servicio a Lizan y Cerbero: va con ellos a rondar la calle de Alcanda y sigue este diálogo:

Pródigo	Venid conmigo los dos: lleguemos aquí, veamos; a propio tiempo llegamos. Labrando está me parece, dejadme ver qué se ofrece.
Lizan	Al propósito topamos.
Alcanda	¿Do vas, negro? Ven acá, ve y llama a aquel caballero que parece forastero; veremos qué nos dirá, que por ventura vendrá de Flandes, do está mi padre que todo el mal de mi madre es por no saber do está.
Negro	Allégate acá, señor, que te llama mi señora.
Pródigo	No vengamos en mal hora, mas la Muerte me es favor.
Negro	Entra dentro al corredor, que hora se pone a labrar.
Alcanda	¿Osado sois de aquí entrar, deci, don perro traidor? ¿Paréceos bien enviarme una rapaza indiscreta, y una pública alcahueta, que eran para disfamarme? ¿Había yo de fiarme a humo muerto en cualquiera?

Pródigo   Quien tal ha hecho que muera
                 no quiero más disculparme.

Alcanda   Diréis no haber conocido
                 por no ser de la ciudad;
                 Mas donde hay sagacidad,
                 todo en un hora es sabido.
                 Otro aviso he yo tenido
                 algo más disimulado,
                 que a la muchacha he mesado
                 y a la vieja he sacudido.
                 Sabe Dios cuanto pesar
                 que me quedaba por vos.
                 Mirá si debéis a Dios
                 con tal esclava topar.

Pródigo   Imagen para adorar
                 he yo, señora, topado.

Alcanda   No, sino sierva, mi amado.
                 Dejemos hora el hablar,
                 y esta noche con la escala
                 vuelve, señor, muy secreto;
                 que sin falta te prometo
                 de te esperar en la sala,
                 porque la puerta es tan mala
                 que rechina que es espanto.
                 Hora ve, descansa en tanto,
                 Dios nuestro Señor te vala.

Pródigo   ¿Es posible que soy yo
                 quien tanto bien ha alcanzado?
                 ¡Oh yo bienaventurado
                 mas que cuanto Dios crió!
                 Quien no se determinó
                 no sabe lo que ha perdido,
                 que más que fortuna ha sido

el que nunca la temió.

Vuelve Pródigo a casa de la Briana, le cuenta todo lo que le acaba de suceder,
y ella dice:

Al diablo yo las doy
aquestas muy desdeñosas,
que estas son las más mañosas:
Jesú, fuera de mi estoy.
Entra agora allá, señor,
dirás estas maravillas
a aquellas mozas bobillas
porque sepan qué es amor,
y sepan qué es dar dolor,
y después a manos llenas
concediendo tras las penas
el descanso y el favor.
Hora yo estoy espantada
de ver la sagacidad,
la malicia y la maldad
de esta edad desventurada.
¡Que una muchacha encerrada
tuviese tales rodeos!
Mira quien vio sus meneos,
y la vio tan enfadada.
Maldito el que es menester
bienquerencias ni terceras,
que ellas tienen sus maneras
con que se dan a entender:
todas saben no querer,
mas no todas defensarse;
y todas saben negarse,
pero pocas fuertes ser.
Rapazas que aún a limpiarse
no saben ni son criadas,
las veréis ya requebradas
a las ventanas pararse,
de los que pasan burlarse

con sus risitas y señas;
y no son tan duras peñas
que vio vengan a quebrarse.

La Briana concierta con Lizan y Cerbero que a la noche cuando vaya Pródigo a ver a Alcanda le hagan caer de la escala al subir o bajar por ella, y aprovechando la acción le roben cuanto tiene para repartirlo entre los tres. acto sexto. Pródigo, disfrazado con un mal vestido que te ha dado la Briana (para quitarte el suyo), va a la cita acompañado de sus nuevos servidores: ponen la escala. y entra Pródigo por una ventana al cuarto de Alcanda: después de un diálogo en que Cerbero y Lizan tratan de la bellaquería que tienen resuelta, sale Pródigo, y al bajar por la escala te dejan caer al suelo, le quitan el bolsón del dinero disimuladamente, y le conducen a casa de Briana; fingen que van a buscar a un cirujano y desaparecen para no volver: Pródigo, quejándose de su caída y echando de ver que aquellos pícaros le han quitado el dinero, pide a la Briana que le disponga una cama; pero ella, que ya nada tiene que esperar, le echa de su casa y le deja en la calle, solo, a media noche, lloviendo, desfallecido, sin un cuarto, y lleno de dolores en todo su cuerpo: ve a un caballero que va a entrar en su casa; le pide limosna, y el caballero manda que le den un pan: de allí se encamina al hospital, y no le quieren recibir: vuelve a buscar al caballero, ruégale encarecidamente que le admita por criado de su casa y queda recibido para guardar los puercos. acto séptimo. Pródigo, reducido a la mayor miseria, se pone en camino para volver a casa de su padre: halla una ermita y en ella a su criado Felisero, que está haciendo vida solitaria, el cual le confirma en su resolución y le acompaña hasta que llegan a casa de Ladan: Pródigo se echa a sus pies, le pide perdón, y el padre amoroso todo lo olvida al verle tan arrepentido: le hace poner ricas vestiduras y manda que se hagan fiestas y alegrías en celebridad de haber recobrado un hijo por quien había derramado tantas lágrimas.
Está muy bien desempeñado el fin moral de esta fábula, que es sin duda una de las mejores del antiguo teatro español, bien pintados los caracteres, bien escritas algunas de sus escenas: las situaciones se suceden unas a otras, aunque no con particular artificio dramático, siempre con verosimilitud y rapidez. La duración del suceso es indeterminada: el lugar de la escena varía continuamente, y no pudiera sin mucha violencia ponerse ahora en el teatro, pero en el tiempo en que esta pieza se compuso, la imaginación de los espectadores todo lo suplía. Existe en la Biblioteca Real de París.

1555

Milite glorioso

86. Anónimo. Comedia de Plauto intitulada: Milite glorioso, traducida en lengua castellana. Amberes, 1555.

Menecmos

87. Comedia de Plauto intitulada: Menecmos, traducida en lengua castellana. Amberes, 1555. En estas dos traducciones merecen alabanza el lenguaje y el estilo. Véanse los dos siguientes trozos sacados de la primera.

«No estás bien en los negocios, porque en la mala mujer y en el enemigo todo cuanto se gasta es perdido; pero con el huésped y con el amigo ganancia es lo que se gasta, y tengo por buena dicha topar con huéspedes de mi condición a quien reciba en mi casa: come y huelga y bebe conmigo, y alégrate de mi compañía: libre te es mi casa y yo también soy libre, quiero gozar de mi con libertad, porque por la misericordia de los dioses y por las riquezas que me concedieron, pude muchas veces casarme con alguna de muchas mujeres que se me ofrecieron de muy buena casta y con mucho dote; pero no quise meter en mi casa una gruñidora con quien perdiese mi libertad...

»Como tengo muchos parientes, no me hacen falta los hijos: agora vivo a mi voluntad y dichosamente siguiendo lo que se me antoja: cuando me muriere, dejaré mis bienes a mis deudos que los partan entre sí: ellos comen conmigo, curan de mi salud, vienen a ver qué hago, si mando alguna cosa: antes que amanezca ya están en mi cámara: pregúntanme si he dormido bien aquella noche, téngolos en lugar de hijos: envíanme presentes y regalos: si hacen sacrificios, dan de ellos mayor parte a mí que a sí: sácanme de mi casa, llévanme a las suyas a comer y cenar: aquel se tiene por mas desdichado que me envió menos: ellos debaten entre sí con sus presentes yo callo y recíbolos: desean mis bienes, pero entre tanto consérvanlos y acreciéntanlos con los suyos».

Si en la traducción de estas comedias se advierte a las veces error de inteligencia en algunos pasajes, omisiones en otros, expresiones que pertenecen a varias personas en boca de una sola, debe considerarse cuáles serían los ejemplares latinos que pudo tener presentes el traductor. Ya se ha dicho en otra ocasión cuán viciadas fueron las ediciones de Plauto durante el siglo XVI. Ignórase hasta ahora quién fue el traductor de estas dos piezas, y solo se infiere por la dedicatoria que hace de ellas al secretario Gonzalo Pérez, que se hallaba en Lila empleado en la Real Hacienda.

88. Juan de Malara. Tragedia de Absalon. No hay otra noticia de esta pieza que la que dio su mismo autor en la obra intitulada Filosofía vulgar, donde dice que había compuesto una tragedia de Absalon.

Paso

89. Lope de Rueda. Paso. Introdúcense en él Sigüenza, lacayo; Sebastiana, mundana; Estepa, lacayo. Sebastiana cuenta a Sigüenza una riña que ha tenido con otra moza, amiga de Estepa, diciéndole entre otras cosas que habló muy mal de él llamándole ladrón desorejado: Sigüenza se enfada sobremanera, refiere un caso de honra en que se vio precisado a deshacerse de las orejas para defenderse de sus contrarios: amenaza a todo el mundo y promete vengar con estrago espantoso las ofensas que a su amiga y a él les han hecho: sale Estepa, insulta a Sigüenza y a Sebastiana, y exige que Sigüenza se desdiga de cuanto ha dicho: Sigüenza lo hace diciendo que estaba borracho y que mintió como un tacaño: Estepa añade que se ponga de rodillas y se deje dar por mano de Sebastiana tres pasagonzalos en las narices: luego que esto se hace, Estepa le toma la espada y se ya con la moza. Gracioso diálogo en prosa, buena imitación de caracteres y costumbres.

Paso

90. Paso. Introdúcense en él las personas siguientes: Dalagon; Pancorbo, simple; Periquillo, paje; Peiruton, gascón; Guillelmillo, paje. Dalagon echa de menos una caja de turrones de Alicante que tenía sobre el escritorio: llama con separación a sus criados y les pregunta quién se los ha comido: ninguno le da razón y se acusan recíprocamente: el amo se enfada y les va dando de palos uno a uno: después de esto se acuerda Guillelmillo el paje de que su amo se los pidió y los guardó en el escritorio: Dalagon reconoce que es cierto lo que el paje dice, y para contentar a sus criados les promete repartir entre ellos todos los turrones: consultan los criados entre sí, y determinan portarse con el amo generosamente no tomando los turrones que les ofrece, y restituyéndole con puntualidad los palos que les dio: así lo hacen, y Dalagon experimenta bien a su despecho el desinterés de sus criados recibiendo una gran paliza que le dan entre todos. Tiene agudeza la solución de esta pequeña fábula: está escrita en prosa.

134

Comedia de los Engaños

91. Comedia de los Engaños. Está escrita en prosa y dividida en diez escenas. Virginio, ciudadano romano, tuvo un hijo y una hija gemelos; perdió al hijo en la confusión del saqueo de Roma en el año de 1527, y se fue con su hija Lelia a vivir a Módena; allí se enamoró de ella un mancebo llamado Lauro, pero después se aficionó de Clavela, hija de Gerardo: Lelia (a la cual había dejado su padre en un convento mientras él iba a Roma a recuperar alguna parte de sus bienes) ofendida de la ingratitud de Lauro se sale del convento, y vestida de hombre entra a servir de paje a su amante con el designio de introducir desconfianza entre él y Clavela: vuelve Virginio de Roma, halla que su hija no parece: llegan a este tiempo a Módena un joven romano llamado Fabricio con su maestro, y un criado: este Fabricio es precisamente el hijo que Virginio perdió y lloraba por muerto, tan semejante a su hermana Lelia, que de esta circunstancia resultan frecuentes engaños, confusión y disturbios, hasta que llega a declararse quién es Fabricio, y quién el fingido paje de Lauro, resultando los casamientos de Lauro con Lelia y de Fabricio con Clavela. Esta comedia, en que se hallan algunas felices imitaciones de Plauto, es muy artificiosa e interesante, aunque en sus incidentes no hay toda aquella verosimilitud que pide el teatro. Siguió Lope en la composición de esta fábula una de las novelas de Bandello, que se habían impreso en Luca en el año de 1554, alterando los nombres de personajes y ciudades según le pareció conveniente: en lo demás imitó mucho el original italiano. Está escrito con buen lenguaje, y entre las partes episódicas es muy gracioso el papel de la negra Guiomar, criado de Clavela.

Coloquio llamado Prenda de amor

92. Coloquio llamado Prenda de amor. Personas: Menandro, pastor; Simon, pastor, Cilenia, pastora. Altercan Menandro y Simón sobre cuál de ellos ha sido mas favorecido de Cilenia, la cual ha dado a Simón uno de sus zarcillos, y a Menandro una sortija; viene Clienia apacentando su ganado, y ambos le ruegan que declare a cuál de ellos ha entendido favorecer más: ella rehúsa declararse y se va, dejando en manos de Simón su retrato con esta letra:

Mira y verás
en mi cuanto tú querrás.

y en las de Menandro un corazón pintado con un mote alrededor que dice:

Ya no tengo mas que dar,
pues le doy el corazón.

Cada uno de ellos imagina por la dádiva y la letra que le acompaña ser el más venturoso, y con esta lisonjera presunción ambos quedan contentos y amigos. Está escrito en quintillas.

1558
Paso

93. Paso. Introdúcense en él las personas siguientes: Madrigalejo, lacayo ladrón; Molina, lacayo; un alguacil, un paje. Madrigalejo se entretiene con Molina refiriéndole algunos trabajos que ha pasado con la justicia: viene en su busca un alguacil a instancias de un paje a quien Madrigalejo había hurtado un libro de devociones: les hace varias preguntas y descubre un lío de ropa que ocultaba Molina por encargo de Madrigalejo: los hace atar a entrambos y los lleva a la cárcel prometiéndoles que saldrán muy pronto de allí para las galeras. Diálogo en prosa.

Lope de Rueda, natural de Sevilla, fue batidor de oro: cediendo al impulso que le inclinaba al teatro, se hizo actor y autor, y formando una pequeña compañía corrió las provincias y principales ciudades de España. En Sevilla, Córdoba, Granada, Valencia, Toledo, Madrid, Segovia y Valladolid representó con extraordinario aplauso del público sus mismas obras. Todas las hizo imprimir después de su muerte su amigo Juan de Timoneda. Se ha perdido la edición de sus Coloquios en verso, que en aquel tiempo se estimaron como lo mejor que salió de su pluma, y sólo ha quedado el de las Prendas de amor. Las cuatro Comedias, los dos Coloquios, los diez Pasos (todo en prosa) y el Coloquio en verso, se publicaron en Valencia por el citado Timoneda en los años de 1567 y 1570. Parte de estas obras se imprimieron en Sevilla y en Logroño. Floreció Lope de Rueda desde los años de 1544 en que empezó a darse a conocer, hasta el de 1560, en que probablemente murió. En el de 1558 representó en Madrid y en Segovia, y en aquel año le vieron sin duda en la corte Miguel de Cervantes y Antonio Pérez, haciendo ambos mención de haber sido testigos de su habilidad y de sus aplausos. Murió en Córdoba, y el cabildo de aquella catedral le hizo enterrar en la nave principal de ella entre los dos coros: honor concedido a un cómico, y en aquel tiempo, que manifiesta cuánta fue la estimación que hicieron de él sus contemporáneos; pero la posteridad más injusta ha dejado perecer y olvidar el depósito de sus cenizas, que ocupan ya desconocido y común sepulcro.

Farsa llamada Rosiela

94. Anónimo. Farsa llamada Rosiela, nuevamente compuesta, en la que se introducen las personas siguientes: Palomeo, padre de Floriseo, Rosiela, dama; Floriseo, galán; Justina, criada; Cambano, padre de Benito, bobo; Pinamarte, criado de Palomeo; Marigreja y Pablos Gil. Cuenca, 1558.
Amores, diálogos pastoriles, gracias del bobo, niños robados en la cuna, reconocimientos y otros incidentes romancescos muy usados por los dramáticos de aquel tiempo. La versificación es bastante buena.

1559
Comedia de los Menecmos

95. Juan de Timoneda. Comedia de los Menecmos, puesta en gracioso estilo y elegantes sentencias. Valencia, 1559. Timoneda tradujo libremente en prosa esta comedia de Plauto: suprimió con inteligencia dos personajes poco necesarios, varió el prólogo, quitó los soliloquios inútiles de Peniculo en el primer acto, y en el tercero el de Menecmos, casado en el cuarto, y el de Mesenio en el quinto. Dio muy oportunamente mayor extensión a algunas escenas, a otras más naturalidad, mejoró el desenlace y conservó en toda la pieza la gracia y ligereza cómica del autor latino. Precede a la comedia un prólogo en que hablan el dios Cupido y tres pastores.

Comedia llamada Cornelia

96. Comedia llamada Cornelia: es muy sentida, graciosa y regocijada. Valencia, 1559. Esta comedia, por el gusto de las que entonces se admiraban en Italia, tiene algunas situaciones imitadas de El Nigromante de Ariosto. Está escrita en prosa con muy buen lenguaje, el diálogo es rápido y natural, abunda en chistes cómicos no siempre decentes, pero en las costumbres libres de aquella edad hallaban aplauso. La exposición de esta pieza es muy defectuosa, y sin el prólogo separado que le precede nada se sabría de los antecedentes que motivan la fábula. Poseía un ejemplar impreso de estas dos comedias don Ramón Cabrera, individuo de la Real Academia española.

97. Anónimo. Paso. Interlocutores: Monserrate, simple; Coladilla, paje; Valverde, doctor; Jumilla, mujer; alguacil Porqueron. La escena es en Valencia. Coladilla, sabiendo que va a venir una mujer de Rusafa a consultar a su atrio el médico sobre una dolencia que padece su madre, persuade a Monserrate su compañero a que se vista las ropas del doctor que aun está durmiendo y finja ser el mismo, a fin de recibir dos reales y un bollo que sabe que traerá la mujer: viene ésta, y Monserrate sentado, y Coladilla detrás que le va dictando lo que ha de decir, le preguntan sobre la enfermedad de su madre, y Monserrate le prescribe los remedios, equivocando con disparates cuanto Coladilla, le dice al oído. La mujer da los dos reales y el bollo, y Monserrate la hace llevar una redoma de bebida blanca que estaba debajo de la cama de la médica, encargándola que se la haga beber a la enferma: se va la mujer, viene el doctor Valverde, y hallando a Monserrate vestido con sus ropas se enfada y riñe: vuelve la mujer acompañada de un alguacil lamentándose de que por haber dado a su madre un poco de lo que contenía la redoma acaba de espirar. La supuesta bebida era una disolución de solimán con que se lavaba la médica: el alguacil se lleva a la cárcel a los criados del doctor y al doctor con ellos. Diálogo en prosa.

Paso de los Ladrones

98. Paso de los Ladrones, en el cual se introducen las personas siguientes: Cazorla, viejo ladrón; Buitrago, ladrón nuevo; Salinas, ladrón nuevo; Joan de Buenalma, simple. Está escrito en prosa: parece que se quiere figurar la escena en Valencia: Salinas y Buitrago se recomiendan a Cazorla para que les instruya en el oficio de que son principiantes: Cazorla les da varios consejos sobre lo que deberán practicar si llegan a caer en manos de la justicia para salir menos mal de los interrogatorios, de los careos y del potro: les refiere varios ardides de que ha usado durante su larga carrera, y les da alguna noticia de la nomenclatura germanesca usada entre los de su ejercicio: sale Joan de Buenalma con una cesta de huevos, traman conversación con él Buitrago y Salinas: éste le desafía a saltar a pie juntillas, y como Joan de Buenalma le desprecia y dice que en conciencia no puede apostar con él por la conocida ventaja que le lleva, disponen que salte con los pies y los brazos atados: él se aviene a ello, y al ir a dar el salto, ve que Salinas se escapa llevándose el dinero apostado: Buitrago, a quien dio a guardar el capote, se va en seguimiento del otro: Cazorla con la cesta de los

huevos echa a correr detrás de los dos, y Joan de Buenalma se queda atado de brazos y pies, sin dinero, sin capote y sin cesta. El juego de teatro suple en esta pieza la falta de acción.

Paso

99. Paso: introdúcense en él las personas siguientes: Gutiérrez de Santibañez, lacayo mozo; Inesa López, fregona; Rodrigo del Toro, simple; Salmerón, amo. Está escrito en prosa. Gutiérrez, a quien Rodrigo del Toro tiene encargado que le busque una novia, concierta con Inesa hacerle una borla, y viéndole venir con un plato de confitura que lleva a unas monjas, Gutiérrez le dice (enseñándole a Inesa) que aquella es la novia que ha encontrado más a propósito para él: Rodrigo conviene desde luego en casarse con ella, y a falta de colación para celebrar el contrato, Gutiérrez le propone que puede suplir el plato de confitura, dando después a su amo cualquiera disculpa de haberle perdido; y esto dicho, se lleva Gutiérrez el plato, Inesa enamora a Rodrigo, y él lleno de empacho, solo acierta a decir simplezas: estando en esto, viene Gutiérrez disfrazado de mujer, reconviene a Rodrigo de que la deja por otra olvidando las obligaciones que le debe: Rodrigo se embrolla con las voces y altercaciones de las dos: sale su amo, averigua el caso y trata de oír a entrambas, para decidir cual tiene razón: por último determina que debe casarse con la disfrazada: Rodrigo fastidiado de una y otra no quiere ser marido de ninguna: toma el bastón de su amo, embiste con ellas y desenlaza a palos la fábula.
Timoneda publicó los tres pasos precedentes en una colección que intituló Registro de representantes.

Comedia llamada Tolomea

100. Alonso de la Vega. Comedia llamada Tolomea. Argumento. En la ciudad de Alejandría, muy magníficos auditores, había dos mercaderes, el uno llamado Cosme Alejandrino, y el otro Marco César: el Marco César tenia un hijo, y Cosme Alejandrino un hijo y una hija dicha Argentina: estos dos hijos fueron criados por una ama, la cual adrede los trastrocó, que dio a cada cual padre el que no era su hijo, y fueron llamados los dos por un nombre dichos Tolomeos: semejáronse tanto en estatura y gesto, que cualquiera que los veía tomaba el uno por el otro: allegándose a edad de casarse, el Marco César, pensando que era su hijo el que tenía, trató casamiento para que casase con Argentina, hija de Cosme Alejandrino, y por ser forzado de ir a Florencia diéronse los viejos tan solamente las ma-

nos: Tolomeo, hijo de Marco César, que estaba en casa de Cosme Alejandrino, habíase ya juntado con Argentina y la tenia preñada: ella de pensar que de su hermano (no lo siendo) se había empreñado, y que de otra parte el casamiento estaba efectuado con Tolomeo de Marco César, no sabía qué medio se tomase. Al fin (si están vuestras mercedes atentos) verán como pare, y en cuantos infortunios se ve el pobre niño, y de qué arte y suerte se viene a descubrir cuyo hijo es cada uno, con lo demás que la comedia pretende representar delante tan agradecidos señores. Y queden con Dios. Esta comedia es por extremo desatinada: son interlocutores en ella un nigromante, un endriago, el dios Febo, el dios Cupido, Orfeo, Medea y un diablo: la escena es en Alejandría y en los montes de Armenia: el tiempo ilimitado: la acción inverosímil, indecente, confundida con episodios inconexos: el lenguaje y estilo nada tienen que disculpe sus faltas. Está escrita en prosa y distribuida en ocho escenas.

1561
Comedia

101. Juan de Malara. Comedia (se ignora el título) en elogio de la villa de Utrera. Juan de Malara, maestro de humanidades en Sevilla su patria, escribió entre varias obras que le dieron estimación la Filosofía vulgar, que contiene mil refranes glosados, un poema en octavas intitulado Hércules, otro en verso suelto dividido en doce libros que intituló Psique, y otro del martirio de santa Justa y Rufina en versos latinos y castellanos. Él mismo da noticia en su obra de la Filosofía vulgar de haber compuesto una tragedia de Absalon, y una comedia intitulada Locusta, que se representó en las escuelas de Salamanca en el año de 1548, de las cuales se ha hecho ya mención en este catálogo. En cuanto a la presente comedia, no hay otra indicación de ella que la que dio Rodrigo Caro en las Antigüedades de la villa de Utrera, diciendo que en el año de 1561 se representó en Utrera una comedia en verso del maestro Juan de Malara, que tal vez fue la primera que se escribió en verso en España (en lo cual se equivocó), y que principiaba así:

Villa de Utrera, noble y venturosa.

No se sabe si ésta y las demás piezas dramáticas de Malara llegaron a imprimirse. Juan de la Cueva su compatriota le llama Menandro bético, y dice que compuso mil tragedias, y mereció mucha alabanza por haber alterado el uso antiguo conformándose con el nuevo: expresiones que reducidas a su justo valor quieren decir que Malara compuso muchas piezas dramáticas poco arregladas a

140

los principios del buen gusto y muy aplaudidas en su tiempo. No hay otra noticia de este autor: la época en que dio sus obras al teatro debió ser desde el año de 1548 hasta el de 1570 con poca diferencia.

Danza

102. Pedro Suárez de Robles. Danza del santísimo nacimiento de nuestro Señor Jesucristo, al modo pastoril, compuesta por Pedro Suárez de Robles, clérigo de evangelio, natural de Ledesma. Son interlocutores un ángel y ocho pastores; el primero se llama Antón, el segundo Rebanado, el tercero Pascual, el cuarto Toral, el quinto Pellejón, el sexto Pelayo, el séptimo Rebollo, el octavo Tereso, san José y nuestra Señora, y el niño Jesús (este no habla) y otros cuatro ángeles que estarán con cuatro ciriales junto al nacimiento, y a su tiempo cantarán un villancico. Impreso en Madrid año de 1561. Nada se sabe de este autor. La composición citada es muy curiosa por cuanto en ella se ve la disposición de estos dramas sagrados, cuyo uso duró tantos años en las Iglesias de España. Al empezar la obra se explica la situación y movimientos de los personajes en esta forma: «Han de salir los pastores en dos hileras repartidos; delante de ellos el que tañe el salterio o tamborino: al son irán danzando hasta en medio de la iglesia, y allí harán algunos lazos, y tras de los pastores irán los ángeles con los ciriales, y si hubiere aparejo ocho ángeles que llevan el palio del Santísimo Sacramento, y debajo irá nuestra Señora, y san José, y llegarán hasta las gradas del altar mayor, y allí estará una cuna a modo de pesebre, y allí pondrán al niño Jesús, y de rodillas nuestra señora y san José puestas las manos como contemplando; los ángeles repartidos a un lado y a otro, y mirando hacia el niño, y estando de esta manera acabarán los pastores de danzar: y luego saldrá un ángel al púlpito y dirá lo siguiente... y los pastores oyendo la voz mostrarán espantarse mirando para arriba a una y otra parte». El orden con que está dispuesto el diálogo, la danza y música es éste. Anuncia el ángel el nacimiento de Jesucristo a los pastores y desaparece: los ángeles del nacimiento cantan un villancico en alabanza del hijo de Dios: oyen los pastores aquella música y determinan ir a adorar al recién nacido, y se van danzando a donde está el pesebre: sigue después un villancico entre los ángeles y los pastores: llegan éstos, y san José les da la bienvenida: cada uno de ellos dice un par de copias, ofrece su presente al niño, y danza: san José agradece sus dones: la Virgen ruega a su hijo que favorezca a aquellos pastores, y ella por su parte les promete ampararlos y ser abogada suya. Concluye la fiesta con otro villancico en que cantan y bailan los ángeles y los pastores, alternando las coplas con este estribillo:

Acá en Belén nace nuestro Dios:
Nace de María para bien de nos.

1562
Comedia llamada Feliciana

103. Anónimo. Comedia llamada Feliciana. Juan de Timoneda, en su colección de novelas intitulada Patrañuelo, impresa en Valencia año de 1566, al fin de la patraña XIII dice: «De este cuento pasado hay hecha comedia que se llama Feliciana». No se sabe otra cosa de esta pieza ni del autor que la compuso.

Tragedia llamada Serafina

104. Alonso de la Vega. Tragedia llamada Serafina. Argumento. La pieza se divide en ocho escenas, está escrita en prosa. Serafina, hija de un cardenal y de una matrona romana, vive en Nápoles en casa de Alberto, a quien su padre la envió siendo niña para que la educase: joven ya, hermosa y rica, la solicitaron varios, y entre ellos dos príncipes de Italia que se hacen por sus amores una guerra cruel: Marco Atanasio, hijo de Alberto, está igualmente enamorado de ella, pero solo recibe desprecios: sueña Serafina que había de ser casada con el hombre más bello del mundo: consulta sobre esto a un nigromante, y le dice éste que el más bello hombre del mundo es el Amor: esto sabido no aspira a más la doncella que a conocerle, verle y tratarte, y ofrecerse a su voluntad: solo ama al Amor, todos los hombres son para ella indiferentes: buscando al Amor se le aparece una ninfa, y en su compañía Paris y Narciso: la ninfa le dice que viene de parte del dios Cupido a presentarle aquellos dos jóvenes los más hermosos que ha visto el mundo para que elija entre los dos el que más le guste: Serafina insiste en que solo quiere al Amor, y las visiones desaparecen: entre tanto Alberto echa de su casa a su hijo Atanasio porque se obstinaba en ser amante de su pupila: el hijo valiéndose de un criado roba a su padre el cofre del dinero para atender a sus urgencias: la justicia le coge con el hurto: el padre conviene desde luego en que será menester ahorcarle, pero a ruegos de Serafina todo se compone: ésta, agitada siempre de la manía de buscar y conocer al Amor, ve aparecerse repentinamente dos salvajes que lo enseñan en un escudo la pintura de Cupido: queda absorta a vista de tanta hermosura, y los salvajes le echan una cadena al cuello y se la llevan presa a la floresta solitaria por el atrevimiento de haberse querido igualar con un dios, de quien solo puede aspirar a ser esclava: Marco Atanasio

se va por los montes quejándose de la ingratitud de su señora, e invoca a Cupido para que le favorezca: viene Cupido inmediatamente y le da su arco y una flecha para que en caso necesario se la dispare a Serafina: muda Atanasio su vestido en otro pastoril, sale al encuentro de su querida, le habla amorosamente, y ella sigue despreciándole: él entonces le dispara la saeta, y cae Serafina sin sentido: viendo Atanasio que no se mueve ni responde la cree muerta, saca un puñal y se quita la vida: Serafina vuelve en sí, y enamorada ya de Atanasio le halla muerto, sácale el puñal que tiene clavado en el pecho y con él se mata. Todo lo que sigue a esto en la escena octava es un conjunto de impertinencias añadidas a la monstruosa y extravagante fábula que el autor se atrevió a llamar tragedia.

1563
Comedia de la Duquesa de la Rosa

105. Comedia de la Duquesa de la Rosa. Preceden a esta comedia el introito y el argumento. El introito escrito en prosa por le gusto de Lope de Rueda es muy ingenioso, y el estilo florido y elegante. La comedia igualmente en prosa no tiene división alguna de actos ni de escenas. Una infanta de Dinamarca se aficionó en su juventud a un infante de España llamado Dulcelirio, que estuvo algún tiempo en la corte del rey su padre: al despedirse Dulcelirio le dio la infanta un anillo para memoria de su inclinación: casó después la infanta en Francia con el duque de la Rosa: empezó a enfermar de grave dolencia, y le aconsejaron que fuese en peregrinación a Santiago de Galicia para implorar del santo apóstol el restablecimiento de su salud: hizo en efecto su romería; sus achaques desaparecieron, y a la vuelta pasando por Burgos la hospedó en su palacio (sin darse a conocer) el infante Dulcelirio; pero al despedirse, dándole de beber, le echó en la copa el anillo que había recibido de ella en Dinamarca: la duquesa le reconoce, pero no dándose por entendida sigue su camino y llega felizmente a la presencia de su esposo: un mayordomo del duque enamorado de su ama se atreve a declararle su pasión: ella le reprende ásperamente diciéndole que si no desiste de aquella indecente solicitud dará cuenta de ello a su marido. El mayordomo engañando a un hermano suyo hace que vaya a esconderse detrás de las cortinas de la cama de la duquesa, y entre tanto avisa al duque de que la señora le es infiel, y le hace maleficio: van todos allá, sale de entre las cortinas el hermano del mayordomo, y éste, antes que el otro pueda hablar palabra, le mata a puñaladas: queda presa la señora y condenada a muerte si en el término de tres meses no se presenta algún caballero que la defienda: ella escribe a Dulcelirio lo que le pasa: llega el mensajero a Burgos en cosa de un minuto, halla modo de introducirse con la

duquesa, y ésta sin reconocerle se confiesa con él: satisfecho por lo que resulta de la confesión de la inocencia de su penitente, se presenta armado en el campo al tiempo que la sentencia va a ejecutarse: pelea con el mayordomo y le mata: el duque da gracias al cielo por tan señalado favor, pero de allí a pocos instantes le da calentura y se muere y le entierran: Dulcelirio declara a la duquesa que él ha sido el fraile que la ha confesado y el caballero que la ha defendido; y esto dicho se casan los dos. Los que no gustan de fábulas sencillas y prefieren el género romancesco (lleno de situaciones tan inesperadas como imposibles), hallarán en esta comedia lo que apetecen: la Verdad, el Consuelo y el Remedio cantan a coros y dan conversación a la duquesa cuando está encerrada en la torre esperando la muerte: un portugués muy enamorado, un Tomé Santos, bobo, y un bachiller Valentín (personajes inútiles y pegadizos), son insoportables cada cual en su género.

Alonso de la Vega murió en Valencia antes del año de 1566. Timoneda imprimió las tres piezas de que se ha hecho mención, y dice, hablando con el lector en un soneto que las precede:

Tres farsas o comedias nos compuso
en prosa castellana tan sentidas
con que tu pensamiento recrearse.
Y aquí en nuestra Valencia Dios propuso
sus días para él fuesen cumplidos,
y para el cielo fue do descansase.

Entremés de un ciego, un mozo y un pobre

106. Juan de Timoneda. Entremés de un ciego, un mozo y un pobre. Está escrito en coplas de pie quebrado. Un ciego acompañado de su lazarillo va pregonando coplas y oraciones: quéjase de que nadie le da limosna, ensaya la voz para las coplas que se propone cantar, y sobreviene un pobre cuyas plegarias le incomodan mucho, conociendo que con ellas atraerá la gente y él se quedará sin que nadie le dé limosna: repúntanse de palabras el ciego y el pobre, se insultan a cual más puede, y el diálogo se concluye a palos. Es la pieza más antigua de teatro que se llama entremés.

Paso de dos clérigos cura y beneficiado, y dos mozos suyos simples

107. Paso de dos clérigos cura y beneficiado, y dos mozos suyos simples. En coplas de pie quebrado. Se reduce a una altercación muy reñida entre el beneficiado y el cura sobre que cada uno de ellos quiere para sí el pie de altar, las ofrendas y los responsos: se tratan de majaderos, de ignorantes en el latín, y llegan a punto de darse de palos, contando el uno y el otro con que sus mozos les darán auxilio; pero el beneficiado, no fiándose demasiado en el valor del suyo, se acobarda, evita la paliza huyendo, y el cura se queda por dueño del campo.

Paso de dos ciegos y un mozo muy gracioso para la noche de Navidad

108. Paso de dos ciegos y un mozo muy gracioso para la noche de Navidad. Escrito en coplas de pie quebrado. Palillos, mozo travieso y apicarado, desearía aplicarse a algún oficio, para lo cual refiere al auditorio sus buenas cualidades, y entre ellas cuenta haber robado ciertos dineros a un ciego de quien había sido lazarillo: Martín Álvarez, ciego, sale por un lado pregonando sus oraciones, y por otro Pedro Gómez, ciego también, sale anunciando las suyas: salúdanse entrambos, y creyendo que están solos hablan con entera confianza: Álvarez cuenta al otro que su lazarillo le robó seis ducados que tenía escondidos, y escapó con ellos: Gómez le aconseja que en adelante lleve el dinero encima de sí, como él lo hace, y en prueba de ello le dice que lleva cosidos alrededor del bonete los ducados que va recogiendo, y así está seguro de que nadie se los quite: esto dicho, Palillos, que todo lo ha estado oyendo, le arrebata el bonete de la cabeza y echa a correr: Gómez cree que es Martín Álvarez el que le ha hecho aquella burla, y le pide el bonete: el otro que ignora lo que ha sucedido no sabe qué decirle, ni halla manera de justificarse: enfádanse los dos, y se sacuden una gran paliza.

Paso de un soldado, y un moro, y un ermitaño

109. Paso de un soldado, y un moro, y un ermitaño. El soldado engaña al moro diciéndole que es despensero de unos frailes, y con este pretexto le toma dos gallinas que llevaba el moro para vender: llama al ermitaño, le dice en secreto que aquel hombre se quiere confesar, y el ermitaño dice al moro que se aguarde mientras vuelve, ofreciendo despacharle muy pronto: persuadido el moro con esto de que se trata de pagarle de allí a un rato, deja ir al soldado con las gallinas y se espera a que salga el ermitaño: vuelve este en efecto, y resulta entre los dos una altercación muy acalorada. Por último ni el moro se confiesa, ni el ermitaño le paga, y todo finaliza con una solemne tunda de garrotazos y mojicones. Está escrito en coplas de pie quebrado.

Paso de la Razón, la Fama y el Tiempo

110. Paso de la Razón, la Fama y el Tiempo. No hay nada de acción, todo esmero diálogo alusivo al nacimiento de nuestro Señor Jesucristo: está escrito en quintillas: el estilo y la versificación no carecen de mérito.

1564
Tragicomedia llamada Filomena

111. Tragicomedia llamada Filomena. Preceden a la obra un introito y un argumento en que se refiere la fábula de Progne y Filomena, y se pide atención al auditorio. La tragicomedia está dividida en siete escenas, y escrita en quintillas con algunos trozos de muy buen estilo y fáciles versos: se muda frecuentemente el lugar según la acción lo pide, que unas veces se supone en Atenas y otras en Tracia: se habla en este drama del puerto de Denia y del castillo de Alarcón: hay títulos de alteza y empleo de mayordomo: se elogia el vino de Roda y de San Clemente, y Filomena dice ¡Jesús! un bobo criado de Tereo que se mete en todo y todo se lo habla, es tan excesivamente necio y pesado que no se puede sufrir.

Farsa llamada Paliana

112. Farsa llamada Paliana. Precede a la farsa un introito. Está escrita en coplas de pie quebrado: no tiene división ninguna de actos ni de escenas: Filomena, mujer de Paliano, refiere haber soñado que salta fuego de sus entrañas, y que después venían dos salvajes y le apagaban: este sueño, por la circunstancia de hallarse Filomena encinta, atemoriza a Paliano, que envía un criado a la Seo para que busque a un nigromante y se le traiga, a fin de preguntarle lo que puede significar el sueño de su esposa: venido el nigromante se informa de todo, y le dice a Paliano que le nacerá un hijo que abrasará como el fuego, y que hasta que se cacen dos salvajes en el monte, aquel fuego no tendrá fin: le aconseja que se vaya de la ciudad, y lleve a su mujer a la majada, y cuando haya parido haga conducir el niño al monte, y dejarle allí atándole primero un cordón para que sirva de señal. Todo se hace según el nigromante lo dispuso: hallan dos salvajes al niño en lo más áspero de la montaña, se proponen darle a criar, y a pocos versos después sale tan destetado, tan crecido y robusto, que ya está enamorado de su madre, a quien ha visto casualmente por aquellos cerros: los salvajes, que desean complacerle en todo, van con él a la casa de campo de Paliano: roban a

Filomena y se la llevan a la montaña. Llega Paliano a su casa, y sabido el suceso, va a ver si puede hallar a su esposa o a los salvajes o a Infantico (que así se llama el joven), y los encuentra a todos juntos: quiere matarlos, ellos se defienden, y la mujer (para desvanecer los justos celos de su marido) le dice con el mayor candor que no hace más que ocho días que la robaron. Paliano en medio de sus furores se acuerda repentinamente de lo que el nigromante le pronosticó, y halla que aquel mancebo debe de ser su hijo, y aquellos salvajes los que vio en sueños su mujer: así se confirma todo en muy breves palabras: se abrazan y se concluye la fábula. Ya se ve por este extracto lo que ella será: baste añadir que en cuanto a los caracteres, afectos, situaciones, estilo y versos, nada hay tampoco que merezca alabanza.

Comedia llamada Aurelia

113. Comedia llamada Aurelia. En el introito de esta comedia se dice:

Y sabrán, cierto, que fue
la intención
del autor y su opinión,
en su comedia, señores,
esquivar pasos de amores,
y tomar nueva invención.

La invención que tomó no fue ciertamente de las más felices. Salucio y Aurelia, hermanos, cuentan cómo su padre había sido muy rico; y hallándose sin hijos, trató de guardar su dinero de modo que nadie pudiese hallarle: valiose para esto de un nigromante y por su consejo hizo una torre, metió en ella sus riquezas, cerrola muy bien, y colocada la fuerza del encanto en un anillo (dádiva del mágico) le partió por en medio: quedose con la mitad de él y la otra la tiró al mar: hecho esto, la torre quedó invisible: tuvo después los dos hijos mencionados, a los cuales solo pudo dejar en herencia la mitad de aquel fatal anillo, y murió bien arrepentido de su disparate. Salucio se ya a correr mundo, dejando el medio anillo a su hermana Aurelia, que le hace colgar sobre la puerta por si acaso llegase alguno que tenga la otra mitad, puesto que apenas los dos pedazos le junten, el encanto quedará deshecho. No hay para qué seguir la trama irregular y absurda de esta pieza; baste decir que después de muchas situaciones impertinentes, Salucio halla en su viaje a dos peregrinos, de los cuales el uno, entre varias reliquias y dijes curiosos que le enseña, le hace ver un medio anillo que luego reconoce ser el mismo que te ha de restituir las perdidas riquezas: cuenta al peregrino el extraño caso de la torre encantada: vanse juntos a casa de Salucio, hacen la prueba de unir los dos pedazos del anillo, y sonando un espantoso estrépito se deshace la torre, quedan manifiestos los tesoros de su padre, y Aurelia se casa con el peregrino. Esta comedia se divide en cinco jornadas, y está escrita en coplas de pie quebrado.

1565
Farsa llamada Trapacera

114. Farsa llamada Trapacera. Introito en el cual se dice hablando del drama que sigue después:

El nombre de ella será
Trapacera;
por ser en parle y manera
hecha a modo de farsalia,
como se usa en Italia
y por toda su ribera.

Flavio, mancebo, acompañado de su lacayo Corbalo, va a casa de Rufina, mujer de Rodrigo, carretero; la cual le ha prometido que le tendrá en su casa una linda doncella llamada Licea, hija de Facio, rico labrador, que se la envía diariamente para que la enseñe algunas labores. Recíbelos Rufina asomada a la ventana: pregunta a Flavio si trae los dineros en que se habían concertado, y él dice que no: Rufina le despide diciéndole que no entrará ni verá a la doncella hasta que los traiga: Flavio se desnuda las ropas de gala que lleva puestas, se las da a Corbalo para que las empeñe y le traiga dinero, con lo cual Rufina se ablanda y le deja entrar: ésta se va después a casa de Facio, a quien echa en cara su mala correspondencia, pues habiendo enseñado a hacer mil delicadas labores a su hija Licea, piensa pagarla con una estrecha habitación que le da, y un ducado al mes en dinero por única gratificación: se apartan muy mal contentos el uno del otro, y el viejo para dar pesadumbre a Rufina trata de fingir que vende la casa en que ella vive: insta Rufina a Corbalo pidiéndole el dinero que se le ha prometido, y él se excusa diciendo que aún no le ha podido adquirir. De orden de Facio van a medir y tasar la casa de Rufina: ella y los que están dentro se llenan de consternación, porque hallándose allí oculto y despojado de sus vestidos el joven Flavio en compañía de Licea, va a suceder un escándalo si dan con ellos: para evitar este peligro meten a Flavio dentro de una cuba; pero hecho esto sobreviene Antolín, dueño de la cuba, acompañado de un alguacil, y resuelto a llamársela, porque habiéndola vendido a Rodrigo, marido de Rufina, no se la paga habiéndose pasado el término que le dio. Rodrigo no quiero entregar la cuba: Antolín se empeña en llevársela, Rufina la reclama, diciendo que todo cuanto hay en la casa es dote suyo y la cuba también. Facio para ponerlos en paz dispone que se lleve la cuba a su casa y allí esté depositada hasta que se averigüe a quién pertenece: llévansela en efecto, y a Flavio dentro de ella: Corbalo, valiéndose de Rodrigo y de otros dos camaradas suyos, urde un enredo al viejo Hilario, padre de Flavio, a fin de disculpar la ausencia del hijo y sacarle algun dinero para contentar a la codiciosa Rufina. El pasaje siguiente dará una idea de las astucias que Corbalo usa con Hilario, como también del estilo y diálogo de esta pieza.

Hilario	¿Corbalo, Flavio do está, dí, traidor, mentiroso, trampeador, por qué me traes engañado? Dime, ¿dónde está encerrado, falso damnificador?
Corbalo	Señor, ruégoos por mi amor, si mandáis que el enojo despidáis, que si os mentí no era engaño, sino deshacer el daño y el gran peligro en que estáis.
Hilario	¿Cómo? Di.
Corbalo	Si me escucháis lo diré. Sepa pues vuesa mercé...
Rodrigo	Salí acá, Flavio, ¿do estáis? Si el dinero no me dais aquí la muerte os daré.
Hilario	¿Y qué es aquello?

Corbalo	Oigame. Que ha tomado con su mujer acostado Rodrigo a Flavio, y de vero, a promesa de dinero le ha la vida otorgado.
Hilario	¿Y Rodrigo?
Corbalo	Veislo armado de un lanzón.
Hilario	¿Y los otros dos quién son?
Corbalo	Dos primos de su mujer que le han venido a valer como vieron la cuestión.
Hilario	¿Y Flavio?
Corbalo	De un paredón que saltó, muy ligeramente entró...
Hilario	¿Dónde? Dilo.
Corbalo	En el palacio de casa del señor Facio.
Hilario	En fin, ¿qué, ya se salvó?
Corbalo	A Rodrigo querría yo que le demos los dineros.
Hilario	¿Cómo haremos?

Corbalo	¿Cómo qué? Traer contados los veinticinco ducados, y por ahí concluiremos.
Hilario	Muy mejor es que busquemos donde está Facio, que él le librará, que es amo de ese bestiaso.
Corbalo	Qué, no señor, que es mal caso que también se agraviará.
Hilario	Pues di tú cómo será, que no sé.
Corbalo	Yo, señor, se lo diré, que por popar el dinero la vida puesta al tablero no es justo, señor, que esté.
Hilario	Muy bien dices; pero ve y el lanzón quitarás a ese cabrón, y promételo de dallos.
Corbalo	¿Cuándo?
Hilario	Luego, que a sacallos voy a casa, de un cajón.

Dicho esto, Corbalo despide a Rodrigo y a sus camaradas. Facio, al registrar la cuba que tiene en depósito, baila dentro al joven Flavio, y a las sospechas que concibe se añade el aviso que le da Dominica, criada de Rufina, refiriéndole que ha visto en casa de su ama a Flavio y Licea que se estaban abrazando: desesperado Facio con esta noticia se queja muy sentidamente: Hilario procura mitigar su cólera, pero el ofendido padre no halla consuelo...

Hasta aquí llega el ejemplar incompleto que poseía el erudito don Pedro Caro, marqués de la Romana. Si se atiende al estado de la fábula, poco puede ser lo que falte. Parece verosímil que el desenlace consista en que Licea se case con Flavio, los viejos queden amigos y perdonen las picardías de Corbalo y de Rufina, causa principal de tanto disgusto. Hay en esta pieza una acción cómica bien conducida, sin episodios inútiles que la dilaten o la compliquen, caracteres bien desempeñados, enredo verosímil, progresivo interés, diálogo animado y gracioso. Puede contarse entre las mejores fábulas dramáticas que se compusieron en aquel tiempo. Está escrita en coplas de pie quebrado, sin división de actos ni de escenas.

Farsa llamada Rosalina

115. Farsa llamada Rosalina, muy apacible y graciosa, con introito. Está escrita en coplas de pie quebrado, sin división ninguna de actos ni de escenas. Antonio Pomar y Leandro Pisano, mercaderes, reflexionando sobre la vanidad de las cosas humanas, y desengañados del mundo, determinan retirarse a un convento: Leandro tiene una hija llamada Rosalina, y el considerar que ha de abandonarla si se mete fraile le hace vacilar en su propósito, bien que después advierte que mientras viva Lucano su suegro nada puede faltar a su hija: resuelven pues los dos amigos poner en ejecución su designio sin dar cuenta a nadie, y este diálogo se interrumpe más de una vez con las simplezas de Joan, criado de Leandro que entra y sale muy fuera de propósito y entre él y Lorenzo, otro criado tonto, dicen después mil boberías; que ocupan una larga escena: el viejo Lucano da cuenta a su nieta Rosalina de que Leandro falta de casa y no se sabe adónde ha ido ni cuándo volverá: los criados salen a cada instante con varios pretextos a interrumpir la conversación y decir frialdades. No es menos inútil el diálogo de Rosalina con su criada Marisánchez, y el que se sigue de un portugués muy enamorado y muy hidalgo que requiebra a Rosalina: Marisánchez le despide, él no hace caso y sigue ponderando su pasión amorosa y el ruego que le consume las entrañas, lo cual oído por Marisánchez coge un barreño lleno de agua y se le echa encima: Antonio y Leandro buscan en un desierto a un ermitaño venerable, a quien piden les dé el hábito de penitencia y les permita vivir en su compañía: el ermitaño aplaude su resolución, y les dice que cuando oigan sonar la campanilla de la ermita, vayan allá y les tendrá prevenida la cena y los hábitos que piden: apenas quedan solos, cuando se les aparecen el Demonio, el Mundo y la Carne, procurando todos tres disuadirlos de abrazar aquel estado tan lleno de aspereza y aflicción, pero ellos se mantienen firmes, se encomiendan a Dios, hacen la señal de la cruz, desaparecen aquellas visiones, suena la campanilla, y se van en busca de los hábitos y la cena. Lucano refiere a su nieta que ha recibido una

carta de Leandro en que le dice que ha ido a servir a Dios: Rosalina oye esta noticia con mucha resignación, y exhorta a su abuelo a que se consuele: vuelven los criados con sus acostumbradas tonterías, y luego que han dicho bastantes, le ocurre a Lucano la idea de hacerse fraile también y meter monja a Rosalina: ella recibe la proposición de muy buena voluntad, y ambos se van a poner en ejecución sus santos deseos: quedan solos los criados y despiden al auditorio.

Farsa llamada Floriana

116. Farsa llamada Floriana. Introito. Escrita en coplas de pie quebrado. No he podido formar juicio de esta pieza porque sólo se conservaba una hoja de ella en el ejemplar que tuve presente.

1566
Auto de la Oveja perdida

117. Auto de la Oveja perdida. Esta pieza de Juan de Timoneda se imprimió en Valencia en el año de 1597 en un libro intitulado: Cuaderno espiritual al Santísimo Sacramento y a la Asunción. Auto de la Oveja perdida y otras cosas. Lo considero como reimpresión.

1567
Coloquio pastoril

118. Coloquio pastoril. No le he visto. Le imprimió en Valencia Pedro Mey, año de 1567.
Juan de Timoneda, natural de Valencia, adquirió mucha celebridad lo solo por las obras de honesto entretenimiento que publicó a su costa, sino por las que él mismo compuso, y le acreditaron de hombre de buen ingenio y de no vulgar erudición: vivió en Valencia junto a la Merced, y allí tenía su tienda de libros. Se ignoran las circunstancias de su vida, como también el año de su nacimiento y el de su muerte: la primera obra que publicó, intitulada Silva de varias canciones, se imprimió en Sevilla en el año de 1511: llegó a edad muy avanzada, como lo comprueba un retrato suyo que conservo, y aun mucho más otro que vi en la Biblioteca Real de París, que sirve de adorno a la primera llana de su obra intitulada Memoria hispánica. Allí le representó el artífice con barba larga y crecida, y coronada la frente con una guirnalda de hiedra. Cervantes aludió a la vejez de este benemérito literato, diciendo en la comedia de Los Baños de Argel:

Antes que más gente acuda
el coloquio se comience,
que es del gran Lope de Rueda,
impreso por Timoneda
que en vejez al tiempo vence.

La mayor parte de sus obras dramáticas (de las cuales, a excepción de dos,
no tuvo noticia Jimeno) la publicó el autor en Valencia, impresa por Joan Mey
Con este título: Turiana en la cual se contienen diversas comedias y farsas muy
elegantes y graciosas, con muchos entremeses y pasos apacibles, agora nuevamente sacados a luz por Joan Diamante (anagrama de Joan Timoneda), dirigida
al muy ilustre señor don Joan de Villarrasa, gobernador y teniente de visorrey
y capitán general del reino de Valencia, mi señor. -Impresa en Valencia en casa
de Joan Mey, con licencia del santo oficio. Con privilegio real por cuatro años.
Debe advertirse que aunque las piezas de que se compone la Turiana tienen las
diferentes fechas de 1563, 1564 y 1565, todas juntas forman una sola colección,
como lo indica el título.

1570
Comedia de la Constanza

119. Gaspar Vázquez. Comedia de la Constanza. Alcalá de, Henares, año de
1570.
El autor de esta pieza fue comediante. Don Tomás Tamayo de Vargas hace mención de él en su Biblioteca manuscrita.

Pluto

120. Pedro Simon de Abril. El Pluto, de Aristófanes.

Medea

121. Medea, de Eurípides.
Hace mención de estas dos traducciones don Nicolás Antonio en su Biblioteca.

1575
Callar hasta la ocasión

122. Alonso Cisneros, Comedia intitulada: Callar hasta la ocasión.

Alonso Cisneros, autor de esta comedia (que no he tenido presente), fue natural de Toledo, comediante y autor de compañía, después de haber representado cuando joven en la de Lope de Rueda. En los libros de la contaduría del hospital general de Madrid hablando de las limosnas que se dieron para edificar el corral de la Cruz en el año de 1579, se halla esta partida: «Miércoles 19 de octubre dio Cisneros una comedia de limosna para ayuda a la obra del teatro que las obras pías, Pasión y Soledad labran en la calle de la Cruz: y valió el aprovechamiento de la entrada de la puerta que pertenecía al dicho Cisneros, doscientos treinta y tres reales, y para las cofradías hubo aquel día de entramos tablados, corredor y ventanas ciento setenta y cuatro reales». Luis de Cabrera, en su Historia de Felipe II, libro VII, tratando del carácter violento e iracundo del príncipe don Carlos, dice: «Había mandado que le representase una comedia Cisneros, excelente representante; y por orden del cardenal Espinosa impedido y desterrado, no osó venir a palacio. Indignose contra el cardenal (a quien sumamente aborrecía por su imperioso gobierno y gracia que tenía con el rey); y viniendo a palacio le asió del roquete, poniendo mano a un puñal, y le dijo: Curilla, ¿vos os atrevéis a mí, no dejando venir a servirme Cisneros? Por vida de mi padre, que os tengo de matar. Del cardenal arrodillado y humilde fue detenido y satisfecho».

1577
Andria

123. Pedro Simon de Abril. Comedias de Terencio. Andria.

El Eunuco

124. El Eunuco.

El Heautontimorúmenos

125. El Heautontimorúmenos.

Los Adelfos

126. Los Adelfos.

La Hecira

127. La Hecira.

El Formion

128. El Formion.
Pedro Simon de Abril, natural de Alcaráz, fue uno de los literatos más sobresalientes de su siglo: enseñó lengua griega en la universidad de Zaragoza, y letras
humanas en otras escuelas de Aragón: se ignora el año de su muerte, que debió
ser después del de 1589. Puede verse el crecido número de sus obras en la
Biblioteca de don Nicolás Antonio, de las cuales algunas se han perdido manuscritas, y entre ellas la traducción del Pluto, puesto que la de Medea asegura
Velázquez haberse publicado en Barcelona en el año de 1599. Merece mucho
aprecio su traducción completa de Terencio, que después de impresa en Zaragoza en el año que indica este catálogo, se reimprimió por el autor en Alcalá de
Henares en el año de 1583 más corregida que la primera, y arreglado el texto
latino por el que Gabriel Faerno publicó en Florencia, valiéndose también de
las observaciones que le comunicó su amigo Francisco Sánchez de las Brozas,
catedrático de retórica en la universidad de Alcalá. Esta versión de Terencio se
reimprimió en Barcelona en 1599 y en Valencia en 1762, recomendada como lo
merece por el erudito Mayans, circunstancia que fue bastante para inspirar a
don Juan de Iriarte un epigrama insípido, en que quiso desacreditar el mérito
de la traducción y desairar de camino al editor, con quien tenía resentimientos
particulares. Obras de tal naturaleza no se deslucen con un equívoco chabacano
disuelto en cuatro versos fríos, y siempre se estimará la traducción de Abril como
una de las mejores entre las pocas que se han hecho en España de los clásicos
latinos. Pondré una muestra (sin particular elección) sacada de la Hecira para
que por ella se vea la fidelidad del traductor, su lenguaje y su estilo. Es la escena
segunda del acto cuarto.

SOSTRATA, PANFILO.

Sostrata   Bien sé yo, hijo mio, que tú tienes de mi sospecha que
                    tu mujer se ha ido de casa por mi terriblez y malas
                    costumbres, aunque lo disimulas cuerdamente. Pero
                    así los dioses me amen, y así vea de ti aquel gozo que
                    deseo, como nunca (que yo sepa) he merecido que ella

me aborreciese con razón. Y aquel grande amor que yo hasta aquí creía que me tenías, agora por la experiencia lo has mostrado, porque tu padre me ha contado allá dentro como me has preferido a tu amor. Y yo agora estoy determinada de darte por ello el galardón, para que sepas, Panfilo, que tengo con qué premiarte ese maternal amor. Hijo mío, yo entiendo que esto es lo que a vosotros cumple y a mi honra: yo estoy determinada de irme de aquí con tu padre al alquería porque mi presencia no os haga estorbo, ni quede escusa ninguna para que no vuelva a casa tu Filomena.

Panfilo	¿Qué determinación es esta, madre mía? ¿Por su necedad de ella te has de ir a morar de la ciudad al alquería? No harás tal, ni yo daré lugar que los que mal nos quieren digan que eso lo ha cansado mi porfía y no tu comedimiento; demás de esto yo no quiero que tú por mi respeto dejas tus amigas y tus parientas y tus días de regocijo.
Sostrata	Ninguna cosa de esas me da ya contento ninguno: mientras mis años lo sufrieron, ya yo me he gozado harto de eso; ya agora todos estos ejercicios me cansan: lo que yo agora mas procuro es que mis muchos años no den pena a nadie, ni que nadie desee ver el fin de mis días. Yo veo que aquí sin razón soy aborrecida: tiempo es ya de dar higar. De esta manera entiendo que quitaré a todos las ocasiones, y yo me libraré de esta sospecha, y a ellos les daré contento. Dame por tu vida lugar de librarme de esta mala fama que comúnmente tienen las mujeres.
Panfilo	Cuán dichoso soy con todo lo demás, si no fuera por esto, en tener tal madre como esta y tal mujer como aquella.
Sostrata	Hijo mío, yo te ruego que no se te haga de mal sufrir este inconveniente, como quiera que él sea. Si en todo lo demás ella es a tu gusto, y como yo creo que lo es, hijo mío, hazme este placer y hazla volver a casa.

Panfilo   ¡Ay desdichado de mí!

Sostrata   Y también de mí. Porque eso no menor pena me da a mí
                   que a ti, hijo mío.

Tragedia de Nise lastimosa

129. Jerónimo Bermúdez. Tragedia de Nise lastimosa. Está escrita en varios metros, verso suelto de once y siete sílabas, sáficos y adónicos, liras, sextinas y
sonetos. acto primero. Después de un monólogo del infante don Pedro (que no
tiene menos de ciento treinta y seis versos endecasílabos) sale el secretario, y
quiere persuadirle a que se aparte de la linda Inés. El infante indignado de tal
propuesta exclama con vehemente pasión:

Hombres de entrañas fieras y dañadas,
¿Qué me queréis? ¿Qué sinrazón os hago
en amar de esta suerte a quien me paga
con otro tal amor? A quien el mundo,
a quien todo este reino, a quien vosotros
que así me perseguís, debéis servicio,
y gracias a los cielos que quisieron
de cosa tan divina enriqueceros.
Hombres que procuráis mi mal y muerte,
poned los ojos donde yo los míos,
y el alma y corazón, y veréis luego
la ceguera en que están. ¿Qué monarquía
de aquel acatamiento glorioso
colgada no estará? Y aquella cara
que tanto aborrecéis, ¿no es mas que humana?
En cuerpo tan hermoso, al alma hermosa,
discreta, noble, honesta, casta y pura,
¿Qué tacha podéis dar?

Sigue el primer coro de coimbresas, y a este el segundo, en el cual se dice hablando del poder de amor:

También el mar sagrado

se abrasa en este fuego:
también allá Neptuno
por Menalipe anduvo
y por Medusa ardiendo...
También las voladoras
y las músicas aves,
y aquella sobre toda,
de Júpiter amiga,
no pueden con sus alas
huir de Amor, que tiene
las suyas mas ligeras.
¿Qué cosa hay en el mundo
que del amor se libre?
Antes el mundo todo
visible y que no vemos,
no es otra cosa en suma,
si bien se considera,
que un espíritu inmenso,
una dulce armonía,
un fuerte y ciego nudo
de amor con que las cosas
están trabadas todas...
Amor puro las cría,
amor puro las guarda...
Seriamos peores
los hombres que las fieras
si amor no fuese cebo
de nuestros corazones.

Acto segundo. Pacheco y Coello aconsejan al rey Alfonso que mate a Inés: queda
solo el rey, se queja de los afanes del reinar, y pide favor a Dios en la tribulación
que padece: el coro primero, habiendo observado las agitaciones del rey, dice:

Triste pobreza nadie la desee,
ciega riqueza nadie la procure,
la bienaventuranza de esta vida
es medianía.
Príncipes, reyes y monarcas sumos,

sobre nosotros vuestros pies tenéis;
sobre vosotros la cruel Fortuna
tiene los suyos.
Sopla en los altos montes mas el viento,
los mas crecidos árboles derriba,
rompe también las mas hinchadas velas
la tramontana.
Como sosiegan en el mar las ondas,
así sosiegan estos pechos llenos;
nunca quietos, nunca satisfechos,
nunca seguros.

Acto tercero. Inés con sus tres hijos (que no hablan) sale asombrada y refiere a
su ama un sueño espantoso, en que vio que tres leones la despedazaban a vista
de sus hijos: el ama procura consolarla y distraerla; pero el coro le anuncia que
vienen a matarla: crecen la perturbación y el terror, y acaba así este bellísimo
acto:

Coro   Cerca viene
                      la muerte que te busca. Ponte en salvo.
                      Huye, cuitada, huye, que ya suenan
                      las duras herraduras: gente armada
                      corriendo viene aquí; viene a buscarte
                      el rey determinado ¡oh desdichada!
                      A descargar su saña en ti. Tus hijos
                      esconde si hallas donde, no les queda
                      de estos tus hados parte.

Inés   ¡Oh sin ventura!
                      ¡Oh sola sin abrigo! Señor mío,
                      ¿Dónde estás que no vienes? ¿Quién me busca?

Coro   El rey.

Inés   ¿Pues qué me quiere?

Coro   ¡Rey tirano,
                      Y tales los que tal le aconsejaron!

                    Por ti pregunta, y a tus tiernos pechos
                    con duro hierro traspasar pretende.

Ama   Cumpliéronse tus sueños.

Inés   Ama, huye,
                    huye de esta ira grande que nos busca;
                    Yo sola quedo, sola aunque inocente.
                    No quiero mas socorro: venga luego
                    por mí la muerte, pues sin culpa muero.
                    Vosotros, hijos míos, si ella fuese
                    tan cruda que de mí apartaros quiera,
                    por mí gozad acá de aqueste mundo
                    socórrame hora Dios... y... socorredme,
                    mujeres de Coimbra... ¡Oh caballeros,
                    ilustre sucesión del claro Luso,
                    pues veis esta inocente en tal estrecho,
                    amigos, socorredla!...
                    Mis hijos, no lloréis, que tiempo os queda:
                    gozaos de esta madre en cuanto os viva
                    y vosotras, amigas, rodeadme,
                    cercadme en torno todas, y pudiendo,
                    libradme ahora, porque, Dios os libre.

Acto cuarto. Alvar González y Pacheco instan al rey para que apresure la muerte de Inés: ésta se le presenta acompañada de sus hijos y de las mujeres de Coimbra en la escena segunda, en la cual se admiran con razón los trozos siguientes:

Venid también vosotras, a tal punto
no me dejéis. Pedid misericordia,
pedid misericordia para aquesta
tan inocente cuanto desdichada:
llorad el desamparo de estos niños
tan tiernos y sin madre. Mis amores,
el padre veis aquí de vuestro padre,
la mano le besad, a su clemencia
os entregad, pedidle que la empleo
en esta vuestra madre, cuya vida

os vienen a robar...
¿No me oves, señor mío? ¿Así te dejas
llevar de la pasión y del engaño?
¡Oh!, mis amigos, llámome a vosotros,
hablad al rey por mí, favorecedme,
pedidle piedad: si en algun tiempo
entró en vuestras entrañas, o si dulce
amor de hijos pudo enterneceros,
que si no me valéis pudiendo ahora,
vosotros me matáis...
¿Pecados contra ti? ¿Tan gran pecado
es bien querer a quien a mí me quiere?
Si amor con muerte pagas, ¿con qué piensas,
Señor, pagar el odio? Amé a tu hijo,
no le maté, que amor amor merece.
¿Y estos son mis pecados? ¿Estos quiere,
con muerte castigar? ¡Cruel castigo!

El rey se enternece y quiere que viva, pero Coello, González y Pacheco, quedando solos con él, le culpan de excesivamente débil.

Rey	No veo culpa que merezca pena.
González	¿Aun hoy la viste y no la ves ahora?
Rey	Mas quiero perdonar que ser injusto.
González	No se consiente al rey pecar en nada.
Rey	Soy hombre.
González	Pero rey.
Rey	El rey perdona.

Insta de nuevo Alvar González, el rey vacila; y diciendo que no quiere intervenir en aquella muerte, los deja en libertad para que si lo creen necesario y justo quiten la vida a Inés. Coro primero, coro segundo, que refiere haberse ejecutado aquella atrocidad lamentable.

Yace en su sangre envuelta la cuitada
a los pies tiernos de sus tristes hijos,
que a ellos acudió la sin ventura;
mas ellos no pudieron guarecella,
porque los tiernecitos no tenían
fuerzas para quitar los duros hierros
a manos tan crueles, que a sus ojos
tan delicadas carnes traspasaban.
¡O manos crudas!

Acto quinto. Después de un soliloquio del infante viene un mensajero que le refiere la muerte de Inés: el infante prorrumpe en un largo discurso, en que a pesar de algunos extravíos hay afectos oportunos y bien expresados, y así concluye la tragedia.

Su defecto principal es la falta de acción y enredo dramático: el acto quinto es inútil: el personaje del infante es de absoluta nulidad: el del rey mal desempeñado por indeciso y débil. Entrega a Inés en manos de sus asesinos al mismo tiempo que la reconoce inocente: el interés que hace cometer tanta crueldad a Coello, Pacheco y González no se manifiesta: la ausencia del infante ni se motiva ni se disculpa: la escena es en Lisboa y en Coimbra: la versificación es floja y desaliñada no pocas veces. El estilo, prescindiendo de uno u otro descuido, no carece de elevación y afectos trágicos. Los coros, en que hay muy buenos trozos de poesía, son tan inverosímiles como en las tragedias griegas y latinas, y en las que los italianos hacían entonces.

Tragedia de Nise laureada

130. Tragedia de Nise laureada. Está escrita en variedad de metros como la antecedente. acto primero. Diálogo pesadísimo entre el rey y el obispo: el rey se lamenta de la muerte de Inés, y el obispo en ciento noventa y cuatro versos endecasílabos hace lo que puede por consolarte, contándole la creación del mundo y el pecado de Adán, y hablándole de Moisés y de Agamenón: el rey se lo agradece y le llama padre en Cristo, pero tan triste se queda como se estaba. Sale el alcalde y le entrega las llaves del castillo de Coimbra: preséntansele sus hijos: el rey se enternece al verlos, y dice:

Rey	Hijos de mis entrañas, ¿conoceisme?
	amores, ¿dónde es ida vuestra madre?
	¿Por qué se fue? ¿Por qué os dejó tal, solos?
Ama	Su madre desde el cielo los bendice.

Si toda la pieza se pareciese a esto, ¡cuánto habría que admirar en ella! Un camarero, que se presenta sin necesidad, empieza a dar consejos al rey, y a decirle sentencias para que se consuele de la pérdida de Inés: el rey con mucha razón exclama:

¡Pesado aviso de filosofía!
Sin la causa quitar de las tristezas
querellas hacer dulces y suaves.

El coro primero canta un soneto, acabado el cual asegura el rey que castigará cruelmente a los tres matadores de Inés, trocándolos por otros tantos forajidos de Castilla que tiene en su poder. El coro segundo canta una canción en que hay muy buenos versos. acto segundo. El condestable dice a solas un par de octavas: después canta el coro.

¡O corazones
mas que de tigres!
¡O manos crudas
mas que de fieras!
¿Cómo pudistes
tan inocente,
tan apurada
sangre verte?
¡Ay!, que su grito,
¡Oh Lusitania!
¡Patria mía!
Trae los rayos
del vivo fuego,
que purifica
toda la tierra,
contaminada

de la crueza
que cometiste.

Sigue a estos buenos versos una enfadosa escena entre el rey, el embajador de Castilla y el condestable, el cual no lleva a bien que se entreguen los tres fugitivos castellanos en cambio de los tres portugueses, sobre lo cual altercan él y el rey. Los siguientes versos darán alguna idea del pedantismo, la garrulidad y redundancia del condestable. Habla de cuán excelente virtud es la justicia, y dice:

Ella es la fuente mas que pegasea
de todos los arreos y grandezas
que en los humanos pechos se atesoran:
ella es el cuento, el peso y la medida
en que consiste el ser de los vivientes:
ella es la madre pía del sentido,
el nervio del sentido y del juicio,
de la tranquilidad y del descanso
de todos los ilustres pensamientos.
Ella es aquel ambrosia regalado
y aquel suave néctar de los dioses,
aquel sagrado cuerno de Amaltea
que está vertiendo siempre los tesoros,
y enriqueciendo los dorados siglos
de gracias y virtudes inefables.

Así prosigue disparatando hasta que logra enfadar al rey como es natural: queda resuelto que se haga sin dilación el cambio de los delincuentes: el condestable acompañado del coro dice un soneto: sigue el coro después cantando unas estrofas que no valen mucho. acto tercero. El camarero a solas y después el coro anuncian en muy buenos versos la próxima coronación de Inés: sigue un diálogo simétrico entre el camarero y el rey: cada uno de ellos dice una sentencia de dos en dos versos, de tres en tres y de cuatro en cuatro. La escena siguiente no es menos ridícula: hablando el rey, y respondiendo el eco las últimas sílabas Ida... Es... Sombra... Es. El coro intenta consolar al rey, que prorrumpe en una larga lamentación, y así que acaba, toma la palabra el obispo y le echa una plática de cosa de ochenta versos sobre las excelencias de la tierra. Viene el condestable, y entre él y el rey sigue otro diálogo simétrico e impertinente: descúbrese el trono, y en él adornado de vestiduras reales el cadáver de Inés: el rey la corona, y el condestable le da las gracias por haber concedido a Portugal tan excelente reina: el coro primero canta una oda en sáficos y adónicos: sigue el coro segundo y canta otra en versos cortos menos buenos que la anterior. acto cuarto. Aparecen presos en la cárcel González, Pacheco y Coello: un guardia les escupe en la cara, el verdugo les da la enhorabuena de que hayan venido gordos y frescos: insultos de una y otra parte: viene el alcalde, alterca con ellos, y por último manda que les den tormentos crueles durante la noche, hasta que al día siguiente se les remate. El verdugo enterado de la orden dice:

Un rato al potro y otro rato al brete.

Los coros primero y segundo cantan dos composiciones de ningún mérito. acto quinto. Monólogo inútil del alcalde: sale el rey acompañado de grandes y caballeros, guardias y pueblo: preséntanse los reos: el rey levanta un látigo que tiene en la mano y cruza la cara a Coello: empieza la ejecución: el coro alterna en el diálogo con los personajes del drama: saca el verdugo el corazón por las espaldas a Alvar González, y le muestra al rey y a toda la corte, diciendo:

Si alguno está tocado de la rabia,
podrá quemalle y deshacelle en polvos,
que así bebidos son de grande efecto.

Después hace lo mismo con Pacheco y Coello sacándoselos por el pecho. Manda el alcalde que lleven a quemar los cuerpos, el rey lo aprueba, y concluida esta matanza atroz sigue un largo discurso del rey, tan lleno de amor de Dios, de arrepentimiento de sus culpas, de vehementes deseos de penitencia para merecer por ella el eterno descanso, que no hay más que pedir: los coros primero y segundo reflexionan sobre la vanidad de las cosas humanas, y la necesidad de que el hombre se convierta a Dios y abomine los vicios.

¡No hay fábula en esta pieza, ni interés ni enredo, ni desenlace, ni afectos, ni caracteres, ni situaciones: todo es languidez, desaliño, impertinencia, atrocidad feroz, olvido continuo de los preceptos que dicta el buen juicio en esta clase de composiciones. Si se exceptúan algunos pedazos dignos de estimación que ya se han citado en su lugar, todo lo restante es en extremo defectuoso.

Fray Jerónimo Bermúdez, natural de Galicia, religioso dominicano, catedrático de teología en Salamanca, nació, según la opinión del colector de El Parnaso español, pasado el año de 1530, y aun vivía en el de 1589. Fue muy erudito en las lenguas sabias y en el estudio de las buenas letras: compuso entre otras obras las dos tragedias mencionadas en este catálogo, y las dio a luz en Madrid año de 1577 con el nombre supuesto de Antonio de Silva: la primera de ellas no es original, sino traducción libre de la que escribió antes del año de 1558 el portugués Antonio Ferreira, intitulada Castro. «La acción de la Nise lastimosa (dice Signorelli en la Historia de los teatros) se representa parte en Lisboa y parte en Coimbra como la Castro del portugués, a la cual sigue servilmente de escena en escena la tragedia castellana. Empieza, prosigue y concluye de la misma manera, copiando las situaciones, los pensamientos y las palabras: en suma Bermúdez siguió a Ferreira como la sombra al cuerpo, copiándolo y traduciéndolo todo, hasta los defectos, los adornos líricos, y los pensamientos demasiado sutiles en boca del príncipe». Montiano y Lampillas hablaron de las dos tragedias de Bermúdez con excesiva parcialidad.

1578
Comedia intitulada Metamorfosea

131. Anónimo. Comedia intitulada Metamorfosea, en tres jornadas, escrita en verso. Belisena, amante despreciada de Medoro, Eleno, amante despreciado de Belisena, Albina, amante despreciada de Eleno, Rovina, amante despreciada de Alisio: unos suplican y otros despiden, hasta que llegándose a cansar los desdeñados de su mala suerte resuelven poner su afición en los que antes los querían; pero como estos se habían cansado también de rogar, ya no los quieren, de modo que se renueva la misma dificultad que hubo al principio, aunque en sentido contrario, y la fábula se acaba sin desenlazarse. Todos los personajes hacen y dicen lo mismo: los seis interlocutores pudieran reducirse a dos, y las tres jornadas a tres escenas. El estilo es incorrecto y trivial. Se halla esta pieza en la biblioteca del Convento de Santa Catalina de Barcelona.

1579
Comedia de la muerte del rey don Sancho y reto de Zamora

132. Juan de la Cueva. Comedia de la muerte del rey don Sancho y reto de Zamora por don Diego Ordóñez. Esta farsa fue representada la primera vez en Sevilla, año de 1579, siendo asistente de ella don Francisco Zapata de Cisneros. Representola, Alonso Rodríguez, autor de comedias, en la huerta de Doña Elvira. Ésta y las demás piezas dramáticas de Juan de la Cueva están divididas en cuatro Jornadas, y su diálogo es una mezcla continua de estrofas líricas, endecasílabos sueltos, redondillas, tercetos y octavas. La fábula carece de artificio

dramático: los sucesos se representan en acción unos después de otros como la historia los refiere. No se comprende cómo pudo verificarse en ningún teatro la mudanza continua de lugar sin que el diálogo de los personajes se interrumpa. ¿Cómo se han de representar con verosimilitud los paseos del rey y Bellido Dolfos, la fuga precipitada de éste, la muerte de su caballo herido por el Cid que le sigue corriendo, la batalla de don Diego Ordóñez y los tres hijos de Arias Gonzalo combatiendo todos a caballo, el ejército castellano rodeando la valla, Zamora a la vista, y sus muros coronados de pueblo, y hablando todos desde lugares tan distantes? El autor contó sin duda con que la imaginación de los espectadores supliría todo lo que faltaba a la imitación teatral. El estilo de Juan de la Cueva es fácil y abundoso, descuidado muchas veces, otras humilde en demasía, otras magnífico y muy próximo al tono de la epopeya, pero casi nunca afectuoso ni dramático. Cuando el rey admito en su favor a Bellido Dolfos y va con él reconociendo los muros de Zamora, uno de los que están de guardia grita desde las almenas, avisando al rey que no se fíe de aquel malvado. El poeta intercaló en este discurso algunos trozos de un antiguo romance, artificio ingenioso, que siempre produce muy buen efecto en la escena si se aplica con oportunidad como él lo hizo. Los versos tomados del romance son:

Rey don Sancho, rey don Sancho,
no dirás que no te aviso
que del cerco de Zamora
un traidor había salido.
Bellidos Dolfos se llama,
hijo de Dolfos Bellido,
cuatro traiciones ha hecho,
y con esta serán cinco.

Comedia del saco de Roma y muerte de Borbón, y coronación de nuestro invicto emperador Carlos V

133. Comedia del saco de Roma y muerte de Borbón, y coronación de nuestro invicto emperador Carlos V. Fue representada esta farsa la primera vez en Sevilla por Alonso Rodríguez, famoso representante, en la huerta de Doña Elvira, siendo asistente don Francisco Zapata de Cisneros, conde de Barajas. Juan de la Cueva fue el primero entre nosotros que se atrevió a hacer una comedia del asalto y saqueo de una ciudad: la pintura que presenta en esta de la insaciable codicia, las violencias y el brutal desorden de un ejército vencedor, es muy conforme al

original que imita. El lugar de la escena se supone en las cercanías de Roma, en sus muros, en sus plazas y calles, en las inmediaciones de Bolonia, dentro de ella, y en el presbiterio de la iglesia de San Petronio. La acción dura desde el mes de mayo del año de 1527 hasta el de febrero de 1530: las desigualdades de versificación y estilo corresponden a la desatinada estructura de la pieza.

Tragedia de los siete infantes de Lara

134. Tragedia de los siete infantes de Lara. Esta tragedia representó la primera vez en Sevilla en la huerta de Doña Elvira Alonso Rodríguez, siendo asistente don Francisco Zapata, etc. Montiano tuvo razón en decir que esta pieza no debió intitularse. Los siete infantes de Lara, y en efecto antes que empiece la acción ya están muertos los tales infantes. Con cualquier título que se la ponga, la tragedia quedará siempre mala. La escena es en Córdoba, en Salas y en Barbadillo: dura la acción unos veinte años: toda se compone de situaciones sueltas siguiendo el orden histórico. La infanta Zilda, aficionada a hechicerías, acompañada de su criada Hafa diestra en estas artes, hace un conjuro para que Gonzalo Bustos no se vaya, invocando a los ministros de Averno a fin de que estorben su viaje, pero los ministros de Averno se están quietos: el conjuro no tiene efecto (cosa muy verosímil) y Bustos se va: queda Mudarra en el vientre de su madre al fin de la segunda jornada, y al acabarla tragedia mata a Ruy Velázquez (después de haber recibido el santo bautismo) y hace quemar viva a doña Lambra dentro de su casa. En cuanto al estilo debe advertirse que entre la magnificencia y pompa de algunos diálogos, hay expresiones que distan demasiado de la gravedad del coturno. Por ejemplo las siguientes cuando Gonzalo Bustos está comiendo con el rey Almanzor:

Almanzor	¿Coméis así por allá?
Bustos	Si señor, del mismo modo se sirve y se come tollo, no en el suelo como acá.
Almanzor	Bueno ha estallo este guisado. ¿Hate dado gusto, Bustos?
Bustos	Es tal, que a todos los gustos será por fuerza extremado.

Almanzor   ¿Ha faltado alguna cosa?

Bustos   Señor, a lo que imagino,
                  tener sabor de tocino.

Almanzor   ¡Oh qué comida enfadosa!
                  No sé por qué los cristianos
                  tan sucia comida usáis,
                  si no es porque gustáis
                  de comer cieno y gusanos.
                  No sin causa el dios Mahoma,
                  so pena de grande afán,
                  nos veda por su alcorán
                  que ningún moro lo coma.

Comedia de la Libertad de España por Bernardo del Carpio

135. Comedia de la Libertad de España por Bernardo del Carpio. Esta farsa fue representada la primera vez en Sevilla por Pedro de Saldaña, famoso autor y excelente representante. Representose en las Atarazanas, etc. Esta fábula empieza ab interitu Meleagri. En las primeras escenas se pintan los amores del Conde de Saldaña y la infanta doña Jimena, y en las últimas la gran victoria de Roncesvalles debida al prodigioso valor de su hijo Bernardo del Carpio: así es que su duración viene a ser unos veinte años: la escena es en León, en Saldaña y en los Pirineos. A pesar de tanta materia como eligió el poeta para su obra, todavía hay en ella episodios y personajes inútiles: el número de estos llega a veintitrés, sin contar los dos ejércitos combatientes. Alfonso el Casto es feroz, pusilánimo, caviloso, inconsecuente y nulo: Bernardo un baladrón temerario que insulta al rey su tío y amenaza a todo el universo. Véanse algunos rasgos de su carácter, y de camino los descuidos de estilo y decoro en que incurrió el autor:

¿Esto me encubrías, cielo?
¡O cielo! ¿Tal me encubriste?
¿Qué fue la causa? ¿Temiste
verme destruir el suelo?
Sí haré, y el mundo y mundos:
si hay mil mundos, mil espero

asolar con brazo fiero,
y mil horribles profundos.
¡O rey fiero! ¡O rey tirano!
Rey injusto, rey cruel,
rey soberbio, rey infiel,
rey sin ley, rey mal cristiano.
¿En qué fundas tu locura?
¿En las armas? Sus, al arma,
al arma; mas no te arma
de armas el armadura...
Id presto con diligencia
y decid que esta es sazón
de conseguir el blasón
de su ilustre descendencia.
Que domen el arrogancia
del enemigo y su saña,
porque vean que es España
España, y no España Francia.
Si en el centro del mar por mas seguro,
Carlos, a ti y tus doce lleva el miedo,
o al reino horrible del Erebo oscuro,
temiendo lo que en todos hacer puedo;
en su profundidad no os aseguro
que allá os irá buscando mi denuedo:
y si al cielo os subís, allá la muerte
os iré a dar con este brazo fuerte.

La gran victoria que obtiene Bernardo, en que él solo combate y vence ar los
doce pares, haciendo en el ejército una espantosa carnicería, no es menos admirable que las hazañas de Amadís, de Morgante o de don Cirongillo, ni menos
distante de la verosimilitud dramática. El dios de la guerra, maravillado de tanto
valor, baja del Olimpo, corona a Bernardo, y le dice al acabar esta descabellada
composición:

Yo só el dios Marte, que tan alto hecho
quiero remunerar, tu esfuerzo y maña;
y esta corona de laurel te endono,
y por segundo Marte te corono.

Comedia del Degollado

136. Comedia del Degollado. Esta comedia representó la primera vez en Sevilla Pedro de Saldaña. Recitose en la huerta de Doña Elvira, etc. La fábula de esta comedia está dispuesta con tan poca economía, que de cuatro jornadas que tiene pudiera reducirse fácilmente a dos. La escena se finge en las cercanías de Vélez de la Gomera, y en una ciudad de África que no se nombra: los amores del príncipe moro con su esclava Celia están pintados sin la menor inteligencia del arte, y tanto, que para expresar el poeta cuan excesiva era su pasión, le convierte de repente en un personaje ridículo de entremés, y a la ilustre y castísima Celia en una moza chocarrera y descocada. Le dice el príncipe que le trate como a un criado suyo, que ella debe mandar y él obedecerla; Celia, haciendo el papel de señora, le llama indiscreto, bárbaro, majadero y badajo: le destina a servir al mozo de la cocina, y a ser ayudante del barrendero: le hace bailar y dar saltos, y luego manda que se vaya a acostar. A vueltas de estos desatinos hay sin embargo algunas situaciones no mal desempeñadas, entre las cuales merece estimación la última escena de la jornada cuarta.

Tragedia de la Muerte de Ayax, Telamón sobre las armas de Aquiles

137. Tragedia de la Muerte de Ayax, Telamón sobre las armas de Aquiles. Representó esta tragedia Pedro de Saldaña, haciendo él mismo la figura de Ayax admirablemente. Recitose la primera vez en Sevilla en la huerta de Doña Elvira, etc. La escena es en Troya en el monte Ida, y en el acampamento de los griegos: la acción no empieza hasta lo último de la segunda jornada, resultando inútil todo cuanto precede, y por consiguiente inútiles también los personajes de Eneas, Anquises, Acates, Venus, Elena, Andrómaca y Canopo. Imitó Cueva en las primeras escenas a Virgilio, poniendo en acción mucha parte de lo que se refiere en el segundo libro de la Eneida: imitó a Ovidio en los discursos de Ayax y Ulises reduciéndolos mucho como convenía a la forma dramática, pero hubiera debido no apartarse del poeta latino en la conclusión del razonamiento de Ulises.

[...]aut si milú non datis arma,
Huie date: et ostendit signum fatale Minervae.

A esta situación verdaderamente teatral hace Ovidio seguir la adjudicación de las armas de Aquiles en favor del elocuente Ulises, y a esto la desesperada muerte de Ayax. Cueva, en vez de imitar aquella rapidez, gasta otra jornada en diálogos Impertinentes de Agamenón y Menelao, que están discordes en su opinión. Ulises y Ayax vuelven a comparecer para ser juzgados, y se repite inútilmente una misma situación, se entorpece el progreso de la fábula y el interés se debilita: convienen todos los reyes y caudillos en que Néstor decida, y se publica esta ridícula sentencia:

Visto todo lo alegado
de Telamón el valiente
y de Ulises elocuente
sobre lo que han demandado,
fallamos que a Ulises den
las armas porque es razón,
y esto firma Agamenón,
Diomedes, Néstor también.

Ayax se mata al oír esto: se aparece la Fama y dice que nadie toque el cuerpo de Ayax, porque Júpiter quiere que le convierta en una flor.

Y porque el auditorio circunstante,
que oído ha la tragedia dolorosa,
se vaya a reposar, pido en descuento
que muestre con aplauso el ir contento.

Montiano dijo hablando de esta pieza, que abunda de sentencias, y en toda la fábula es admirable la dicción. No a todos parecerá admirable, pero puede decirse que aunque el estilo serpit humi en muchas ocasiones, en general es una de las piezas mejor escritas de Juan de la Cueva.

Comedia del Tutor

138. Comedia del Tutor. Fue representada esta comedia la primera vez en Sevilla en la huerta de Doña Elvira por Pedro de Saldaña, etc. La escena es en Sevilla y en Salamanca: los personajes van y vienen de una parte a otra a pesar de tan larga distancia con imposible facilidad la acción dura unos siete u ocho meses: Leotacio, que se enamora por un retrato, y solicita ser correspondido de Aurelia, es una figura inútil que sólo sirve de duplicar la acción y confundirla: el episodio de la tercera jornada en que Licio vestido de diablo espanta a Leotacio y Astro-

po, no sólo es inoportuno, sino contrario a los fines que Licio se ha propuesto. Con más estudio y meditación hubiera podido el autor simplificar su fábula dándole mayor unidad, interés y verosimilitud, pero nada de esto hizo. Sin embargo, hay en ella un fin moral, algunas situaciones cómicas y facilidad en el diálogo.

Comedia de la Constancia de Arcetina

139. Comedia de la Constancia de Arcetina. Fue representada esta comedia con grandísimo extremo en la huerta de Doña Elvira por Pedro de Saldaña, etc. Nada omitió en esta comedia Juan de la Cueva para hacerla agradable a los ojos del vulgo: amores, celos, venganzas, disfraces, homicidios, reo, alguaciles, verdugo, horca, magia, conjuros, espíritus, pastores, magistrados, caballeros, montes, cabañas, buen lenguaje, sonoros versos. Si hoy se repitiese en el teatro, hoy la desaprobarían los doctos y la aplaudiría la multitud. La escena es en Colibre y en sus cercanías. Menalcio está enamorado a un tiempo de las dos hermanas Arcelina y Crisea: igualmente enamoradas de él, echan suertes para saber cuál de las dos ha de quererle exclusivamente: Arcelina mata a su hermana para quedar sola en el cariño de Menalcio: Fulcino, amante de Arcelina, trata de matar a Menalcio para que Arcelina le quiera, y si no lo consigue matar a las dos hermanas. Suposiciones todas tan inverosímiles y violentas, que cuanto resulta de ellas es repugnante confusión, no enredo dramático. Son inútiles los personajes de Fulcino, Gelcino, Orbante, Tesífone, Zoroastres, Aquiles, Egisto, Ifis, Dido, Pastulcio, Olimpo, don Porcelo y don Cristino: quitados todos estos, y cuanto hacen y dicen, todavía puede quedar la fábula en toda su integridad: la jornada segunda es ociosa y absurda a pesar de la excelente versificación en que está escrita. Véase una prueba de talento perdido en las siguientes octavas:

Orbante   ¿Del dulce fuego del amor que aspira
                 tu firme pecho eres conmovido,
                 fiel Fulcino, a despreciar la ira
                 del reino horrible del eterno olvido?
                 ¿Y quieres ser (que su crueldad no admira
                 tu excelso corazón de amor regido)
                 los que habitan el triste río Aqueronte
                 y los del encendido Flegetonte?
                 ¿Y quieres por mi apremio poderoso
                 que parar haga de Ixion la rueda,
                 que tenga Ticio de su mal reposo,

que Sisifo en descanso verse pueda,
que deje el Can trifauce el espantoso
ladrido, y salir fuera les conceda
a las terribles furias y a mi mando
vengan, el reino de Plutón dejando?

Fulcino   Cuando por mi amistad, amigo Orbante,
               Hicieres que pervierta el movimiento
               el Sol, que no se mueva el cielo errante,
               que del infierno pare el cruel tormento,
               entenderé de tu amistad constante
               que es poco, y esto ha dado atrevimiento
               a mi necesidad pedir tu amparo,
               por entender que no has de serme avaro.

Orbante   Para que se confirme en esta parte
               lo que entiendes de mí, Fulcino amigo,
               y cuanto gusto mío es agradarte
               y verte libre de cruel castigo,
               a aquella parte cumple desviarte,
               en tanto que con mago apremio ligo
               al rey estigio del sulfúreo infierno,
               y a los ministros del castigo eterno...
               Agora es tiempo, io tú Plutón potente!
               Que des lugar al fuerte encanto mio
               sin que impida ningún inconveniente
               lo que demando y lo que ver confío
               y es que envíes con priesa diligente
               un alma de tu estigio señorío
               a ver la luz del mundo que aborrece,
               y a declarar un caso que se ofrece...
               Si así no lo hicieres, dura guerra
               a tu reino daré con nuevos males:
               con luz heriré el centro que te encierra
               mostrando tus cavernas infernales;
               tus tres jueces, que a aquel que en vida yerra
               condenan, a las penas eternales,
               quitaré de su asiento y duro mando,

                         si no me das, Plutón, lo que demando.

Tesífone   Potente Orbante, cuyo fuerte encanto
                    el reino de Plutón todo ha movido
                    de tal suerte, que puesto en grave espanto,
                    el uso del tormento ha suspendido:
                    mira qué pides, no te tardes tanto,
                    que solo a que tu mando sea cumplido
                    me envía el rey de la región oscura
                    a ver la luz a los dañados dura.

A estos rasgos épicos desatinadamente inoportunos suceden situaciones y afectos más verosímiles, más convenientes a la buena comedia: véase este corto excelente monólogo en que Arcelina fugitiva, oculta en la aspereza de los montes, manifiesta la inquietud y los temores que la agitan:

Injusto y severo amor,
que me traes a tal extremo,
que ausente la villa temo
porque vivo en tal dolor.
¿Qué puedo hacer, ¡ay cuitada!
Del cielo tan perseguida,
y del mundo aborrecida,
y de Menalcio apartada?
Huyendo la cruda muerte
que a mi hermana dí, ¡ay cruel!
Ausente vivo de aquel
que causó mi acerba suerte.
En estas malezas moro,
sola, entre animales brutos,
comiendo silvestres frutos,
bebiendo el agua que lloro.
Paso el día suspirando,
de ansias y recelos llena,
revuelta en mi culpa y pena,
la noche en vela llorando.
Miro, ¡ay sin ventura!, al cielo
a quien enemiga soy,

cuéntole el mal en que estoy,
y no hallo en el consuelo...
Es tal el temor que tengo
y el amor que en mi alma está,
que acometo a ir allá,
y queriendo ir me detengo.
Con sobresaltos resuelvo
esconderme en la espesura,
donde nada me asegura,
y a mi acerbo llanto vuelvo.
Del silbo del ganadero,
del canto del ruiseñor,
del aire si hacer rumor,
me sobresalto y me altero.

Menalcio manifiesta una vileza que horroriza, instando a que muera Arcelina que acaba de declararse delincuente para salvarle la vida a él: hay artificio en el desenlace, y es oportuna la astucia del gobernador, encaminada a que el padre de Arcelina perdone a quien quitó la vida a Crisea.

Tragedia. La gran Semíramis

140. Cristóbal de Virués. Tragedia. La gran Semíramis. Prólogo en verso suelto en el cual se dice:

Y solamente porque importa advierto
que esta tragedia con estilo nuevo
que ella introduce, viene en tres jornadas
que suceden en tiempos diferentes,
en el sitio de Batra la primera,
en Ninive famosa la segunda,
la tercera y final en Babilonia,
formando en cada cual una tragedia
con que podrá toda la de hoy tenerse
por tres tragedias, no sin arte escritas.

Jornada primera. Nino tiene sitiada la ciudad de Batra: Semiramis sugiere a su esposo Menón, general de Nino, un medio seguro de ganarla, y en efecto se logra: el rey agradece a su general la victoria, y él presenta a Semiramis, diciendo cómo se casó con ella en Ascalón, como se la llevó después a Ninive, etc.: quedan solos Semiramis y Nino: éste le hace una declaración amorosa, y le propone que se casará con ella, dando a Menón su hija por mujer: Semiramis resiste, llega Menón, el rey le hace el mismo partido y le rehúsa: irritado Nino le amenaza y se lleva por fuerza a Semiramis: hace Menón gran sentimiento, determina ahorcarse, despídese de su esposa ausente en una larga canción de estilo lírico, florido y redundante, y se ahorca en efecto: salen dos soldados, le descuelgan y se le llevan a enterrar. Jornada segunda. De la primera a la segunda jornada pasan dieciséis años. Manda Nino llamara a los grandes del reino a instancias de Semiramis, y la corona en su presencia, dándole absoluto poder en todos sus estados por término de sólo cinco días, en lo cuales nada podrá él mandar y nadie deberá obedecerle: Sembramos da sus órdenes secretas a Zelabo y a Zopiro, del cual está enamorada, como se lo declara después con harta impudencia: Zelabo, en cumplimiento de lo que se le ha encargado, viene diciendo que ha sorprendido al rey y le deja encerrado en la torre: Zopiro anuncia después a Sembramos que ya ha llevado a su hijo Ninias al templo de Vesta, en donde queda con el traje de virgen vestal: a continuación de un soliloquio de Zopiro y un diálogo insípido entre éste y Zelabo se junta el consejo: preséntase a él Sembramos con las vestiduras de Ninias (por quien todos la tienen, atendida la semejanza idéntica de hijo y madre), les da una carta escrita y firmada por ella misma, y al irla a leer dicen entre todos esta ridícula octava:

Janto	De la reina es la letra y firma y sello.
Creon	Suyo es el sello y suya es firma y letra.
Troilo	Bien conocida es letra y firma y sello.
Orístenes	No hay que dudar en sello, firma o letra.
Sembramos	Pues conocéis la letra y firma y sello,
	dejad el sello y firma, oíd la letra,
	leed y oíd la letra de esta carta,
	de esta importante cuanto triste carta.

La carta dice en suma que Belo y Juno se aparecieron en un carro tirado de cisnes, entrando en la sala donde estaban Sembramos y Nino, y asiendo a éste de las manos y sentándole en un solio de crista, le arrebataron consigo, diciendo a Sembramos que era su voluntad que el trono de Asiria pasase a su hijo Ninias, y que ella se hiciese vestal: concluye la carta mandando la reina que coronen a su hijo, y firma en el templo de Vesta, en donde finge que está ya retirada: los del consejo creen de buena fe cuanto la carta dice, y resuelven coronar al rey en el siguiente día: queda sola Sembramos y hace traer encadenado a su esposo Nino, que no la reconoce, y creyendo que habla con su hijo sospecha que haya muerto a Semiramis: ésta le hace beber un vaso de veneno y se retira: llora el rey la suerte de su esposa que supone muerta por orden de Ninias, pero contándole los asistentes la verdad del caso espira lleno de desesperación y angustias. Jornada tercera. De la segunda a la tercera jornada pasan seis años: Semiramis declara a los grandes cómo ha estado reinando todo aquel tiempo en hábito varonil: nombra por rey a su hijo, se despoja de toda su autoridad, y quedándose a solas con él le manifiesta, como ya parece que lo había hecho otras veces, su pasión incestuosa: insiste una y otra vez en su propósito. Véase una muestra de la manera con que expresó el poeta la vehemente pasión de Semiramis:

Mayor dolor que la muerte
me causará el alejarte,
que mi tormento más fuerte
será no poder mirarte,
pues mi mayor gloria es verte.
Muera, y sea en tu presencia
(que muerte será gustosa)
y no viva yo en ausencia,
que es muerte más rigorosa
y más áspera sentencia.
No puedo sin ti pasar,
no puedo sin ti vivir:
por fuerza te he de buscar,
por fuerza te he de seguir,
por fuerza te he de alcanzar.
No puedes huir de mí,
que he de correr mucho yo,
pues quiere que sea así
el cruel que me hirió,
dejándote sano a ti.

Duda Ninias en un soliloquio si matará a la reina en venganza de su padre y castigo de su desenfreno y sus vicios: ella vuelve a instar y él a despreciarla: Zelabo en un monólogo insufrible de doscientos versos se queja de la corrupción de las cortes, la ingratitud que reina en ellas, la adulación, la envidia: mas dijera si no le interrumpiese Diarco, que vienen muy afligido de haber visto el trágico fin de Sembramos muerta a manos de su hijo, y repite en dos canciones las palabras que oyó decir a la reina moribunda. Con este motivo conversan muy despacio los dos refiriendo que era hija de una ramera; la crianza que las aves le dieron, y los principales hechos de su reinado; su lujuria feroz, la muerte de sus amantes (y entre ellos Zopiro), sus victorias, la sedición apaciguada en Babilonia, la fábrica de sus muros, los huertos pensiles y otras particularidades con que dilatan una larga escena, en la cual el poeta se olvidó enteramente del arte: Ninias cuenta a los grandes que Sembramos acaba de convertirse repentinamente en paloma, volando al cielo, en donde la recibieron Belo, Nino y Juno: los consejeros y magnates, acostumbrados a creer patrañas, reciben ésta con la misma candidez que las anteriores: el rey, quedándose a solas con Zelabo y Diarco, les confiesa de buena fe que todo cuanto acaba de decir ha sido un embrollo, y que él es en efecto el que ha quitado la vida a su madre: esto dicho les ruega que le acompañen para quemar el cuerpo. La Tragedia se presenta después al auditorio, y dice una octava que pudiera haberse omitido.

Si la Sembramos es una tragedia, tiene tres acciones, sin unidad de lugar ni de tiempo, y sea una o tres (como el autor lo indicó en el prólogo), la economía y distribución de la fábula de cada una de ellas es muy defectuosa. En unas partes los incidentes se atropellan y confunden, y en otras se entorpece el movimiento de progresión con dilaciones impertinentes: en la segunda jornada se verán ejemplos del primer defecto, y en la tercera del segundo. La muerte de Menón produce una catástrofe mezclada de horror y ridiculez: la de Nino es más teatral, la de Sembramos del todo repugnante, ni es necesaria ni está preparada con arte: algunas situaciones afectuosas están desempeñadas con oportuna expresión: el estilo es muy desigual, rara vez dramático, y cuando se eleva más, degenera en lírico: contribuye no poco a la impropiedad del diálogo el estar escrita esta obra (como las restantes del mismo autor) en sonetos, quintillas, redondillas, estrofas líricas, verso suelto, tercetos y octavas, mezcla monstruosa y extravagante.

Tragedia. La Cruel Casandra

141. Tragedia. La Cruel Casandra. Prólogo. Esta pieza está dividida en tres partes: hay en ella tres o cuatro acciones, siendo por consecuencia su plan complicado en extremo e incomprensible; los caracteres inoportunos, inverosímiles; las costumbres depravadas en todos los personajes principales: si se exceptúan uno o dos (que apenas tienen parte en la fábula), el príncipe, Fulgencio, Alberto, Fabio, Tancredo, Filadelfo, Casandra, y hasta un pajecillo llamado Matías, todos son malvados, y cuanto hacen y dicen es un conjunto de indecencias, atrevimientos y picardías: la catástrofe es brutal, y como todo lo restante complicada y violenta: los muertos son ocho, y al desenlace aparecen cinco cadáveres en la escena: sólo queda vivo el rey y unos criados. Ni en el estilo ni en la versificación hay cosa tolerable, todo es desaliño, puerilidades y bajezas: es verdad que todo sucede en un salón y en una mañana.

1580
Tragedia de la Muerte de Virginia y Apio Claudio

142. Juan de la Cueva, Tragedia de la Muerte de Virginia y Apio Claudio. Represéntase esta tragedia en la huerta de Doña Elvira por el excelente e. ingenioso representante Pedro de Saldaña, etc. La escena es en Roma y en Algido: la duración de la fábula indeterminada y de pocos días: la acción acaba en la tercera jornada, y se dilata inútilmente en la que sigue, con detrimento de la unidad y del interés: la pintura de los afectos es generalmente débil: Marco Claudio, confidente del decenviro, habla a veces con el decoro que corresponde al género trágico, y a veces incurre en bajezas imperdonables. Entre los personajes hay un escribano que ni por el nombre que se da a su oficio, ni por el estilo que usa en sus escritos, pertenece a la tragedia ni a las costumbres romanas. Véase como se explica:

Preguntado Apio Claudio, que presente
está en la cárcel en prisiones puesto,
si conoce a Virginio que está ausente,
dice que sí: y replicando en esto
qué tiempo habrá, responde llanamente.
que no te fue tal hombre manifiesto,
sino desde que Marco su criado
la esclava ante él por pleito ha demandado.
Tornado a preguntar si conocía
a Virginia, declara que en su vida

la vio, etc.

Sentencian los jueces que Apio Claudio muera en la prisión, y después sea arrojada su cuerpo al Tíber, y cometen la ejecución de la sentencia no menos que a un edil. Esto supone demasiado olvido de la historia y de las costumbres de las naciones. A pesar de estos y otros defectos puede asegurarse que esta tragedia es la menos mala de las cuatro que existen de Juan de la Cueva.

Comedia de El Príncipe tirano

143. Comedia de El Príncipe tirano. Representose esta comedia la primera vez en la huerta de Doña Elvira en Sevilla por Pedro de Saldaña, etc. Fábula llena de atrocidad y absurdos Las parcas hilan la vida de la princesa en un rincón del jardín, mientras el príncipe hace a Trasildoro que abra una sepultura profunda para enterrar en ella a su hermana luego que la mate. Viene la princesa, el príncipe le da de puñaladas, las parcas cortan el hilo de su vida, pero no se acuerdan de hilar ni cortar el de Trasildoro, que muere también a manos del príncipe y le entierra con su hermana, todo a vista del espectador: la furia Aleto, los tormentos que da el príncipe a su amo y a su ayo para que declaren lo que ignoran, la mina que hace Gracildo en pocas horas para salir por ella de la prisión, las sombras de la princesa y Trasildoro que persiguen al rey y al príncipe, los conjuros de Cratilo (mágico y grande del reino de Colcos), que las hace declarar a qué son venidas, todo es atropellado, inconsecuente, inverosímil, imposible, horrendo, ajeno del teatro: el rey manda que saquen de la prisión al príncipe, y puesto en un serón tirado de dos caballos le lleven arrastrando por las calles de la ciudad con el pregonero delante, y llegado al suplicio de corte el verdugo los pies, las manos y la cabeza, que le descuartice, y dejando clavada en un palo la cabeza en medio de la plaza, se coloquen los cuartos en los caminos públicos de donde nadie pueda quitarlos pena de la vida. Después de arreglado por el rey este ceremonial se escapa el príncipe de la cárcel: los grandes instan al rey en su favor, y éste por no quedar sin sucesión todo lo olvida, le perdona con imprevista clemencia, y le hace jurar como heredero legítimo del trono: agri somnia.

Tragedia de El Príncipe tirano

144. Tragedia de El Príncipe tirano. Esta tragedia representó Pedro de Saldaña la primera vez en Sevilla en la huerta de Doña Elvira, etc. Esta pieza es una segunda parte de la anterior: en ella se abandonó el autor a todo género de extravíos:

el carácter del príncipe es uno de aquellos que no existiendo en la naturaleza, no son admisibles en el teatro. «Los retratos del vicio (dice Montiano hablando de este personaje fantástico) han de ser adaptables a lo que se ve, a lo que se oye o a lo que puede haberse leído; porque si trascienden de estos límites conocidos y trillados, todo lo que se arrima al exceso o a la ponderación hace perder la justa medida que requiere la fábula en sí y en cualquiera de sus partes para ser proporcionada a las respectivas pasiones de lástima y terror, sin cuyos requisitos corre aventurada la tragedia, y expuesta a que se malogre su fin, engendrando en lugar de aquellos afectos incredulidad e indiferencia, que son los contrarios que más la destruyen». La aparición del reino de Coleos es uno de los delirios más absurdos en que pudo incurrir el autor, usurpando esta ficción a la poesía física y aplicándola al teatro, en donde nada se sufre que sea imposible de suceder. Si en otras piezas de Juan de la Cueva suele hallarse entre muchos defectos alguna cosa digna de elogio, en la presente todo está mal imaginado, mal combinado y mal escrito. Adviértase que en Colcos se usaban pajes, contadores, maestresalas, secretarios y letrados: al rey se le daba el título de majestad; se celebraban cortes cuando convenía, y en palacio había besamanos. ¿Por qué había de respetar la historia el poeta que atropelló con todo lo demás?

Comedia de El Viejo enamorado

145. Comedia de El Viejo enamorado. Esta comedia representó Pedro de Saldaña la primera vez en Sevilla en el corral de don Juan… Es comedia digna de mucha memoria, considerada la moralidad de ella, etc. Las primeras escenas de esta comedia anuncian una fábula regular, pero antes de acabarse la primera jornada ya se echa de ver que el autor perdió el tino y acudió al acostumbrado registro de sus nigromantes, furias, deidades y fantasmas alegóricas, encantos, vuelos, transformaciones, hundimientos y cuantos desatinos de este género pudo sugerirle su destemplada fantasía. Las desigualdades y extravíos del estilo corresponden perfectamente a la irregularidad de la pieza.

Tragedia de Atila furioso

146. Cristóbal de Virués. Tragedia de Atila furioso. Se divide en tres jornadas. La reina, mujer de Atila, perdida de amores por Flaminia (dama del rey en traje varonil con nombre de Flaminio): Gerardo, amante de la reina: otra reina prisionera, llamada Celia, de quien Atila se enamora: Flaminia, que trata de perder a la reina mujer de Atila para casarse con él después: diálogos de amor y situacio-

nes cómicas, ronda nocturna, balcón y escondites. Atila, avisado por Flaminia, sorprende a la reina en un mal paso, y a ella y a Gerardo los mata, casándose inmediatamente con Celia su prisionera: Flaminia celosa da un veneno al rey que lo vuelve loco, y en sus primeros furores mata a Celia su nueva esposa: sale frenético a la escena, ahoga a Flaminia y él cae muerto. De estas situaciones y afectos se forma el complicado enredo de esta fábula, que ni es comedia, no obstante las muchas ridiculeces que contiene, ni es tragedia, aunque en el curso de ella perecen unas cincuenta y seis personas, sin contar en este número la tripulación de una galera quemada, de la cual no se dice cuántos individuos iban en ella. El carácter de Atila es de aquello que no se ve jamás: al capitán y tripulación de una galera apresada por los suyos los manda meter en otra galera y que le peguen fuego en medio del río para que sirva de diversión al pueblo; a un gobernador de Ratisbona, que había sido visitador de Nuremberga, le manda ahorcar de una almena: a tres hermanos que habían hallado medio de sacar a su padre de la cárcel, donde hacía seis años que estaba por no poder pagar seis mil ducados que debía a la real cámara, los manda descuartizar: a un embajador romano que le había hablado con poco respeto le manda cortar las orejas y las narices, y a unas cuarenta y cinco mujeres que se habían defendido en un fuerte hasta que el hambre les obligó a rendirse, las manda atar de dos en dos y ponerlas en lo alto de una torre para que se mueran allí de necesidad. Presentándolo a Guillermo, rey de Esclavonia, vencido y prisionero, Atila, deseoso de que muera como corresponde a su alta dignidad, manda que le echen a los leones: Guillermo le pide misericordia, pero inútilmente, y el alcalde le conduce a la leonera. A estos rasgos de brutalidad y a los ridículos e indecentes amores de la reina, de Flaminia, de Gerardo y de Atila, sigue la furia de este, que a Montiano pareció que está pintada con viveza y naturalidad, siendo a mi entender lo más necio de todo. El que entienda el arte podrá decir si los siguientes versos declamados en el teatro, no son más a propósito para excitar la risa de los oyentes, que para inspirarles maravilla y terror.

Formados escuadrones representen
al enemigo la batalla, y talen
el campo todo donde están las naves,
y la caballería en tropas trote
por el inmenso globo de la Luna...
Mis entrañas son fuego del infierno,
el vino es el amor de nuestras bodas,
la dulce copa ya no es copa, es capa,

Escapase del alma y del infierno,
y del ruego, y de amor, y de la boda...
Armas son esas para mí ridículas:
¿Víboras me arrojáis, culebras y áspides?
Con el aliento solo yo consúmelas.
Ministros fuertes de la esfuerzo y ánimo,
capitanes, soldados, armas, máquinas,
militares, bravísimos ejércitos,
antrófagos, lestrigones y cíclopes,
mundos, infiernos, manos mías sólidas
mas que diamantes, y mas fuertes y ásperas,
dadme aquí montes de pesantes pórfidos
con que sepulte estos gigantes pérfidos.
Viértase, corra la sangre,
no quede persona viva:
todos mueran, nadie viva:
todo el mundo se desangre.

No dude el lector que en trecientos cincuenta versos que recita el furibundo
Atila, hallará iguales o mayores disparates que los que acaban de citarse.

1581
Comedia de La Libertad de Roma por Mucio Scévola

147. Juan de la Cueva. Comedia de La Libertad de Roma por Mucio Scévola.
Esta farsa representó Alonso de Capilla, ingenioso representante. en las Atarazanas en Sevilla, etc. De cuatro jornadas que tiene esta comedia sobran las tres:
por consiguiente la aparición del dios Quirino, las furias, el desafío de Espurio
y Bruto, la operación de cortar a Sulpicio, coran, populo, las orejas, una mano
y las narices; su muerte, la quema de su cuerpo (que se hace en el teatro), la
conservación, de sus cenizas en una urna de oro, los viajes del rey Tarquino y
aun su existencia, todo es inútil. Mucio Scévola, protagonista, de la fábula, no
aparece hasta la cuarta jornada, y en ella se precipita la acción y se concluye. El
estilo unas veces toca en gigantesco y ampuloso, y otras en prosaico, desaliñado
y ridículo.

Tragedia, La infeliz Marcela

148. Cristóbal de Virués. Tragedia, La infeliz Marcela. Está dividida en tres partes, que así llamó el autor a las jornadas. Parte primera. Una tempestad hace varar en la costa de Galicia el navío en que iba Marcela, prometida esposa del príncipe Landino: saltan entierra Marcela, el conde Alarico, Tersilo su amigo e Ismeno: éste por orden de Alarico va a Compostela a buscar un coche para llevar a la princesa, la cual se queda dormida en unos peñascos. Entre tanto apartándose a un lado Alarico dice a Tersilo que está enamorado de Marcela, y que espera que en aquella ocasión le ayude: Tersilo le reprende su mal proceder, sacan las espadas y queda Tersilo herido de muerte, al ruido despierta Marcela, huye, y Alarico va detrás de ella. Tersilo, en vez de quejarse de sus heridas, se pone a recitar una jácara moral de más de cien versos llena de metáforas ingeniosas y reflexiones profundas: llega Ismeno su hermano que trae un carro para llevar a Marcela, halla a Tersilo moribundo, y le conduce, al carro, prometiéndole el herido que por el camino le contará todo el suceso: sale Alarico persiguiendo todavía a la princesa, con la cual hubiera logrado su dañada intención, si las voces de los salteadores de aquel monte no se lo estorbaran: suelta a Marcela y huye: los salteadores corren tras de él: Formio, capitán de todos ellos, llama a Felina (mujer perdida que vive con él), le encarga que cuide de Marcela, y se va con los demás en busca del conde fugitivo: quedan solas Marcela y Felina, y está al ver las galas de la princesa se alegra infinito, y dice:

Felina	Muy a mi gusto ha venido la presa esta vez a fe: con ella renovaré este mi viejo vestido: ¿Y de joyas y dinero cómo va la bolsa, dama? Conforme la gala llama, en gran cantidad le espero.
Marcela	Solo lo que ves, amiga, es lo que pude sacar de una tormenta del mar con harta pena y fatiga.
Felina	Esa es muy grande mentira, y yo sé que de ella habré mas de dos joyas a fe.

| Marcela | Toda me busca y me mira. |

Felina	Ahora bien, en mi presencia
	se desnudo en carnes luego,
	que esotro buscar es juego.
	Ea, dama, diligencia.
	Quite la ropa, y no crea
	que es donaire el desnudar,
	que no me he de contentar
	hasta que en carnes la vea.

Después de este diálogo, poco digno de Melpómene, sale muy a propósito Oronte, señor de un castillo que está en aquellas montañas: Marcela le pide protección, y él llevándosela consigo, amenaza a Felina y a los salteadores que viven con ella: los incidentes de esta primera parte son imitación del episodio de Isabela, que se halla en el canto XIII del Orlando de Ariosto. Parte segunda. Landino, seguido de unos criados, se lamenta en tercetos elegantes de la tardanza de Marcela: los criados te determinan a que se vuelva a la ciudad, y al retirarse les advierten unos pastores el camino que han de llevar para no encontrarse con los salteadores que andan por aquellas asperezas: después de una escena inútil de los pastores, vienen los ladrones que traen atado al conde Alarico, y dicen:

| Formio | Por cierto muy buen galán: |
| | dejar la dama y huir. |

| Fracaso | Digo que puede servir |
| | la hija del Preste Juan. |

| Brando | Si le ha de servir huyendo, |
| | nadie en el mundo mejor. |

| Zambo | Y podrá alcanzar su amor, |
| | si le ha de alcanzar corriendo. |

| Rumbo | ¡Oh hideputa el hidalgo |
| | y qué ligero es de pies! |

Trinco   Cierto, gran lástima es
        que el señor no sea galgo.

Acabadas estas necedades, Formio encarga a los pastores que les lleven la comida por la boca de la cueva que cae al mar: promete a Felina que traerá preso a Oronte, y la deja en compañía de Alarico: éste le cuenta que es conde y muy favorecido del príncipe Landino, con el cual hizo un viaje a Inglaterra, en donde el príncipe se casó con Marcela, hija del rey inglés: que Landino hubo de volverse a España a combatir con los moros, y que habiéndolos vencido le envió a él para que trajese a la princesa: que a su vuelta tuvieron una gran tempestad, y en esto llega Formio trayendo presos a Oronte y Marcela. Después de una escena inútil, quedándose a solas con ella (y escuchando Felina escondida) hace Formio a la princesa una declaración amorosa: ella le llama fiero monstruo y fiera dura, y él a ella loca altiva, arrogante, bárbara, indiscreta e ingrata: Felina en un monólogo resuelve envenenar a Formio con una rosquilla o mazapán para entregarse después a Alarico, de quien está perdidamente enamorada: sale éste, ella le pregunta si querrá pagarle el cariño que le tiene, él se la promete y se dan la mano de amigos. Formio, que lo ha visto, todo se desespera, y en otro monólogo (ni más ni menos que el anterior de Felina) se propone darle veneno, con la diferencia de que no será en mazapán, sino en un frasco de agua fría: los pastores determinan ir a Compostela a dar aviso al príncipe de que Marcela está en poder de los salteadores. Parte tercera. Diálogos inútiles entre Formio y su gente: queda solo y dice que ya tiene prevenido el tósigo para Felina; llega ésta, le dice amores, saca la rosquilla emponzoñada y le insta a que se la coma: él por su parte le convida a beber del frasco, altercan sobre ello, y por último ni ella bebe ni él come, y lo dejan para mejor ocasión. Sigue un soliloquio del pastor Montano: el príncipe Landino, acompañado de criados y pastores, determina asaltar la cueva en que se recogen los bandidos. Otro soliloquio de Formio, que trae el frasco de agua envenenada, y al irse lo deja a un lado: halla a Marcela y te presenta la fatal rosquilla que le dio Felina, exhortándola a que se la coma, y añade:

Que es cordial medicina
para el triste corazón.

Quedando sola Marcela, empieza a comerse la rosquilla: ve el frasco, se echa unos cuantos tragos, y con este motivo trae a la memoria aquel tiempo dichoso en que

Una dama de este lado
y otra de estotro tenía,
cuando en mi estrado quería
deber, comiendo un bocado.
Que el menino, que la dueña
que el mayordomo acudía
a cuanto yo apetecía
haciendo sola una seña.
Que con tanta reverencia
le traían a Marcela
con el agua de canela
las conservas de Valencia.

Hechas estas consideraciones, apurada la rosquilla y bebida la pócima del frasco, le da un sueño profundo del cual no vuelve la desventurada princesa. Suena dentro gran rumor de pelea, y es el caso que el príncipe Landino con los que le acompañaban ha vencido y muerto a cuantos había en la cueva, esto es, Alarico. Felina, Oronte, Formio, Fracaso, Brando, Trineo, Zambo y Rumbo, y otros ladrones anónimos, añadiéndose a tantas muertes la de Marcela, cuyo cadáver se lleva el príncipe para darle honrada sepultura. Esta composición no es una tragedia, es una novela en diálogo escrita en versos buenos y malos, heroicos y ridículos: personajes inútiles, episodios inconexos, ripio y distracciones. continuas, y el agua de cabeza, y la rosquilla, y las conservas, la dueña, el monino, el mayordomo, el Preste Juan, y el hidalgo, y el galgo, y el hideputa.

Tragedia de Elisa Dido

149. Tragedia de Elisa Dido. Está dividida en cinco actos. acto primero. Dido, acompañada de senadores y grandes de Cartago, da respuesta en el templo de Júpiter a Abenamida, embajador de Yarbas, prometiéndole que se casará con el rey su amo. Ido el embajador se disputa a presencia de la reina sobre si es acertada o no su resolución: Fenicio y Falerio la aprueban, Carquedonio y Seleuco la contradicen: estos últimos, enamorados ambos de Dido, quieren estorbar su casamiento con Yarbas; pero Seleuco, más tímido que el otro, nadie resuelve. Delbora, prisionera en Cartago, pregunta a Ismerla los sucesos de Dido, y ella en ciento diez y siete versos le refiere la muerte de Siqueo por Pigmalión, el sueño de Dido en que se le apareció su esposo, lo aconsejó que huyese con sus riquezas, etc. Carquedonio interrumpe la narración, y se queja con Ismeria de lo mal

que la reina paga el amor que le tiene: ruega a Ismeria que interceda por él, y ella promete hacerlo: concluye el acto con el coro. acto segundo. Seleueo determina declarar su amor a la reina: Ismeria (que está enamorada de él le pregunta la causa de sus melancolías, y él después de varios rodeos le dice haber sido fingido el cariño que hasta entonces le había manifestado, que está prendado de la reina, y ruega a Ismeria que le mate en castigo de su perfidia, pero ella no quiere matarle, y se va desesperada. Del hora declara en un soliloquio que está enamorada de Carquedonio, al cual parece que se lo ha dicho ya algunas veces, pero sin fruto, y trae después a la memoria como la hizo prisionera, le ofreció libertad y ella la rehusó, y como por último vino a Cartago. Después hablando con Ismeria vuelve a sacar la conversación de Dido, y la otra, sin hacerse mucho de rogar, le cuenta lo que Dido respondió a su esposo cuando le vio en sueños. Carquedonio las interrumpe, y quedándose a solas con Delbora le insta ella a que declare el pesar que su semblante manifiesta, y él la desengaña, diciéndole que no puede corresponderte, porque está enamorado de Dido, y con este motivo le refiere parte de la historia de aquella reina, empezándola precisamente en el punto en que Ismeria la dejó. Delbora le oye hasta que él mismo se cansa de hablar y se despide: acaba el acto con el coro, que pondera en cultos versos los peligros de amor.

¡O míseros mortales
que seguís del amor el bando injusto,
por infinitos males
pasando, tras un breve y falso gusto!
¿Dónde vais tras un ciego
sino a dar una mísera caída?
¿A qué dulce sosiego
quien vuela alado tristes os convida?
¿Qué premio soberano
esperáis de un desnudo y de un tirano?
Insufribles tormentos
los premios son que el fiero amor reparte:
mil varios descontentos
son los sosiegos de que os hace parte
siguiéndole es muy cierto
ir do no hay quien levantarse pueda
sin quedar preso o muerto;
y al que menos mal que esto le suceda

será virtud divina,
que solo contra amor es medicina.
El favor empleando
de virtud fuerte, fuertemente armada,
huid del fiero bando,
de esta furia infernal que disfrazada
en blando niño afable,
tras sus falsos halagos y dulzuras,
con vida miserable,
con amargas y tristes desventuras,
duramente persigue,
al desdichado que su bando sigue.
Virtud divina emplee,
pidiendo al cielo su favor de veras,
quien arrastrar se ve
tras las falsas divisas y banderas
del falso amor tirano,
si verse libre de su imperio quiere;
que no menos que mano
de tal virtud importa y se requiere,
según es de gigante
la fuerza del desnudo y tierno infante:
solo virtud divina
al fiero mil de amor es medicina.

acto tercero. Abenamida vuelve del campo de Yarbas, y presenta en nombre de éste a la reina una espada, una corona y un anillo: admite Dido agradecida estas dádivas, y quedando a solas con Ismeria, recuerda las memorias de Siqueo. Ismeria en un monólogo dice que la noche anterior la Luna estaba sangrienta, que se apareció un cometa y tembló la tierra: ruega a los dioses que aparten de Cartago la desgracia que aquellos prodigios anuncian: viene Delbora, y sin aguardar Ismeria a que la otra se lo suplique, vuelve a tomar el hilo de la historia comenzada, y lo refiere como la reina huyó de Tiro con sus riquezas. Pirro corta la relación y les dice que Carquedonio y Selcueo, seguidos de varias tropas, han embestido los reales de Yarbas, donde se ha trabado gran pelea, sin conocida ventaja de una ni otra parte: el coro da fin al acto. acto cuarto. Escena inútil entre Mangordio y Clenardo. Ismeria, de orden de la reina, manda abrir las puertas de la ciudad para que introduzcan a Yarbas, y le encaminen al templo: Delbora e

Ismeria alaban la prudencia de Dido, que admite a Yarbas por esposo, a fin de procurar la paz a su pueblo: Ismeria concluye felizmente la interrumpida narración de los hechos de Dido: avisa el coro que se retiren, porque viene mucha gente hacia aquel sitio. Abenamida cuenta a Clenardo cómo después de un reñido combate han quedado muertos Seleuco y Carquedonio, recurso plausible del autor para deshacerse de personajes tan inútiles: coro. acto quinto. Ismeria y Delbora anuncian los preparativos de la reina para recibir a Yerbas: hacen gran sentimiento por la muerte de Carquedonio y Seleuco avisan los coros que Yarbas ha entrado: ellas se retiran, los coros se quedan para abrir las puertas de la estancia de Dido, y en tanto dan gracias al cielo por la paz que envía a su nación, y anuncian prosperidades a Cartago y a su reina. Viene Yarbas: se abren las puertas, y aparece Dido muerta con la espada de Yarbas, la corona que le envió arrojada a sus pies, y un papel en la mano. Léese el escrito en que dice haber jurado eterna fidelidad a Siqueo, y que por no faltar a ella se ha dado la muerte. Ismeria y Delbora lloran la desgracia de su señora: Yarbas las consuela, dispone dar sepultura al cuerpo, deja en libertad a Cartago, propone a sus moradores que adoren por diosa a su difunta reina, y se despide de ella, para siempre. Coro final.

Lampillas, arrebatado del furor apologético, no dudó asegurar que ésta era una tragedia perfecta. Montiano halló en ella muy poco que censurar. En mi opinión es la tragedia menos defectuosa de cuantas se habían escrito hasta entonces en España: el autor supo sujetarla a las unidades de lugar, de tiempo y de acción, que tanto se han recomendado después. Las dos primeras están observadas sin violencia, pero la última padece muchas excepciones, y tantas, que de cinco actos de que consta la tragedia (sin que la integridad de la fábula se alterase) pudieran reducirse a dos. ¿Qué tienen que ver con ella los amores episódicos, insípidos, idénticos de los dos capitanes Selenco y Carquedonio? ¿De qué sirve el ataque del campo de Yarbas sino, como ya se ha dicho, de hacer que desaparezcan aquellos dos personajes que nunca debieron existir? ¿De qué sirven Ismeria y Delbora sino de helar toda la pieza con sus amores, sus exclamaciones, sus quejas, y sobre todo con la inoportuna, enfadosa y larga relación de las aventuras de Dido, la cual entre los varios trozos de que se compone llega a cuatrocientos veintisiete versos? Los demás personajes con sus monólogos y sus sentencias contribuyen a entorpecer el movimiento dramático y prolongar el fastidio: Dido, figura principal, despacha todo su papel en ciento setenta versos poco más o menos, cuando las otras subalternas y enteramente inútiles se lo hablan todo y no saben dejarlo: Yarbas solo sirve de leer la carta de Dido y de disponer el entierro. En el primer acto, en el tercero y el quinto hay situaciones interesantes, acompañadas de la pompa y aparato escénico que son convenientes a la tragedia la catástrofe es de mucho efecto teatral el estilo, aunque no siempre llega a la grandeza que necesita este género, es sin duda mucho más decoroso y correcto que el de las otras piezas del mismo autor: en los coros hay buen lenguaje, facilidad y armonía.

Cristóbal de Virués nació en la ciudad de Valencia poco antes del año de 1550: fue hijo de un docto médico, a quien debió una esmerada educación literaria: siguió la carrera militar, se halló en la batalla de Lepanto, obtuvo el grado de capitan, y sirvió después en el estado de Milán con gran reputación de valor y prudencia. Dice él mismo en el prólogo de sus tragedias (impresas mucho tiempo después de haberse escrito y representado) que él fue el primero que las redujo a tres actos de cuatro que antes tenían. Cervantes empezó a hacer lo mismo en sus comedias, y Juan de la Cueva, contemporáneo de los dos, adoptó igualmente esta novedad, aunque no se conserva ninguna de las piezas en que la practicó. Andrés Rey de Artieda solicitó este honor para sí, y mucho antes que todos le obtuvo Francisco de Avendaño, como puede verse en el número 84 de este catálogo. Las tragedias de Virués no se imprimieron hasta el año de 1609 juntamente con varias poesías del autor. Su muerte debió de verificarse poco después.

Comedia de El Infamador

150. Juan de la Cueva. Comedia de El Infamador. Fue representada esta comedia la primera vez en Sevilla por el excelente y gracioso representante Alonso de Cisneros en la huerta de Doña Elvira, etc. La escena es en Híspalis (que otras veces se llama Sevilla) y en los montes Cimerios de Escitia: las costumbres y los personajes pertenecen a tiempos muy modernos, y tanto que se citan las novelas dramáticas de Celestina y Claudina, las espadas de Joanes, las obras del arcipreste de Talayera y las de Cristóbal de Castillejo. A pesar de esta suposición la pieza es toda mitológica, interviniendo en ella Némesis, el Sueño, Morfeo, el río Betis, Diana y Venus: Leucino es una especie de don Juan Tenorio, y Eliodora una santa virgen, a cuyo favor se hacen milagros, perseguida de Venus y protegida de Diana. Véase un trozo de buen estilo cómico en boca de la alcahueta Teodora, refiriendo el mal despacho que recibió de sus tercerías:

Pensando el caso contar
se me renuevan mis penas,
y la sangre por las venas

siento de temor helar.
Mas siendo de ti mandada,
aunque huye la memoria
renovar la triste historia,
de mí te será contada.
Sabrás, Leucino, qué fue.
Voime a casa de Eliodora,
y siendo oportuna hora
a hablar con ella entré,
halléla en un corredor
de muchas dueñas cercada,
ricamente aderezada,
revuelta con su labor.
Levantáronse en el punto
que yo entré, y ella alargando
su mano y la mía tomando,
me sentó consigo junto.
Quedando sola con ella
(que era lo que deseaba),
queriendo hablar no osaba,
y osando paraba al vella.
Al fin sacudi el temor
y apresté la lengua muda,
viendo que al osado ayuda
Fortuna con su favor.
Díjela: Bella Eliodora,
mi bien y señora mía,
perdonalde esta osadía.
A vuestra sierva Teodora.
Yo vengo a solo deciros
que deis lugar que Leucino
(pues cual sabéis es tan dino)
oso ocuparse en serviros.
Notoria es su gentileza,
discreción y cortesía,
su donaire y bizarría,
su hacienda y su franqueza.
No tenéis en que dudar,

bien podéis corresponder,
que tan ilustre mujer
tal varón debe gozar.
Ella que estaba aguardando
el fin de mi pretensión,
en oyendo esta razón
dio un grito al cielo mirando.
Y dijo: Dime, traidora,
¿Qué has visto en mí, qué has oído,
o qué siente ese perdido
del nombre y ser de Eliodora?
Si las cosas que contemplo
no impidiesen mi ira fiera,
a bocados te comiera,
dando de quien soy ejemplo.
En diciendo esto se fue,
y las dueñas acudieron,
y de mi todas asieron,
que sola entre ellas quedé.
Las unas me destocaban,
las otras me descubrían,
otras recio me herían
con mil golpes que me daban.
Después de estar muy cansadas,
de tratarme como digo,
dijeron: Este castigo
no nos deja bien vengadas.
Los cabellos me cortaron
con crueza que da espanto,
y sin tocado ni manto
en la calle me arrojaron.

Esta misma vieja alcahueta, acompañada de otra comadre suya, hace un conjuro
en favor de Leucino, y entrambas hablan, no como conviene a dos mujercillas
miserables del pueblo, sino como pudieran explicarse Medea, Circe o Armida,

Teodora   Pon la vista al oriente
                  en tanto que aderezo

estos lizos mojados en la onda
de Flegeton ardiente,
y pongo el aderezo
para que el triste Averno me responda.
Si de la estancia honda
donde tiene su asiento
del Erebo la reina poderosa
espíritu saliere u otra cosa,
ten cuenta, y mira al viento
si cuervo o si paloma pareciere,
o siniestra corneja se ofreciere.

Terencina   Con prósperas señales
de fatídico agüero
se nos demuestra el cielo generoso
en ocasiones tales;
si en esto es verdadero
el disponer del hado venturoso,
hoy será victorioso
Leucino desdeñado:
que en este punto con ligero vuelo
dos palomas bajar vide del cielo
que Venus ha enviado,
y sobre un verde mirto se pusieron,
y cogiendo dos ramos de él, se fueron.

Teodora   Tiende entorno esos lizos
por donde yo derramo
estas cenizas del trinacrio monte,
y con fuertes hechizos
a responderme llamo
los espíritus negros de Aqueronte,
antes que el horizonte
se cubra, ¡o triste Huerco!
A quien con ronca voz fuerzo y apremio,
dale a mis obras el debido premio,
y ponme en este cerco
una señal que el fin que intento aclare

por donde yo lo que será declare

Terencina   Por la virtud que tiene
                   esta esponjosa piedra,
                   desde el nevado Cáucaso traída,
                   que en este vaso viene;
                   por esta blanda hiedra,
                   que en la cumbre del Hemo fue cogida,
                   que luego sea movida
                   tu voluntad al ruego,
                   ¡Oh Plutón! ¡O Prosérpina hermosa!
                   Y sin negarnos al intento cosa,
                   nos deis aviso luego
                   si la demanda mía y de Teodora
                   moverán hoy el pecho de Eliodora.

Si a estos dos trozos bien escritos entrambos, aunque tan diferentes entre sí, y el último tan impropio de la buena comedia, se, añadiesen otros enteramente prosaicos, sin corrección ni armonía, y afeados con descuidos imperdonables, se llegaría a conocer la precipitación y el abandono con que el autor compuso sus piezas dramáticas, en las cuales son casualidades los aciertos.

Juan de la Cueva nació en Sevilla de la familia ilustre en el año de 1550 con poca diferencia. Dotado de ingenio y afluente vena compuso varias obras líricas, épicas y dramáticas que le adquirieron general estimación: muchas hizo imprimir y algunas quedaron manuscritas, que se conservaban pocos años hace en poder del conde del Aguila. Publicó la primera parte de sus comedias en la misma ciudad en el año de 1588, y sin duda se proponía dar a luz las demás que había compuesto, pero no parece que llegó a verificarlo. Murió en su patria pasado el año de 1694: puede verse en el tomo VIII de El Parnaso español la noticia que allí se da de este célebre poeta y de sus escritos.

Los Amantes

151. Andrés Rey de Artieda. Los Amantes. Tragedia.

Amadís de Gaula

152. Amadís de Gaula. Comedia.

El Príncipe vicioso

153. El Príncipe vicioso. Comedia.

Los Encantos de Merlín

154. Los Encantos de Merlín. Comedia.
Micer Andrés Rey de Artieda, infanzón de Aragón, nació en Valencia en el año
de 1549: estudió en aquella universidad y en las de Lérida y Tolosa, y graduado
de doctor enseñó astronomía en Barcelona. Dejó la carrera de las letras y siguió
la de las armas, se halló en el socorro de Chipre, recibió tres heridas en la batalla
naval de Lepanto, y en otra ocasión pasó a nado el Elba con la espada en la boca
a vista del ejército enemigo: obtuvo el grado de capitán de Infantería, y murió en
su patria en el año de 1613: publicó sus obras sueltas en Zaragoza, año de 1605,
con este título: Discursos, epístolas y epigramas de Artemidoro. De las dramáticas (y entre ellas la tragedia de Los Amantes, impresa en Valencia año, de 1581)
sólo ha quedado la noticia. Véanse las notas de Cerdá a la Diana enamorada de
Gil Polo, y los Escritores del reino de Valencia por Jimeno.

1582
Los Tratos de Argel

155. Miguel de Cervantes Saavedra. Comedia. Los Tratos de Argel. En cinco
jornadas, escrita en octavas, redondillas, quintillas, liras, tercetos, verso suelto y
rima encadenada. Jornada primera. Zara, mujer del renegado Izuf, está enamorada de Aurelio, cautivo español; pero ni sus ruegos ni los de su amiga Fátima
pueden reducir al esclavo, que llora la ausencia de su querida Silvia. Saavedra se
lamenta de los trabajos que pasa en la esclavitud: Pedro Álvarez está contento
en ella, es amigo de su ama y le va muy bien: los siguientes versos puestos en
boca de Saavedra son de los mejores de esta comedia:

Cuando llegué vencido en esta tierra
tan nombrada en el mundo, que en su seno
tanto pirata encubre, acoge y cierra,
no pude al llanto detener el freno,
que a pesar mío sin saber lo que era
me vi el marchito, rostro de agua lleno.

Ofreciendo a mis ojos la ribera
y el monte donde el grande Carlos tuvo
levantada en el aire su bandera,
y el mar que tanto esfuerzo no sostuvo,
pues movido de envidia de su gloria,
airado entonces mas que nunca estuvo.
Y estas cosas volviendo en mi memoria,
las lágrimas trujeron a los ojos,
forzadas de desgracia tan notoria;
pero si el alto cielo en darme enojos
no está con mi ventura conjurado,
y aquí no lleva muerte mis despojos;
cuando me vea en mas feliz estado,
o si la suerte o si el favor me ayuda
a verme ante Filipo arrodillado
mi temerosa lengua cuasi muda
pienso mover en la real presencia,
de adulación y de mentir desnuda,
diciendo: Alto señor, cuya potencia
sujetas trae las bárbaras naciones
al desabrido yugo de obediencia...
Todos de allá, cual yo, puestas las manos,
las rodillas por tierra, sollozando,
cercados de tormentos inhumanos,
poderoso señor, te están rogando
vuelvas los ojos de misericordia
a los suyos que están siempre llorando;
y pues te deja agora la discordia,
que tanto te ha oprimido y fatigado,
y a mas andar te sigue la concordia,
haz, buen rey, que por ti sea acabado
lo que con tanto audacia y valor tanto
fijé por tu amado padre comenzado.
Con solo ver que vas pondrás espanto
a la bárbara gente, que adivino
ya desde aquí su pérdida y quebranto.

Sobreviene otro cautivo, y en una relación de cerca de doscientos versos les cuenta el martirio que acaban de dar los moros a un clérigo valenciano. Jornada segunda. Izuf encarga a Aurelio que se vea con una hermosa esclava española llamada Silvia, y que le persuada a que sea menos esquiva con él: Aurelio disimula y se encarga de hacerlo así. Saca el pregonero a la plaza dos muchachos llamados Juan y Francisco juntamente con su padre y su madre: los pregona, los vende a dos mercaderes, y despidiéndose de sus padres se ya cada uno de ellos con su amo. Jornada tercera. Procura Izuf vencer con halagos y promesas el desden de Silvia presentándosela a su mujer Zara, y está quedando a solas con ella le refiere como está enamorada de Aurelio, y lo ruega que sea medianera en sus amores. Jornada cuarta. Pedro Álvarez, que al principio de la fábula estaba regalado y contento con su suerte, ha resuelto escaparse y encaminarse a Orán: con esta determinación se despide de su camarada Saavedra. Ignorábase que Fátima fuese hechicera, pero en efecto lo es, y hace un conjuro en favor de su amiga Zara para que Aurelio le corresponda: luego que ha dicho estos versos, que deben de ser muy eficaces para el caso,

Rápida, ronca, run, ras, parisforme,
grandura, denclifaz, pantasilonte;

Sale una Furia, y le dice que la indiferencia de Aurelio solo la podrán vencer la Necesidad y la Ocasión. Fátima le manda que se las envíe cuanto antes y tratará con ellas lo que debe hacerse. Se ven a solas Aurelio y Silvia, y hallándose ella solicitada de Izuf y él de Zara, acuerdan lisonjear con alguna esperanza al moro y a la mora en tanto que escriben a España para solicitar su rescate. Pedro Álvarez, fatigado, roto y hambriento, va caminando a Orán: echase, a dormir a la sombra de unas matas, y cuando despierta se halla con un leen a su lado que le está haciendo compañía: levántase lleno de miedo, sigue andando, y el león se va detrás de él como un perrito. Jornada quinta. Álvarez prosigue su viaje en compañía del león, y se halla felizmente muy cerca de Orán: la Necesidad y la Ocasión, invisibles a Aurelio, le van persuadiendo a que corresponda agradecido al amor de Zara, pero sin saber por qué lo dejan solo, y no lo aciertan, porque entonces cobra él todo su esfuerzo y se propone no ceder jamás a las instancias de la mora. El muchacho Juan sale vestido de turco, muy contento de serio y de que ya no se llama Juanito sino Solimán: su hermano Francisco se horroriza, y Aurelio lamenta la suerte de los niños cristianos que viven en poder de moros. Silvia y Aurelio se encuentran, se dan un abrazo, y Zara e Izuf los sorprenden: Zara acusa a la esclava, Izuf al esclavo y ellos se disculpan de mala manera. El rey de Argel en audiencia pública manda a Izuf que lo entregue al cautivo y a la cautiva que tiene en su poder: él lo repugna mucho, y el rey dispone que le lleven de allí y le harten de palos: traen a su presencia a un malagueño que se había escapado, y el rey dice:

¡Oh tú! Rajá Caud, dalde seiscientos
palos en las espaldas, muy bien dados,
y luego le daréis otros quinientos
en la barriga y en los pies cansados.

Y responde el malagueño

¿Tan sin ley ni razón tantos tormentos
tienes para el que huye aparejados?

Y añade el rey:

Chito. Chifuz, Breguede, al punto atalde,
abrilde, desollalde y aun matalde.

Decretadas estas palizas, se presentan Silvia y Aurelio: el rey les indica el rescate que han de enviarle desde España, y les concede libertad bajo su palabra: dan aviso de que ha llegado un navío, y en él Fray Juan Gil, religioso trinitario que viene a rescatar: los cautivos regocijados en extremo dan gracias a la Virgen por su infinita misericordia.

Esta comedia es un drama episódico, en el cual si se quiere decir que hay una acción, sólo puede hallarse en los amores pareados y simétricos del renegado Izuf y su mujer Zara que solicitan a Silvia y Aurelio, sirviendo de atropellado desenlace la paliza de Izuf. Lo restante todo es personajes y situaciones sueltas sin enlace ni composición dramática: los conjuros de Fátima, la Furia, la Ocasión y la Necesidad, y el león que sirve de escudero a Pedro Álvarez, son desatinos imperdonables: el estilo, que a veces tiene algún decoro y corrección, es en general desaliñado y prosaico.

Comedia Salvaje

156. Joaquín Romero de Zepeda. Comedia Selvage (en cuatro jornadas), en la cual por muy delicado estilo y artificio se descubre lo que de las alcahuetas a

las honestas doncellas se les sigue, en el proceso de lo cual se hallarán muchos avisos y sentencias. Por Joaquín Romero de Zepeda. Sevilla, 1582. En la primera y segunda jornada no hizo el autor otra cosa que extractar en versos fáciles (y no desnudos de elegancia) los cuatro primeros actos de la Celestina. En la tercera jornada apartándose de aquel excelente original, atropelló los incidentes, añadiendo no pocas extravagancias. Lucrecia, acompañada de la vieja alcahueta Gabrina, abandona la casa de sus padres y se va a la de Ana creo, su amante: los padres de Lucrecia echándola menos van a casa de Gabrina con la justicia, y de allí a la de Anacreo, pero éste y Lucrecia han huido descolgándose por una ventana. Presos Gabrina y el criado Rosio los llevan a la plaza: allí aparece la horca a vista del auditorio, suben al reo y le cuelgan: a Gabrina la empluman, le ponen una coroza, y sentándola en la escalera del suplicio queda abandonada a merced de los muchachos, que a porfía le tiran brevas, berenjenas y tomates, le remesan los pelos y le dan puñadas: hecho esto dice el juez:

Quiten luego a esa mujer,
y entierren al ahorcado.

En la cuarta jornada sale por un monte Lucrecia con arco y saetas, y llora la mala ventura de sus amores: luego que se retira, sale por otro lado Anacreo lamentándose igualmente de la desdicha en que se ve. Salen después Albina y Arnaldo, padres de Lucrecia, vestidos de peregrinos en busca de su hija: descansan un rato de la fatiga del camino, y al querer proseguirle los sorprenden dos ladrones llamados Tarisio y Troco: el viejo Arnaldo quiero defenderse y muere a sus manos: sobreviene al ruido Anacreo y mata a Tarisio: su compañero Troco se va huyendo: sigue el reconocimiento de Anacreo y Albina, y cuando tratan de enterrar el cadáver de Arnaldo, vienen dos salvajes entre los cuales se ve Anacreo en mucho peligro de perder la vida; pero Lucrecia, que se aparece muy oportunamente, dispara una flecha y cae muerto uno de los salvajes. Anacreo en tanto consigue matar al segundo: la madre y el amante sin reconocer a Lucrecia le agradecen el socorro que les ha dado: ella al fin se descubre, y con el regocijo de los tres acaba la fábula. Composición romancesca, mal ordenada y llena de inverosimilitud. Existe un ejemplar en la librería del convento de Santa Catalina de los dominicos de Barcelona.

1583
Tragedia de Numancia

157. Miguel de Cervantes Saavedra. Tragedia de Numancia. Véase la lista de los interlocutores de esta pieza. Escipión, Yugurta, Cayo Mario, embajador primero, embajador segundo, soldado primero, soldado segundo, Quinto Fabio, España, el río Duero, Teógenes su mujer, un hijo suyo, Corabino, numantino primero, numantino segundo, numantino tercero, numantino cuarto, Marquino, Morandro, Leoncio, sacerdote primero, sacerdote segundo, uno del pueblo, Milvio, un cuerpo muerto, Lira, mujer primera, mujer segunda, mujer tercera, una madre, un hijo, un hermano, la Guerra, la Enfermedad, el Hambre, Viriato, Servio, Emilio, la Fama. Está dividida la obra en cuatro jornadas, escrita en tercetos, octavas, redondillas y verso suelto. Jornada primera. Escipión reprende a sus soldados la vida regalada, lasciva y glotona que traen, advirtiendo con sobrada razón y poquísimo decoro trágico,

Que mal se aloja en las marciales tiendas
quien gusta de banquetes y meriendas.

A estos vicios atribuye el no haberse ganado a Numancia después de dieciséis años de guerra: manda que salgan del campo las meretrices, que se reformen las cocinas y se destierre todo regalo y blandura. Dos embajadores numantinos proponen a Escipión paz y amistad, pero él se niega a cuanto no sea entregarse a discreción: dispone que se cerque a Numancia con grandes fosos, y en la escena siguiente ya está concluida toda la obra. España, viendo rodeados a los numantinos con trincheras y fosos profundos, exceptuando sólo la orilla del Duero, habla con el río invocándole en los siguientes versos, que son de los mejores de toda la pieza:

Duero gentil que con torcidas vueltas
humedeces gran parte de mi seno,
ansí en tus aguas siempre veas envueltas
arenas de oro como el Tajo ameno
y ansí las ninfas fugitivas sueltas,
de que está el verde prado y bosque lleno,
vengan humildes a tus ondas claras,
y en prestarte favor no sean avaras;
Que prestes a mis ásperos lamentos
atento oído, o que a escucharlos vengas,
y aunque dejes un rato tus contentos,
suplícote que en nada te detengas.

Si tú con tus continuos movimientos
de estos fieros romanos no me vengas,
cerrado veo ya cualquier camino
a la salud del pueblo numantino.

El Duero (acompañado de tres muchachos que son otros tantos riachuelos que desaguan en él) anuncia a España que la ruina de Numancia es infalible, pero que su gloria será inmortal, y en los siglos futuros Atila, Borbón y el duque de Alba la vengarán de Roma. Añade también que los reyes de España adquirirán el dictado de Católicos, y que en tiempo de un rey llamado Felipe II (sin segundo), el girón lusitano que se cortó de los vestidos de Castilla, ha de zurcirse de nuevo y unirse a su estado. Jornada segunda. En una asamblea de numantinos se resuelve que Corabino salga a desafiar a cualquier romano que se atreva a combatir con él, pactando primero que si Corabino vence, los romanos levantarán el sitio, y si él queda vencido, se entregará la ciudad: proposición muy imprudente y poco numantina. Resuelven también que se hagan sacrificios a Júpiter, y que el mago Marquino por medio de sus hechizos y conjuros averigüe los hados de Numancia. Leoncio reprende a Morandro viéndole muy enamorado de Lira en tiempo de tanta calamidad, y en efecto Leoncio tiene sobrada razón. Se empieza el solemne sacrificio con tristes agüeros: la llama arde mal, se ven águilas en el aire que persiguen a otras aves, las acosan y las cercan: suena ruido subterráneo: cruza una centella por el templo, y al ir a degollar la víctima sale un demonio, se la lleva y trastorna de paso las aras y utensilios. Después de un diálogo inútil entre Leoncio y Morandro sale Marquino y hace sus conjuros sobre una sepultura, invocando a los ministros infernales, llamándolos canalla vil, y a Plutón cornudo: echa de sí la sepultura un cuerpo muerto, al cual hace hablar el nigromante a fuerza de aspersiones y latigazos: el muerto anuncia la ruina que amenaza a la ciudad, y Marquino desesperado al oírle se arroja con él a la sepultura, quedando enterrados los dos. Jornada tercera. Corabino desde el muro de Numancia propone el desafío de que ya se ha hecho mención; pero Escipión no asiente a ello y te vuelve la espalda. Corabino, irritado de aquel desprecio, se desahoga en injurias contra los romanos llamándolos cobardes, pérfidos, tiranos, villanos, fementidos, ingratos, feroces, revoltosos, desleales, crueles, mal nacidos, codiciosos, infames, pertinaces, adúlteros, canalla y liebres. Teógenes quiere asaltar los atrincheramientos, pero las mujeres con sus reflexiones y lágrimas se lo estorban: resuélvese quemar en la plaza todo lo más precioso que cada uno tenga, descuartizar los romanos que están prisioneros, e írselos comiendo. Morandro, siempre lleno de amor, requiebra a Lira, y ella le dice que se está muriendo de hambre y es imposible que viva una hora según lo desfallecida que se siente: él determina escalar aquella noche las trincheras del enemigo para traerle algo que cenar, y su amigo Leoncio se ofrece a acompañarle. Dos numantinos refieren que en la hoguera de la plaza (cuyas llamas suben hasta la cuarta esfera) se están quemando todas las riquezas de la ciudad: dicen también que se ha mandado quitar la vida a las mujeres y a los niños: sale una mujer con dos chiquillos que no cesan de pedirle pan, y ella se aflige sin poder hacerles entender que no le tiene ni sabe dónde hallarle. Jornada cuarta. Penetran en el acampamento de los romanos Morandro y Leoncio: este último queda muerto en la empresa, el otro vuelve a Numancia con un poco de bizcocho en una cestilla: se le presenta a Lira para que coma y cae muerto de resultas de las muchas heridas que ha recibido. Un niño, hermano de Lira, sale cayéndose de hambre, dice que su padre y su madre acaban de morir, y él no teniendo ya fuerzas para mascar ni tragar el pan, espira a los pies de su hermana. Se presentan el Hambre, la Enfermedad y la Guerra: está excita a las otras dos a que apresuren la total asolación de Numancia, incidente inútil como los personajes de él. Teógenes lleva a su mujer, dos hijos y una hija al templo de Diana y allí los mata: vase después a la plaza y se tira a la hoguera: el humo que sale de Numancia y el silencio que se observa en ella determinan a Escipión a enviar exploradores, que vuelven refiriendo la mortandad y ruina espantosa que han visto. De toda la población sólo queda un muchacho que aparece en lo alto de una torre: Escipión le promete vida y libertad pero él desprecia sus ofrecimientos y se tira de la torre al suelo: viene la Fama por el aire y elogia la heroicidad de Numancia.

La elección de argumento en esta pieza es poco feliz: la destrucción de una ciudad con la de todos sus habitantes presta materia a la narración épica, pero no es para el teatro. En él no se deben presentar como objeto primario las empresas militares, sino las acciones y afectos heroicos: en toda fábula escénica se promueve el interés concentrándole: si se divide se debilita: Cervantes creyó producir mayor efecto trágico poniendo a la vista muchas situaciones de calamidad y aflicción, y no advirtió que resultaría necesariamente una acción episódica, dispersa y menuda. Los personajes fantásticos que introdujo lo acaban de echar a perder.

Si es contraria esta opinión a la que formaron de esta pieza los alemanes Bouterwek y Schlegel, puede considerarse cuál habrá sido mi sentimiento no pudiendo suscribir a los elogios que de ella hicieron aquellos doctos críticos: resulta necesaria de la absoluta imposibilidad de conciliar sus principios con los míos acerca de la composición dramática.

Comedia de la Batalla naval

158. Comedia de la Batalla naval. Nada se sabe de esta obra sino el título. Si el argumento que desempeñó el poeta fuese (como parece muy probable) la célebre victoria naval de Lepanto, es de inferir que nuestra literatura no habrá perdido nada en perderla: la escribió en tres jornadas.

Comedia de la gran Turquesca

159. Comedia de la gran Turquesca. Cervantes la citó: nadie la ha visto hasta ahora, y no es posible conjeturar lo que sería.

Comedia de la Jerusalén

160. Comedia de la Jerusalén. Habiendo escrito el mismo autor un drama trágico del sitio y ruina espantosa de Numancia, no sería mucho que hubiese caído en el error de poner en acción teatral la destrucción de Jerusalén por Tito, o que fuese argumento de esta comedia la conquista de aquella ciudad por los cruzados. A estas conjeturas da lugar la falta de noticias que tenemos acerca de esta composición dramática.

1585
Tragedia de la Isabela

161. Lupercio Leonardo de Argensola. Tragedia de la Isabela. Se divide en tres jornadas: está escrita en octavas, verso suelto, quintillas, tercetos y estrofas líricas: la Fama hace el prólogo. Jornada primera. Alboncen, rey moro de Zaragoza, enamorado de Isabela, doncella cristiana, manda salir desterrados a todos los cristianos, creyendo por este medio humillarla y atraerla a su voluntad. Muley, amante favorecido de la misma doncella (que acaba de recibir el bautismo en el campo enemigo), se propone dilatar la ejecución del decreto, y facilitar entre tanto los medios convenientes para que el rey don Pedro se apodere de Zaragoza. El viejo Audalia en un monólogo da parte al auditorio de que él también está enamorado de Isabela, y luego que lo ha dicho se va. Sospechoso el rey de la conducta de Muley hace que le prendan. Jornada segunda. Lamberto y Engracia, padres de Isabela, Ana su hermana y muchos cristianos vienen a pedirle que interceda por ellos con el rey. Véanse (prescindiendo de la poca delicadeza

del padre de Isabela) las prendas del lenguaje, estilo y armonía que embellecen esta situación:

Isabela

¡O padres a quien debo reverencia!
¡O santa perseguida compañía,
postrada sin razón en mi presencia,
espectáculo triste de este día!
¿De qué manera puedo dar audiencia
(ni quien seso tuviese la daría)
viendo vuestros aspectos venerados
a mis indignos pies así postrados?
Las rodillas alzad del duro suelo,
o revolved los ojos hechos ríos
al sumo plasmador de tierra y cielo,
y dirigid allá los votos píos,
y pues que mis entrañas no son hielo,
ni los hireanos tigres padres míos,
probad a conquistar otra dureza
con estos aparatos de tristeza.
Que yo sin espectáculo presente,
cuando fuese mi muerte necesaria,
padeceré las penas obediente.
¡Obediente! ¿qué dije? Voluntaria;
y por el bien común de nuestra gente
y daño de la pérfida contraria,
una muerte, mil muertes, y si puedo
muchas mas pasaré sin algún miedo.

Lamberto

Pues oye. Bien sabemos cuán rendido
en amorosas llamas al rey tienes,
y cuán desesperado y ofendido
con tus castas repulsas y desdenes;
pero si tú con un amor fingido
sus locos pensamientos entretienes
y cebas la esperanza lisonjera,
al yugo volverá la cerviz fiera.
Así que con hacer lo que te digo,
queda la voluntad del rey por tuya;

harás que no prosiga su castigo
ni de la dulce patria nos excluya.
Puedes así vencer al enemigo,
o darnos ocasión que se atribuya
a sola tu dureza nuestra pena,
y digan: Isabela nos condena.
Al rey por cierto tiempo fingir puedes
precisa castidad tener votada,
y que cuando del voto libre quedes
la prenda le darás tan deseada.
En este medio tiende astutas redes,
suspiros, llantos, vistas regaladas,
palabras tiernas, cebo de estas cosas,
y lágrimas si puedes amorosas.
Si ves la perdición de los cristianos
no basta, que bastar sola debía,
ni la muerte cruel de tus hermanos,
la de tu vieja madre, ni la mía:
por el que puso en cruz las santas manos
(Hijo del Padre Eterno y de María)
te conjuro, te ruego, pido y mando
que muestres a mis ruegos pecho blando.

Engracia   ¿Por qué dilatas tanto la respuesta?
¿Aguardas por ventura que te pida,
besándote los pies y descompuesta,
merced a voces de mi corta vida?
¿O gustas de mirar ante ti puesta
esta mísera gente perseguida?
Dí, que solemnidad del pueblo quieres
que tanto la respuesta nos difieres.
Mira que si salimos de los muros,
por el segundo César fabricados,
(A mas que no saldremos muy seguros
de ser todos o muertos o robados,
porque jamas los bárbaros perjuros
observan ley ni pactos concertados)
La sagrada ciudad queda desierta

y nuestra religión en ella muerta.
El templo de la Virgen quedaría,
si no por los cimientos derribado,
a lo menos con vicios cada día
de los odiosos moros profanado,
y todo su tesoro se daría
en manos del sacrílego malvado,
reliquias y devotos simulacros,
todos los ornamentos al fin sacros.
Harán de las dalmáticas jaeces
a los fieros caballos andaluces,
con las borlas pendientes, que mil veces
acompañaron clérigos y luces,
y para refirmar los pies soeces
el oro servirá de nuestras cruces,
haciendo de él labradas estriberas
quizá con las historias verdaderas.
¿Será posible pues que tú permitas
con daño de los tuyos infelices,
que solas permanezcan las mezquitas
y que sus ignominias autorices?
Tú, tú de la ciudad sagrada quitas
la religión cristiana y sus raíces;
tu dura pertinacia nos destierra,
y no la del tirano de la tierra.

Isabela   No más, no más, queridos padres, basta
si no queréis sin vida verme luego,
que donde la razón así contrasta
poca necesidad hay de tal ruego.
Yo pues con intención sincera y casta
(sólo por procurar nuestro sosiego)
al fiero rey daré de amor señales
fingidas, si fingirse pueden tales.

Lamberto   La bendición de Dios omnipotente
y la nuestra también recibe ahora.
Tu nombre se dilate y acreciente

en cuanto mira el cielo y el Sol dora;
y si es ya de creer que alguna gente
debajo del ignoto polo mora,
allá tus alabanzas se dilaten
y con admiración todos la traten.

Engracia   Estos maternos brazos lo primero
recibe por señal de lo que siento,
sirvante de collar, bien que grosero,
pero lleno de amor y de contento:
que en otro tiempo más feliz espero,
con mayor aparató y ornamento,
mejorar estos dones, y tu cuello
ceñirle del metal de tu cabello.

Un Viejo   Tus obras cantaremos excelentes
si bien a la desierta Libia vamos,
o bajo de la zona los ardientes
y no sufribles rayos padezcamos;
y nuestra sucesión y descendientes
darán las mismas gracias que te damos:
los niños con su lengua ternezuela
repetirán el nombre de Isabela.

Después de esta afluencia épica, Adulce, moro valenciano, sale a contar a los árboles, en muy buenos versos, como habiendo venido a Zaragoza a pedir socorros para recuperar el trono que le han usurpado, se enamoró de la infanta Aja, hermana del rey, y que hace ya tres años que él se lamenta y ella no le escucha.

Tres veces os he visto, verdes plantas,
de vuestras frescas hojas adornadas:
tres veces descompuestas, y otras tantas
de flores y de frutos coronadas,
después que la soberbia sobre cuantas
han sido por hermosas celebradas,
Aja cruel (origen de mi pena)
a mi dura cerviz puso cadena.

El rey se entristece viéndose precisado a quitar la vida a Muley, pero su confidente Andalla procura tranquilizarle, y lo anima a que apresure la ejecución. Isabela pide al rey que revoque el decreto de destierro contra los cristianos: el rey se disculpa diciéndole que ha consultado sobre ello a un santo alfaquí, del cual hace esta bella pintura:

Yo vi con apariencia manifiesta
que no fue la respuesta por él mismo,
mas por algun espíritu compuesta,
como si alguna furia del abismo
al sabio las entrañas le royera,
o como que le toma parasismo.
Con los mismos efectos y tal era
la presencia del vicio cuando vino
a darme la respuesta verdadera.
Andaba con furioso desatino
torciéndose las manos arrugadas.
Los ojos vueltos de un color sanguino.
Las barbas, antes largas y peinadas,
llevaba vedijosas y revueltas
como de fieras sierpes enroscadas.
Las tocas que con mil nudosas vueltas
la cabeza prudente le ceñían,
por este y aquel hombro lleva sueltas.
Las horrendas palabras parecían
salir por una trompa resonante,
y que los yertos labios no movían.
Si quieres que tu dios, io rey! levante
la rigurosa diestra, dijo, mira
el medio que será solo bastante.

Isabela, oyendo decir al rey que la muerte de Muley está decretada, se ofrece a morir por su amante, lo cual sólo sirve de irritar la cólera del rey, que la manda llevar a una prisión. La infanta Aja sale a decir en un soliloquio que está enamorada de Muley, a quien el rey su hermano va a quitar la vida. Llega Adulce, y ella reconociendo cuán ingrata ha sido a su amor, le pide que liberte a Muley del peligro que le amenaza, y Adulce promete complacerla. Jornada tercera. El viejo Audalla, despreciado de Isabela, acelera su muerte y la de Muley: la hoguera en que han de ser quemados está ya dispuesta, ella le pide que le permita ver a sus padres y a su hermana: Audalla se lo concede, y se descubren tres cadáveres, que son los de Lamberto, Engracia y Ana, sobre los cuales hace Isabela extremos de dolor. Aja, desde un aposento de las torres del alcázar, descubre a lo lejos el lugar del suplicio y el gentío que acude a ver morir a Muley e Isabela: todavía espera que Adulce cumplirá su palabra, pero sobreviene un nuncio y lo refiere la muerte de los amantes. Aja desesperada premedita matar al rey. Azan y Zancala se cuentan el uno al otro la muerte de Audalla por haber sabido el rey que estaba enamorado de Isabela: Azan descubre la cabeza de Audalla destinada a ser pasto de los lebreles: Aja sale por un lado con un puñal y una luz en los manos, y por otra parte Selin, que le refiere como su señor Adulce acaba de matarse, no habiéndose atrevido a ser ingrato a los beneficios del rey, ni volver a la presencia de Aja sin haber cumplido lo que le prometió. Dicho esto presenta la cabeza de Adulce para que no dude la infanta de que su relación es verdadera: ella en cambio le cuenta que acaba de matar a puñaladas a su hermano el rey y que está resuelta a morir, para lo cual ruega a Selin que se encargue de ejecutarlo; pero al ver que de ninguna manera quiere prestarse a ello, corre precipitada y se tira desde lo alto de una torre a un profundo estanque. Aparécese glorioso el espíritu de Isabela: dice que ha renacido como el fénix, y pide aplauso.

Carece esta fábula de unidad, sencillez, distribución y verosimilitud, y por consecuencia de interés. El rey, Audalla y Muley enamorados de Isabela; Aja e Isabela enamoradas de Muley; Adulce enamorado de Aja, complican y embrollan la acción: ni el suplicio, ni la hoguera, ni tres cadáveres y dos cabezas sangrientas en el teatro, ni el furor recíproco de morir y matar que reina en todo el drama, son medios suficientes a producir la compasión trágica: sólo pueden excitar el repugnante hastío del horror. Algunas escenas están muy bien escritas, pero en composiciones de esta naturaleza el lenguaje castizo, el estilo elegante, la versificación fluida y numerosa, aunque son partes muy necesarias, no son las únicas.

Tragedia La Alejandra

162. Tragedia La Alejandra. La escribió el autor en verso suelto, quintillas, tercetos, cuartetas y octavas. La Tragedia hace el prólogo. Los antecedentes de la acción son estos. Acoreo, capitán de Tolomeo, rey de Egipto, se rebeló contra su señor, le mató y se apoderó del reino: pudo escapar felizmente del estrago el niño Orodante, hijo de Tolomeo, a quien crió Rémulo, y llegado a edad juvenil le introdujo en palacio y le hizo copero de Acoreo: éste habiendo hecho morir a su primera esposa, se casó con Alejandra, mujer dotada de singular hermosura,

de oscura familia y depravadas costumbres. Lupercio, íntimo privado de Acerco y esclarecido capitán, adquirió gran poder en el reino: Alejandra estaba enamorada de él, pero Lupercio despreciaba su amor por el de la princesa Sila, hija de Acoreo y de su primera esposa. Jornada primera. Rémulo y Ostilo se proponen hacer caer a Lupercio de la gracia en que está: Alejandra le solicita, él se resiste, ella le acosa, y sólo la fuga puede salvarle de las instancias poco decentes de la reina. Ostilo y Rémulo declaran al joven Orodante su nacimiento ilustre con todas las circunstancias de la muerte de Tolomeo su padre, cuya camisa ensangrentada le presentan: Orodante jura venganza y dice:

Por, bandera real, por estandarte
llevar quiero contino esta camisa.

Jornada segunda. Ostilo y Orodante hablan de concierto a Acoreo: el primero le hace creer que Lupercio junta sus parciales para rebelarse y quitarle la corona: el segundo le dice que Alejandra le ha encargado que cuando sirva la copa le dé un veneno en ella: Rémulo confirma a Acoreo cuanto los otros le han dicho. Lupercio va a entrar al cuarto del rey y le detienen a la puerta, le hacen entregar la espada y le atan las manos con un cordel. Sale Acoreo, le habla sañudo y manda a los guardias que se le quiten de allí: luego que se recitan diez versos de ocho sílabas viene el nuncio refiriendo la muerte de Lupercio, con tales circunstancias que para verificarse hubieran sido menester muchas horas: allí traen la cabeza y los cuartos de Lupercio envueltos en un paño y la sangre en un cangilón. Hace Acoreo que llamen a Alejandra, y luego que viene le dice que ha tenido sueños terribles, y que acaba de sacrificar un toro a los dioses para tenerlos propicios: dicho esto, le hace que se lave las manos en la sangre que contiene el barreño: alzan el paño y reconoce Alejandra la cabeza de Lupercio juntamente con el cuerpo hecho tajadas. Vase Acoreo y envía a Orilo su criado con un puñal, un cordel y una ponzoña para que Alejandra escoja lo que más le convenga: toma el veneno y se lo bebe: Orilo avisa a Acoreo que viene inmediatamente para ver morir a la reina: ella le dice mil injurias, se parte la lengua con los dientes, se la escupe al rostro y muere. Suena rumor de guerra: Orilo cuenta al rey que Ostilo y Rémulo han amotinado al pueblo: Acoreo se dispone a la defensa: aparécesele el alma de Tolomeo y lo anuncia próxima muerte. Jornada tercera. Sitiado Acerco en el castillo degüella con su espada a vista del auditorio unos niños (no se sabe cuantos) hijos de los principales ciudadanos de Menfis, y tira las cabezas a los sitiadores. Dado el asalto se rinde el castillo: Orilo y Fabio matan a Acoreo y llevan la cabeza a Orodante, el cual los manda morir por traidores. La princesa Sila se asoma a una torre: Orodante le dice desde abajo que está enamorado de ella, y le ruega que le admita por esposo: Sila le dice que suba: él va en erecto lleno de dulces esperanzas, y cuando llega a abrazarla, cae muerto a puñaladas por ella: hecho esto y viendo la princesa que los parciales de Orodante van subiendo a la torre y que no le quedan medios para la fuga, se precipita de la torre abajo. La Tragedia vuelve a presentarse: recuerda a los espectadores la moralidad de la fábula y pide aplauso.

Esta pieza es aun peor que la antecedente, porque a la irregularidad de su plan y a la inverosimilitud de sus atroces caracteres y situaciones, se añade mayor desaliño en el estilo y en los versos: tan mala es, que Lampillas no se atrevió a disculparla en su Ensayo apologético, no obstante haber aplicado todo su ingenio sofístico a defender los desaciertos de la Isabela. Sedano y Signorelli hablaron con imparcialidad de estas dos piezas en el Parnaso español y en la Historia de los teatros.

Tragedia La Filis

163. Tragedia La Filis. No ha visto la luz pública todavía: si llegase a parecer serio de desear hallarla menos imperfecta que las otras dos, y más digna de los elogios que a todas tres prodigó Cervantes.

Lupercio Leonardo de Argensola nació en Barbastro de noble familia en el año de 1565: estudió juntamente con su hermano Bartolomé, y en sus obras líricas manifestó su mucho talento, su erudición y delicado gusto. Fue secretario de la emperatriz María de Austria, gentilhombre de cámara del archiduque Alberto, y coronista de Aragón. Pasó a Nápoles con su familia y su hermano, sirviendo al lado de don Pedro Fernández de Castro, conde de Lemos, la secretaria de estado y guerra de aquel virreinato: allí murió en el año de 1613. Sus composiciones poéticas corren impresas con las de Bartolomé, y unas y otras son de lo mejor que han producido las musas españolas. Tenía veinte años cuando en el de 1585 se representaron en Zaragoza y en Madrid las tragedias de que se ha hecho mención, pero no se imprimieron entonces. Sedano, en la citada colección de El Parnaso español, tomo VI, da más larga noticia de la vida y circunstancias de este poeta, y a él se debe la publicación de la Isabela y la Alejandra, que hasta su tiempo estuvieron desconocidas.

1586
Comedia de la Amarante o la de Mayo

164. Miguel de Cervantes Saavedra. Comedia de la Amarante o la de Mayo. Es una de las veinte o treinta comedias que compuso el autor antes del año de 1588.

Comedia de El Bosque amoroso

Comedia de El Bosque amoroso. Pertenece a la misma época, y sólo nos ha quedado la noticia de su título.

1587
Comedia de la única y bizarra Arsinda

166. Comedia de la única y bizarra Arsinda. Nada se sabe tampoco acerca de esta comedia. Cervantes hizo mención de ella como de las otras.

Comedia La Confusa

167. Comedia La Confusa. De esta comedia dijo su autor que podía tener lugar por buena entre las mejores de capa y espada que hasta entonces se habían representado, y en otra parte dijo también hablando de sí:

Soy por quien la Confusa, nada fea,
pareció en los teatros admirable,
si esto a su fama es justo que se crea.

Tales elogios (aunque en boca del mismo autor) hacen muy probable que si no era una composición excelente, sería a lo menos la mejor de todas las comedias que dio al teatro. Las que imprimió en el año de 1615 no pertenecen al presente catálogo.

Miguel de Cervantes Saavedra nació en Alcalá de Henares en el año de 1547, y murió en Madrid en el de 1616: estudiante en la corte, soldado en Lepanto, cautivo en las prisiones de Argel, soldado otra vez en Portugal y en las Islas Azores; papelista, recaudador, pretendiente desatendido, escritor ingenioso, ameno y elegante, en una palabra, autor del Quijote; vivió en habitual pobreza, y lleno de años, de achaques, de obligaciones, de pundonor y de justos resentimientos, dejó muriendo a su patria ingratísima una acusación de que no han podido sincerarla los esfuerzos tardíos con que la posteridad ha querido honrar su memoria. En el siglo anterior se ocuparon en reunir y publicar las noticias de su vida algunos beneméritos literatos, y entre ellos Mayans, Ríos y Pellicer. Después de ellos don Martín Fernández de Navarrete ha dado a luz con el auxilio de nuevos documentos la vida de aquel célebre novelista, obra de mucha erudición, que ha merecido justamente el aprecio de los aficionados al estudio de nuestra historia literaria, y de cuantos admiran el ingenio y los escritos del inmortal Cervantes.

Tragedia. La honra de Dido restaurada

168. Gabriel Laso de la Vega. Tragedia. La honra de Dido restaurada. Se infiere por el título que el autor, siguiendo el ejemplo de Virués, se atuvo a la historia comúnmente recibida de aquella reina, apartándose de la ficción de Virgilio.

Tragedia de la Destrucción de Constantinopla

169. Tragedia de la Destrucción de Constantinopla. No he visto esta pieza ni la anterior. Montiano dio noticias de entrambas: se imprimieron en Alcalá de Henares, año de 1587, en una colección intitulada: Romancero de Gabriel Laso de la Vega.
Poca noticia se conserva de este autor: sólo se sabe por lo que dice don Nicolás Antonio en su Biblioteca, que fue natural de Madrid, que además del libro citado ya, publicó un poema épico, intitulado Cortés valeroso o la Mexicana, y que también escribió otras obras elocuentes e históricas, de las cuales la mayor parte quedó manuscrita.
«Entró luego el monstruo de naturaleza, el gran Lope de Vega, y alzose con la monarquía cómica, avasalló y puso debajo de su jurisdicción a todos los farsantes: llenó el mundo de comedias propias, felices y bien razonadas... y si algunos (que hay muchos) han querido entrar a la parte y gloria de sus trabajos, todos juntos no llegan en lo que han escrito a la mitad de lo que él solo». (Cervantes)

PARTE SEGUNDA

Rodrigo de Cota

Diálogo

Obra de Rodrigo Cota a manera de diálogo entre el Amor y un Viejo, que escarmentado de él, muy retraído se figura en una huerta seca y destruida, do la casa del placer derribada se muestra, cerrada la puerta en una pobrecilla choza metido, al que súbitamente pareció el Amor con sus ministros, y aquel humildemente procediendo, y el Viejo en áspera manera replicando, van discurriendo por su fabla, fasta que el Viejo del Amor fue vencido.

Viejo	Cerrada estaba mi puerta:	
	¿A qué vienes, por do entraste?	
	Dí, ladrón, ¿por qué saltaste	
	las paredes de mi huerta?	
	La edad y la razón	5
	ya de ti me han libertado	
	deja el pobre corazón	
	retraído en su rincón	
	contemplar cual le has parado.	
	La beldad de este jardín	10
	ya no temo que la halles,	
	ni las ordenadas calles,	
	ni los muros de jazmín,	
	ni los arroyos corrientes	
	de vivas aguas potables,	15
	ni las albercas y fuentes,	
	ni las aves producientes	
	los cantos tan consolables.	
	Ya la casa se deshizo	
	de sotil labor extraña,	20
	y tornose esta cabaña	
	de cañuelas de carrizo.	
	De los frutos hice truecos	
	por escaparme de ti,	
	por aquellos troncos secos,	25

carcomidos, todos huecos,
que parecen cerca mí.
Salí del huerto, miserable,
ve a buscar dulce floresta,
que tú no puedes en esta   30
hacer vida deleitable.
Ni tú ni tus servidores
podéis bien estar conmigo;
que aunque estén llenos de flores,
yo sé bien cuantos dolores   35
ellos traen siempre consigo.

Amor   En tu habla representas
              que no me has bien conocido.

Viejo   Sí, que no tengo en olvido
              como hieres y atormentas,   40

Amor   Escucha, padre, señor,
              que por mal trocaré bienes,
              por ultrajes y desdenes
              quiero darte grande honor:
              a ti, que estás más dispuesto   45
              para me contradecir;
              así tengo presupuesto,
              de sufrir tu duro gesto,
              porque sufras mi servir.

Viejo   Habla ya, di tus razones,   50
              di tus enconados quejos,
              pero dímelos de lejos,
              el aire no me inficiones;
              que según sé de tus nuevas,
              si te llegas cerca mí,   55
              tú harás tan dulces pruebas,
              que el ultrajo que hora llevas
              ese lleve yo de ti.

Amor

Comúnmente todavía
han los viejos un vecino,   60
enconado, muy malino,
gobernado en sangre fría
llámase melanconía
amarga conversación
quien por tal extremo guía   65
ciertamente se desvía
lejos de mi condición.
Mas después que te he sentido
que me quieres dar audiencia,
de mi miedo muy vencido,   70
culpado, despavorido,
se partió de tu presencia.
Este moraba contigo
en el tiempo que me viste,
y por esto te encendiste   75
en rigor tanto conmigo.
Donde mora este maldito
no jamás hay alegría,
ni honor, ni cortesía,
ni ningún buen apetito;   80
pero donde yo me llego
todo mal y pena quito,
de los hielos saco fuego,
y a los viejos meto en juego,
y a los muertos resucito.   85
Yo compongo las canciones,
yo la música suave,
yo demuestro al que no sabe
las sotiles invenciones:
yo fago volar mis llamas   90
por lo bueno y por lo malo,
yo hago servir las damas,
yo las perfumadas camas,
golosinas y regalo.
Visito los pobrecillos,   95
huello las casas reales,

de los senos virginales
sé yo bien los rinconcillos:
mis pihuelas y mis lonjas
a los religiosos atan: 100
no lo tomes por lisonjas,
sino ve, mira las monjas,
verás cuan dulce me tratan.
Yo hago las rugas viejas
dejar el rostro estirado,   105
y sé como el enero atado
se tiene tras las orejas,
y el arte de los ungüentes
que para esto aprovecha:
sé dar cejas en las frentes,   110
contrahago nuevos dientes
do natura los desecha.
Yo las aguas y lejías
para los cabellos rojos,
aprieto los miembros flojos,   115
y do carne en las encías:
a la habla tremulenta,
turbada por senectud,
yo la hago tan esenta,
que su tono representa   120
la forma de juventud.
En el aire mis espuelas
fieren a todas las aves,
y en los muy hondos concaves
las reptillas pequeñuelas.   125
Toda bestia de la tierra
y pescado de la mar
so mi gran poder se encierra,
sin poderse de mi guerra
con sus fuerzas amparar.   130
Pues que ves que mi poder
tan luengamente se extiende
do ninguno se defiende
no le pienses defender,

y a quien a buena ventura   135
tienen todos de seguir,
recibe, pries que procura
no hacerte desmesura,
mas de muerto revivir.

Viejo   Maestra lengua de engaños,   140
pregonero de tus bienes,
dime agora, ¿por qué tienes
so silencio tantos daños?
Que aunque más doblado seas
y más pintes tu deleite   145
estas cosas do te arreas
son deformes caras reas,
encubiertas del afeite.
Y como te glorificas
en tus deleitosas obras,   150
¿porqué callas las zozobras
do lo vivo mortificas?
Di, maldito; ¿por qué quieres
encubrir tal enemiga?
Sábete que sé quien eres,   155
y si tú no lo dijeres
que está aquí quien te lo diga.
El libre haces cautivo,
al alegre mucha triste,
do ningún pesar consiste   160
pones modo pensativo:
tú ensuciaste muchas camas
con aguda llama fuerte,
tú mancillas muchas famas,
y tú haces con tus llamas   165
mil veces pedir la muerte.
Tú hallas las tristes yerbas
y tú los tristes potajes,
tú mestizas los linajes,
tú limpieza no conservas,   170
tú doctrinas de malicia,

tú quebrantas lealtad,
tú con tu carnal cobdicia
tú vas contra pudicicia
sin freno de honestidad.   175
Tú nos metes en bollicio,
tú nos quitas el sosiego,
tú con tu sentido ciego
pones alas en el vicio.
Tú destruyes la salud,   180
tú rematas el saber,
tú haces en senectud
la hacienda y la virtud
y el autoridad caer.

Amor   No me trates mas, señor,   185
en contino vituperio,
que si oyeres mi misterio
convertirlo has en loor.
Verdad es que inconveniente
alguno suelo causar,   190
porque de el amor la gente
entre frío y muy ardiente
no saben medio tomar.
Razón es muy conocida
que las cosas más amadas   195
con afán son alcanzadas
y trabajo en esta vida.
La más deleitosa obra
que en este mundo se cree
es do más trabajo sobra,   200
que lo que sin él se cobra
sin deleite se posee.
Siempre uso de esta astucia
para ser más conservado,
que con bien y mal mezclado   205
pongo en mí mayor acucia;
y revuelto allí un poquito
con sabor de algún rigor

el deseo más incito,
que amortigua el apetito   210
el dulzor sobre dulzor.
Por ende si con dulzura
me quieres obedecer,
yo haré reconoscer
en ti muy nueva frescura: 215
ponerte he en el corazón
éste mi vivo alborozo,
serás en esta ocasión
de la misma condición
que eras cuando lindo mozo.   220
De verdura muy gentil
tu huerta renovaré,
la casa fabricaré
de obra rica y sotil,
sanaré las plantas secas   225
quemadas por los friores
en muy gran simpleza pecas,
viejo triste, si no truceas
tus espinas por mis flores.

Viejo   Allégate un poco más: 230
                 tienes tan lindas razones,
                 Que sufrirte he que me encones
                 por la gloria que me das.
                 Los tus dichos alcahuetes,
                 con verdad o con engaño,   235
                 en el alma me los metes
                 por lo dulce que prometes
                 de esperar en todo el año.

Amor   Abracémonos entramos
                 desnudos, sin otro medio,   240
                 sentirás en ti remedio
                 y en tu huerta frescos ramos.

Viejo   Vente a mí, mi dulce Amor,

vente a mis brazos abiertos:
Ves aquí tu servidor   245
hecho siervo de señor
sin tener tus dones ciertos.

Amor   Hete aquí bien abrazado:
            dime, ¿qué sientes agora?

Viejo   Siento rabia matadora,   250
            placer lleno de cuidado,
            siento fuego muy crescido,
            siento mal y no lo veo,
            sin rotura estoy herido
            no te quiero ver partido,   255
            ni apartado te deseo.

Amor   Agora verás, don Viejo,
            conservar la fama casta:
            aquí te veré do basta
            tu saber y tu consejo.   260
            Porque con soberbia y riña
            me diste contradicción,
            seguirás estrecha liña
            en amores de una niña
            de muy duro corazón.   265
            Amarás más que Macías,
            hallarás esquividad,
            sentirás las plagas mías,
            feneciendo viejos días
            en ciega cautividad.   270
            Viejo triste entro los viejos
            que de amores te atormentas,
            mira como tus artejos
            parecen sartas de cuentas,
            y las uñas tan crescidas,   275
            y los pies llenos de callos,
            y tus carnes consumidas,
            y tus piernas encogidas

cuales son para caballos.
Amargo viejo, denuesto   280
de la humana natura,
¿tú no miras tu figura
y vergüenza de tu gesto?
¿Y no ves la ligereza
que tienes para escalar?   285
¡Qué donaire y gentileza!
¡Y qué fuerza y qué destreza
la tuya para justar!
¡Quién te viese entremetido
en cosas dulces de amores,   290
y venirte los dolores
y atravesarse el gemido!
Depravado y obstinado,
deseoso de pecar:
mira, malaventurado,   295
que te deja a ti el pecado,
tú no le quieres dejar.

Viejo   Pues en ti tuve esperanza
               tú perdona mi pecar:
               gran linaje de venganza   300
               es las culpas perdonar,
               si de el precio de el vencido
               de el que vence es el honor,
               yo de ti tan combatido
               no seré flaco, caído,   305
               ni tú fuerte, vencedor.

JUAN DE LA ENCINA

Égloga

Representada en la noche postrera de carnal (que dicen de antruejo, o carnestolendas) adonde se introducen cuatro pastores llamados Beneito y Bras, Pedruelo y Lloriente: y primero Beneito entró en la sala, donde el Duque y Duquesa estaban, y comenzó mucho a dolerse y acuitarse, porque se sonaba que el Duque su señor se había de partir a la guerra de Francia, y luego tras él entró el que llamaban Bras, preguntándole la causa de su dolor, y después llamaron a Pedruelo, el cual les dio nuevas de paz, y en fin vino Lloriente, que les ayudó a cantar.

Beneito	¡Oh triste de mí, cuitado,	
	Lacerado!	
	Noramala acá nací:	
	¿Qué será, triste de mí,	
	desdichado?	5
	Ya no hay hucia, mal pecado.	
Bras	¡Ha! Beneito del Collado.	
	¿Dónde vas?	
Beneito	Miefé, miefé, miefé, Bras,	
	de muerte voy debrocado.	10
Bras	Debrocado ya y mortal.	
Beneito	E aun bien tal.	
Bras	En mal hora y en mal punto:	
	Dome a Dios que estás difunto.	
Beneito	¡Ay! zagal,	15
	no sabes aun bien mi mal.	
Bras	Tu gesta bien da señal	
	de muy malo.	

| Beneito | Ya más seco estoy que un palo, | |
| | que es mi mal más desigual. | 20 |

| Bras | ¿E de qué se te achacó? | |

| Beneito | No faltó: | |
| | de cuido, grima y cordojo. | |

| Bras | Asmo que debe ser ojo. | |

| Beneito | Miefé, no: | 25 |
| | dese mal no peco yo. | |

| Bras | ¿Desde cuándo te tomó | |
| | tu accidente? | |

Beneito	Desde que primeramente	
	una nueva se sonó.	30
	E tal nueva descutir	
	es morir.	
	Yo siempre llanteo y cramo	
	que se suena que nuestramo	
	se quiere a las Francias ir.	35

Bras	Eso yo lo oí decir	
	por muy cierto,	
	antes mucho de mes muerto,	
	e que el marzo ha de partir.	

Beneito	Dime, Bras, ¿qué sentiremos	40
	si lo vemos,	
	que se parte y que nos deja?	
	Cuando un poco que se aleja	
	ya creemos	
	que del todo nos perdemos.	45

| Bras | Miefé, Beneito, roguemos | |

por su vida,
que forzada es la partida,
por más que nos quillotremos.

Beneito   ¡Ah!, no praga a Dios contigo,   50
e aun conmigo,
Si has de salir verdadero.

Bras   ¿E tú dudas, compañero?
Yo me obrigo
ser verdad lo que te digo.   55

Beneito   ¡Ay de mí! Tan sin abrigo
mi ganado,
no quiere pacer bocado,
aunque lo lance en el trigo.

Bras   ¡Oh qué casta tan aguda   60
la res muda
sentir el mal de su dueño!

Beneito   Mi ganado en verme el ceño
se demuda
como persona sesuda.   65

Bras   Beneito, no pongo duda,
que bien siento
que sentirás gran tormento
en quillotranza tan cruda.

Beneito   Tan cruda dices, y cuanto   70
yo me espanto
como no soy muerto ya.
En pensar que se nos va
ya no canto:
Mi cantar es todo llanto.   75

Bras   Júrote a sant Pedro santo

que lo creo:
Tan deslumbrado te veo
que pones gran quebranto.

Beneito   Quebranto malo nos vino   80
       ¡Ay!, mezquino.

Bras   ¡Oh cuán desalmado sos!
       Roguemos por él a Dios
       de contino,
       porque lleve buen camino: 85
       que dome a Dios que magino,
       si él va allá,
       que muy gran vitoria habrá,
       que es muy diestro y de gran tino.

Beneito   Eso yo te lo aseguro,   90
       e aun te juro
       donde fuere su pendón,
       que no falte corazón
       huerte y duro,
       cual es fortaleza y muro.   95

Bras   E aun con eso, no me curo
       que se vaya
       donde gran vitoria traya
       por su gran esfuerzo puro.
       E aun ahotas quel concierte   100
       de tal suerte
       la gente de su rebaño,
       que en las Francias haga daño
       donde acierte
       no es menester otra muerte.   105
       Digo hey,
       tiene gran cariño al rey,
       e el rey le quiere muy huerte.
       E por él se nos destierra
       a la guerra;   110

Allá volará su fama.

Beneito   Acá quedará nuestrama
             en esta tierra,
             donde todo el bien se encierra.

Bras   Asmo que en toda la sierra   115
             hasta agora
             nunca se vio tal señora.

Beneito   Quien eso no cree yerra.

Bras   Miefé yerra, y aun te digo
             como amigo,   120
             que de lo que mas me pesa,
             de nuestrama la duquesa,
             que me obrigo
             que sienta gran desabrigo.

Beneito   ¡Ah! No pese a sant Rodrigo,   125
             que con eso
             ya no tengo solo un hueso
             que tengo salud conmigo.
             Todo, todo me desnuelo
             con gran duelo,   130
             trasijado de cordojos
             hago laguna mis ojos
             sin consuelo:
             Llanteando me desvelo,
             allastrado por el suelo   135
             de pesar,
             no me puedo levantar
             a poder hacer un pelo,

Bras   Calla, calla, dolorido,
             pan perdido: 140
             hucia en Dios que no se irá
             Pedruelo nos lo dirá,

| | si es venido, | |
| | que hoy al mercado era ido. | |

Beneito	Por amor de Dios te pido	145
	anda, Bras,	
	llámale, corre, verás	
	cual habrá nuevas oído.	

Bras	Que me prace, juro a mí.	
	Guarda aquí.	150
	¡Ah! Pedruelo, ¿estás acá?	

| Pedruelo | Acá estoy: asmo que ha. | |

| Bras | ¿Ques de ti? | |
| | Fuistete, que no te vi. | |

| Pedruelo | Pues bien tarde me partí | 155 |
| | del ganado. | |

| Bras | ¿Hoy ha sido buen mercado | |

| Pedruelo | Bueno, miefé, pues vendí. | |

| Bras | ¿Qué llevabas de vender? | |
| | Ora ver. | 160 |

Pedruelo	Tres gallos y dos gallinas:	
	Traje puerros y sardinas	
	por comer	
	el domingo a mi prazer.	

Bras	Tal estaba	165
	que no se me percordaba	
	la cuaresma que ha de ser.	

| Beneito | Así te vea logrado; | |
| | pues que vienes del mercado, | |

| | tú me da | 170 |
| | de las nuevas que hay allá. | |

Pedruelo   Miefé, dicen que estará,
                   si a Dios praz,
                   ya Castilla y Francia en paz,
                   que ninguna guerra habrá.   175

Beneito   ¿No habrá guerra? Di, mozuelo,
                   di, Pedruelo.

Pedruelo   No, que Dios anda en medio,
                   e él quiere enviar remedio
                   desde el cielo.   180
                   No tengas ningún rescelo,
                   toma, toma gran consuelo
                   que te prega.

Beneito   Yo te mando una borrega
                   de las que andan al majuelo: 185
                   Pues me das nueva tan buena,
                   por estrena
                   te la mando, si no mientes.

Pedruelo   Dícenlo todas las gentes:
                   Ya se suena,   190
                   toda la villa está llena.

Beneito   Hasme dado buena cena:
                   Buenos ramos
                   habremos con nuestros amos
                   si Dios las paces ordena.   195

Pedruelo   Yo lo doy por ordenado,
                   Dios loado.

Beneito   Loado sea Jesú,
                   ruega, ruégaselo tú

	con cuidado,	200
	que eres zagal sin pecado.	
	Da cramor acelerado	
	con hemencia.	

| Pedruelo | ¡Oh señor! por la cremencia | |
| | danos tiempo paciguado. | 205 |

Bras	Todos, todos nos juntemos	
	y cramemos	
	al Señor muy reciamente.	

| Beneito | Ves, allí viene Lloriente. | |

| Pedruelo | Comencemos. | 210 |

| Bras | No comiences, esperemos: | |
| | Ven, Lloriente, cantaremos. | |

| Lloriente | Que me praz. | |

| Beneito | Roguemos a Dios por paz. | |

| Lloriente | Miefé, Beneito, roguemos. | 215 |

(Villancico.)

Roguemos a Dios por paz,
pues que de él solo se espera,
quél es la paz verdadera.
El que vino desde el cielo
a ser la paz en la tierra,   220
él quiera ser desta guerra
nuestra paz en este suelo.
Él nos dé paz y consuelo,
pues que dél solo se espera,
quél es la paz verdadera.   225
Mucha paz nos quiera dar
el que a los cielos da gloria,

él nos quiera dar vitoria
si es forzado guerrear;
mas si se puede excusar,   230
dénos paz muy placentera,
quél es la paz verdadera.
Si guerras forzadas son,
él nos dé tanta ganancia,
que a la flor de lis de Francia   235
la venza nuestro león;
mas por justa petición
pidámosle paz entera,
quél es la paz verdadera.

[JUAN DE LA ENCINA]

Égloga

Representada en recuesta de unos amores, adonde se introduce una pastorcita llamada Pascuala, que yendo cantando con su ganado entró en la sala adonde el Duque y Duquesa estaban, y luego después de ella entró un pastor llamado Mingo, y comenzó a requerilla, y estando en su recuesta, llegó un escudero que también fue preso de sus amores. Recuestando y altercando el uno con el otro, se la sonsacó y se torno pastor por ella.

Mingo	Pascuala, Dios te mantenga.	
Pascuala	Norabuena vengas, Mingo. ¿Hoy que es día de domingo no estás con tu esposa Menga?	
Mingo	No hay quien allá me detenga que el cariño que te tengo me pone un quejo tan luengo que me acosa que me venga.	5
Pascuala	¡Eh! No praga a Dios contigo, e aun con tu esposa Menguilla: ¿Cómo dejas tu esposilla por venirte acá conmigo?	10
Mingo	Soncas, soncas, ¿no te digo que eres zagala tan bella que te quiero más que a ella? Dios lo sabe ques testigo.	15
Pascuala	Miefé, Mingo, no te creo que de mí estés namorado: pues eres ya desposado, tu querer no lo deseo.	20
Mingo	¡Ay Pascuala! Que te veo	

tan lozana y tan garrida,
que yo te juro a mi vida
que deslumbra si te oleco.
E porque eres tan hermosa   25
te quiero: mira, verás,
quiéreme, quiéreme más,
pues por ti dejo a mi esposa;
e torna, toma esta rosa
que para ti la cogí,   30
aunque no curas de mí,
ni por mí se te da cosa.

Pascuala   ¡Oh qué chapados olores!
Mingo, Dios te dé salud,
e goces la juventud   35
mas que todos los pastores.

Mingo   E tú dasme mill dolores:
Dame, dame una manija,
o siquiera esa sortija
que traya por tus amores.   40

Pascuala   Tirte, tirte allá, Minguillo,
no te quillotres de vero,
hete viene un escudero,
vea que eres pastorcillo;
sacude tu caramillo,   45
e tu hondijo y tu cavado;
haz que aballas el ganado,
Silva, hurria, da gritillo.

Escudero   Pastora, sálvete Dios.

Pastora   Dios os dé, señor, buen día.   50

Escudero   Guarde Dios tu galanía.

Pastora   Escudero, así haga a vos.

Escudero	Tienes más gala que dos de las de mayor beldad.	
Pastora	Esos que sois de cibdad perchufais huerte de nos.	55
Escudero	Deso no tengas temor, por mi vida, pastorcica, que te hago presto rica si quieres tener mi amor.	60
Pastora	Esas trónicas, señor, allá para las de villa.	
Escudero	Vente conmigo, carilla, deja, deja ese pastor. Déjale, que Dios te vala, no te pene su penar, que no te sabe tratar según requiere tu gala.	65
Mingo	Estate queda, Pascuala, no te engañe ese traidor palaciego, burlador, que ha burlado otra zagala.	70
Escudero	Hideputa, avillanado, grosero, lanudo, brusco.	
Mingo	¡Ah! No praga Dios con vuseo, porque venís muy pendado.	75
Escudero	Cura allá de tu ganado, calla, si quieres, matiego.	
Mingo	Porque sois muy palaciego presumís de corcovado:	80

¿Cuidáis que los aldeanos
no sabemos quebrajarnos?
No penséis de sobajarnos
esos que sois ciudadanos,
que también tenemos manos   85
y lengua para dar motes,
como aquesos hidalgotes
que presumís de lozanos.
Anda acá, Pascuala, vamos,
no paremos, que es ya tarde.   90

Escudero   Por vida de quien... Aguarde
                        porque más nos entendamos.

Pascuala   Espera, Mingo, veamos.

Escudero   ¡Oh bendita tal zagala!
                        Yo te doy mi fe, Pascuala,   95
                        que no nos desavengamos.
                        Pénasme por solo verte
                        y con tu vista me aquejas,
                        si tú te vas y me dejas
                        muy presto verás mi muerte: 100
                        No me trates de tal suerte,
                        pues que yo te quiero tanto.

Mingo   Júrote a sant Junco santo
                        que la quiero yo más huerte.

Escudero   ¿Qué aprovecha tu querer,   105
                        que no tienes que le dar?
                        Que la fe y el bien amar
                        en las obras se ha de ver.

Mingo   Yo te juro a mi poder
                        que le dé yo mil cosicas,   110
                        que aunque no sean muy rica,
                        serán de bell parecer.

Escudero   Dime, pastor, por tu fe,
                  ¿qué es lo que tú le darás,
                  o con qué la servirás?   115

Mingo   Con dos mill cosas que sé.
                  Yo, mi fe, la serviré
                  con tañer, cantar, bailar,
                  con saltar, correr, luchar,
                  y mill donas le daré.   120
                  Daréle buenos anillos,
                  cercillos, sartas de prata,
                  buen zueco, buena zapata,
                  e manguitos amarillos;
                  manto, saya, sobresaya   125
                  y alfardas con sus orillas,
                  almendrillas y manillas,
                  para que por mí las traya.
                  Y frutas de mill maneras
                  le daré desas montañas,   130
                  nueces, bellotas, castañas,
                  manzanas, priscos y peras;
                  dos mill yerbas comederas,
                  cornezuelos, botiginas,
                  pies de burro, zapatinas,   135
                  y gavanzas y acederas.
                  Y aun darele pajarillas,
                  codornices y zorzales,
                  gergueritos y pardales,
                  pegas, tordos, tortolillas.   140
                  ¿Cómo no te maravillas?

Escudero   Calla, calla, que es grosero
                  todo cuanto tú le das
                  yo le daré más y más,
                  porque mas que tú la quiero.   145

Mingo   Miefé, señor escudero,

ella diga quién le agrada,
y de aquel sea adamada,
aunque yo la amé primero.

Escudero   Pláceme que sea así,   150
                     pues que quieres que así sea;
                     y luego, luego se vea
                     antes que vamos de aquí:
                     e tú mesmo se lo dí
                     porque después no te quejes;   155
                     mas cumple que me la dejes
                     si dice que quiere a mí.

Mingo   Así te mantenga Dios,
                     Pascuala, que tú nos digas,
                     e por la verdad te sigas,   160
                     a cual quieres más de nos.

Pascuala   Miefé, de vosotros dos,
                     Escudero, mi señor,
                     si os queréis tornar pastor
                     mucho más os quiero a vos.   165

Escudero   Soy contento y muy pagado
                     de ser pastor o vaquero:
                     pues me quieres y te quiero,
                     quiero cumplir tu mandado.

Pascuala   Mi zurrón y mi cayado   170
                     tomad luego por estrena.

Escudero   Venga, venga enhorabuena
                     y vamos luego al ganado.
                     Y tú, Mingo, no te espantes,
                     descordoja tu cordojo   175
                     aunque tengas gran enojo
                     ruégote que te levantes:
                     No te aquejes ni quebrantes,

pues que tan buen zagal eres,
seamos si tú quisieres,   180
amigos mejor que de antes.

Mingo   Mucho me pena esta llaga
                   cuando bien bien me percato
                   mas pues ya sois de este hato
                   buena pro, señor, os haga.   185
                   Ya muy poco espacio vaga:
                   quedad si queréis quedar,
                   que yo voy a repastar.

Escudero   Vamos todos, Dios te praga.

(Villancico.)

                   Repastemos el ganado: 190
                   hurriallá,
                   queda, queda, que se va.
                   Ya no es tiempo de majada,
                   ni de estar en zancadillas:
                   salen las siete cabrillas,   195
                   la media noche es pasada,
                   Viénese la madrugada:
                   hurriallá,
                   queda, queda, que se va.
                   Queda, queda acá el vezado,   200
                   helo va por aquel cerro:
                   arremete con el perro,
                   e arrójale tu cayado,
                   que anda tan desmandado:
                   hurriallá,   205
                   queda, queda, que se va.
                   Del ganado derreniego,
                   e aun de quien guarda tal hato,
                   que siquiera solo un rato
                   no quiere estar en sosiego,   210
                   aunque pese ora a sant Pego
                   hurriallá,

queda, queda, que se va.

Anónimo

Égloga

Personajes

Torino
Benita
Guillardo
Illana
Quiral
Torino

Torino   ¡Oh grave dolor! ¡Oh mal sin medida!
¡Oh ansia rabiosa, mortal de sufrirse!
Ni puede callarse ni osa decirse
el daño que acaba del todo mi vida.
Mi pena no puede tenerse escondida,   5
la causa no sufre poder publicarse,
ni para decirse ni para callarse,
ni entrada se halla ni tiene salida.
Conténtate agora, amor engañoso,
pues todos tus fuegos con tanto furor   10
encienden y abrasan de un pobre pastor
sus tristes entrañas sin dalle reposo.
Bien te podrás llamar vitorioso
venciendo un vencido que quiso vencerse
de quien imposible le fue defenderse,   15
ni tú si la vieses serás poderoso.
¡Oh triste ganado que estás sin señor
a solas paciendo! Pues solo te dejo,
quejarte has de mí, también yo me quejo
del mal que sin culpa me hace el amor.   20
No plangas perder tan triste pastor,
de quien no esperabas ya buena pastura,
pues él ya no espera sino desventura;

déjale a solas pasar su dolor.
Agora reposo que solo me veo,   25
agora descanso enmedio mis males:
¡Oh lágrimas mías! ¡Oh ansias mortales!
¡Oh tristes sospiros con quien yo peleo!
La vida aborrezco, la muerte no veo,
que aun esa me niega su triste venir,   30
y trueca el matarme con darme el vivir,
por no complacer mi triste deseo.

(Guillardo, Torino.)

Guillardo   ¡Oh! Doilas a huego que juras tamañas,
                   como este pastor descubre que siente:
                   yo nunca vi en otro que estando doliente   35
                   díjese que se arden en él sus entrañas.
                   Yo creo que tiene heridas extrañas:
                   qué, ¿querrán del todo con yerbas matallo.
                   Quiero buscar quien venga a curallo,
                   si puedo hallarle por estas cabañas.   40
                   Quizá le ha mordido un perro dañado,
                   o cualque animal o lobo rabioso,
                   pues da tales vuelcos, ni tiene reposo,
                   y está de los ojos tan ciego y turbado.
                   No ve do los deja zurrón ni cayado,   45
                   vertida la yesca, quebrado el rabel.
                   ¿O es el demoño que anda con él?
                   ¿O cualque desastre que tiene el ganado?
                   ¡Oh! Dolo a dios y como no siente:
                   mayor es que sueño aqueste su mal.   50
                   Allí me parece que viene Quiral,
                   que le es gran amigo, y aun cabo pariente.
                   Quiero llamalle, zagal es valiente.
                   Oyes, Quiral, allégate acá.

(Quiral, Guillardo, Torino.)

Quiral   Miefé, Guillardo, yo ya me iba allá,   55 que bien ha buen rato que lo tengo en miente.

Guillardo   Pues yo te he llamado para hacerte ruego
                 que vengas a ver tu amigo Torino,
                 que aquí le he hallado tan fuera de tino,
                 que dice que se arde en llamas de fuego.   60

Quiral   Quizá habrá perdido o choto o borrego,
                 y está maldiciendo la res que le cría.

Guillardo   No es ese el mal, Quiral, que él decía:
                 mayor es el daño de que él está ciego.
                 ¡Oh! Sálvete Dios.

Torino   Vengáis norabuena.   65

Quiral   ¿Qué sientes, Torino, que gimes, tan huerte?

Torino   Siento, pastores, el mal de la muerte,
                 y ésta no llega por darme más pena:
                 pasión me combate, razón me condena,
                 dolor me fatiga, tristeza me aqueja,   70
                 querría sanar, querer no me deja,
                 los males son míos, la causa es ajena.

Quiral   ¿De qué desesperas? ¿Has algo sembrado
                 que piensas perdello, o quizá no nazca?
                 ¿O has miedo que falte lugar donde pazca   75
                 en estos egidos tu poco ganado?

Torino   No es ese, pastor, mi grave cuidado;
                 mas verme penado de muerte herido,
                 de mano de quien me tiene aborrido,
                 y así desespero de ser remediado.   80

Guillardo   Ahotas que pienso que tu mal oteo,
                 y dudo que creo que es mal de amorío
                 dale al demoño tan gran desvarío,

que mata la vida su solo deseo.

| Torino | Mayor es el daño, Quiral, que poseo: | 85 |

que en todos los males que sufro y consiento,
fallece esperanza y crece tormento,
y en todos los medios remedio no veo.
Guillardo, Guillardo, mi mal es que adoro
de amor a Benita, porque es mi señora: 90
mi vida la quiere, mi alma la adora,
y ella me trata peor que a un moro.

Guillardo   ¡Oh! Dome a Dios, ¿y agora lo ignoro?
Eso que dices querencia se llama
cuando algún zagal voz dice que ama: 95
ya yo lo sabía, mía fe, de coro.
Pues hela aquí viene la que así te mata
con otra zagala que se anda tras ella;
levanta, Torino, y vamos a ella
por bajo estas matas, pues no se da cata;   100
y pues que te quejas que ansina te trata,
abúrrela un tiro con este mi dardo.

Torino   ¡Ay! No plegue a Dios, amigo Guillardo,
Que yo la merezca tocar su zapata.

(Benita, Illana, Torino, Guillardo, Quiral.)

Benita   ¿Qué estáis ahí hablando a solas, pastores,   105
que así embebecidos estáis razonando?

Torino   Mis males, señora, estamos contando,
que vos los hacéis ser siempre mayores.

Benita   Torino, Torino, tú no te enamores
en parte do nunca se sientan tus males;   110
que busques y sirvas tus pares iguales,
y allí verás tarde alcanzar favores.

Torino   Mis ojos que han sido la puerta y escala
              por do la hermosura hirió con sus tiros,
              estos me han hecho, señora, serviros: 115
              lo que no merezco mi pena lo iguala.
              Si causa no tengo, razón no me vala,
              pues que yo no quiero que mi mal merezca,
              sino que queráis que yo le padezca,
              que tal intención por cierto no es mala   120
              y pues que virtud en todo os es guía,
              valer, merecer y mucha nobleza,
              no uséis conmigo de tanta crueza
              porque es imposible mudar mi porfía.
              Consejo no quiero, remedio querría   125
              de vos, mi señora, de quien yo le espero,
              en veros doler de verme que muero,
              y es vuestra la culpa, la pena es la mía.

Benita   A mí no me place tu mal por mi vida,
              así como dices según se te antoja: 130
              tu pena y servicio en todo me enoja,
              pues déjate de ello y tenerme has servida.
              A esto que digo razón me convida,
              y mi honestidad que da inconvenientes;
              que nunca yo mire el mal que tú sientes,   135
              porque aunque mas sea mi estado lo olvida.

Torino   Si tal fantasía me juzgan ser loca,
              más loco sería quien tal me juzgase,
              que si con mis ojos te viese y mirase
              vería que es justo mi vida ser poca;   140
              que no puede menos, señora, mi boca
              hacer que no diga del mal la ocasión,
              y aunque ella quisiese trocar la razón,
              el fuego de dentro la causa provoca.

Benita   Pues créeme, pastor, y haz lo que digo,   145
              y quédate a Dios con tu compañía.

Torino	Miefé, Benita, imposible sería,	
	que aunque aquí me dejas, voy contigo,	
	y tú aunque te vas, aquí estás conmigo,	
	que siempre en mis ojos tu figura está.	150
	Benita está aquí, Torino está allá:	
	si esto no crees la obra es testigo.	

(Torino, Quiral, Guillardo.)

Guillardo	Escucha, Quiral, yo nunca tal vi:	
	Benita se es ida, Illana con ella,	
	él se está aquí, diz que va con ella,	155
	la otra está allá, y diz que está aquí.	
	Dios me defienda y me libre de ti.	
	¿No eres Torino? Aquí te ha dejado.	

| Torino | Mi cuerpo dejó, mi alma ha llevado, | |
| | que estando con ella no parte de mí. | 160 |

Quiral	Que no morirás: ¿qué estás ahí diciendo?	
	Que amor aunque mate no acaba la vida,	
	y aunque su pena no tiene medida,	
	a aquel que más mata le deja viviendo.	

Torino	Yo eso que dices bien claro lo entiendo,	165
	porque esa razón es muy verdadera,	
	más es que morir, contino que muera,	
	penando en la vida, mil muertes sufriendo.	

Quiral	Mándeme Illana, pues que es tan hermosa,	
	que nunca la vea ni nunca la huya:	170
	si quiere matarme, ¿mi vida no es suya?	
	Y si ella la mata será venturosa.	
	¿Pues no te parece que es bien poderosa	
	Benita, que puede mandarte que mueras?	
	Pues sirve, Torino, que nunca debieras	175
	en toda tu vida hacer otra cosa.	

(Villancico.)

Nunca yo pensé que amor
con sus amores,
de amor matase pastores.
Tras galanes palaciegos   180

yo pensé que siempre andaba,
y no pensé que mataba
los pastores ni matiegos:
mas do van tras sus borregos,
veo que con su dolor   185

les da dolores
con que los mata de amores.
Con su nombre falso engaña
que parece que no es nada,
y de majada en majada,   190

y de cabaña en cabaña
va con su engañosa maña
prometiendo su favor,
y sus favores
matan después los pastores.   195

BARTOLOMÉ DE TORRES NAHARRO

Comedia Himenea

Personajes

Himeneo.
Boreas.
Marqués.
Eliso.
Febea.
Turpedio.
Doresta.
Cantores.

Jornada I

Himeneo, Boreas, Eliso.

Himeneo

Guarde Dios, señora mía,
vuestra graciosa presencia
mi sola felicidad;
aunque es sobrada osadía
sin tomar vuestra licencia   5
daros yo mi libertad.
Pero en mi primer miraros
tan ciego de amor me vi,
que cuando miré por mí
fue tarde para hablaros,   10
hasta agora
que de mí sois ya señora.
Habeisme muerto de amores
y dejaisme aquí en la plaza
donde publique mis yerros;   15
como aquellos cazadores
que desque matan la caza
la dejan para los perros.
Donde quiera que me halle

	diré siempre que es mal hecho,	20
	pues yo vos guardo en mi pecho,	
	vos me dejeis en la calle	
	bien me viene	
	que sin culpa muera y pene.	

Boreas   ¿Aun agora comenzamos   25
              y tantos duelos tenemos?

Himeneo   ¿Qué hablas allá, villano?

Boreas   Digo, señor, que nos vamos,
              que mañana tornaremos,
              y quizá con mejor mano.   30

Himeneo   Más vame por la vihuela,
              quizá diré una canción
              tan envuelta en mi pasión,
              que todo el mundo se duela,
              sino aquella   35
              que dolor no cabe en ella.

Boreas   No podrás, señor, tañer,
              porque le falta la prima
              y están las voces gastadas.

Himeneo   No cures, hazla traer,   40
              que el dolor que me lastima
              las tiene bien concertadas.

Boreas   Aunque te sepa enojar
              haremos bien de nos ir.

Himeneo   ¿Y es tiempo de irá dormir?   45

Boreas   Y aun hora de levantar.

Himeneo   Calla, loco,

que en mis males sabes poco.

Boreas	Sepas que estás en error,
	si tan grosero me hallas
	como tú me certificas;
	pues de cierta sé, señor,
	que con la pena que callas
	es nada cuanto publicas.
	Y si mueres por tal dama
	tienes muy justa querella,
	pues otros mueren sin vella
	que te ahogan en su fama,
	con decir
	que es la vida bien morir.

Boreas

     Sepas que estás en error,
si tan grosero me hallas   50
como tú me certificas;
pues de cierta sé, señor,
que con la pena que callas
es nada cuanto publicas.
Y si mueres por tal dama   55
tienes muy justa querella,
pues otros mueren sin vella
que te ahogan en su fama,
con decir
que es la vida bien morir.   60

Eliso

     Dile de eso y medraremos.

Himeneo

     ¿Qué hablas allá entre dientes,
almahacen de negligencia?

Eliso

     Que presto lo llevaremos
con los otros inocentes   65
a la casa de Valencia.

Himeneo

     No medre quien te vistió.
¿Y a quién tienes de llevar?
Tú de mi debes hablar.

Eliso

     Vos lo decís, que no yo.   70

Himeneo

     ¡Oh borracho,
mal criado y sin empacho!

Eliso

     Mas, señor, pues que así es,
tu señoría provea
que ninguno aquí te halle;   75
porque su hermano el marqués
de la señora Febea

visita mucho esta calle;
trae muy buenos criados,
y tú los tienes mejores.   80
Reniega de los amores,
no vamos descalabrados.

Himeneo   Yo me quedo:
                 váyase quien les ha miedo.

Eliso   Si quieres, señor, probar   85
                 cuánto miedo les tenemos,
                 y saber cuánto nos tienen,
                 anda, vete a reposar;
                 nosotros nos quedaremos
                 a respondelles si vienen.   90

Himeneo   Pues catad que estéis velando,
                 porque vernán más de dos.

Eliso   Vengan diez, cuerpo de Dios,
                 que no se irán alabando.

Boreas   Ya viniesen,   95
                 con tal que no nos huyesen.

Himeneo   Mientras no os enojaren
                 no los corráis por agora,
                 que sería inconveniente;
                 si no que si bravearen,   100
                 por amor de mi señora
                 los espantéis solamente.

Eliso   Ve con Dios, deja hacer,
                 que de todo les pornemos.

Boreas   Habla paso, y acordemos   105
                 lo que más es menester.

Himeneo   Digo, Eliso,
               haz que estés sobre el aviso.

(Boreas, Eliso.)

Eliso   Muy modorro sois, amigo,
               porque yo me sé guardar   110
               de los peligros mundanos.

Boreas   A la fe que estás conmigo.
               Hagamos por nos salvar
               como dos buenos hermanos.
               Huigamos de esta congoja   115
               y apartémonos del mal;
               que a la fe todo lo al
               es andar de mula coja.

Eliso   Pues sabrás
               que agora te quiero más.   120

Boreas   Bien tengo que te decir,
               de una cierta amiga mía
               que se deshace por mí;
               pero por no te mentir,
               yo tengo en la fantasía   125
               que no estamos bien aquí.

Eliso   Pues no temamos, por Dios,
               aunque en tus cosas hablemos,
               que si nada sentiremos
               bien corremos todos dos.   130

Boreas   No sé nada,
               mas si la calle es tomada...

Eliso   No temas, aunque eso sea,
               que por las casas caídas
               nos iremos con la Luna   135

y sin que nadie nos vea
salvaremos nuestras vidas,
y sin deshonra ninguna.

Boreas

Voto a Dios, que has dicho bien
y que alabo tu razón.   140
Pero mira aquel cantón
que parece no sé quién.

Eliso

Ven seguro,
que era la sombra del muro.

Boreas

Mira bien a cada parte.   145

Eliso

Ya lo tengo bien mirado,
y es así como te digo.

Boreas

Pues de mí puedo jurarte
que no me había quedado
gota de sangre conmigo.   150

Eliso

Pierde agora esos temores
si no has perdido el correr,
y hazme tanto placer
que me cuentes tus amores;
mientras vemos,   155
que partir no nos debemos.

Boreas

Pues que, hermano, tu deseo,
mis cosas saber desea,
la verdad de ellas es ésta.
Cuando nuestro amo Himeneo   160
se enamoró de Febea,
yo de su sierva Doresta.
Y es tan hermosa doncella,
tanto gentil criatura,
que su ama en hermosura   165
puede bien vivir con ella;

mas es tal
que la juzgan sin igual.

Eliso

¿Hasla hablado algún día?
¿Cómo sabes que te quiere?   170
Guarda no pises abrojos.

Boreas

Sin hablalla juraría
que por verme pena y muere,
si no me mienten los ojos,
. . . .   175
. . . .
. . . .
. . . .
Yo confío
que es su querer cual el mío.   180

Eliso

¿Y no has leído aquel texto,
que maldito debe ser
hombre que en hombre se fía?
Pues si verdad es aquesto,
quien se fiase en mujer   185
muy más maldito sería.
A la fe para gozallas
y no perderse tras ellas,
oíllas y no creellas,
sacudillas y dejallas.   190
No lo digo
porque las soy enemigo.

Boreas

Mucho tienes de grosero:
bien paresce, Eliso hermano,
que aun no te conosce amor;   195
que pensarías primero
que no está más en su mano
del verdadero amador.
Porque aquel que pena y muere,
si bien ama, y es así,   200

no puede hacer de sí
sino lo que amor quisiere,
desque dio
su libertad a quien vio.
Por ende no hables más   205
en juzgar vidas ajenas,
pues das a muchos molestia;
que si no quieres querrás,
y penarás si no penas,
y caerás de tu bestia.   210
Pornás en amor tu fe
y alabarás sus fatigas,
por mucho que agora digas
de esta agua no beberé:
que por damas   215
honramos vidas y famas.

Eliso   Boreas, hermano mío,
               recia cosa es la razón
               contra lenguas desarmadas,
               y dicen que es desvarío   220
               dar coces al aguijón
               y a la carreta pernadas.
               Acuerda si nos iremos,
               que será bien que nos vamos,
               y tambien que proveamos   225
               en buscar qué almorzaremos.

Boreas   Nunca he gana
               de almorzar por la mañana.

(Marqués, Turpedio.)

Turpedio   ¿Quién va allá? ¿Jugáis de pies?
               Tornad un poco, galanes,   230
               y llevaréis que contar.

Marqués   Turpedio.

Turpedio	Señor.

Marqués	¿Quién es?

Turpedio	No sé cuantos rufianes que andaban a capear.

Marqués	Mas si los has conocido, 235 Guarda no fuese Himeneo.

Turpedio	Par Dios, señor, no lo creo, porque no hubieran huido.

Marqués	Antes, cierto, huye de ser descubierto. 240

Turpedio	Puede ser, más aquí viene cada noche y cada día con músicas y alboradas.

Marqués	Si esa presuncion él tiene voto a la virgen María, 245 yo le ataje las pisadas.

Turpedio	Déjale, señor, hacer, que es usanza del palacio, y es un modo de solacio festejar y dar placer, 250 y un deporte sin el cual no hay buena corte.

Marqués	Bien me place el festejar, mas no en mi casa, par Dios, la verdad hora hablando, 255 porque tras de este cantar yo sé bien que más de dos se quedan después llorando.

Turpedio	Bien siento do van tus flechas.	
	No temas aunque eso sea;	260
	que la señora Febea	
	no es de esas que tú sospechas.	
	¡Qué doncella	
	para burlarse con ella!	

Marqués	Tocaremos a la puerta	265
	por ver que hace siquiera;	
	no nos yamos sin hablalle.	

Turpedio	No estará, señor, despierta:	
	seria cosa grosera	
	dar voces hora en la calle.	270

Marqués	¿Pues dónde iremos agora?	

Turpedio	Vamos por la sillería,	
	que presto será de día	
	y abrirá aquella señora,	
	y aun haremos	275
	que nos dará que almorcemos.	

Marqués	No nos debemos partir,	
	que a esta hora suelen dar	
	las músicas y alboradas:	
	y si aquel ha de venir,	280
	no puede mucho tardar;	
	oigamos sus badajadas.	

Turpedio	Si que no vienen campanas	
	en las músicas que ordenan.	

Marqués	Vernán badajos, que suenan	285
	maitines por las mañanas.	

Turpedio	Sin mentir	

por nos se puede decir.
Porque ha diez horas, señor,
que andamos por la cibdad   290
sonando como badajos,
y cogemos poco honor,
a decirte la verdad,
de aquestos vanos trabajos.
Bien es un poco por ende   295
pasear sobre la cena,
y es usanza justa y buena,
para mancebos se entiende:
Lo demás
va muy fuera de compas.   300

Marqués   Pues yo te diré que sea.
                     Vámonos hora a dormir
                     lo que queda hasta el día:
                     quédese con Dios Febea,
                     mañana podré venir   305
                     a tentar su fantasía.

                     . . . .
                     . . . .
                     . . . .
                       310
                     . . . .
                     . . . .

Jornada II

Himeneo, Boreas, Eliso, Cantores.

Boreas   No hay nadie.

Himeneo   Habla callando:
                     mira que tengo sospecha
                     que aun están por ahí.

Boreas   Yo los vi, señor, cantando

por esta calle derecha,   5
buen rato, lejos de aquí.

Himeneo   Pues, sus, buen hora es aquesta
               si no duermen mis amores:
               haz llegar esos cantores
               y demos tras nuestra fiesta.   10

Eliso   Aquí vienen.

Himeneo   Llámalos. ¿Qué se detienen?

Eliso   Caminad. ¿Qué estáis parados?

Himeneo   Callando, cuerpo de Dios,
               ¿Qué voces son hora aquestas?   15

Eliso   Pues si los tengo llamados
               una vez y más de dos,
               ¿Helos de traer acuestas?

Himeneo   No corrompas mis placeres.
               Por mi fe que nos oigamos: 20
               aquí sólo no riñamos,
               y en casa cuanto quisieres,

Cantor 1.º   ¿Qué haremos?

Himeneo   Señores, que comencemos.

Cantor 1.º   Acaba con esos trastes.   25

Cantor 2.º   Calla pues tú, majadero.

Cantor 1.º   ¡Cómo sobras de cortés!
               ¿Diremos lo que ordenastes?

Himeneo   Sí, bien. La canción primero,

y el villancico después.   30
Pero yo os ruego por tanto
que vaya la cosa tal,
que se descubra mi mal
en vuestras voces y canto
por ventura   35
se aliviará mi tristura.

Cantor 1.º y 2.º   Tan ufano está el querer
con cuantos males padesce,
que el corazón se enloquece
de placer   40
con tan justo padecer.

Cantor 1.º   La pena con que fatigo
esme tan favorecida,
que de envidiosa La vida
ya no quiere estar conmigo.   45
Ella se quiere perder:
vuestra merced lo merece.

Cantor 1.º y 2.º   Y el corazón se enloquece
de placer
con tan justo padecer.   50
Es más preciosa ventura
vuestra pena
que cualquiera gloria agena.

Cantor 2.º   La pena que vos causáis,
los suspiros, el tormento,   55
Con vuestro merecimiento
todo lo glorificáis.

Cantor 1.º y 2.º   Mas codiciosa dejáis
vuestra pena,
que cualquiera gloria ajena.   60

Cantor 1.º   Los que nunca os conocieron

penarán por conoceros,
y los que gozan de veros
porque más antes no os vieron.

Cantor 1.º y 2.º   Que por mayor bien tuvieron   65
                    vuestra pena,
                    que cualquiera gloria ajena.

Himeneo   No más, señores, agora,
                    dejemos para otro día;
                    poco y bueno es lo que place.   70
                    También porque esta señora
                    se paró a la celosía,
                    quiero saber lo que hace.

Cantor 1.º   Vamos.

Cantor 2.º   Vamos.

Himeneo   Id con Dios.

(Himeneo, Boreas, Eliso, Febea.)

Boreas   Ce, señor, buen tiempo tienes.   75

Himeneo   ¡Oh mayor bien de los bienes!
                    Es mi bien.

Febea   ¿Mas quién sois vos?

Himeneo   Quien no fuese,
                    ni más un hora viviese.   80

Febea   No os entiendo, caballero.
                    Si merced queréis hacerme,
                    más claro habéis de hablarme.

Himeneo   Y aun con eso solo muero,

que no queréis entenderme   85
sino entender en matarme.

Febea   Cómo os llamáis os demando.

Himeneo   Por las llamas que me dais,
del fuego que me cansáis
lo podéis ir trasladando.   90

Febea   Gentilhombre,
quiero saber vuestro nombre.

Himeneo   Soy el que en veros me veo
devoto para adoraros,
contrito para quereros.   95
Soy aquel triste Himeneo,
que si no espero gozaros
no quisiera conoceros,
porque en ser desconocida
me matáis con pena fuerte,   100
sabiendo que de mi muerte
no podéis ser bien servida;
pero sea,
pues por vos también se emplea.

Febea   Bien me podéis perdonar   105
que, cierto, no os conocía.

Himeneo   Porque estoy en vuestro olvido.

Febea   En otro mejor lugar
os tengo yo todavía,
aunque pierdo en el partido.   110

Himeneo   Yo gano tanto cuidado
que jamás pienso perdello,
sino que con merecello
me parece estar pagado;

                    pues padezco   115
                    menos mal del que merezco.

Febea   Gran compasión y dolor
                    he de ver tanto quejaros,
                    aunque me place de oíros,
                    y por mi vida, señor,   120
                    querría poder sanaros
                    por tener en qué serviros.

Himeneo   Ojalá pluguiese a Dios
                    que queráis como podéis,
                    porque mis males sanéis,   125
                    que esperan a sola vos.

Febea   Dios quisiese
                    que en mí tal gracia cupiese.

Himeneo   Esa y todas juntamente
                    caben en vuestra bondad,   130
                    pues os hizo Dios tan bella;
                    pero de esta solamente
                    tengo yo necesidad,
                    aunque soy indigno de ella.

Febea   Más merecéis que pedís,   135
                    aunque lo que es no sé;
                    mas de grado lo haré
                    si puedo como decís,
                    pero he miedo
                    que sin dañarme no puedo.   140

Himeneo   Pláceme, señora mía,
                    que me habéis bien entendido
                    no os quiero más detener;
                    vuestra misma fantasía
                    vos dirá que lo que pido   145
                    lo compra bien mi querer.

Y las mercedes pesadas
que con fatiga se hacen.
Son las que alegran y placen,
y las que son estimadas;   150
de las cuales
todas las vuestras son tales.

Febea   Pues si puedo complaceros,
               aclaradme en qué manera
               porque tengáis cosa cierta.   155

Himeneo   Que cuando viniere a veros
               en la noche venidera,
               me mandéis abrir la puerta.

Febea   Dios me guarde.

Himeneo   ¿Qué, señora?
               ¿Revocaisme ya el favor?   160

Febea   Sí, porque no me es honor
               abrir la puerta a tal hora.

Himeneo   No son esas
               vuestras pasadas promesas.

Febea   ¿Pues cómo queréis que os abra?   165
               Que en aquellos tiempos tales
               los hombres sois descorteses.

Himeneo   Señora, no tal palabra:
               si queréis sanar mis males,
               no busquéis esos reveses.   170
               Ya sabéis que mis pasiones
               no me mandan enojaros,
               y no debéis excusaros
               con excusadas razones,
               de tal suerte   175

que me causáis nueva muerte.

Febea   No puedo más resistir
         a la guerra que me dais,
         ni quiero que me la deis.
         Si concertáis de venir,   180
         yo haré lo que mandáis
         siendo vos el que debéis,

Himeneo Debo ser siervo y cautivo
         de vuestro merecimiento,
         y así me parto contento   185
         con la merced que recibo.

Febea   Id con Dios.

Himeneo Señora, él quede con vos.

(Himeneo, Boreas, Eliso.)

Boreas   Señor, pues has conseguido
         la merced que deseaste,   190
         tan conforme a tu querer;
         cúmplenos lo prometido,
         pues sabes que nos mandaste
         las albricias del placer.

Himeneo Hermanos, de muy buen grado,   195
         que es razón en todo caso.
         Toma tú el sayo de raso,
         y tú el jubón de brocado,
         que otro día
         yo nos daré mejor valía.   200

Boreas   Dios haya de ti memoria
         y acreciente tu vivir
         con honra y fama sin par,
         y te dé tanta victoria

	que no tengas que pedir,	205
	pues no te falta que dar.	

Eliso	Yo no quiero tus brocados,	
	ni consiento, ni es honesto	
	que quedes tú descompuesto	
	por componer tus criados.	210
	Ten cordura,	
	que tu largueza es locura.	

Boreas	Bien dices.	

Himeneo	No quiero yo,	
	sino daros esto y más.	

Eliso	No queremos un cabello.	215

Himeneo	¿Por qué?	

Eliso	Señor, porque no;	
	sino aquello que nos das	
	te debes honrar con ello.	

Himeneo	Pues callad, hermanos míos,	
	sed los que sois por entero,	220
	que yo os daré, si no muero,	
	más que ropas y atavíos;	
	que el amor	
	es de hermano y no señor.	

Eliso	Por eso, señor, tomamos	225
	la voluntad por el hecho	
	de tu mucha cortesía;	
	mas si quieres que nos vamos	
	sernos ha mayor provecho,	
	porque se hace de día.	230
	Esta tarde tornaremos	
	yo y Boreas paseando,	

para ver disimulando
con qué esperanza venimos.

Himeneo   Así sea.   235
                  Quede Dios con mi Febea.

(Marqués, Turpedio.)

Turpedio   Ce, señor, oyes que digo,
veslos allá do han pasado,
que agora parten de aquí.

Marqués   Pese al diablo conmigo   240
porque nos hemos tardado,
que no se fueran así.

Turpedio   Déjalos, señor, andar,
tu señoría no pene,
porque la noche que viene   245
no nos pueden escapar;
que haremos
de modo que los tomemos.

Marqués   ¿Cómo se podrá hacer
que si yo la noche vengo   250
pueda ser toda la fiesta?
Porque aunque sepa perder
la persona y cuanto tengo,
yo sabré qué cosa es esta.
Y aun si le tomo con ella,   255
Prometo a Dios verdadero,
y a fe de buen caballero,
de matar a él y a ella;
que La vida
por la fama es bien perdida.   260

Turpedio   Pues, señor, en conclusión
a nos nos cumple venir

antes de ser prevenidos,
y detrás de aquel cantón
estaremos a sentir   265
sin que seamos sentidos;
y de allí si estás alerta
le podrás bien ver entrar,
y así podemos saltar
para tomalle la puerta;   270
lo demás
se hará como querrás.

Marqués   Pues luego bueno sería,
                 sin que más aquí tardemos,
                 que nos vamos a comer   275
                 y que durmamos el día,
                 pues la noche velaremos
                 como será menester,
                 y aun venir acompañados
                 nos será cosa muy sana: 280
                 quizá vernemos, por lana
                 no tornemos trasquilados,
                 y por ende
                 vengamos como se entiende.

Turpedio   Antes, señor, te prometo   285
                 que con ayuda de Dios,
                 tú y yo podemos bastar;
                 y también porque el secreto,
                 después que sale de dos,
                 es una cosa vulgar.   290
                 Pues si no rescibes llena,
                 solos nos cumple venir
                 porque no des a sentir
                 si tu hermana es mala o buena.
                 Ten buen seso,   295
                 que su honra está en tu peso.

Marqués   Y aun por esto yo procuro

que aunque venga acompañado
me lo pague todavía.

Turpedio   De aqueso yo te aseguro   300
                que ningún enamorado
                se pagó de compañía;
                y cuando bien la trajere
                traerá sus dos criados,
                que de sombras de tejados   305
                huirán a cual más pudiere.

Marqués   Ya se alcanza
                hasta do llega su lanza.

Turpedio   Pues, señor, no nos curemos
                ni de sus armas temamos,   310
                pues que no son Anibales.
                Vengamos como debamos
                que nosotros dos bastamos
                para cuatro lanzas tales.

Marqués   Bien me aconsejas por cierto   315
                yo me confío de ti.
                Pero Vámonos de aquí,
                no sientan nuestro concierto;
                que en consejas
                las paredes han orejas.   320

Jornada III

Boreas, Eliso.

Boreas   Pues, Eliso, hermano mío,
                no te quiero ser muy luengo,
                ni sé si te enojarás;
                mas con lo que en ti confío
                y el gran amor que te tengo,   5
                te diré lo que oirás:

por eso no te receles,
que los buenos servidores
han de ser a sus señores
muy leales y fieles;   10
mas no tanto
que se pongan del quebranto.
Bien te debes acordar
desde ayer a lo que creo,
nota bien lo que diré,   15
que no quisiste tomar
lo que te daba Himeneo,
ni yo por ti lo tomé.
Ni me hagas entender
que aquella fue lealtad;   20
que es la mayor necedad
que nunca te vi hacer,
pues perdiste
lo que en diez años serviste.

Eliso   No tengas a maravilla   25
                 si no quise a dos por tres
                 lo que nuestro amo nos dio,
                 que cierto tengo mancilla
                 de velle para quien es
                 mas pobre que tú ni yo.   30
                 Si cuando rico se viere
                 no se acordare de nos,
                 allá contará con Dios
                 cuando de este mundo fuere
                 pues vivamos,   35
                 que no falta que vistamos.

Boreas   No das en todo el terrero,
                 ni por ahí te me escapas,
                 ni tienes razón ninguna;
                 porque es un necio grosero   40
                 quien puede tener dos capas
                 y se contenta con una.

Lo que somos obligados
es servir cuanto podemos,
y también que trabajemos   45
en que seamos pagados;
de otra suerte
nuestra vida es nuestra muerte.

Eliso   Hermano, bien te he entendido,
por lo cual a tu mandado   50
me ternás continuamente,
y aunque tengo por perdido
todo el tiempo que he dejado
de te ser muy obediente.
Y pues ya tan claras son   55
mi mentira y tu verdad,
confieso mi necedad
y alabo tu discreción,
y de hoy más
yo haré lo que verás.   60

Boreas   Mucho huelgo, hermano Eliso,
pues que repruebas el mal
como de buenos se espera;
vivamos sobre el aviso,
que sin duda el hospital   65
a la vejez nos espera
por lo cual te cumple, hermano,
que sin vergüenza ni miedo
cuando te dieren el dedo
que abarques toda la mano.   70
Haz si puedes
que puedas hacer mercedes.

Eliso   Hermano, deja hacer,
que no quiero más lacería
de la que tengo pasada   75
y aun si recibes placer
dejemos esta materia

porque está bien disputada.
Buen tiempo se nos ofrece,
y es cosa justa y honesta: 80
hablemos a tu Doresta
que a la ventana parece.

Boreas   Ya la veo,
                  y es cumplido mi deseo.

Eliso   Pues anda, vela a hablar   85
                  yo quedaré de esta parte,
                  y escucharé desde aquí
                  que me conviene notar
                  cómo sabes requebrarte
                  para que aprenda de ti.   90

Boreas   No te burles aunque callo,
                  ni me tengas por grosero,
                  que en manos está el pandero
                  de quien bien sabrá tocallo.

Eliso   Ve callando,   95
                  que ya nos está mirando.

(Boreas, Eliso, Doresta.)

Boreas   Doresta, señora mía,
                  guarde Dios vuestra beldad
                  y vuestra gentil manera.

Doresta   Si no por la compañía,   100
                  yo os hablara, de verdad,
                  de modo que no os pluguiera.

Boreas   ¿Por qué, señora Doresta?

Doresta   Porque no me motejéis,
                  que si otra vez lo hacéis   105

no os placerá la respuesta,
que aunque fea
no tengo envidia a Febea.

Boreas   Señora, no os deis fatiga
por yo decir una cosa   110
que dirá cualquier que os viere.

Doresta   Boreas, ¿queréis que os diga?
Cual me veis fea o hermosa,
tal no falta que me quiere.

Boreas   Plugiera señora, a Dios   115
en aquel punto que os vi,
que quisiera tanto a mí
como luego quise a vos.

Doresta   ¡Bueno es eso!
A otro can con ese hueso.   120

Boreas   Ensayad vos de mandarme
cuanto yo podré hacer,
pues os deseo servir,
siquiera porque en probarme
conozcáis si mi querer   125
concierta con mi decir.

Doresta   Si mis ganas fuesen ciertas
de quereros yo mandar,
quizá de vuestro hablar
saldrían menos ofertas.   130

Boreas   Si miráis,
señora, mal me tratáis.

Doresta   ¿Cómo puedo mal trataros,
con palabras tan honestas
y por tan corteses mañas?   135

Boreas   Como ya no oso hablaros,
          que tenéis ciertas respuestas
          que lastiman las entrañas.

Doresta   Por mi fe tengo mancilla
          de veros así mortal.   140
          ¿Moriréis de aquese mal?

Boreas   ¡No sería maravilla.

Doresta   Pues, galán,
          ya las toman do las dan.

Boreas   Por mi fe que holgaría,   145
          si como otros mis iguales
          pudiese dar y tomar;
          mas veo, señora mía
          que recibo dos mil males,
          y ninguno puedo dar.   150

Doresta   ¿Qué sabéis vos si los dais,
          aunque no se da a entender?
          Como vos soléis hacer,
          que sin dolor os quejáis.

Boreas   Plegue a Dios   155
          que mi pena pene a vos.

Doresta   Vos andáis tras que publique
          lo que está mejor secreto
          para mi fama y la vuestra;
          pues sin que más os suplique   160
          no queráis, pues sois discreto,
          que haga tan loca muestra.

Boreas   No os quiero más deservir,
          pues algo pienso entenderos,

	y tendré que agradeceros	165
	si me mandardes venir	
	hora cierta,	
	que no me neguéis la puerta.	

Doresta	Tal cosa no me mandéis,	
	que modo ninguno veo	170
	de poder hacello así.	

Boreas	Esta noche, si queréis,	
	cuando abriréis a Himeneo	
	me podéis abrir a mí.	

Doresta	Mejor vivan ella y él.	175
	Por eso perded cuidado,	
	que mi ama ha concertado	
	que ninguno entre con él.	

| Boreas | Pues haced | |
| | que me cumpláis la merced. | 180 |

| Eliso | Ha de ser para mañana. | |
| | Vámonos, que eres prolijo. | |

| Boreas | ¿Consentís, señora, vos? | |

Doresta	Señor, sí, de buena gana,	
	pues que aquel señor lo dijo.	185
	Id con la gracia de Dios.	

| Boreas | Y en la vuestra quede yo | |
| | para mi consolación. | |

| Doresta | Estad de buen corazón, | |
| | que Dios por todos murió. | 190 |

| Boreas | Pues, señora, | |
| | vos quedad mucho en buen hora. | |

Eliso   Boreas, nunca creyera
                 que tanto bien alcanzabas
                 en este penado oficio,   195
                 si por mis ojos no viera
                 cuando a Doresta hablabas
                 cuanto queda a tu servicio.

Boreas   Vamos, y no nos tardemos,
                 que nuestro amo está esperando.   200

Eliso   Bien podemos ir hablando,
                 que harto tiempo tenemos.

(Turpedio, Doresta.)

Turpedio   Beso las manos, señora
                 de mis secretos, por tanto,
                 la muy hermosa Doresta.   205

Doresta   Señor, vengáis en buen hora.
                 ¿Para qué de chico santo
                 queréis hacer tanta fiesta?

Turpedio   Sois así gran santo vos,
                 y en vos tal gracia hallaron,   210
                 que de cuantos os miraron
                 los más os tienen por Dios
                 y no digo
                 lo que sois para conmigo.

Doresta   ¡Oh, qué gracioso venís!   215
                 Nuestro Señor os bendiga.
                 ¿Sabéis más que me decir?

Turpedio   Si a mí, señora, decís,
                 sé que me sois enemiga
                 porque os deseo servir.   220

Doresta   ¿Mal lo hago todavía?

Turpedio   No podéis peor hacello.

Doresta   Pues de hoy más, si pienso en ello,
lo haré sin cortesía.

Turpedio   ¿Qué haréis?   225

Doresta   Rogaros que me dejéis.

Turpedio   Algún enamoradillo
sé que esperáis vos agora.

Doresta   Mas hombre que vos en todo.

Turpedio   Cierto, no me maravillo,   230
porque sois merecedora
del mayor que pisa lodo.

Dorotea   No seríades mochacho.

Turpedio   Y aun hombre os pareceré.

Doresta   Dejadme por vuestra fe,   235
que no quiero vuestro empacho.

Turpedio   Ni queráis,
ni de Dios salud hayáis.

Doresta   Pues yo vos prometo a Dios
que yo lo diga al marqués,   240
y quizá por vuestro daño.

Turpedio   Pues si tal sale de vos,
yo os daré tanto mal mes
que nunca os falte mal año.

| Doresta | ¡Veis qué rapaz sin mesura, | 245 |
| | cómo tiene presunción! | |

Turpedio	Pues voto al fuerte Sansón	
	de daros mala ventura;	
	que aquí está	
	quien de vos me pagará.	250

Doresta	Pues no te tomes conmigo,	
	que no me espantan tus motes	
	por mucho que me amenaces;	
	que si a tu amo lo digo	
	te hará dar mil azotes	255
	que es castigo de rapaces.	

Turpedio	Pues si alcanzarte pudiera,	
	por eso que agora dices,	
	te cortara las narices,	
	doña puerca, escopetera.	260

| Doresta | Para vos. | |

| Turpedio | ¡Oh! Reniego, y no de Dios. | |

Jornada IV

Himeneo, Boreas, Eliso.

Himeneo	Pues agora, mis hermanos,	
	tú, Boreas, y tú, Eliso,	
	lo hablado se os refiere:	
	yo me pongo en vuestras manos,	
	ved que estéis sobre el aviso	5
	mientras yo dentro estuviere.	

| Boreas | Señor, así lo haremos | |
| | entra tú con mano diestra, | |

que por tu fama y la nuestra,
si conviene, moriremos.　　　　　　　　　　10

Himeneo　　　　Yo lo creo.

Eliso　　　　　Tal es, señor, el deseo.

Himeneo　　　　¿Será tiempo de llamar?

Eliso　　　　　Es temprano cuanto quiera,
dejemos dormir la gente.　　　　　　　　15

Boreas　　　　Mas, señor, en tal lugar
quien tras tiempo tiempo espera,
tiempo; bien que se arrepiente.

Himeneo　　　　Pues luego dad acá, vamos
llegad conmigo y veremos.　　　　　　　　20

Boreas　　　　¿Queréis, señor, que gastemos
lo que los dos concertamos?
Que Febea
solo a ti, señor, desea.

Himeneo　　　　Pues solo voy.

Eliso　　　　　Ve con Dios.　　　　　　　　25

(Boreas, Eliso.)

Boreas　　　　Mas vaya con el diablo.

Eliso　　　　　No, que se va santiguando.

Boreas　　　　Calla tú, cuerpo de nos;
cuanto yo concierto y hablo
tanto tú me vas gastando.　　　　　　　　30

Eliso   No hago por cierto, hermano

Boreas   Pues cuando llamar quería
                 ¿Por qué de gran grosería
                 dijiste que era temprano?
                 Que es locura   35
                 esperar mala ventura.
                 Porque en aquestos conciertos
                 si fuésemos afrentados
                 demorando aquí con él,
                 esperando somos muertos,   40
                 Y huyendo, deshonrados,
                 Y no sé qué fuera dél.
                 Mas solos de esta manera,
                 si quisiéramos huir,
                 podemos después decir   45
                 una mentira cualquiera.
                 Mi consejo
                 será guardar el pellejo.

Eliso   Dejemos esta cuestión,
                 y mira que ya es entrado.   50

Boreas   ¿Pues qué tienes en la mente?

Eliso   Que me hables sin pasión,
                 y dejando lo pasado
                 hablemos en lo presente.

Boreas   Tengo tan poco sentido   55
                 y estoy tan fuera de mí
                 que por no me ver aquí
                 no quisiera ser nacido.

Eliso   Calla, hermano,
                 que te quejas muy temprano.   60

Boreas   ¡Oh, que haga mal viaje

quien en tan fuerte jornada
y en tal congoja me mete!
Pues hombre de mi linaje
nunca supo qué era espada,   65
ni broquel, ni coselete.
Yo también soy más que loco
por venir en tal lugar,
pues que no quiero matar,
ni que me maten tampoco.   70

Eliso   Cuerdo eres,
               hagamos lo que quisieres.

Boreas   Que no esperemos batalla,
               sino que luego nos vamos
               por no ser muertos aquí.   75

Eliso   ¿Pues si sale y no nos halla?

Boreas   No faltará qué digamos,
               si dejas hablar a mí.

Eliso   Pues para todo hay remedio,
               sin por qué no nos andemos,   80
               cuando algo sentiremos
               meteremos tierra en medio.

Boreas   ¡Qué placer!
               ¿Y quién no puede correr?

Eliso   ¿Cómo no?

Boreas   Porque no puedo,   85
               que son las armas pesadas
               y dejallas no osaré:
               también porque con el miedo
               tengo las piernas cortadas,
               que moverme no podré.   90

Eliso	Pues deja, hermano Boreas,	
	las armas con que te hallas,	
	porque quizá por salvallas	
	perderás cuero y correas,	
	y verás	95
	cuan sin pena correrás.	

Eliso Pues deja, hermano Boreas,
       las armas con que te hallas,
       porque quizá por salvallas
       perderás cuero y correas,
       y verás   95
       cuan sin pena correrás.

Boreas Pues si las armas perdirse,
       ¿Nuestro amo qué diría
       de cobarde y de judío?
       Que si excusa no tuviese   100
       para dar, como cumplía,
       me echaría en aquel río.

Eliso Pues si no puedes con ellas,
       dámelas para que huyas,
       que las mías y las tuyas   105
       yo daré mal cabo de ellas.

Boreas Y la capa,
       ¿Qué dirán si se me escapa?

Eliso Para la capa ternás
       dos mil excusas sobradas   110
       para no poder salvalla,
       que si tú quieres dirás
       que jugando a cuchilladas
       te fue forzado dejalla.
       Porque los hombres de guerra   115
       para poderse valer,
       primero de acometer
       dejan la capa por tierra.

Boreas Pues espera,
       tendrela de esta manera.   120

(Marqués, Turpedio.)

Turpedio	¿Quién anda ahí?	
Marqués	Mueran, mueran.	
	¿Por do van?	
Turpedio	Allá van traspuesto;	
	mas la capa irá conmigo.	
Marqués	Pese a tal, si no huyeran,	
	que por ventura de presto	125
	llevarán un buen castigo.	
Turpedio	Mas, señor, ¿sabes que creo	
	que sabrás lo que deseas?	
	Que esta capa es de Boreas,	
	un criado de Himeneo.	130
Marqués	Di, ¿qué fue?	
Turpedio	Sí, señor, en buena fe.	
Marqués	¿Cuántos eran?	
Turpedio	Solos dos:	
	y por la capa, señor,	
	son sus criados de aquel.	135
Marqués	Pues voto al cuerpo de Dios	
	que queda dentro el traidor.	
Turpedio	Si tal es, doblen por él.	
Marqués	Ven acá, que es de pensar	
	de qué manera haremos.	140
Turpedio	Señor, que luego llamemos,	
	pues que nos conviene entrar.	

| Marqués | Ciertamente: |
| | se nos irá, si nos siente. |

Turpedio	¿Pues quieres cosa más cierta	145
	por quitar este recelo
	y acertar esta jornada?
	Da tú una coz a la puerta,
	que des con ella en el suelo.
	Jugaremos de antuviada.	150
	Ningún temor se reciba
	si entramos apercibidos,
	que aún no seremos sentidos
	cuando seremos arriba.

Marqués	Sus pues, vamos,	155
	que ya sobrado tardamos.
	Dame esa capa tú a mí.

| Turpedio | Toma la rodela, aosadas. |

| Marqués | Dala acá, que bien te entiendo. |

Turpedio	Pues si queréis así,	160
	y arrancadas las espadas
	vamos diciendo y haciendo.

Marqués	Pues si viniere en tus manos
	y le pudieres coger,
	haz que no haya menester	165
	médicos ni cirujanos.

| Turpedio | Entra presto, |
| | deja a mi hacer el resto. |

Jornada V

Marqués, Febea, Doresta, Turpedio.

| Marqués | ¡Oh! Mala mujer, traidora,
¿Dónde vais? |

| Turpedio | Paso, señor. |

| Febea | ¡Ay de mí, desventurada! |

Marqués	¿Pues qué os parece, señora?
	¿Para tan gran deshonor
	Habéis sido tan guardada?
	Confesaos con este paje.
	Que conviene que muráis;
	pues con la vida excusáis
	un tan antiguo linaje.
	Quiero daros,
	que os doy la vida en mataros.

Febea	Vos me sois señor y hermano
	(Maldigo mi mala suerte
	y el día en que fui nascida),
	yo me pongo en vuestra mano,
	y antes os pido la muerte
	que no que me deis la vida.
	Quiero morir, pues que veo
	que nací tan sin ventura
	gozará la sepultura
	lo que no pudo Himeneo.

| Marqués | ¿Fue herido? |

| Turpedio | No, que los pies le han valido. |

Febea	Señor, después de rogaros
	que en la muerte que me dais
	no os mostréis todo cruel,
	quiero también suplicaros
	que pues a mí me matáis,

	que dejéis vivir a él.	30
	Porque según lo atribuyo,	
	si sé que muere de esta arte,	
	dejaré mi mal aparte	
	por mejor llorar el suyo.	
Marqués	Toca a vos	35
	poner vuestra alma con Dios.	
Febea	No me queráis congojar	
	con pasión sobre pasión	
	en mis razones finales;	
	dejadme, señor, llorar,	40
	que descansa el corazón	
	cuando revesa sus males.	
Marqués	Pues contadme en qué manera	
	pasa todo vuestro afán.	
Febea	Pláceme, porque sabrán	45
	cómo muero, sin que muera,	
	por amores	
	de todo merecedores.	
	Doresta.	
Doresta	Ya voy, señora.	50
Febea	Ven acá, serás testigo	
	de mi bien y de mi mal.	
Turpedio	Señor, es una traidora.	
Doresta	Tú, de bondad enemigo.	
Marqués	Callad, hablemos en al.	55
Febea	Hablemos como la suerte	
	me ha traído en este punto,	

do yo y mi bien todo junto
moriremos de una muerte:
mas primero 60
quiero contar como muero.
Yo muero por un amor,
que por su mucho querer
fijé mi querido y amado,
gentil y noble señor, 65
tal que por su merecer
es mi mal bien empleado.
No me queda otro pesar
de la triste vida mía,
sino que cuando podía 70
nunca fui para gozar,
ni gocé
lo que tanto deseé.
Muero con este deseo,
y el corazón me revienta 75
con el dolor amoroso;
mas si creyera a Himeneo,
no muriera descontenta
ni le dejara quejoso.
Bien haya quien me maldice, 80
pues lo que él más me rogaba
yo más que él lo deseaba,
no sé porqué, no lo hice.
¡Guay de mí!
Que muero así como así. 85
No me quejo de que muero,
pues soy mortal como creo;
mas de la muerte traidora,
que si viniera primero
que conociera a Himeneo, 90
viniera mucho en buen hora:
mas viniendo de esta suerte,
tan sin razón a mi ver,
¿Cuál será el hombre o mujer
que no le duela mi muerte, 95

contemplando
porqué y dónde, cómo y cuándo?
Yo nunca hice traición:
si maté, yo no sé a quién,
si robé, no lo he sabido;   100
mi querer fue con razón,
y si quise, hice bien
en querer a mi marido,
cuanto más que las doncellas,
mientra que tiempo tuvieren,   105
harán mal si no murieren
por los que mueren por ellas;
pues muriendo
dejan sus famas viviendo.

Marqués   Si temiéreis el morir,   110
acordaos que en el nascer
a todos se nos concede:
yo también oí decir
que es gran locura temer,
lo que excusar no se puede.   115
Y esta vida con dolor
no sé por qué la queréis,
pues muriendo vivaréis
en otra vida mejor,
donde están   120
los que no sienten afán.
En este mar de miseria
el viejo y el desbarbado
todos afanan a una,
los pobres con la lacería,   125
los ricos con el cuidado,
los otros con la fortuna.
No teníais esta jornada,
dejad este mundo ruin
por conseguir aquel fin   130
para que fuisteis criada;
mas empero

confesaos aquí primero.

(Himeneo, Boreas, Eliso, Marqués, Doresta, Turpedio.)

Himeneo	Caballero, no os mováis.	
Marqués	¿Cómo no? Mozo.	
Turpedio	Señor.	135
Marqués	Llega presto.	
Turpedio	Vesme aquí.	
Himeneo	No braveéis, si mandáis. Callad y haréis mejor, si queréis creer a mí.	
Marqués	¿Pues quién sois vos, gentil-hombre?	140
Himeneo	Soy aquel que más desea la honra y bien de Febea, y es Himeneo mi nombre, y ha de ser, pues que fue y es mi mujer.	145
Marqués	Catad, pues sois caballero, no queráis forzosamente tomaros tal presunción.	
Himeneo	No quiera Dios, ni yo quiero sino muy humanamente lo que me da la razón: y porque con la verdad se conforme mi querella, hagamos luego con ella que diga su voluntad, y con todo	150 155

hágase de aqueste modo.
Que si Febea dijere
que me quiere por marido,
pues lo soy, testigo Dios,   160
que pues la razón lo quiere
(no perdiendo en el partido)
lo tengáis por bueno vos.
Pues sabéis bien que en linaje
y en cualquier cosa que sea,   165
la condición de Febea
me tiene poco ventaje,
y esto digo
porque vos sois buen testigo.

Marqués   Bien veo que sois iguales   170
              para poderos casar,
              y lo saben donde quiera;
              pero digo que los tales
              lo debrían negociar
              por otra mejor manera.   175

Himeneo   Ya sé yo poner tercero
              donde fuera menester,
              pero si tomo mujer
              para mí sólo la quiero;
              pues así   180
              quise engañarme por mí.
              Yo, señora, pues ordeno
              que se quede lo pasado.
              Si bien mataros quisiera,
              él hacia como bueno,   185
              y le fuera mal contado
              si de otro modo hiciera.

Marqués   No haya más, pues que es ya fecho.
              Plegue al divino Mesías
              que le gocéis muchos días   190
              y que os haga buen provecho;

pues casastes
mejor de lo que pensastes.

Himeneo   Yo digo, pues que así es,
             que vos nos toméis las manos   195
             por quitar estas zozobras;
             y si quisierdes después,
             seamos buenos hermanos
             y hagamos nos las obras.

Marqués   ¿Queréis vos?

Febea   Soy muy contenta.   200

Marqués   Dad acá.

Eliso   Gracias a Dios.

Boreas   Sí, pues que hace por nos
             en sacarnos de esta afrenta.

Marqués   Pues veamos
             qué será bien que hagamos.   205

Himeneo   Si vuestra merced mandare,
             vámonos a mi posada,
             sentirá mis ganas todas,
             y según allí ordenare
             nombraremos la jornada   210
             para el día de las bodas.

Eliso   Pues antes que aqueso sea,
             Boreas y yo, señores,
             nos damos por servidores
             a la señora Febea.   215

Febea   Por hermanos.

Boreas   Besamos sus pies y manos.

Eliso   También al señor marqués
                ofrecemos el deseo,
                con perdón de lo pasado.   220

Turpedio   Yo también, pues que así es,
                me do al señor Himeneo
                por servidor y criado.

Febea   Mas porque nuestros afanes
                nos causen cumplida fiesta,   225
                casemos a mi Doresta
                con uno de estos galanes.

Marqués   ¿Y con quién?

Febea   Con el más hombre de bien.

Himeneo   Cada cual lo piensa ser.   230

Febea   Por cierto todos lo son.

Marqués   Pues, señora, ¿qué remedio?

Febea   Que la demos a escoger
                porque ella tiene afición
                a Boreas o a Turpedio.   235

Turpedio   Yo, señores, no la quiero.

Doresta   Malos años para vos.

Turpedio   Pues voto al cuerpo de Dios...

Marqués   Calla, rapaz majadero.

Febea   No haya más: 240 toma tú cual más querrás.

Himeneo	Yo tomo el cargo, señora,
	de casaros a Doresta
	si se confía de mí:
	dejémoslo por ahora.	245
	Vámonos, que es cosa honesta
	no nos tome el Sol aquí.

| Marqués | Pues a Dios. |

| Himeneo | No quiero nada. |

| Marqués | Sí señor. |

| Himeneo | Par Dios no vais. |

| Marqués | ¿Por qué no? |

Himeneo	Porque vengáis	250
	a conocer mi posada,
	holgaremos
	que cantando nos iremos.

Marqués	Pláceme por vuestro amor,
	si mi hermana vuestra esposa	255
	nos hiciese compañía.

| Febea | Soy contenta. |

Himeneo	Pues, señor,
	cantemos alguna cosa
	solamente por la vía.

| Marqués | ¿Qué diremos? |

| Himeneo | De la gloria | 260 |
| | que siente mi corazón |

desque venció su pasión.

Marqués	Decid victoria, victoria:	

Decid victoria, victoria:
vencedores,
canta victoria en amores.   265
Victoria, victoria,
los mis vencedores,
victoria en amores.
Victoria, mis ojos,
cantad si llorastes,   270
pues os escapastes
de tantos enojos:
de ricos despojos
seréis gozadores.
Victoria en amores.   275

La carátula

Paso

Personajes

Alameda, simple.
Salcedo, su amo.

Campo solitario.

Alameda	¿Acá está vuesa merced, señor mosamo?
Salcedo	Aquí estoy: ¿tú no, lo ves?
Alameda	Pardiez, señor, a no toparos, que no le pudiera encontrar aunque, echara más vueltas que un podenco cuando se viene a acostar.
Salcedo	Por cierto, Alameda, que es negocio ese que no se puede creer fácilmente.
Alameda	A no creerme dijera que no estábades en vuestro juicio, pues a fe que vengo a tratar con vuesa merced un negocio, que me va mucho en mi conciencia, si acaso me tiene cilicio.
Salcedo	Silencio querrás decir.
Alameda	Sí, silencio será, pienso que...
Salcedo	Pues di lo que quieres, que el lugar harto apartado es si ha de haber silencio o cosa de secreto.
Alameda	¿Hay quien nos pueda oír por aquí? Mírelo bien, porque es cosa de grande secreto, y en topetando que le topete,

	luego le conosciquerá vuesa merced como si se lo dijeran al oído.
Salcedo	Que te creo sin falta.
Alameda	¿Pues no me había de creer siendo nieto de pastelero?
Salcedo	¿Qué hay? Acabemos.
Alameda	Hable quedo.
Salcedo	¿Qué aguardas?
Alameda	Mas quedo.
Salcedo	Di lo que has de decir.
Alameda	¿Hay quien nos escuche?
Salcedo	¿No te habemos dicho que no?
Alameda	Sabed que me he hallado una cosa con que podré ser hombre, de Dios en ayuso.
Salcedo	¿Cosa de hallar, Alameda? Tu compañero quiero ser.
Alameda	No, no; sólo me lo hallé, sólo me lo quiero gozar, si la fortuna no me es adversa.
Salcedo	Amuestra qué te has hallado, enséñanoslo.
Alameda	¿Ha visto vuesa merced un cernícalo?
Salcedo	Sí, muy bien.
Alameda	Pues mayor es mi hallazgo con más de veinticinco marevedís.

Salcedo   ¿Es posible? Amuestra a ver.

Alameda   Ni sé si la venda, ni sé si lampeñe.

Salcedo   Amuestra.

Alameda   A paso, a paso, mírela tantico.

Salcedo   ¡Oh desventurado de mí! ¿Que todo eso era tu hallazgo?

Alameda   ¿Cómo? ¿nos bueno? Pues sepa vuesa merced que viniendo del monte por leña, me la encontré junto al vallado del corralejo este diabro de hilosomía. ¿Y adónde nacen estas, si sabe vuesa merced?

Salcedo   Hermano Alameda, no sé qué te diga, sino que fuera mejor que se te cayeran las pestañas de los ojos antes que te acontesciera una desdicha tan grande.

Alameda   ¿Desdicha es hallarse el hombre una pieza como ésta?

Salcedo   ¿Y cómo si es desdicha? No quisiera estar en tu piel por todo el tesoro de Venecia, ¿Tú conoces este pecador?

Alameda   ¿Pecador es éste?

Salcedo   Dime, Alameda, ¿no tienes noticia del santero que desollaron los ladrones la cara por roballo, Diego Sánchez

Alameda   ¿Diego Sánchez?

Salcedo   Sí, Diego Sánchez; no me puedes negar que no sea éste.

Alameda   ¿Que este es Diego Sánchez? ¡Oh desdichada de la madre que me parió! ¿Pues cómo no me encontró Dios con unas arguenas de pan, y no con una cara de un desollado? Ce, Diego Sánchez, Diego Sánchez: no, no pienso que responderá por más voces que le den. Y diga, señor, ¿qué se hicieron de los ladrones? ¿Halláronlos?

Salcedo   No los han hallado; pero sábete, hermano Alameda, que anda la justicia muerta por saber quién son los delincuentes.

Alameda   Y por dicha, señor, ¿soy yo agora el delincuente?

Salcedo   Sí, hermano.

Alameda   ¿Pues qué me harán si me cogen?

Salcedo   El menor mal que te harán (cuando muy misericordiosamente se hayan contigo) será ahorcarte.

Alameda   Ahorcarme, y después echarme han a galeras, y más yo que soy algo ahogadizo de la garganta; y así por averiguado tengo, señor, que si me ahorcasen, se me quitaría la gana del comer.

Salcedo   Lo que yo te doy por consejo, hermano Alameda, es que luego te vayas a la ermita de Sant Antón, y te hagas santero así como lo era el otro cuitado, y de este arte la justicia no te hará mal ninguno.

Alameda   Y dígame, señor, ¿cuánto me costará una tablilla y campanilla como aquella de aquel desdichado?

Salcedo   No es menester hacella de nuevo, que la del pasado santero anda vendiendo el pregonero de la villa, y se la podrás comprar: más de una cosa tengo miedo.

Alameda   Yo de más de doscientas. ¿Y es la suya de qué?

Salcedo   Que estando sólo en la ermita, te podría asombrar alguna noche el espíritu de aquel cuitadillo; pero más vale que te asombre a ti, que no que asombres tú a otros colgado del pescuezo como podenco en barbacana.

Alameda   Y más yo, que en apretándome la nuez un poco no puedo resollar.

Salcedo   Pues, hermano, anda presto, porque si te tardas, podría ser que topases la justicia.

Alameda   ¿Y qué se ha de hacer de aquesta filomancia, o qué es?

Salcedo   Ésta, déjala estar, vio te topen con ella.

Alameda   Pues yo me voy, ruegue a Dios que me haga buen santero: hora, sus, quedad norabuena, señor Diego Sánchez.

Salcedo   Agora menester será, pues le he hecho encreyente a este animalazo que esta carátula es el rostro de Diego Sánchez, de hacelle una burla sobre ella, y es que yo me quiero ir a apañar con una sábana lo mejor y más artificiosamente que pueda, y le saldré al encuentro, fingiendo que soy el espíritu de Diego Sánchez, y veréis qué burla tan concertada será ésta. Sus, voilo a poner por obra.

(Bosque. Éntrase Salcedo y sale Alamedasimple, vestido como de santero, con una lumbre en la mano y una campanilla.)

Alameda   Para la lámpara del aceite, señores. Trabajosísima cosa es el hombre santero, que nunca se mantiene sino de mendrugos de pan: que no parezco sino gozque de conejero, que lo matan de hambre porque cace mejor a sabor; y más que los gozques que solía tener por amigos, como me ven con este traje me han desconoscido; y como ven que de puerta en puerta ando pidiendo, y les recojo los mendrugos de pan que ellos solían tener por principal mantenimiento, así se vienen a mí las bocas abiertas, como el cuquillo a las mariposas; y lo peor de todo es que no se menea un mosquito en la ermita, cuando luego pienso que es el álima del santero desollado, y no tengo otro remedio sino, en sintiendo algo, capuzarme la cabeza debajo la ropa, que no parezco sino olla de arroz que la tapan porque no se le salga la sustancia della. Dios me despene por quien él es. Amen.

Salcedo	Alameda.
Alameda	¡Ay! Llamado me han. ¿Hay quien dé por Dios para la lámpara del aceite?
Salcedo	Alameda.
Alameda	Ya son dos Alamedadas. Alameda y en mitad del monte, no es por mi bien. Dios sea conmigo.
Salcedo	Alameda.
Alameda	El Espíritu Santo consolador sea conmigo y contigo. Amen. Quizás será alguno que me quiera dar limosna.
Salcedo	Alameda.
Alameda	Así, así, mucho Alameda, Alameda, y después quebrarme han el ojo con una blanca.
Salcedo	Alonso de Alameda.
Alameda	Alonso y todo: ya me saben el nombre de pila, no es por bien esto: quiero preguntar que quien es, con dolor de mi corazón. ¿Quién sois?
Salcedo	¿No me conosces en la voz?
Alameda	¿Yo en la voz? Ni aún querría; no os conozco si no os viese la cara.

Salcedo	¿Conociste a Diego Sánchez?
Alameda	Él es, él es; mas podrá ser que no sea él, sino otro. Señor, conoscí siete u ocho en esta vida.
Salcedo	¿Pues cómo no conosces a mí?
Alameda	¿Sois vos alguno dellos?
Salcedo	Sí soy; porque antes que me desollasen la cara...
Alameda	El desollado es, el desollado es; Dios sea con mi álima.
Salcedo	Porque me conozcas me quiero mostrar a ti.
Alameda	¿A mí? Yo os lo perdono: más, señor Diego Sánchez, aguarde que pase por el camino otro que le conozca mejor que yo.
Salcedo	A ti soy enviado.
Alameda	¿A mí, señor Diego Sánchez? Por amor de Dios, yo me doy por vencido, y me pesa de buen corazón, y de mala voluntad.
Salcedo	¿Qué dices?
Alameda	Estoy turbado, señor.
Salcedo	¿Conócesme agora?
Alameda	Ta, ta, ta, sí señor; ta, ta, ta, ya le conozco.
Salcedo	¿Quién soy yo?
Alameda	Si no me engaño, sois el santero que le desollaron la cara por roballe.

Salcedo	Sí soy.

Alameda	Pluguiera a Dios que nunca lo fuérades. ¿Y no tenéis cara?

Salcedo	Denantes solía tener cara, aunque agora la tengo pegadiza por mis pecados.

Alameda	¿Pues qué quiere agora, señor su merced Diego Sánchez?

Salcedo	¿Dónde están las notomías de los muertos?

Alameda	A las sepulturas me envía. ¿Y comen allá, señor Diego Sánchez?

Salcedo	Sí: ¿por qué lo dices?

Alameda	¿Y qué comen?

Salcedo	Lechugas cocidas, y raíces de malvas.

Alameda	Bellaco manjar es ese por cierto. ¡Qué de purgados debe de haber allá! ¿Y por qué me queréis llevar con vos?

Salcedo	Porque sin mi licencia os posistes mis ropas.

Alameda	Tómelas, tómelas, y lléveselas, que no las quiero.

Salcedo	Vos propio habéis de venir, y si diéredes el descargo que convenga, dejaros han que volváis.

Alameda	¿Y si no?

Salcedo	Quedaros heis con las notomías en las cisternas viejas. Mas resta otra cosa.

Alameda	¿Qué es, señor?

| Salcedo | Habéis de saber que aquellos que me desollaron me echaron en un arroyo. |

Salcedo   Habéis de saber que aquellos que me desollaron me echaron en un arroyo.

Alameda   Fresco estaría allí su magnificencia.

Salcedo   Y es menester que al punto de la media noche vais al arroyo, y saquéis mi cuerpo y le llevéis al cimenterio de Sanet Gil, que está al cabo de la villa, y allí junto digáis a grandes voces: Diego Sánchez.

Alameda   Y diga, señor, ¿tengo de ir luego?

Salcedo   Luego, luego.

Alameda   Pues, señor Diego Sánchez, ¿no será mejor que vaya a casa por un borrico en que vaya caballero su cuerpo?

Salcedo   Sí, aguija presto.

Alameda   Luego torno.

Salcedo   Anda, que aquí os aguardo.

Alameda   Dígame, señor Diego Sánchez, ¿cuanto hay de aquí al día del juicio?

Salcedo   Dios lo sabe.

Alameda   Pues hasta que lo sepáis vos podéis aguardar.

Salcedo   Venid presto.

Alameda   No comáis hasta que venga.

Salcedo   ¿Ansí? Aguarda, pues.

Alameda   Válame sancta María, Dios sea conmigo, que me viene siguiendo.

Lope de Rueda

El rufián cobarde

Paso

Personajes

Sigüenza, lacayo.
Estepa, lacayo.
Sebastiana, mundana.

Sigüenza, Sebastiana

Calle.

Sigüenza	Pasa delante, señora Sebastiana, y cuéntame por extenso, sin poner ni quitar tilde, del arte que te pasó con esa piltraca disoluta, amiga dese antuviador de Estepa, que yo te la pondré de suerte que tengan que contar nacidos y por nascer de lo que en la venganza por tu servicio hiciere.
Sebastiana	Que no, sino cuál hinchiría su cántaro primero a la fuente, venimos a palabras y a las manos, y habiéndome rompido una toca...
Sigüenza	¡Ah, pese a la puta! ¿Por qué no me hallé presente?
Sebastiana	Me llamó de bordonera, piquera, y que su gervilla valía más que todo mi linaje.
Sigüenza	¡Ah putañona! Como si yo no supiese que su madre fue una segunda Celestina.
Sebastiana	Y amenazándola yo contigo, me dijo: váyase el ladrón desorejado...

Sigüenza	Qué, ¿tal osó decir? ¡Ah Dios! ¿Y cómo no se hunde la tierra?
Sebastiana	Que si no se huyera de la cárcel, como se huyó, le hicieran escribano real, y le pusieran en la mano una péndola de veinticinco palmos.
Sigüenza	Tomay, si sabe de metáforas la poltronaza.
Sebastiana	Y otras veinte bellaquerías que por no darte enojo dejaré de decir, amigo Sigüenza.
Sigüenza	Ya, ya, no me digas más. ¡Ladrón desorejado! ¿Y de dónde le han nacido alas a esa lendrosilla? Déjame con ella. Pero quien viere un hombre como yo tomarse con una gallina, ¿qué dirá, habiendo conquistado los campos en Italia que todo el mundo sabe?
Sebastiana	La sucia, como te ve con ese becoquín de orejas, y los lados rasos, atrévese a hablar, diciendo que te las cortaron por ladrón.
Sigüenza	¡Ah pícara! ¿Por ladrón a mí? ¿No sabe Dios y todo el mundo que nunca hombre ganó tanta honra quedando sin orejas como quedé yo?
Sebastiana	Yo te creo: pero dime, señor Sigüenza, ¿cómo te lisiaron de ellas?
Sigüenza	En el año de quinientos y cuarenta y seis, a nueve días andados del mes de abril (la cual historia se hallará hoy en día escrita en una tabla de cedro en la casa del ayuntamiento de la isla de Mallorca), habiendo yo desmentido a un coronel natural de Ibiza, y no osándome demandar la injuria por su persona, siete soldados suyos se convocaron a sacarme al campo, los nombres de los cuales eran (Dios les perdone) Campos, Piñeda, Osorio,

Campuzano, Trillo el cojo, Perotete el zurdo, y Janote el desgarrado; los cinco maté, y los dos tomé a merced.

Sebastiana	¡Válgame Dios qué tan gran hazaña! Mas las orejas dime, señor, ¿cómo las perdiste?
Sigüenza	A eso voy: que viéndome cercado, de todos siete, por si acaso viniésemos a las manos no me hiciesen presa en ellas, yo mismo (usando de ardid de guerra) me las arranqué de cuajo, y arrojándoselas a uno que conmigo peleaba, le quebranté once dientes del golpe, y quedó torcido el pescuezo, donde al catorceno día murió, sin que médico ninguno le pudiese dar remedio.
Sebastiana	¡Válame Dios qué golpe tan cruel! Qué fuera si le dieras con piedra o con otra cosa semejante, cuando con tus orejas tal le paraste: ¿mas cómo dice aquella pulga que anduviste no sé qué tiempo en las galeras por ladrón?
Sigüenza	¿Ladrón? ¿Ah!, putilla, putilla, azotada tres veces por la feria de Medina del Campo, llevando la delantera su amigo, o rufián por mejor decir, Estepa. ¡Ah! Estepilla, Estepilla, ¿no vendrían a tus orejas semejantes palabras para volver por esa andrajosa y vengar este mi airado corazón?
Sebastiana	¿Ello es ansí que fuiste en galera?
Sigüenza	Es la verdad que anduve en la galera bastarda contra mi voluntad no sé qué años; mas mirad qué va de ladrón a hombre vividor.
Sebastiana	¿Qué llamáis vividor, señor Sigüenza?
Sigüenza	¿No te parece que es harta buena manera de vivir salirse el hombre a la plaza de mañana, y volverse antes de mediodía con la bolsa llena de reales sin ser mercader ni tener oficio?

Sebastiana   Harto bueno es aqueso.

Sigüenza   Catay pues por qué afrentan a un hombre de honra, y le hacen semejantes injusticias, con usar mi oficio tan limpiamente como todos cuantos hombres de mi arte lo pueden usar, y aun por ventura un poco mejor.

Sebastiana   ¿Cómo limpiamente?

Sigüenza   ¿No te parece que es harta limpieza y destreza de manos traer cuatro o cinco bolsas y faltriqueras a casa sin comprar el cuero de que son hechas, y vaciar las tripas en mi poder?

Sebastiana   Oye, que Estepa viene.

Sigüenza   Por tu vida ten, tenme esta espada.

Sebastiana   ¿Para qué?

Sigüenza   Tenía tú y calla, que estos son unos nuevos términos que tengo yo en reñir.

Estepa   ¡Ah Sigüencilla! ¿Paréscele bien de blasonar de quien vale más que tu linaje, ni poner lengua tras de ninguno?

Sigüenza   Yo, señor Estepa, ¿qué blasoné?

Estepa   Agradece que estás sin espada.

Sebastiana   Tómala, Sigüenza.

Sigüenza   Quítamela delante, diablo, que yo la tomaré cuando menester sea.

Estepa   Dí, bellaco, ¿no te parece que esa tu mujercilla no es bastante para descalzar el chapín de la mía?

Sigüenza   Espérese, señor, certificarme he de ello: ¿es verdad lo que
                  dice el señor Estepa, Sebastiana?

Sebastiana   ¿Pues no será, si en mi vida la he visto traer chapines?

Estepa   Dejémonos de gracias, doña bruta, andrajo de paramento;
                  y vos, ladró, tomá vuestra espada.

Sigüenza   Que no es mía, señor, que un amigo me la dejó con
                  condición que no riñese con ella.

Estepa   Pues desdeciros, como a cobarde que sois, de lo que
                  dijisteis delante de vuestra espada.

Sigüenza   ¿De qué, señor?

Estepa   De que me habían azotado en Medina del Campo, siendo
                  la mayor mentira del mundo.

Sigüenza   Desdecirme, no, no; no me parece cosa suficiente: ¿qué
                  es de la espada?

Sebastiana   Hela.

Sigüenza   Quítala de ahí no la vea, que mejor será que me desdiga.

Estepa   Acaba, ladrón azotado.

Sigüenza   ¿Ladrón azotado? Sus, perdóneme, que no me quiero
                  desdecir.

Estepa   ¿No? Pues aguarda.

Sigüenza   Téngase, señor, que yo me desdiré; pero ha de ser con
                  toda mi honra, si a vuestra merced le placiere.

Estepa   ¿De qué suerte? Veamos.

Sigüenza   Desta: que es muy gran verdad lo que dije como un grandísimo tacaño, y que estaba borracho y fuera de mi seso: no hay más que tratar.

Estepa   Pues más habéis de hacer.

Sigüenza   Haré cuanto vuesa merced mandare.

Estepa   Que me deis la espada.

Sigüenza   ¿Cómo daré lo que no es mío, señor?

Estepa   Digo que me la habéis de dar.

Sigüenza   Dádsela, señora Sebastiana, por amor de Dios.

Estepa   Espera, que por fin y remate habéis de recibir de la mano de vuestra amiga tres pasagonzalos en esas narices bien pegados.

Sigüenza   Señor, por amor de Dios, si puede ser, no sean pasagonzalos, sean pasarodrigos.

Estepa   Sus, arrodillaos, porque más devotamente los recibáis.

Sigüenza   Ya estoy, señor, arrodillado; haga de mí lo que se le antojare.

Estepa   Ea, dueña, ¿qué aguardáis? Dale recio.

Sigüenza   ¡Oh! Pésete a quien me vistió esta mañana.

Estepa   Tené tieso ese pescuezo.

Sigüenza   Señora Sebastiana, miserere mei, pasito, no tan recio.

Estepa   Bien está, dejadlo para quien es, veníos conmigo.

| Sigüenza | La moza se me lleva. ¡Ah, Sigüenza, Sigüenza! Igual fuera no desdecirte, y reñir de bueno a bueno con este Estepilla, y no quedaras sin honra y despojado de moza, y harto de pasarodrigos. ¡Ay narices rotas que aún me duelen! Sus, en seguimiento me voy de mi Sebastiana. |

[Lope de Rueda]

Eufemia

Comedia

Personajes

Leonardo, gentilhombre.
Vallejo, lacayo.
Eufemia, su hermana.
Polo, lacayo.
Valiano. señor de baronías.
Eulalia. negra.
Cristina, criada.
Cremaldo. paje.
Jimena de Peñalosa, vieja.
Ana. gitana.
Melchor Ortiz, simple.
Paulo, anciano criado.
Acompañamiento.

Acto I

Escena I

Leonardo, Melchor

Sala en casa de Leonardo

Leonardo	Larga, y en demasiada manera, me ha parescido la pasada noche: no sé si fue la ocasión el cuidado con que de madrugar me acosté; sin duda debe ser ansí. Porque buen rato ha que Eufemia, mi querida hermana, con sus criadas siento hablar, que con el mismo pensamiento se fue a dormir, entendiendo de mí que no me pudo apartar de hacer esta jornada. Veréis que no sé si habrá tampoco hecho Melchor lo que anoche le dejé encomendado. Melchor, iah! Melchor.
Melchor	Apriesa, apriesa, que se entran los moros por la villa. Henchí en mal punto el renglón, si queréis que responda.
Leonardo	Melchor. Válgale el diablo a este asno: ¿y dónde está que no me oye?
Melchor	Dizque no oigo: pardiez que si yo quisiese, antes que me llamase tengo oído. Más que monta, que también trato yo de mis intereses como cualquiera hombre de honra. A ese Melchor échele un soportativo y verá cuán recio só con él.
Leonardo	Superlativo quieres decir, badajo.
Melchor	Sí, señor. ¿Pues por qué nos barajamos ellotro día Jimenca de Peñalosa y yo?
Leonardo	No me acuerdo.
Melchor	¿No se acuerda que nos medio apuñeteamos porque me dijo en mis barbas que era mejor alcurnia la de los Peñalosas que los Ortices?
Leonardo	Parece que me, voy acordando ya.
Melchor	iAh? Gloria a Dios. Pues aquese Melchor aguátele con alguna cosita al principio porque no vaya a secas, y verá lo que pasa.

Leonardo	Ah, señor Melchor Ortiz.
Melchor	Agora soy contento. ¿Qué manda vuesa merced?
Leonardo	¡Oh, mal os haga Dios! ¿Qué, tantos términos habemos de tener para que salgáis?
Melchor	Que no lo hago en mi álima, sino porque sienta esta mala vieja que soy honrado en la boca de vuesa merced. Que para mi contento con un oyes me sobra tanto como la mar.
Leonardo	¿Pues qué se le da a ella de todo aqueso?
Melchor	Que dice ella que es mejor que mi madre, con no haber hombre ni mujer en todo mi pueblo que en abriendo la boca no diga más bien de ella que las abejas del oso.
Leonardo	Aqueso, de bien quista debe ser.
Melchor	¿Pues de qué? En verdad, señor, que no se ha hallado tras dolía tan sola una macula.
Leonardo	Mácula querrás decir.
Melchor	Mujer que todo el mundo la alaba. ¿No es harto, señor?
Leonardo	Pues no sé qué se dice por ahí de sus tramas.
Melchor	No hay que decir. ¿Qué pueden decir? Que era un poco ladrona, como Dios y todo el mundo sabe, y algo deshonesta de su cuerpo: lo demás no fuera ella... ¿Cómo llaman aquestas de cuero que hinchen de vino, señor?
Leonardo	Bota.
Melchor	¿No le sabe vuesa merced otro nombre?

Leonardo	Borracha.
Melchor	Aqueso tenía también que en esotro así podían fiar de ella oro sin cuento, como a una gata parida una vara de longanizas, o de mí una olla de puchas, que todo lo ponía en cobro.
Leonardo	Eso es cuanto a la madre. ¿Y tu padre era oficial?
Melchor	Señor, miembro dizque era de justicia en Constantina de la Sierra.
Leonardo	¿Qué fue?
Melchor	Miente vuesa merced los cargos da un pueblo.
Leonardo	Corregidor.
Melchor	Más bajo.
Leonardo	Alguacil.
Melchor	No era para alguacil, que era tuerto.
Leonardo	Porqueron.
Melchor	¡No valía nada para correr, que le habían cortado un pie por justicia.
Leonardo	Escribano.
Melchor	En todo nuestro linaje no hubo hombre que supiese leer.
Leonardo	¿Pues qué oficio era el suyo?
Melchor	¿Cómo los llaman a aquesos que de un hombre hacen cuatro?

Leonardo	Bochines.
Melchor	Así, así, bochín, bochín, y perrero mayor de Constantina do la Sierra.
Leonardo	Por cierto que sois hijo de honrado padre.
Melchor	¿Pues cómo dice la señora Peñalosa que puede ella vivir con mi zapato, siendo todos hijos de Adrián y Esteban?
Leonardo	Calla un poco, que tu señora sale, y éntrate.

Escena II

Leonardo, Eufemia

Eufemia	¿Qué madrugada ha sido esta, Leonardo, mi querido hermano?
Leonardo	Carísima Eufemia, querría, si Dios de ello fuere servido, comenzar hoy mi viaje y encaminarme a aquellas partes que servido fuere.
Eufemia	Qué, ¿todavía estás determinado de caminar sin saber a do? Cruel cosa es ésta. Mi hermano eres, pero no te entiendo. ¡Ay sin ventura! que cuando a pensar me pongo tu determinación y firme propósito, la muerte de nuestros carísimos padres se me representa. ¡Ay hermano! acordarte debrías que al tiempo que tu padre y mío murió, cuanto a ti del quedé encomendada; por ser mujer y menor que tú. No hagas tal, hermano Leonardo: ten piedad de aquesta hermana desconsolada, que a ti con justísimas plegarias se encomienda.
Leonardo	Cara y amada Eufemia, no procures estorbar con tus piadosas lágrimas lo que tantos días ha que tengo determinado, de lo cual sola la muerte sería parte para

estorballo. Lo que suplicarte se me ofrece es que hagas aquello que las virtuosas y sabias doncellas, que del amparo paterno han sido desposeídas y apartadas, suelen hacer: no tengo más que avisarte, sino que do quiera que me hallare, serás a menudo con mis letras visitada. Y por agora en tanto que yo me llego a oír misa, harás a ese mozo que entienda en lo que anoche le dejé mandado.

Eufemia	Ve, hermano, en buen hora, y en tus oraciones pido a Dios que me preste aquel sufrimiento que para soportar tu ausencia me será conveniente.
Leonardo	Así lo haré: queda con Dios.

Escena III

Eufemia, Melchor

Eufemia	Ortiz. Melchor Ortiz.
Melchor	Señora. Tomado lo han a destajo esta mañana.
Eufemia	Sal aquí, que eres de menester.
Melchor	Ya, ya, no me digáis más, que ya voy atinando lo que me quiere.
Eufemia	Pues si lo sabéis, haceldo y despachá, que vuestro señor es ido a oír misa, y será presto de vuelta.
Melchor	No sé por dónde me lo comience.
Eufemia	Con tal que se haga todo, comenzá por do querréis.
Melchor	Ora, sus, ya voy en el nombre de Dios. ¿Mas sabe vuesa merced qué querría yo?
Eufemia	No, si no lo dices.

| Melchor | Saber a lo que vó, o a qué. |

| Eufemia | ¿Qué te mandó tu señor anoche antes que se fuese a acostar? Oíslo, Jimena de Peñalosa. |

Escena IV

Eufemia, Melchor, Jimena

| Jimena | Mi ánima, entrañas de quien bien os quiere. ¡Ay! Si he podido dormir una hora en toda esta noche. |

| Eufemia | ¿Y de qué, ama? |

| Jimena | Mosquitos, que en mi conciencia unas herroñadas pegan, que mal año para abejón. |

| Melchor | Debe dormir la señora abierta la boca. |

| Jimena | Si duermo o no, ¿qué le va al gesto de renacuajo? |

| Melchor | ¿Cómo quiere la señora que no se peguen a ella los mosquitos, si de ocho días que tiene la semana se echa los nueve hecha cuba? |

| Jimena | ¡Ay! Señora, ¿paréscele a vuesa merced que se ha dejado decir ese cucharón de comer gachas en mitad de mi cara? ¡Ay!, plegue a Dios que en agraz te vayas. |

| Melchor | ¡En agraz! A lo menos no la podrán comprender a la señora esas maldiciones, aunque me perdone. |

| Jimena | ¿Por qué, molde de bodoques? |

| Melchor | ¿Cómo se puede la señora chapa de palmito ir en agraz, si a la contina está hecha uva? |

| Jimena | Aosadas, don mostrenco, si no me lo pagáredes. |

| Melchor | Pase adelante la cara de mula que tiene torozón. |

| Jimena | ¡Ay!, señora, déjeme vuesa merced llegar a ese pailón de cocer meloja. ¿Qué le parece cual me para el aguja de ensartar manilates? ¡Paramento de bodegón!, allega, allega, cantón de encrucijada, aparejo para cazar abejarucos. |

| Eufemia | Paso, paso, ¿qué es esto? No ha de haber más crianza, siquiera por quien tenéis delante? |

Escena V

| Cristina | y dichos. |

| Cristina | ¡Ay! Señora, ¿y no hay un palo para este lechonazo? Por mi salud si no parece que anda acá fuera algún juego de cañas según, el estruendo. |

| Eufemia | En verdad que parecen contino, estando juntos, gato y perro. |

| Cristina | Haría mejor a buena re, ese señor Ortiz, de mirar por aquel cuartago, que tres días ha no se le cae la silla de encima. |

| Melchor | Mas me maravillo, hermana Cristina, de lo que dices. ¿Cómo demonio se le ha de caer, si está con la gurupera y con entrambas a dos las cinchas engarrotadas? |

| Eufemia | Librada sea yo del que arriedro vaya. ¿Parécete que es bien estar el cuartago sin quitar la silla tres días ha? Ved con qué alientos estará para hacer jornada. |

| Jimena | Los recados del señor. |

Melchor   ¿Qué recados? Si yo no le tuviera tan buena voluntad, ¿dejáralo estar ansí?

Cristina   ¿Y parécete a ti que procede de buen querer dejalle con la silla tres días?

Melchor   Pardiez, hermana Cristina, que la verdad que te diga, yo no le dejé dormir vestido, sino porque se alegrase con la silla y freno nuevo que tiene. Otro peor mal no tuviese, que esotro bien le pasaría.

Eufemia   ¡Ay amarga! ¿y qué?

Melchor   Que desde que señor vino anteyer del alquería, maldito el grano de cebada que ha probado, de todos cuantos piensos le he puesto.

Eufemia   ¡Jesús! Dios sea conmigo: ¿pues agora lo dices? Corre, Cristina, mira si es verdad lo que este dice.

Melchor   Verdad, señora, así como yo soy hijo de Gabriel Ortiz y Arias Carrasco, verdugo y perrero mayor de Constantina de la Sierra.

Jimena   Honrados dictados tenía el señor vuestro padre.

Melchor   Tal me haga a mi Dios, amen.

Eufemia   Harto bien te deseas por cierto.

Melchor   Señora, no se engañe vuesa merced, que en ahorcando mi padre a cualquiera, no hablaba más el juez en ello que si nunca hubiera tocado en él.

Cristina   ¡Ay señora, qué desventura tan grande! Mire vuesa merced cómo habla de comer el rocín con treno y todo en la boca.

Eufemia	¿Con freno?

Melchor	Sí señora, el freno, el freno.

Eufemia	¿Pues con el freno le has dejado, traidor?

Jimena	¿Pues he de ser yo adivinador, o vengo yo de casta para ser tan mal criado como aqueso?

Eufemia	¿Pues qué mala crianza era desenfrenar un rocín?

Melchor	Si te entrenó nostramo, ¿paréscele que era límite de buena crianza, y diera buena cuenta de mí en deshacer lo que señor había hecho?

Jimena	La retórica como la quisiéredes, que respuesta no ha de faltar.

Melchor	¿Retórica? ¿Sabe que la mamé en la leche?

Eufemia	¿Tan sabia era su madre del señor

Melchor	Pardiez, señora, las noches por la mayor parte en levantándose de la mesa, no había pega ni tordo en gavia que tanto chirlase.

Cristina	Ay, señora, éntrese vuesa merced; remediarse ha lo que se pudiere, que ya mi señor dará vuelta y querrá luego partir.

Eufemia	Bien has dicho, entremos.

Jimena	Pase delante el de los buenos recados.

Melchor	Vais ella, la de las buenas veces.

Acto II

Escena I

Polo, Vallejo

Calle.

Polo   A buen tiempo vengo, que ninguno de los que quedaron de venir han allegado: pero ¿qué aprovecha, si yo por cumplir con la honra de este desesperado de Vallejo he madrugado antes de la hora que limitamos? ¡Catad que es cosa hazañosa la deste hombre, que ningún día hay en toda la semana que no pone los lacayos de casa, o parte dellos, en revuelta! Mirá hora por qué diablos se envolvió con Grimaldicos el paje del capiscol, siendo uno de los honrados mozos que hay en el pueblo. Hora yo tengo de ver cuánto tira su barra, y a cuánto alcanza su ánimo, pues presume de tal valiente.

Vallejo   ¿Tal se ha de sufrir en el mundo? ¿Cómo puede pasar una cosa como ésta, y más estando a la puerta de la Seo, donde tanta gente de lustre se suele llegar? ¿Hay tal cosa, que un rapaz descaradillo que ayer nació se me quiera venir a las barbas, y que me dirán a mí los lacayos de mi amo que calle por ser el capiscol su señor amigo de quien a mí me da de comer? Así podría yo andar desnudo e ir de aquí a Jerusalén los pies descalzos y con un sapo en la boca atravesado en los dientes, que tal negocio dejase de castigar. Acá está mi compañero. ¡Ah! mi señor Polo, ¿acaso ha venido alguno de aquellos hombrecillos?

Polo   No he visto ninguno.

Vallejo   Bien está, señor Polo: la merced que se me ha de hacer es que aunque vea copia de gente, dobléis vuestra capa y os asentéis encima, y tengáis cuenta en los términos que llevo en mis dependencias, y si viéredes algunos muertos a mis pies (que no podrá ser menos, placiendo a la Majestad divina), el ojo a la justicia en tanto que yo me doy escape.

Polo   ¿Cómo? ¿Qué tanto pecó aquel pobre mozo que os habéis querido poner en necesidad a vos y a vuestros amigos?

Vallejo   ¿Mas quiere vuesa merced, señor Polo? Sino que llevando el rapaz la falda al capiscol su amo, al dar la vuelta tocarme con la contera en la faja de la capa de la librea. ¿A quién se le hubiera hecho semejante afrenta que no tuviera ya docena y media de hombres puestos a hacer carne momia?

Polo   ¿Por tan poca ocasión? ¡Válame Dios!

Vallejo   ¿Poca ocasión os parece reírseme después en la cara, como quien hace escarnio?

Polo   Pues de verdad que es Grimaldicos honrado mozo, y que me maravillo hacer tal cosa; pero él vendrá y dará su descargo, y vos, señor, le perdonaréis.

Vallejo   ¿Tal decís, señor Polo? Mas me pesa que sois mi amigo, por dejaros decir semejante palabra. Si aqueste negocio yo agora perdonase, decidme vos, ¿cuál queréis que ejecute?

Polo   Hablad paso, que veisle aquí do viene.

Escena II

Polo, Vallejo, Grimaldo

Grimaldo   Ea, gentileshombres, tiempo es agora que se eche este negocio a una banda.

Polo

Aquí estaba rogando al señor Vallejo que no pasase adelante este negocio; y halo tomado tan a pechos que no basta razón con él.

Grimaldo

Hágase vuesa merced a una parte, y veamos para cuánto es esa gallinilla.

Polo

Hora, señores, óiganme una razón, y es que yo me quiero poner de por medio: veamos si me harán tan señalada merced los dos que no riñan por agora.

Vallejo

Así me podrían poner delante todas las piezas de artillería que están por defensa en todas las fronteras de Asia, África y Europa, con el serpentino de bronce que en Cartagena está desterrado por su demasiada soberbia, y que volviesen agora a resucitar las lombardas de hierro colado con que aquel cristianísimo rey don Fernando ganó a Baza, y finalmente aquel tan nombrado galeón de Portugal con toda la canalla que lo rige viniese, que todo lo que tengo dicho y mentado fuese bastante para mudarme de mi propósito.

Polo

Por Dios, señor, que me habéis asombrado, y que no estaba aguardando sino cuando habíades de mezclar las galeras del gran turco, con todas las demás que van de levante a poniente.

Vallejo

¿Qué, no las he mezclado?, pues yo las doy por emburulladas, vengan.

Grimaldo

Señor Polo, ¿para qué tanto almacén? Hágase a una banda, y déjeme con ese ladrón.

Vallejo

¿Quién es ladrón, babosillo?

Grimaldo

Tú lo eres; ¿hablo yo con otro alguno?

Vallejo	¿Tal se ha de sufrir? ¿Que se ponga este desbarbadillo conmigo a tú por tú?
Grimaldo	Yo, liebre, no he menester barbas para una gallina como tú; antes con las tuyas delante del señor Polo pienso limpiar las suelas de estos mis estivales.
Vallejo	¡Las suelas, señor Polo! ¿Qué más podía decir aquel valerosísimo español Diego García de Paredes?
Grimaldo	¿Conocístele tú, palabrero?
Vallejo	¿Yo, rapagón? El campo de once a once que se hizo en el Piamonte, ¿quién le acabó sino él y yo?
Polo	¿Vuesa merced? ¿Y es cierto eso del campo?
Vallejo	¡Buena es esa pregunta! Y aún unos pocos de hombres que allí sobraron por estar cansado, ¿quién les acabó las vidas sino aqueste brazo que veis?
Polo	Pardiez que me parece aquello una cosa señaladísima.
Grimaldo	Que miente, señor Polo. Un hombre como Diego García de Paredes, ¿se había de acompañar con un ladrón como tú?
Vallejo	¿Ladrón era yo entonces, palominillo?
Grimaldo	Si entonces no, agora lo eres.
Vallejo	¿Cómo lo sabes tú, ansarino nuevo?
Grimaldo	¿Cómo? ¿Qué fue aquello que te pasó en Benavente, que está la tierra más lleno dello que de simiente mala?
Vallejo	Ya, ya sé qué es eso: a vuesa merced que sabe de negocios de honra, señor Polo, quiero contárselo, que

a semejantes pulgas no acostumbro dar satisfecho. Yo, señor, fui a Benavente a un caso de poca estofa, que no era más sino matar cinco lacayos del conde, porque quiero que lo sepa. Fue porque habían revelado una mujercilla que estaba por mí en casa del padre en Medina del Campo.

Polo   Toda aquella tierra sé muy bien.

Vallejo   Después que ellos fueron enterrados, y yo por mi retraimiento me viese en alguna necesidad, acodiciéme de un manto de un clérigo y unos manteles de casa de un bodegonero donde yo solía comer, y cogiome la justicia, y en justo y en creyente, etc. Y esto es lo que aqueste rapaz está diciendo. Pero agora, ¿fáltame a mí de comer en casa de mi amo para que use yo de aquesos tratos?

Grimaldo   Suso, que estoy de priesa.

Vallejo   Señor Polo, aflójeme vuesa merced un poco aquestas ligagambas.

Polo   Aguarde un poco, señor Grimaldo.

Vallejo   Agora apriéteme aquesta estringa del lado de la espada.

Polo   ¿Está agora bien?

Vallejo   Agora métame una nómina que hallará al lado del corazón.

Polo   No hallo ninguna.

Vallejo   ¿Qué? ¿No traigo una nómina?

Polo   No por cierto.

Vallejo	Lo mejor me he olvidado en casa debajo de la cabecera del almohada, y no puedo reñir sin ella. Espérame aquí, ratoncillo.
Grimaldo	Vuelve acá, cobarde.
Vallejo	Hora, pues sois porfiado, sabed que os dejára un poco más con vida si por ella fuera. Déjeme, señor Polo, hacerá ese hombrecillo las preguntas que soy obligado en descargo de mi conciencia.
Polo	¿Qué le habéis de preguntar? Deci.
Vallejo	Déjeme vuesa merced hacer lo que debo. ¿Qué tanto ha, golondrinillo, que no te has confesado?
Grimaldo	¿Qué parte eres tú para pedirme eso, cortabolsas?
Vallejo	Señor Polo, vea vuesa merced si quiere aquese pobrete mozo que le digan algo a su padre, o que misas manda que le digan por su alma.
Polo	Yo, hermano Vallejo, bien conozco a su padre y madre, cuando algo sucediese, y sé su posada.
Vallejo	¿Y cómo se llama su padre?
Polo	¿Qué os va en saber su nombre?
Vallejo	Para saber después quién me querrá pedir su muerte.
Polo	Ea, acabad ya, que es vergüenza: ¿no sabéis que se llama Luis de Grimaldo?
Vallejo	¿Luis de Grimaldo?
Polo	Sí, Luis de Grimaldo.

Vallejo   ¿Qué me cuenta vuesa merced?

Polo   No más que aquesto.

Vallejo   Pues, señor Polo, tomad aquesta espada, y por el lado de derecho apretad cuanto pudiéredes, que después que sea ejecutada en mí esta sentencia, os diré el porqué.

Polo   Yo, señor, líbreme Dios que tal haga, ni quite la vida a quien nunca me ha ofendido.

Vallejo   Pues, señor, si vos por serme amigo rehusáis, vayan a llamar a un cierto hombre de Piedrahita, a quien lo he muerto por mis propias manos casi la tercera parte de su generación, y aquese como capital enemigo mío vengará en mí propio su saña.

Polo   ¿A qué efecto?

Vallejo   ¿A qué efecto me preguntáis? ¿No decís que es ese hijo de Luis de Grimaldo, alguacil mayor de Lorca?

Polo   Y no de otro.

Vallejo   ¡Desventurado de mí! ¿Quién es el que me ha librado tantas veces de la horca, sino el padre de aquese caballero? Señor Grimaldo, tomad vuestra daga, y vos mismo abrid aqueste pecho, y sacadme el corazón, y abrilde por medio, y hallaréis en él escripto el nombre de vuestro padre Luis de Grimaldo.

Grimaldo   ¿Cómo? Que no entiendo eso.

Vallejo   No quisiera haberos muerto por los santos de Dios, por toda la soldada que me da mi amo. Vamos de aquí, que lo quiero gastar lo que de la vida me resta en servicio deste gentilhombre en recompensa de las palabras que sin le conocer he dicho.

| Grimaldo | Dejemos aqueso, que yo quedo, hermano Vallejo, para todo lo que os cumpliere. |

| Vallejo | Sus, vamos, que por el nuevo conocimiento nos entraremos por casa de Malara el tabernero, que aquí traigo cuatro reales: no quede solo un dinero que todo no se gaste en servicio de mi más que señor Grimaldo. |

| Grimaldo | Muchas gracias, hermano: vuestros reales guardaldos para lo que os convenga, que el capiscol mi señor querrá dar la vuelta a casa, y yo estoy siempre para vuestra honra. |

| Vallejo | Señor, como criado menor me puede mandar. Vaya con Dios. ¿Ha visto vuesa merced, señor Polo, el rapaz como es entonallo? |

| Polo | A fe que parece mozo de honra. Pero vamos que es tarde. ¿Quién quedó en guarda de la milla? |

| Vallejo | El lacayuelo quedó. ¡Ah Grimaldico, Grimaldico, cómo te has escapado de la muerte por dárteme a conocer! Pero guarte no vuelvas a dar el menor tropezoncillo del mundo, que toda la parentela de los Grimaldos no sejá parte para que a mis manos ese pobrete escritilla, que aún está con la leche en los labios, no me le rindas. |

Escena III

Leonardo, Melchor

Plaza pública.

| Melchor | ¡Oh, gracias a Dios que me le deparó! ¿Parécele que ha sido buena la burla? ¿Ésta es la compañía que me prometió de hacer antes que saliésemos de nuestra tierra, y lo que mi señora le rogó? |

Leonardo	¿Qué fue lo que me rogó, que no me acuerdo?
Melchor	¡No lo rogó que me hiciese buena compañía?
Leonardo	¿Pues qué mala compañía has tú de mí recibido en esta jornada?
Melchor	Fíase el hombre en él, pensando luego daremos la vuelta, y ha unas siete horas que anda un hombre como perro rastrero, y a mal ni a bien no lo he podido dar alcance.
Leonardo	¿No podíades dar la vuelta a la posada temprano, ya que no me hallabas?
Melchor	Acabé ya. ¿Tenía yo blanca para dar al pregonero?
Leonardo	¿Y para qué al pregonero, acemilón?
Melchor	Para que me pregonara como a bestia perdida, y así de lance en lance me adestrara donde a vuesa merced le habían aposentado.
Leonardo	¿Qué, tan poca habilidad es la tuya que a la posada no atinas?
Melchor	¿Pues si atinara, había de estar agora por desayunarme?
Leonardo	¿Qué, no has comido? ¿Es posible?
Melchor	¡Calle! ¿Tengo el buche templado como halcón cuando le hacen estar en dieta de un día para otro?
Leonardo	¿Cómo diablos te perdistes esta mañana?
Melchor	Como vuesa merced iba ocupado hablando con aquel amigo, que no fue hombre, sino azar para mí, yo desviéme un poco, pensando que hablaba de secreto y no más,

cuanto doy la vuelta a ver una tabla de pasteles que llevaba un mochacho en la cabeza; atraviesan a mí otros dos (que verdaderamente el uno parecía a vuesa merced en las espaldas) y los dos cuélanse dentro en la Seo a oír misa que decían, que duró hora y media: yo contino allí detrás pensando que era vuesa merced, y cuando se volvió a decir el benelicamus dolime, que responden los otros dougráfilas, lleguéme a de aquel que le parecía, y díjele: ea, señor, ¿habemos de irá casa? Él, que vuelve la cabeza, y me ve, dijo: ¿conócesme tú, hermano?

Leonardo

¡Oh quién te viera!

Melchor

Yo que veo el preito mal parado, acudo a las puertas para volverte a buscar, y mis pecados que siempre andan haciéndome gestos, hállolas todas cerradas.

Leonardo

¡Cuál andarías!

Melchor

Yo diré qué tal. ¿Ha visto vuesa merced ratón caído en ratonera, que buscando por do soltarse anda dando topetadas de un cabo a otro para huir?

Leonardo

Sí, he visto algunas veces.

Melchor

Pues ni más ni menos andaba el sin ventura de Melchor Ortiz Carrasco, hasta que fortuna me deparó a una parte una puertecilla por do vi salir algunas gentes que se habían quedado rezagadas a oír aquella misa, que era la postrera. Pero vamos, señor, si habemos de ir.

Leonardo

¿Adónde?

Melchor

¿Dizque adónde? A casa.

Leonardo

¿A casa? ¿Y a qué a tal hora?

Melchor

Señor, para tomar por la boca un poco de orégano y sal.

Leonardo   ¿Para qué sal y orégano?

Melchor   Para echar las tripas en adobo.

Leonardo   ¿Cómo?

Melchor   Señor, ya ellas están vinagre de pura hambre, con el orégano y sal ternán con que sustentarse si le parece a vuesa merced.

Leonardo   Pues agora no puede ser: anda acá conmigo, que Valiano, que es señor de aqueste pueblo, con quien yo agora de nuevo he asentado, está en vísperas, y téngole de acompañar, y oirás las más solemnes voces que oíste en toda tu vida.

Melchor   Vamos, señor, enhorabuena; pero si oír veces se pudiese excusar, recibiría yo señaladísima merced.

Leonardo   ¡Ah, don traidor! Que agora pagaréis lo que al cuartaguillo hicistes estar ayuno: ¡ah! ¿acordaisos?

Melchor   Pues pecador fui yo a Dios, hiciérame pagar vuesa merced el pecado donde cometí el delito, y no donde así me puedo caer a una cantonada desas que no hallaré quien me diga: ¿qué has menester?

Leonardo   Ora, suso, toma toda esa calle adelante, y pregunta por el hostal del Lobo: cata aquí la llave, y come tú de lo que hallares en el aposento, y aguárdame en la posada hasta que yo vaya.

Melchor   Agora va razonablemente el partido de Melchor; ¿pero no sabríamos lo que sobró para mí?

Leonardo   Camina, que yo aseguro que no quedarás quejoso.

| Melchor | Yo voy: quiera Dios que ansí sea. |

Escena IV

Leonardo, Polo

| Polo | Guarde Dios al gentilhombre. |

| Leonardo | Vengáis norabuena, mancebo. |

| Polo | Dígame, ¿es vuesa merced un extranjero que llegó los días pasados a este pueblo en compañía del mayordomo de aquesta tierra? |

| Leonardo | Yo creo que soy aquese por quien preguntáis; ¿mas por qué lo decís? |

| Polo | Porque anoche sobre mesa trataron de la habilidad suya, y asimismo como era vuesa merced muy gentil escribano y excelente contador: finalmente que sería mucha parte su buena habilidad para entender y tratar en el oficio de secretario de Valiano mi señor, porque como hasta agora sea mozo y por casar, no tiene copia cumplida de los oficiales que a su estado y renta conviene. Holgara yo que vuesa merced quedara en esta tierra y en servicio del señor de ella, por ser uno de los virtuosos caballeros que hay en estas partes. |

| Leonardo | Holgaré por cierto de quedar, porque aquese caballero y yo, que no sé quién es, nos topamos una jornada de aquí, y sabiendo la voluntad mía que era de estar en servicio de un señor que fuese tal, él por la virtud suya me ha encaminado a esta tierra: asimismo como de mi cosecha no tengo habilidad ninguna, si no es aqueste escribir y contar que cuando niño mis padres (que en gloria sean) me enseñaron, acordaría aquese gentilhombre de dar aviso a vuestro señor de mí, por ver si para su servicio fuese suficiente y hábil. |

Polo	Por cierto, señor, que se muestra en él bien que debe de ser persona en quien habrá más que de él se dice, pero yo creo que andan por la villa en busca suya; vuesa merced vaya a palacio adonde le están aguardando, que no será razón dejar pasar tan buena coyuntura, sino hacer hincapié que todos le seremos prestos para su servicio.
Leonardo	Muchas gracias, yo lo agradezco voime.
Polo	Vaya con Dios.
Leonardo	Beso sus manos.

Escena V

Paulo, Polo

Paulo	¿Qué es lo que haces, Polo?
Polo	Ya puede ver, señor Paulino.
Paulo	¿Has habido noticia de este gentilhombre que voy buscando por la villa?
Polo	Ah, agora se va de aquí derecho a palacio, por habelle dado aviso que van en busca suya.
Paulo	¿Qué manera de hombre o edad es a lo que muestra?
Polo	Gentil mancebo y dispuesto es, señor, y muy buena plática que tiene, y su edad será de veinticinco o treinta aires.
Paulo	¿Ya bien tratado?
Polo	Según su traje, de ilustre prosapia debe ser su descendencia.

| Paulo | ¿De qué nación? |

| Polo | Español me paresce. |

| Paulo | Anda, vamos. |

| Polo | Vaya vuesa merced, que yo por acá me quiero ir a dar vuelta por ver si podré alcanzar una visita de mi señora Eulalia, la negra. |

Acto III

Escena I

Valiano, Leonardo, Vallejo

Calle. Noche oscura.

| Valiano | La causa, Leonardo, por qué a tal hora conmigo te mandé que apercibido con tus armas salieses, no fue porque yo viniese a cosa hecha, sino solamente por comunicar contigo aquel negocio que ayer me comenzaste mi apuntar, y por eso te he traído por calles tan escombradas de gentes: solamente a Vallejo el lacayo dije que tomase su espada y capa, mandándole quedar a esa cantonada para que con gran vigilancia y cuidado no seamos de nadie espiados, mandándole que haga la guardia. |

| Vallejo | ¿Adolos? ¿Dónde van? Mueran los traidores. |

| Valiano | Paso, paso: ¿a quién has visto? ¿Qué te toma? |

| Vallejo | ¡Ah pecador de mí! Señor, ¿a qué efecto has salido a poner en peligro tu persona? Vete, señor, a acostar y el señor Leonardo, y déjame con ellos, que yo los enviaré antes que amanezca a casar gaviluchos a los robres de Mechualon. |

Valiano	¡Válate el demonio! ¿No aseguras ese corazón? ¿Quién me había de enojar en mi tierra, bausan?
Vallejo	¡Oh! Reniego de los aparejos con que cazan las tórtolas en la Calabria, ¿y eso dices, señor? ¿No ves que es de noche, pecador soy a Dios, y a lo escuro todo es turbio? A fe de bueno que si no reconociera la voz del señor Leonardo, que no fuera mucho quedar la tierra sin heredero.
Valiano	¿A mí, traidor?
Vallejo	No sino dormí sin perro: es menester, señor, que de noche vaya avisada la persona, porque en mis manos está el determinarme, y en las de aquel que firmó el gran horizonte con los polos árticos y tantárticos volver la de dos filos a su lugar.
Valiano	Todo me parece bien si no te emborrachases tan a menudo.
Vallejo	Eres mi señor y tengo de sufrirte; mas a decírmelo otro, no fuera mucho que estuviese con los setenta y dos.
Valiano	Agora quédate ahí, y ten cuenta con que no nos espíe nadie, que es mucho de secreto lo que hablamos.
Vallejo	A hombre lo encomiendas, que aunque venga el dse las patas de avestruz con todos sus secuaces dando tenazadas por esa calle, no bastará a mudarme el pie derecho donde una vez le clavare.
Valiano	Así conviene. Volvamos a nuestro propósito, Leonardo, y dime: aquesa hermana tuya, después de ser tan hermosa como dices, ¿es honesta y bien criada?
Leonardo	Señor, tú te puedes mejor informar que yo decirlo; porque al fin como yo sea parte y tan principal, no deberían mis

razones ser admitidas como de otro cualquiera. La falta, señor, que yo le fallo es ser mi hermana, que en lo demás podía ser mujer de cualquier señor de título según su manera.

Vallejo   Señor Leonardo.

Leonardo   ¿Qué hay, hermano Vallejo?

Valiano   Mira, Leonardo, qué quiere ese mozo.

Vallejo   Señor, parece que entendí que hablaban en negocio de mujeres; y si acaso es así, por los cuatro elementos de la profundísima tierra, no hay hoy día hombre en toda la redondez del mundo que más corrido esté que yo, ni con más razón.

Valiano   ¿Cómo, Vallejo?

Vallejo   ¿Y habla, señor, a quien se pudiese encargar un negocio semejante como a mí?

Valiano   ¿De qué manera?

Vallejo   ¿Hay en toda la vida airada, ni en toda la máquina astrologal, a quien más sujeción tengan las mozas que a Vallejo tu lacayo?

Valiano   Calla, villano.

Vallejo   No te engañes, señor, que si conocieses lo que yo conozco en la tierra, aunque seas quien seas, pudiéraste llamar de veras bienaventurado, si fueras como yo dichoso en amores.

Valiano   Tú, ¿qué puedes conocer?

Vallejo

¡Malograda de Catalinilla la vizcaína! La que quité en Cáliz de poder de Barrientos el sotacómitre de la galera del Grifo que no andaba en toda el armada moza de mejor talle que era ella.

Leonardo

Hermano Vallejo, cállate un poco.

Vallejo

No lo digo sino porque hablamos de ballestas.

Valiano

¿No callarás, di?

Vallejo

¡Ah, Dios te perdone, Leonor de Valderas! Aquella, digo a vuesa merced, que era mujer para dar de comer a un ejército.

Valiano

¿Qué Leonor era aquesta?

Vallejo

La que yo saqué de Córcega, y la puse por fuerza en un mesón de Almería, y allí estúvose nombrando por mía, hasta que yo desjarreté por su respeto a Mingalarios, corregidor de Estepa.

Valiano

Válate el diablo.

Vallejo

Y corté el brazo a Vicente Arenoso, riñendo con él de bueno a bueno en los percheles de Málaga el agua hasta los pechos.

Valiano

Prosigue, Leonardo, que si ello es ansí como tú lo pintas, podrá ser que se hiciese por ti más de lo que piensas.

Leonardo

Señor, yo siempre rescibí y recibo de tu mano mercedes sin cuenta, pero en cuanto a esta hermana mía, tú sabrás que es más de lo que tengo dicho.

Vallejo

¡Válame nuestra Señora del Pilar de Zaragoza! ¡Ah, ladrones, ladrones! Leonardo, apunto, apunto.

Leonardo   ¿Qué es aqueso que has visto?

Valiano   ¿Quién son?

Vallejo   Tente, tente, señor, no eches mano, que ya todos han huido.
               ¡Ah! Rapagones, en gurullada me vais, agradesceldo...

Valiano   ¿A quién?

Vallejo   Yo me lo sé: señor Leonardo, en dejando a nuestro amo
               en casa, quiero que vamos tú y yo a dar una escurribanda
               a casa de Bulbeja el tabernero.

Leonardo   ¿Para qué?

Vallejo   Para verme con aquellos forasteros que por aquí han
               pasado; que, según soy informado, no ha media hora que
               llegaron de Marbella, y traen una rapaza como un serafín.

Valiano   ¿Qué dice ese mozo, Leonardo?

Leonardo   No lo entiendo, señor.

Vallejo   ¡Dizque no lo entiende! Sé que no hablo yo en algarabía.
               Veamos de cuando acá han tenido ellos atrevimiento
               de meter vaca en la dehesa sin registralla el dueño del
               armadijo.

Valiano   Hora yo quiero, Leonardo, si te paresce, dar parte desto
               a algunas personas principales de mi casa, porque no
               digan que en un negocio como éste me determiné sin
               dalles parte.

Leonardo   Señor, a tu voluntad sea todo.

Vallejo   Vamos, señor, que aquí tengo ciertas haciendas antes
               que amanezca.

Valiano	¿Qué haciendas tienes tú, beodo?

Vallejo	Señor, un negocio de hartos quilates de honra.

Valiano	Veamos los quilates.

Vallejo	Ya lo he dicho al señor Leonardo: cobrar unas blanquillas de ciertos jayanes que son venidos aquí a mofar de la tierra: veamos de quién tomaron licencia, sin registrar primero delante de aqueste estival.

Valiano	Sus, baste ya, tira adelante.

Vallejo	Nunca Dios lo quiera, que más guardadas van tus espaldas con mi sombra y seguro, que si estuvieras metido en la Mota de Medina, y cargada sobre ti la fornida puente levadiza con que la fuerza de noche se asegura.

Escena II

Eufemia, Cristina

Sala en casa de Leonardo

Eufemia	Cristina hermana, ¿qué te parece del olvido tan grande como Leonardo mi querido hermano ha tenido en escribirme, que ya son pasados buenos días que letra dél no he visto? ¡Oh ánimas del purgatorio bienaventuradas! Poned en corazón a aquel hermano que con sus letras o con su persona me torne alegre y gozosa.

Cristina	Calla. señora mía, no te fatigues, que no habrá podido más, especialmente que quien sirve a otro pocas veces es de sí señor. Bien sé yo que a él no le faltará voluntad para hacello, sino que negocios por ventura más arduos de aquel señor a quien sirve le estorbarán de hacer lo que él querría. Así, señora mía, no debes enojarte, que cuando no te pienses verás lo que deseas.

| Eufemia | ¡Ay, amiga mía! Dios por su piedad inmensa lo haga de manera que con letras suyas esta casa nuestra sea contenta y alegre. |

Escena III

Eufemia, Cristina, Ana

| Ana | Paz sea en esta casa, paz sea en esta casa. Dios te guarde, señora honrada. Dios te guarde. Una limosnica, cara de oro, cara de siempre novia: daca que Dios te hará prosperada, y te dé lo que deseas. Buena cara, buena cara. |

| Cristina | ¿No podéis demandar desde allá fuera? ¡Ay, señora mía, y qué importuna gente! Que en lugar de apiadarse la persona dellas y de su pobreza, las tiene odio según sus importunidades y sus ahíncos. |

| Ana | Calla, calla, garrida, garrida. Dame limosna por Dios, y direte la buenaventura que tienes de haber tú y tu señora. |

| Eufemia | ¿Yo? ¡Ay cuitada! ¿Qué ventura podrá tener que sea próspera la que del vientre de su madre salió sin ella? |

| Ana | Calla, calla, señora honrada: pon un dinerico aquí, sabrás maravillas. |

| Eufemia | ¿Qué tiene de saber la que contino estuvo tan falta de consuelo, cuanto colmada de zozobras, miserias y afanes? |

| Cristina | ¡Ay señora! Por vida suya que le dé alguna cosa, y oigamos los desatinos que aquestas por la mayor parte suelen decir. |

| Ana | Escucha, escucha, pico de urraca, que más sabemos cuando queremos que nadie piensa. |

Eufemia   Acabemos; toma y dale aqueso, y vaya con Dios.

Cristina   A buena fe que antes que se vaya nos ha de catar el
                 signo.

Eufemia   Déjala, y váyase, con Dios, que no estoy agora de esas
                 gracias.

Ana   Sosiega, sosiega, señora gentil, ni tomes fatiga antes de
                 su tiempo, que harta te está aparejada.

Eufemia   Yo lo creo: agora sí habéis acertado.

Cristina   No se entristezca, señora, que todo es burla y mentiras
                 cuanto estas echan por la boca.

Eufemia   ¿Y la esportilla de los afeites que tienes escondida en el
                 almariete de las alcominias es burla?

Cristina   ¡Ay señora! Que habla por la boca del que arriedro vaya.
                 Ansí haya buen siglo la madre que me parió, que dice la
                 mayor verdad del mundo.

Eufemia   ¿Hay tal cosa? ¿Qué, es posible aqueso?

Cristina   Como estamos aquí: decí más, hermana.

Ana   No querría que te corrieses por estar tu señora delante.

Cristina   No haré por vida de mi ánima: ¿qué puedes tú decir que
                 sea cosa que perjudique a mi honra?

Ana   ¿Dame licencia que lo diga?

Cristina   Digo que sí, acabemos.

| Ana | El par de las tórtolas, que hiciste creer a la señora que las habían comido los gatos, ¿dónde se comieron? |

| Cristina | Mira de qué se acuerda: aqueso fue antes que mi señor Leonardo se partiese desta tierra. |

| Ana | Así es la verdad, pero tú y el mozo de caballos os las comistes en el descanso de la escalera: ¡ah! Bien sabéis que digo en todo la verdad. |

| Cristina | Malograda, me coma la tierra, me reina la tierra, si con los ojos lo viera, dijera mayor verdad. |

| Ana | Pues, señora, una persona tienes lejos de aquí que te quiere mucho, y aunque agora está muy favorecido de su señor, no pasará mucho que esté en peligro de perder la vida por una traición que le tienen armada: mas calla, que aunque sea todo por tu causa, Dios, que es verdadero juez y no consiente que ninguna falsedad esté mucho tiempo oculta, descubrirá la verdad de todo ello. |

| Eufemia | ¡Ay desventurada hembra! Por causa mía dices que se verá esa persona en peligro. ¿Y quién podrá ser, cuitada, si no fuese mi querido hermano? |

| Ana | Yo, señora, no sé más; pero pues en cosa de las que a tu criada se han dicho no ha habido mentira, yo me voy, quedad en buen hora, que si algo más supiere, yo te vendré a avisar: quedad con Dios. |

| Cristina | ¿Y de mí no me dices nada si seré casada o soltera? |

| Ana | Mujer serás de nueve maridos, y todos vivos. ¿Qué más quieres saber? Dios te consuele, señora. |

| Eufemia | ¿No me dices más de mi negocio, y así me dejas dudosa de mi salud? |

| Ana | No sé más que decirte, solamente que tu trabajo no será tan durable que en el tiempo del más fuerte peligro no lo revuelva prudencia y fortuna, que todos remanezcáis tan contentos y alegres, cuanto la misericordia divina lo sabe obrar. |

Escena IV

Eufemia, Cristina

| Cristina | ¡Ay amarga de mí! Señora, ¿y no ve que me dijo que dizque sería yo mujer de nueve maridos, y que todos estarían vivos? ¡Ay malaventurada fui yo! ¿Y cómo puede ser aqueso? |
| Eufemia | Calla, déjame; que aunque todo cuanto estas dicen puede pasar por señalada burla, con lo que me ha dicho, más triste quedo y más afligida que la oscura noche. Entrémonos. |

Acto IV

Escena I

Valiano, Paulo

Gabinete del palacio de Valiano

Valiano	Dime, Paulo, ¿y es posible esto que me cuentas, que tú has estado en la casa desta Eufemia, hermana deste alevoso y malvado de Leonardo, a quien yo en tanta alteza he puesto?
Paulo	Digo, señor, que sí.
Valiano	¿Y tú propio has dormido con ella en su mismo lecho?

Paulo

Que yo propio he dormido con ella en su mismo lecho. ¿Qué más quieres?

Valiano

Agora, mi fidelísimo Paulo, resta de contarme del arte que con ella te pasó.

Paulo

Señor, pasome con ella aquello que pasa con las demás. No fue cierto menester dar muchas vueltas; antes ella de verme pasar por su calle y mirar a una ventana, me envió una criadilla que tiene, llamada por más señas Cristina.

Valiano

¿Y la criada qué te dijo?

Paulo

Si habla menester algo de aquella casa. Yo, como lo sabía antes de agora, así como yo había dicho a vuesa merced que no eran menester muchos casamenteros, coleme allá, especialmente que de otras vueltas la dama me conocía y me había llevado mis reales: quedeme aquella noche por huésped, y así otras tres adelante, y visto bien las señas de su persona, como yo, señor, prometí, vine a darte cuenta de lo que había pasado.

Valiano

¿En fin?

Paulo

En fin, que ella me dio, para que no me pusiese en el sombrero o en la gorra, un pedazo de un cabello que le nace del hombro izquierdo, en un lunar grande, y por ser señales que el señor su hermano Leonardo y tu muy privado no puede negar, acordé de traello: veislo aquí, agora yo he cumplido con quien soy y con la fidelidad que como vasallo te debo. Tú, señor, ordena que ningún traidor se ría de ti, ni menos que otro se atreva de aconsejarte, siendo criado tuyo, semejante caso, especialmente donde tan gran quilate pendía de tu honra.

Valiano

No cures, Paulo, que bien entendido tenía yo dese traidor que en son de hacerme señalado servicio, quería dar deshonra a esta antigua casa; yo te prometo que no me pague esta traición menos que con la vida, y que asimismo tú seas galardonado con grandes mercedes por tan señalados servicios.

Paulo

Ansí conviene, señor, porque el traidor sea por quien. es conocido, y el bueno y leal por su fidelidad remunerado.

Valiano

Vamos, Paulo, que yo te prometo que su castigo sea escarmiento para los presentes y por vertir.

Paulo

Ve, señor, que así es menester que en los traidores se ejecute la justicia.

Escena II

Eufemia, Cristina

Sala en casa de Leonardo

Eufemia

¡Ay! Cristina hermana: ven acá, aconséjame tú aquello que hacer debo, que de crueles angustias tengo aqueste corazón cercado. ¿Qué te diré, sino que después que aquella gitana con nosotras estuvo, una hora sin mil sobresaltos no he vivido? Porque aunque como en burlas tomé sus palabras, así veo a los ojos sus desconsolados pronósticos.

Cristina

¿Cómo, señora mía? ¡Ay! Por Dios no te vea yo triste, ni imagines tal, que si en alguna cosa por yerro aciertan, en dos mil devanean; porque todo cuanto hablan no es a otro fin sino por sacar de aquí y de allí con sus palabras lo más que pueden, y pues aqueste es su oficio, no intentes, señora mía, lo que no cabe en juicio de discretos dalles fe alguna.

Eufemia

¡Ay Cristina! Yo bien tengo entendido que es así como tú dices, pero ¿qué quieres, si no puedo quitar de mí esta imaginación?

| Cristina | Calla, señora, encomiéndalo todo a Dios, que es el remediador de todas las cosas. Mas por el siglo de mi madre, he aquí a Melchor Ortiz. |

Escena III

Eufemia, Cristina, Melchor

| Cristina | ¡Ah! Melchor hermano, tú seas muy bien venido. ¿Qué nuevas traes a mi señora? Dí, ¿qué tal queda señor? |

| Melchor | Señor bueno está, aunque no le han hecho aquello que dice que le han de hacer. |

| Eufemia | ¿Qué le han de hacer? Dime presto. |

| Melchor | ¡Válame Dios! Y no se acuite vuesa merced, que primero bien sé que le han de confesar, que ya lo ha dicho el uno de aquestos que andan encapuchados. |

| Cristina | ¿Que andan encapuchados? Frailes querrás decir. |

| Melchor | Sí, sí. |

| Cristina | ¿Qué es lo que le han dicho, Melchor? |

| Melchor | Que ordene su álima, y que no será nada placiendo a Dios, que en despegándole aqueste de aquesto, le sacarán de la cárcel. |

| Eufemia | ¡Ay! Cristina, yo me muero. |

| Cristina | Callad, señora mía, no diga tal que aqueste sin duda desvaría: ¿no lo conoce ya vuesa merced? ¿Díjote algo señor? ¿Diote carta para mi señora? |

Melchor	Díjome que me morase acá, porque no quería que le sirviese ninguno después de finado.
Cristina	¿Cómo finado? ¿Qué dices?
Melchor	Digo que no lo ha en voluntad que le finen, sino que se esté como se estaba con su gaznate y todo, pero él su camine ha de hacer.
Cristina	Asno, ¿hate dado alguna carta?
Melchor	¿Dijiste asno a un hombre que puede ya dar consejo según las viñas y almendrales que hay por ahí adelante?
Cristina	¿Traes carta de tu señor? acaba, dilo.
Melchor	¿No te dicen ya que sí? ¿Qué diablos le toma?
Cristina	¿Pues adola?
Melchor	Mira, Cristina, lávame aquestos pies, y zahúmame esta cabeza, y dame de almorzar, y déjate de estar a temas conmigo.
Cristina	¿Que te lave yo? Lávete el mal fuego que te abrase; daca la carta.
Melchor	Mírela, señora, en esa talega.
Cristina	No viene aquí nada.
Melchor	Pues si no viene, ¿qué quiere que le haga yo? ¿Téngome de acordar dónde está por fuerza?
Eufemia	Dácala, hijo, dime dónde la traes, por un solo Dios.
Melchor	Señora, déjeme volver allá a preguntar a mi señor, si lo hallare por morir, adónde la puso, y acabemos.

Eufemia   ¡Ay cuitada! Mira que es aquello que blanquea en aquella caperuza.

Melchor   Déjalo, dimuño, que es un papel entintado que me dio mi amo el que solía ser, para señora.

Eufemia   ¡Ay! Pecadora fui a Dios: ¿pues que es lo que te han estado pidiendo dos horas ha?

Melchor   ¿Pues aqueso es carta? Yo por papel lo tenía: tómela, que por su culpa no se ha caído por el camino, que después que la puso ahí el que si place a Dios han de finar la semana que viene, no me he acordado mas della que de la primera escudilla de gachas que me dio mi madre.

Eufemia   Cristina, hija, lee tú esa carta, que no tendré yo ánimo ni aún para vella.

Cristina   (Lee.) Sea dada en la mano de la más cruel y malvada hembra que hasta hoy se ha visto.

Melchor   Para ti debe de venir, Cristina, según las señas dicen.

Cristina   Calla un poco. (Lee.) Carta de Leonardo para Eufemia. «Si de las justas querellas que de tu injusta y abominable persona, Eufemia, a Dios dar debo, de su mano divina el justo premio sobre ti se ejecutase, no sé si sería bastante tu deshonestísimo y infernal cuerpo a soportar lo que por sus nefandos e inauditos usos merece. ¿Cuál ha sido la causa, maldita hermana, que siendo tú hija de quien eres, y descendiendo de padres tan ilustres, cuya bondad te obligaba a regir en parte alguna, en tanta disolución y deshonestidad hayas venido, que no sólo te des libremente a los que tu nefando cuerpo codician, mis aun tanta parte a tus enamorado das de él, que públicamente y en tela de justicia se muestran contra mí co cabellos del lunar de tu persona? De mí cierta estarás que moriré por alabar a quien no conocía, pues ya la sentencia del señor, a quien contigo quería engañar, revocar no se puede, que solos veinte días de tiempo me han dado para que yo ordene mi ánima y para si algún descargo pudiere dar. Y porque para quejarme de ti sería derramar razones al viento, vive a tu voluntad, falsa y deshonesta mujer, pues yo de ello pagaré con la cabeza lo que tú con tu disolución ofendiste».

Eufemia   ¿Qué es esto? ¿Qué es lo que oigo? ¡Ay desventurada de mí! ¿Qué deshonestidades tan grandes han sido las mías, o quién es aquel que con verdad habrá podido, si no fuere con grandísima traición y engaño, no solamente dar señas de mi persona, pero ni aun verme, como tú sabes, por mil paredes?

Cristina   ¡Ay señora mía! Que si fatiga alguna mi señor tiene, yo he sido la causa, que no tú; y si me perdonares, yo bien te diría lo que de aquesto alcanzo.

Eufemia   Dí lo que quisieres: no dudes del perdón, con que me des alguna claridad de lo que en esta atribulada carta oigo.

Cristina   Sabe pues, señora mía, que aunque yo te confiese mi yerro, no tengo tanta culpa, por pecar de ignorancia, como si por malicia lo hiciera.

Eufemia   Di, acaba ya, que no es tiempo de estar gastando tanto en palabras: di lo que hay, no me tengas suspensa, que muero por entenderte.

Cristina   Sabe, señora mía, que en los días pasados un hombre como extranjero me pidió por ti, diciéndome si sería posible poderte ver o hablar: yo, como viese tu tan grande recogimiento, díjele que lo tuviese por imposible. y él fue tan importuno conmigo, que le dije las señas de toda tu persona, y no contengo con esto, hizo conmigo que te quitase una parte del cabello que en el lunar del hombro derecho tienes: yo, pensando que no hacía ofensa a tu honra, ni a nadie, tuve por bien, viéndole tan afligido, de hurtártelo estando durmiendo, y así se lo di.

Eufemia

No me digas más, que algún grande mal debe de haber sucedido sobre ello. Vamos de aquí, que yo me determino de ponerme en lo que en toda mi vida pensé, y dentro del término destos veinte días ir allá lo más encubiertamente que pueda. Veamos si podré en algo remediar la vida de este carísimo hermano, que sin saber la verdad, tantas afrentas y tantas lástimas me escribe.

Cristina

Si tú aqueso haces y en el camino te apresuras, yo lo doy todo, con el auxilio divino, por remediado. Vamos.

Melchor

¿Yo tengo de ir allá?

Cristina

Sí, hermano; ¿pues quién nos había de servir por el camino sino tú?

Melchor

Pardiez, aunque hombre hubiese de aprender para hacer cartas de marcaje, no le hiciesen atravesar más veces este camino, pero vaya.

Acto V

Escena I

Paulo

Calle.

Paulo

¡Oh cuán bien van los negocios míos, y cuán bien he sabido valerme! ¡Oh qué astucias he tenido para desprivar a este advenedizo de Leonardo! ¡Oh cuán alegre me ha hecho la fortuna, y cuán largo crédito he cobrado con Valiano! Bien está: que pocos son los días que le faltan de cumplir de la dilación que lo pusieron para que de sí diese descargo alguno, si lo tenía. ¿Qué hombre habrá en toda esta tierra de más buena ventura que yo, en haciendo justicia de aqueste? Pues quizá tengo mal testigo en Vallejo, lacayo, pues por interese de dos doblas que le prometí en el camino cuando conmigo fue, dice que se matará con todos cuantos dijeren al contrario de lo que tengo dicho. Mas voime, que no sé quién viene, no quiero ser oído de nadie, por ser el caso de la suerte que es.

Escena II

Polo

Polo	¡Oh! Bendito sea Dios, que me ha dejado escabullir un rato de aqueste importuno de Valiano mi señor, que no parece sino que todo el día está pensando en otro, sino en cosas que fuera de propósito se encaminan. Agora yo estoy asombrado como Leonardo, a los ojos de todos tan honrado y cuerdo mozo, le quisiese así engañar con darle a entender que su hermana fuese tan buena, que para ser mujer suya le faltase nada. Con su pan se lo coma, que gran priesa se dan ya para que pague con la gorja lo que pecó con la lengua. Dios me guarde de ser entremetido, acá me quiero andar siguiendo mi planeta, que si aquesta mi Eulalia se va conmigo, como me tiene prometido, yo soy uno de los bienaventurados hombres de todo mi linaje. Ya estoy a su puerta: aquí sobre la calle en este aposento sé que duerme. ¿Qué señas haré para que salga? ¡Oh! Bien va, que aquella que canta es.

Escena III

Polo, Eulalia

Eulalia (Canta.)	Gila Gonzalé de la vila yama: no sé yo madres si me la abriré.

Gila Gonzalé
yama la torre:
abrime la voz,
fija Yeonore,
porque lo cabayo
mojaba falcone:
no sé yo madres
si me la abriré.

Polo   ¡Ah! Señora mía Eulalia. ¡Ah! Señora. ¡Qué embebida está en la música!

Eulalia   ¡Jesu! Ofréscomela Dios turo poderoso, criador na cielos e na tierras.

Polo   ¡Ah! Señora Eulalia, no te alteres, que el que te llama no te desea sino hacerte todo servicio.

Eulalia   ¿Parésete a vos que eso da bon gemplos, a la ventana de una dueña honradas, recogidas como yo, facer aqueya cortesía a tal horas?

Polo   No me debe haber conocido. ¡Ah!, señora Eulalia.

Eulalia   Mal años para vos: ¿y parécete bien a la fija de la hombre honrados facer cudolete a la puta ajenas?

Polo   ¡Oh pecador de mí! Asómate, señora Eulalia, a esa ventana, y verásmo, y sabrás de cierto quién soy.

Eulalia   ¿Quién está ahí? ¡Jesu! O la voz me la miente, o es aqueya que yama mi señor Poyos.

Polo   ¡Oh! Bendito aquel que te dejó entender.

Eulalia   ¡Ay! Señor míos, ¿a tales horas?

Polo

Señora mía, por una pieza como vuesa merced aun no es temprano para servilla.

Eulalia

Pues a bona fe que está la persona de mala ganas.

Polo

Que la guarde Dios, ¿y de qué?

Eulalia

Siñor, preséntame la siñora doña Idonza, un prima mía, una botetas de lejías para enrubiarme los cabeyos; y como yo sá tan delicara, despójame na cabeza como nas ponjas, pienso que tenemos la mala ganas.

Polo

¡Válame Dios! ¿Pues no hay remedio para eso?

Eulalia

Sí, sí, guáreme Dios, ya me envía a visitar la siñora navadesa la monja Sancta Pabla, y me dice que me enviará una malacina para que me lo quiten como las manos.

Polo

¿Pues agora te pones a enrubiar?

Eulalia

Sí, ¿por qué no? ¿No tengo yo cabeyo como la otro?

Polo

Sí, cabellos, y aun a mis ojos no hay brocado que se le compare.

Eulalia

Pues, buenafe, que ha cinco noche que face oración a siñor Nicolás de Tramentinos.

Polo

San Nicolás de Tolentino querrás decir: ¿y para qué haces la oración, señora?

Eulalia

Quiere casar mi amos, y para que me depares Dios marido a mi contentos.

Polo

Anda, señora, ¿y cómo agora haces aqueso? ¿No me has prometido de salirte conmigo?

Eulalia	Y cómo, siñor, ¿no miras más que esos? ¿Parécete a vos que daba yo bon gemplo y cuenta de mi linajes? ¿Qué te dirá cuantas señoras tengo yo por mi migas en esta tierra?
Polo	¿Y la palabra, señora, que me has dado?
Eulalia	Siñor, ona forza neva nerrechos se pierde: honra y barbechos no caben la sacos.
Polo	¿Pues qué honra pierdes tú, señora, en casarte conmigo?
Eulalia	Ya yo lo veo, señor. Mas quiero vos; sacarme y napues perdida na tierra. ¡Que te conozco!
Polo	Mi reina, ¿aqueso me dices? No te podría yo dejar que primero no dejase la vida.
Eulalia	¡Ah! Traidoraz, dolor de torsija que rebata tolo rombres: a otro hueso con aquese perro, que yo ya la tengo rozegados.
Polo	En verdad, señora, que te engañas; pero dime, señora, ¿con quién te querían casar?
Eulalia	Yo quiere con un cagañeroz; dice mi amo que no, que más quiere con unoz potecarioz; yo dice que no, dice mi amo: caya, fija, quien tenga el oficio tenga maleficio.
Polo	¿Pues yo no soy oficial?
Eulalia	¿Quin oficios, siñor Poyoz?
Polo	Adobar gorras, sacar manchas, hacer ruecas y husos, y echar soletas y brocales a calabazas: otros mil oficios, que aunque agora me ves servir de lacayo, yo te sustentaré a toda honra. No dejes tú de sacar con que salgamos la primera jornada, que después yo te haré señora de un

estrado y cama de campo y guadameciles: ¿qué quieres más, mi señora?

Eulalia	Agora sí me contenta; ¿más sabe que querer yo, siñor Poyos?
Polo	No, hasta que me lo digas.
Eulalia	Que me comprar una monas, un papagayos.
Polo	¿Para qué, señora?
Eulalia	Los papagayos para que enseña a fablar en jaula, y lo mona para que la tengas yo a mi puerta como dueña de estabro.
Polo	De estrado querrás decir.
Eulalia	Sí, sí, ya la digo yo. Nafablo, ¿mas sabe que me falta rogar a mi siñora doña Beatriz que me presa un ventayos para caminos?
Polo	¿Para qué es el ventalle, señora?
Eulalia	Para ponéme lantre la cara, porque si me mira alguna conoscida no me la conoscas.
Polo	Señora, yo lo haré; mas voime que toda la tierra está revuelta por ir a ver a aquel pobre de Leonardo, que hoy mandan que se haga justicia de él.
Eulalia	¡Ay malogrados!, por cierto que me pesas como si no fueras mi fijo; mas si marinas busca, tome lo que baila.
Polo	A Dios, mi señora, que ya el día se viene a más andar, y la gente madruga hoy más que otros días por tomar lugar: porque el pobreto como era tan bien quisto de todos,

aunque era extranjero, toda la gente irá para ayudalle con sus oraciones.

Eulalia ¡Ay! Amarga se vea la madre que le parió.

Polo Hasta mi amo Valiano le pesa extrañamente con su muerte; mas aquel Paulo, contrario suyo, que es el que trajo las señas de su hermana, lo acusa valientemente, y ése le ha traído al término en que agora está: a Dios.

Eulalia El Espíritu Santo te guarda mi ánima, y te libra entretutanto.

Polo ¡Pese a tal con la galga! ¡Yo la pienso vender en el primer lugar, diciendo que es mi esclava, y ella póneseme en señoríos! Espántome cómo no me pidió dosel y todo en que poner las espaldas. ¿No tengo un real, que piensa la persona sacárselo delas costillas, y demandante, papagayo y mona?

Eulalia Siñor Poyos, siñor Poyos.

Polo ¿Qué hay, mi vida?

Eulalia Tráigame para mañana un poquito de mosaza, un poquito de trementinos de la que yaman de puta.

Polo De veta querrás decir: ¿y para qué quieres todo eso, señora?

Eulalia Para hacer una muda para las manos.

Polo ¿Qué? Con esa color me contento yo, señora, no has menester ponerte nada.

Eulalia Así la verdad, que aunque tengo la cara morenicas, la cuerpo tienes como un terciopelo dobles.

Polo	A ser más blanca no valías nada: a Dios, que así te quiero yo pará hacer reales.

Eulalia	Gulate la Celetina, que guiaba la toro la enamorados.

Escena IV

Eufemia, Cristina

Plaza delante del palacio de Valiano

Cristina	Señora, aquí estamos bien, porque en este lugar podrás aguardar que al tiempo que Valiano salga, le digas lo que te parecerá.
Eulalia	Aquel todopoderoso Señor que sabe y entiende todas las cosas, declare y saque a luz una tan grande traición; de suerte que la verdad sea manifiesta, y aquel carísimo hermano libre, pues de tan falsa acusación así él como yo somos sin culpa.
Cristina	Esfuérzate, señora, que a tiempo somos que se descubrirá la verdad, de suerte que cada cual quede por quien es reputado.
Eufemia	Oye, que pasos suenan, gente sale, y aquel de la mano derecha, según su manera, debe de ser Valiano, señor de todas aquestas tierras.
Cristina	¡Ay, señora mía!, y el que con él viene es él extranjera al que yo por su importunidad di las señas de su merced y de su cuerpo.
Eufemia	Calla, que hablando salen.

Escena V

Valiano, Paulo, Vallejo, Acompañamiento y dichas.

Valiano   Dime, Paulo, ¿está ya todo puesto a punto?

Paulo   Señor, si, que yo he puesto en ello la diligencia que conviene, para que el traidor pague y tú quedes sin queja.

Valiano   Bien has hecho: mas ¿qué gente es aquesta?

Paulo   Señor, no las conozco, extranjeras parecen.

Valiano   Voto a tal, que la delantera paréceme moza de chapa: desde aquí la acoto para que coma en el plato que come el hijo de mi padre.

Eufemia   Señor ilustre, extranjera soy, en tu tierra me hallo, justicia te pido.

Valiano   De eso huelgo yo infinitísimo, que esté en mi mano haceros algún favor, que aunque no fuese más que por ser extranjera, vuestro arte y buen aseo provoca, a cualquiera a haceros todo servicio; así que demandad lo que quisiéredes, que cuanto a la justicia que pedís, nada se os negará.

Eufemia   Justicia, señor, que malamente soy ofendida.

Valiano   ¿Ofendida, y en mi tierra? Es que no soportaré.

Vallejo   Suso, señor, armémonos todos los de casa y dame a mí la mano; verás cuán presto revuelvo los rincones de esta ciudad, y la hago sin querella.

Valiano   Calla, Vallejo. Decidme, señora, ¿quién es el que ha sido parte para enojaros?

Eufemia   Señor, ese traidor que cabe tienes.

Paulo	¿Yo? ¿Burláis de mí, señora querréis pasar tiempo con las gentes?
Eufemia	No me burlo, traidor, que de me ellas veces que dormiste conmigo en mi cama, la postrer noche me hurtaste una joya muy rica, debajo la cabecera de mi cama.
Paulo	¿Qué es lo que decís, señora? Por otro quizás me habréis tomado, que yo no os conozco, ni sé quien sois. ¿Cómo me levantáis cosa que en toda mi vida tal pensé hacer?
Eufemia	¡Ah, don traidor! ¿Qué, no te bastaba aprovecharte de mi persona como te has aprovechado, sino aun robarme mi hacienda?
Valiano	Paulo, responde: ¿es verdad lo que esta dueña dice?
Paulo	Digo, señor, que es el mayor levantamiento del mundo: ni la conozco, ni la vi en mi vida.
Eufemia	¡Ay! Señor, que lo niega aquese traidor por no pagarme mi joya.
Paulo	No llaméis traidor a nadie, que si traición hay, vos la traéis, pues afrentáis a quien en su vida os ha visto.
Eufemia	¡Ay traidor! ¿Qué, tú no has dormido conmigo?
Paulo	Que digo que no os conozco, ni sé quién sois.
Eufemia	¡Ay señor! Tómenle juramento, que él dirá la verdad.
Valiano	Poné la mano en vuestra espada, Paulo.
Paulo	Que juro, señor, por todo lo que se puede jurar, que ni he dormido con ella, ni sé su casa, ni la conozco, ni sé lo que se habla.

Eufemia	Pues, traidor, oigan tus oídos lo que tu infernal boca ha dicho; pues con tus mismas palabras te has condenado.
Paulo	¿De qué manera? ¿Qué es lo que decís? ¿Qué os debo?
Eufemia	Di, desventurado, si tú no me conoces, ¿cómo me has levantado tan grande falsedad y testimonio?
Paulo	¿Yo testimonio? Loca está esta mujer.
Eufemia	¿Yo loca? ¿Tú no has dicho que has dormido conmigo?
Paulo	¿Yo he dicho tal? Señor, si tal hay, por justo juicio sea yo condenado y muera mala muerte a manos del verdugo delante de vuestra presencia.
Eufemia	Pues si tú, alevoso, no has dormido conmigo, ¿cómo hay tan grande escándalo en esta tierra por el testimonio que sin conocerme me has levantado?
Paulo	Anda de allí con tu testimonio, o tus necedades.
Eufemia	Dime, hombre sin ley, ¿no has tú dicho que has dormido con la hermana de Leonardo?
Paulo	Sí, lo he dicho, y aun traído las señas de su persona.
Eufemia	¿Y esas señas, cómo las hubiste? ¿Si tú, traidor, me tienes delante, que soy la hermana de Leonardo, cómo no me conoces, pues tantas veces dices que has dormido conmigo?
Valiano	Aquí hay gran traición, según yo voy entendiendo.
Cristina	Hombre sin ley, ¿tú no me rogaste que te diese las señas de mi señora? Aunque agora por venir disfrazada no me conozcas. ¿Y viendo tu fatiga tan grande, le corté un

pedazo de un cabello del lunar que en el hombro derecho
tiene y te lo di, sin pensar que a nadie hacía ofensa?

Valiano	¡Ah, don traidor!, que no puedes negar la verdad, pues tú
mismo por tu boca lo has confesado.

Vallejo	Afuera hay cantos, mosca de Arjona. También me quería
el señor coger en el garlito.

Valiano	¿De qué manera?

Vallejo	Rogome en el camino cuando fuimos con él que testificase
yo como él había dormido con la hermana de Leonardo,
por lo cual me había prometido para unas calzas, y
hubiérame pesado, si en lugar de calzas me dieran un
jubón de cien ojetes.

Valiano	Suso, tomen a este alevoso y pague por la pena del
talión. ¡Qué bien sabía yo lo que en mi fiel Leonardo tenía!
Sáquenle de la prisión y sea luego restituido en su honra,
y a este traidor córtenle luego la cabeza en el lugar que él
para mí Leonardo tenía aparejado.

Vallejo	Que se hago, señor mío, luego su mandamiento.

Valiano	Y esta señora noble, pues tan bien supo salvar la villa de
su hermano, quede en nuestras tierras y por señora dellas
y mía, que aún no pienso pagalle con todo aquesto la
tribulación que su hermano en la cárcel y ella por le salvar
habrán padecido.

Vallejo	Señor, in corbona es: ya está el levantador de falsos
testimonios, el desventurado de Paulo, en poder del
alcalde con todos aquellos cumplimientos que vuesa
merced me mandó.

Valiano	Suso, córtense libreas a todos los criados de mi casa; y
vos, señora mía, dadme la mano y entremos a yantar, que

yo quiero que vos y vuestro hermano comáis juntamente conmigo por tan sobrado regocijo, y después hacer lo que debo en cumplimiento de lo que a Leonardo había prometido.

Eufemia   Como tú, señor, lo mandares, seré yo la dichosa.

Escena VI

Vallejo

Vallejo   Abrazado va mi amo con la rapaza. Pero yo soy el mejor librado de este negocio, pues me escapé de arrebatar una centena por testigo falso. Yo voy, que haré falta en casa. Auditores, no hagáis sino comer, y dad la vuelta a la plaza, si queréis ver descabezar un traidor y libertar un leal, y galardonar a quien en deshacer tal trama ha sido solícita, y avisada y diligente. Et vale.

[Lope de Rueda]

El convidado

Paso

Personajes

Licenciado
Jaquima
Bachiller
Brazuelos
Caminante

Caminante

Zaguán de casa pobre.

Caminante	Uno de los grandísimos trabajos que el hombre puede recibir en esta miserable vida, es el caminar y el superlativo faltalle los dineros. Dígolo esto porque se me ha ofrecido un cierto negocio en esta ciudad, y en el camino por las muchas aguas me han faltado los reales: no tengo otro remedio sino éste, que soy informado que vive en este pueblo un licenciado de mi tierra: veré si con una carta que lo traigo puedo ser favorecido. Ésta debe de ser la posada; llamar quiero: ¿quién está acá?
Bachiller	¿Quién llama? ¿Quién está ahí?
Caminante	Si está, salga vuesa merced acá fuera.
Bachiller	¿Qué es lo que manda?
Caminante	¿Sabrame dar vuesa merced razón de un señor licenciado?
Bachiller	No señor.
Caminante	Pues déjeme decir: él es hombre bajo, cargado de espaldas, barbinegro, natural de Burbáguena.
Bachiller	No le conozco, diga cómo se llama.
Caminante	Señor, allá se llamaba el licenciado Cabestro.
Bachiller	Señor, en mi posada está uno que se hace nombrar el licenciado Jáquima.
Caminante	Señor, ése debe de ser, porque de Cabestro a Jáquima harto parentesco me parece que hay: llámele.
Bachiller	Soy contento. ¡Ah! ¿Señor licenciado Jáquima?
Licenciado	¿Llama vuesa merced, señor Bachiller Brazuelos?
Bachiller	Sí señor, salga vuesa merced acá fuera.

Licenciado	Suplícole, señor, que me tenga por excusado, que ando metido en la fragancia del estudio, y estoy en aquello que dice, sicut adversus tempore, et quia bonus tempus est, non poniturillo.
Bachiller	Salgo, señor, que está aquí un señor de su tierra.
Licenciado	Oh válame Dios! Señor bachiller, ¿ha visto vuesa merced mi bonete?
Bachiller	Ahí quedó super Plinio.
Licenciado	Señor bachiller, ¿y mis pantuflos de camelote sin aguas halos visto?
Bachiller	Periquillo los llevó a echar unas suelas y capilladas, porque estaban maltratadillos.
Licenciado	Señor bachiller, ¿mi manteo hale visto?
Bachiller	Ahí le teníamos encima de la cama esta noche en lugar de manta.
Licenciado	Ya lo he hallado. ¿Qué es lo que manda vuesa merced?
Bachiller	¿Agora sale con todo eso a cabo de dos horas que te estoy llamando? Aqueste señor le busca, que dice que es de su tierra.
Licenciado	¿De mi tierra? Sí será, pues él lo dice.
Caminante	¿No me conoce vuesa merced, señor licenciado?
Licenciado	No le conozco en verdad, si no es para serville.

Caminante

¿No conoce vuesa merced a un Juanitico Gómez, hijo de Pero Gómez, que íbamos juntos a la escuela, y hicimos aquella farsa de los gigantillos?

Licenciado

Ansí, ansí, ¿es vuesa merced hijo de un tripero?

Caminante

Qué, no señor: ¿no se le acuerda a vuesa merced que mi madre y la suya vendían rábanos y coles allá en el arrabal de Santiago?

Licenciado

¿Rábanos y coles? Rasos y colchones quiso decir vuesa merced.

Caminante

Sea lo que mandare, mas a fe que no me conoce.

Licenciado

Ya, ya caigo en la cuenta, ¿no es vuesa merced el muchacho que hizo la moceta, aquel bellaquillo, aquel de las calcillas coloradas?

Caminante

Sí señor, yo soy ése.

Licenciado

¡Oh señor Joan Gómez! Señor bachiller, una silla, Periquillo, rapaz, una silla.

Caminante

Que no es de menester, señor.

Licenciado

¡Oh señor Joan Gómez! Abráceme. ¿Y diole alguna cosa que me trujese mi madre?

Caminante

Sí, señor.

Licenciado

Tórneme a abrazar, señor Joan Gómez. ¿Qué es lo que le dio? ¿Es cosa de importancia?

Caminante

¿Y pues no?

Licenciado

¡Oh señor Joan Gómez! Él sea muy bien venido; amuestre lo que es.

| Caminante | Es, señor, una carta que me rogó que le trujese. |

| Licenciado | ¿Carta, señor? ¿Y diole algunos dineros la señora mi madre? |

| Caminante | No, señor. |

| Licenciado | ¿Pues para qué quería yo carta sin dinero? Agora, señor Joan Gómez, hágame tan señalada merced de venirse a comer con nosotros. |

| Caminante | Señor, beso las manos de vuesa merced: en la posada lo dejo aparejado. |

| Licenciado | Hágame este placer. |

| Caminante | Señor, por no ser importuno yo haré su mandamiento, y de camino me traeré la carta que dejé encomendada al mesonero. |

| Licenciado | Pues vaya. |

| Caminante | Beso sus manos. |

(Sala de los estudiantes.)

| Licenciado | ¿Qué le paresce, señor bachiller Brazuelos, deste nuestro convidado? |

| Bachiller | Muy bien, señor. |

| Licenciado | A mí no, señor, sino muy mal. |

| Bachiller | ¿Por qué, señor? |

| Licenciado | Porque yo para convidalle ni tengo blanca, ni bocado de pan, ni cosa, ofrézcola a Dios, que de comer sea; y por |

tanto querría suplicar a vuesa merced, que vuesa merced me hiciese merced de me hacer merced (pues estas mercedes se juntan con esotras mercedes que vuesa merced suele hacer) me hiciese merced de prestarme dos reales.

Bachiller   ¿Dos reales, señor licenciado? ¿Saca burla del tiempo? Sabe vuesa merced que traigo este andrajo en la cabeza por estar mi bonete empeñado por seis dineros de vino en la taberna, ¿y pídeme dos reales?

Licenciado   ¿Pues no me haría vuesa merced una merced de pensar una burla en que se fuese este convidado con todos los diablos?

Bachiller   ¿Burla dice? Déjeme a mí el cargo, que yo le haré una que vaya diciendo que vuesa merced es muy honrado, y muy cabido con todos.

Licenciado   Así: ¿de qué manera lo hará vuesa merced?

Bachiller   Mire vuesa merced, él ha de venir agora a comer, vuesa merced se meterá debajo de esta manta, y en venir, juego preguntará: ¿qué es del señor licenciado? Yo le diré: el señor arzobispo le ha enviado a publicar ciertas buldas, que fue negocio de presto, que no se pudo hacer otra cosa.

Licenciado   ¡Oh cómo dice bien vuesa merced! Pues mire que pienso que es él que llama.

Caminante   Ha de casa.

Bachiller   Sí, él es, métase presto.

Licenciado   Mire que me cobije bien, que no me vea.

Caminante   Ha de casa.

Bachiller	¿Quién está ahí?¿Quién llama?
Caminante	¿Está en casa el señor licenciado?
Bachiller	¿A quién busca?
Caminante	Al señor licenciado Jáquima.
Bachiller	A comer pienso que verná vuesa merced.
Caminante	No vengo por cierto, señor.
Bachiller	Picadillo debe de traer el molino.
Caminante	No traigo en verdad.
Bachiller	No lo niegue vuesa merced. ¿Qué, para decir que viene a comer es de menester tantas retóricas?
Caminante	Verdad es que venía a comer, que el señor licenciado me había convidado.
Bachiller	Pues certifícole que tiene vuesa merced muy mal recado de esta vez, porque en casa no hay blanca, ni bocado de pan para convidalle.
Caminante	Pues no creo yo que el señor licenciado sacara burla de mí.
Bachiller	¿Qué, no me cree vuesa merced? Pues sepa que de puro corrido está puesto debajo de aquella monta.
Caminante	No lo creo si con mis ojos no lo viese.
Bachiller	¿Qué no? Pues mire vuesa merced cuán contrito está arrodillado.

Caminante	¡Jesús! ¡Jesús! Señor licenciado, ¿para mí era de menester tantos negocios?
Licenciado	Juro a Dios que ha sido muy bellaquísimamente hecho.
Bachiller	No ha estado sino muy bien.
Licenciado	No ha estado sino de muy grandísimo bellaco, que si yo me escondí, vos me lo mandásteis.
Bachiller	No os escondiérades vos.
Licenciado	No me lo mandáseis vos: y agradesceldo al señor de mi tierra, don bachillerejo de no nada.
Bachiller	¿De no nada? Aguarda.
Caminante	Id con todos los diablos, allá os averiguad vosotros mesmos.

[Lope de Rueda]

Las aceitunas

Paso

Personajes

Toruvio, simple viejo.
Agueda de Toruégano, su mujer.
Mencigüela, su hija.
Aloja, vecino.

Toruvio

Calle de un lugar.

Toruvio	¡Válame Dios, y qué tempestad ha hecho desde el resquebrajo del monte acá, que no parecía sino que el cielo se quería hundir y las nubes venir abajo! Pues decí agora qué os terná aparejado de comer la señora de mi mujer, así mala rabia la mate. ¿Oislo? Muchacha, Mencigüela. Sí, todos duermen en Zamora. Agueda de Toruégano, ¿oíslo?
Mencigüela	¡Jesús, padre! Y habeisnos de quebrar las puertas.
Toruvio	Mira qué pico, mira qué pico, ¿y adónde está vuestra madre, señora?
Mencigüela	Allá está en casa de la vecina, que le ha ido a ayudar a cocer unas madejillas.
Toruvio	Malas madejillas vengan por ella y por vos: andad, y llamalda.
Agueda	Ya, ya el de los misterios: ya viene de hacer una negra carguilla de leña, que no hay quien se averigüe, con él.
Toruvio	Si, carguilla de leña lo parece a la señora: juro al cielo de Dios, que éramos yo y vuestro ahijado a cargalla, y no podíamos.
Agueda	Ya, noramala sea, marido; iy qué mojado que venís!
Toruvio	Vengo hecho una sopa de agua. Mujer, por vida vuestra que me deis algo que cenar.
Agueda	¿Yo qué diablos os tengo de dar si no tengo cosa ninguna?
Mencigüela	¡Jesús, padre, y qué mojada que venía aquella leña!
Toruvio	Sí, despúes dirá tu madre que es el alba.

Agueda   Corre, muchacha, adrézale un par de huevos para que cene tu padre, y hazle luego la cama: y os aseguro, marido, que nunca se os acordó de plantar aquel renuevo de aceitunas que rogué que plantásedes.

Toruvio   ¿Pues en qué me he detenido sino en plantalle como me rogastes?

Agueda   Calla, marido, ¿y adónde lo plantastes?

Toruvio   Allí junto a la higuera breval, adonde si se os acuerda os di un beso.

Mencigüela   Padre, bien puede entrar a cenar, que ya está adrezado todo.

Agueda   Marido, ¿no sabéis qué he pensado? Que aquel renuevo de aceitunas que plantastes hoy, que de aquí a seis o siete años llevará cuatro o cinco hanegas de aceitunas, y que poniendo plantas acá y plantas acullá, de aquí a veinticinco o treinta años ternéis un olivar hecho y derecho.

Toruvio   Eso es la verdad, mujer, que no puede dejar de ser lindo.

Agueda   Mira, marido, ¿sabéis qué he pensado? Que yo cogeré el aceituna, y vos la acarrearéis con el asnillo, y Mencigüelala venderá en la plaza; y mira, muchacha, que te mando que no las des menos el celemín de a dos reales castellanos.

Toruvio   ¿Cómo a dos reales castellanos? ¿No veis que es cargo de consciencia, y nos llevará el amotacen cada al día la pena? Que basta pedir a catorce o quince dineros por celemín.

Agueda   Callad, marido, que es el veduño de la casta de los de Córdoba.

Toruvio	Pues aunque sea de la casta de los de Córdoba, basta pedir lo que tengo dicho.
Agueda	Hora no me quebréis la cabeza; mira, muchacha, que te mando que no las des menos el celemín de a dos reales castellanos.
Toruvio	¿Cómo a dos reales castellanos? Ven acá, muchacha, ¿a cómo has de pedir?
Mencigüela	A cómo quisiéredes, padre.
Toruvio	A catorce o quince dineros.
Mencigüela	Así lo haré, padre.
Agueda	¿Cómo así lo liaré, padre? Ven acá, muchacha, ¿a cómo has de pedir?
Mencigüela	A como mandáredes, madre.
Agueda	A dos reales castellanos.
Toruvio	¿Cómo a dos reales castellanos? Y os prometo que si no hacéis lo que y os mando, que os tengo de dar más de doscientos correonazos. ¿A cómo has de pedir?
Mencigüela	A cómo decís vos, padre.
Toruvio	A catorce o quince dineros.
Mencigüela	Así lo haré, padre.
Agueda	¿Cómo así lo haré, padre? Toma, toma, hacé lo que y os mando.
Toruvio	Dejad la muchacha.

| Mencigüela | ¡Ay madre! ¡Ay padre! Que me mata. |

| Aloja | ¿Qué es esto, vecinos? ¿Por qué maltratáis ansí la muchacha? |

| Agueda | ¡Ay señor! Este mal hombre que me quiere dar las cosas a menos precio, y quiere echar a perder mi casa: unas aceitunas que son como nueces. |

| Toruvio | Yo juro a los huesos de mi linaje, que no son ni aún como piñones. |

| Agueda | Sí son. |

| Toruvio | No son. |

| Aloja | Hora, señora vecina, haceme tamaño placer que os entréis allá dentro, que yo lo averiguaré todo. |

| Agueda | Averigüe, o póngase todo del quebranto. |

| Aloja | Señor vecino, ¿qué son de las aceitunas? Sacaldas acá fuera, que yo las compraré aunque sean veinte hanegas. |

| Toruvio | Qué, no señor, que no es de esa manera que vuesa merced se piensa, que no están las aceitunas aquí en casa, sino en la heredad. |

| Aloja | Pues traeldas aquí, que y os las compraré todas al precio que justo fuere. |

| Mencigüela | A dos reales quiere mi madre que se vendan el celemín. |

| Aloja | Cara cosa es esa. |

| Toruvio | ¿No le parece a vuesa merced? |

Mencigüela	Y mi padre a quince dineros.
Aloja	Tenga yo una muestra dellas.
Toruvio	Válame Dios, señor, vuesa merced no me quiere entender. Hoy he yo plantado un renuevo de aceitunas, y dice mi mujer que de aquí a seis o siete años llevará cuatro o cinco hanegas de aceituna, y que ella la cogería, y que yo la acarrease, y la muchacha la vendiese, y que a fuerza de derecho había de pedir a dos reales por cada celemín; yo que no, y ella que sí, y sobre esto ha sido la cuestión.
Aloja	¡Oh qué graciosa cuestión! Nunca tal se ha visto: las aceitunas no están plantadas, ¿y ha llevado la muchacha tarea sobre ellas?
Mencigüela	¿Qué le paresce, señor?
Toruvio	No llores, rapaza: la muchacha, señor, es como un oro. Hora andad, hija, y ponedme la mesa, que y os prometo de hacer un sayuelo de las primeras aceitunas que se vendieren.
Aloja	Hora, andad, vecino, entraos allá dentro, y tené paz con vuestra mujer.
Toruvio	A Dios, señor.
Aloja	Hora por cierto, que cosas vemos en esta vida, que ponen espanto. Las aceitunas no están plantadas y ya las habemos visto reñidas.

[Lope de Rueda]

Los engaños

Comedia

Personajes

Verginio, padre de Lelia.
Guiomar, negra.
Gerardo, padre de Clavela.
Frula, mesonero.
Lelia, bajo el nombre de Fabio.
Pajares, simple.
Clavela, dama.
Crivelo, lacayo.
Fabricio, hijo de Verginio.
Quintana, ayo de Fabricio.
Lauro, caballero.
Marcelo, amo de Clavela.
Julieta, criada.
Salamanca, simple.

Acto I

Escena I

Verginio, Gerardo

Calle.

Gerardo	¿Parécete, Verginio, ser tiempo de darse concisión en aquel concierto que ya otras veces tú y yo hemos comenzado a tener?
Verginio	Señor Gerardo, no tengas pensamiento que esté yo con menos congoja que tú podrás tener por no haber dado fin en un negocio que para cada uno de los dos tan deseado tenemos; mas no debes maravillarte, pues sabes que mi ausencia no ha dado lugar a que con más brevedad se efectuase.
Gerardo	Mira, señor Verginio, que si como yo muchas veces he imaginado no te hallares a tiempo ni con dineros para

comprar atavíos a tu hija, o para otras cosas que a este efecto conviene, dímelo, que de los que yo tuviere te prestaré de muy buena voluntad.

Verginio   Yo te lo agradezco, aunque por agora no faltan, señor.

Gerardo   Créelo en verdad; pero dime de gracia, ¿sabes si tu hija Lelia está en el monesterio?

Verginio   Guárdenos Dios, señor: ¿pues adónde había de estar, habiéndola yo dejado por mi propia mano en compañía de otra prima mía, que en el mismo monesterio ha hecho profesión? Mas dime, señor, ¿a qué efecto me lo preguntas?

Gerardo   No creas, señor, que lo pregunto sin causa.

Verginio   ¿Cómo?

Gerardo   Yo, señor, te lo diré. Has de saber que mediante el tiempo de tu ausencia yo envié disimuladamente a saber de esas señoras monjas si tu hija estaba en el monesterio, lo cual he sabido por cosa muy cierta que no está allá dentro, sino que anda acá fuera.

Verginio   Pues ten entendido, señor Gerardo, que si eso han dicho las monjas, no es sino por hacer a mi hija que profesase; porque así las unas como las otras he sabido yo que la han cobrado grandísima afición.

Gerardo   Bien lo creo.

Escena II

Pajares, Marcelo y dichos.

Pajares	¿Cuál volver? Juro al cielo de Dios allá no vuelva aunque me lo manden y supliquen saludadores a pie y descalzos, y aunque vengan en cueros.
Marcelo	Aguardad, don asno, que yo os haré decir de no, cuando os mandaren la cosa.
Pajares	¡Asno! ¿Paréseos bien cuál habéis parado la caña con que la otra hacia la cama? Agora hará la cama con los dedos.
Verginio	¿Qué es aquesto, Pajares? ¿Cómo sales ansí? ¿Qué ropas son esas?
Pajares	Las basquiñas de la señora Lelia.
Verginio	¿Quién te las vistió?
Pajares	Yo me las vestí.
Verginio	¿Para qué?
Pajares	Estase lavando mi sayo.
Verginio	¿Para qué se lava tu sayo?
Pajares	Embarreme anoche.
Verginio	¿Adónde?
Pajares	En el soterraño.
Verginio	¿Cómo?
Pajares	Caí: hay más son que caí.
Marcelo	Cayó el asno, cayó.

Pajares   Yo caí, yo: que hombre soy para caer cincuenta veces muy mejor que vos.

Verginio   Hora, no hay quien te entienda.

Pajares   Dizque no hay quien me entienda. Espere vuesa merced, que yo le cogeré a las palabras. ¿Qué está a la entrada de la escalera, junto junto al soterraño, al rincón?

Verginio   Ya, ya te entiendo.

Pajares   Pues ahí, mal punto, caí; hablando con reverencia, y casi medio de boca.

Verginio   ¿Pues cómo decías que te habías embarrado?

Pajares   Pues díjelo por afeitar el vocabro, que mejor dijera encerado o alquitrado, que no embarrado.

Verginio   Más qué bueno estarías para retratar.

Pajares   Yo le diré a vuesa merced qué tal, que me decían que parecía calabaza en conserva, o milanazo con liga.

Verginio   ¿Y agora por qué reñíades, decidme, Marcelo?

Pajares   Porque quería el señor amo con todo su seso que lo fuese yo acompañando de calle en calle hecho marigalleta.

Gerardo   No era razón.

Pajares   No en verdad, señor desposado.

Verginio   Pues, amo, ¿dónde queríades ir?

Marcelo   Señor, quería llegarme a Santa Bárbara por aquella moza, y roguele a este asno que pues estaba ansí, se rebozase y tomase un manto, porque me fuese acompañando y trajese no sé qué baratijas que Lelia tiene en el monesterio; y porque se lo mandé nos ha querido hundir la casa a voces.

Pajares
¿Yo hundir la casa a voces? Enterísima sé que está. No me hubiésedes vos mas aina hundido las costillas a garrotazos.

Verginio
Pues, Pajares, ¿qué más bien querías que venir acompañando a una dama?

Pajares
Ande de ahí. ¿También hace vuesa merced de las suyas como hijo de madre?

Verginio
¿Yo, cómo?

Pajares
¿Parécele a vuesa merced que si topa por ahí el hombre con alguno del Almendralejo, que irán buenas nuevas a mi padre?

Verginio
Por cierto, muy malas.

Pajares
¿Qué nuevas?

Verginio
¿Qué me sé yo de lo que tú te piensas?

Pajares
Yo le diré que piensa el otro que es el hombre majano o sayalero, y decille ha que ando hecho santera o dama de forja.

Gerardo
Señor Verginio, yo me entro; y en esotro negocio lo dicho dicho, y en lo que toca al dote, a lo concertado me remito.

Verginio
Señor, a la mano de Dios: ya ve que no se entiende en otra cosa.

Gerardo
Muy bien, señor.

Escena III

Verginio, Marcelo, Pajares

Verginio
Marcelo, ya vistes a Gerardo cómo estaba hablando conmigo sobre el casamiento de mi hija Lelia; por eso abrevia en ir por ella porque se efectúe, y daréis de mi parte a esas señoras mías mis besamanos.

Marcelo
Pláceme. ¡Oh desdichada de ti, Lelia! Por Dios, señor, mas estimara verla bajo tierra que no casada con ese diablo, que creo que tiene más años que yo al doble, y agora se quiere casar con una muchacha que la podría tener por biznieta.

Verginio
Ya, ya lo veo; mas ¿y qué queréis que haga, pecador de mí? Ya veis en cuánto extremo van hoy día las cosas del mundo, y este negocio viéneme a mí muy a cuenta.

Marcelo
¿Cómo muy a cuenta?

Verginio
Yo os lo diré. Está concertado que yo le dé a mi hija Lelia por mujer, dotándomela en mil florines de su propia moneda, con tal condición que si mi hijo parece dentro de cuatro aires, le case con su hija Clavela, dotándola en la misma cantidad.

Marcelo
Bien está, señor; pero yo más querría un rato de contentamiento que cuantos tesoros hay en el mundo; pero yo me voy, que se hace tarde.

Verginio
Pues, amo, id y mirad que no vengáis sin ella.

Marcelo
Pierda cuidado.

Pajares
Pues yo, amo, quédome.

Marcelo
Quédate con mal año que te dé Dios.

| Pajares | Para vos ser bueno, amo, mal habláis. |
| Verginio | Éntrate conmigo, tontazo. |

Escena IV

Marcelo, Lelia

Marcelo	¿Habéis mirado el devaneo destos viejos podridos? Que quería reírme, sino que me falta la gana, que es lo mejor. No en balde dicen que muchas veces los viejos se tornan a la edad primera. ¿Mas qué digo? ¿Qué es lo que veo? En verdad que si Lelia no estuviera en el monesterio, jurara que era ésta que aquí viene en hábito de hombre; ¿pero qué digo? Que no es otra por mi fe.
Lelia	¡Oh pecadora de mí, que aun hasta en esto me ha de ser la fortuna contraria! ¿Por qué calle me esconderé, que ya me ha visto el amo de casa de mi padre?
Marcelo	Lelia.
Lelia	Amo.
Marcelo	¿Que es aquesto, Lelia? ¿Qué hábito es éste? ¿Por ventura es éste el monesterio donde así tu padre como todos pensamos tenerte recogida? Háblame, ¿de qué enmudeces?
Lelia	Señor amo, a quien con mas razón debría yo llamar padre, no os debéis de maravillar al verme en el hábito que me veis, que sabida por vos la ocasión, bien cierta estoy de que no seré culpada de mi atrevimiento.
Marcelo	No me digas tal, que temblándome están las carnes, si el viejo alcanzase a saber esto, por estar como estamos en

víspera de darte un marido muy honrado. ¿Por tu vida no me dirás qué locura ha sido aquesta?

Lelia	Señor, como fortuna, amor y mi mala suerte, todos tres se han conformado contra mí...
Marcelo	¿Cómo contra ti?
Lelia	Bien tendréis en la memoria como cuando por nuestros pecados Roma fue saqueada, allí mi padre, juntamente con un hermano mío, la mayor parte de su hacienda dejó perdida, y aunque la pérdida no fue pequeña, la de mi hermanico es la que a mi padre mas sin placer le hace vivir.
Marcelo	Por cierto no parecen sino que fue ayer, y a buena fe que son pasados buenos diez años, y que les podríamos bien echar once.
Lelia	Que dejemos estar los años, que corren como viento, y aun con mas presteza.
Marcelo	Prosigue.
Lelia	Pues viniéndose mi padre a vivir aquí a Módena, yo por mi mal vi a Lauro, gentilhombre desta ciudad, el cual conversando en la casa de mi padre, de mí se enamoró, y quiso Dios y mi suerte que con la misma moneda le pagase, recibiendo de mí todos aquellos honestos favores que a mí recogimiento son lícitos.
Marcelo	Muy bien sé todo eso.
Lelia	Y por depositarme mi padre en el monesterio con intención de ausentarse, pensando en Roma cobrar algo de su perdida ropa, nunca Lauro de mí tuvo acuerdo, antes he visto que de Clavela, hija de Gerardo, doncella hermosa y rica, excesivamente se ha enamorado.

Marcelo
Hora mira, Lelia, dejemos de traer a la memoria historias pasadas, sino anda acá a mi posada y cambiarás esas ropas, que hágote saber que tu padre ya es vuelto de Roma, y me envió por ti, y no salí a otra cosa de casa, sino a llevarte.

Lelia
Déjame concluir.

Marcelo
Di pues.

Lelia
¡No tuve otro remedio después que mi padre en Santa Bárbara me dejó, sino descubrir a Cándida, la monja tía mía, el grande afán que por la ausencia de Lauro yo pasaba, la cual determinó de enviarle a llamar y trabar pláticas con él, porque a negocios que él tenía con las monjas solía venir.

Marcelo
Di, que bien te entiendo.

Lelia
Acaeció pues un día que de habérsele muerto un paje suyo venía el más afligido hombre del mundo, y decía que si Dios otro tal le deparase que no se trocaría por otro de mayor estado, y en verdad os digo que sin otra consideración inferí salirme del monesterio y serville de paje en el hábito que me veis, en el cual he procurado agradalle con cuanto extremo he podido, y le sirvo todavía.

Marcelo
¡Hay tal cosa en el mundo! ¿Y agora qué piensas hacer?

Lelia
Sola una cosa quiero de vos.

Marcelo
¿Y es?

Lelia
Que entretengáis a mi padre por espacio de algunos días, diciéndole que yo y mi prima y otras monjas hacemos ciertas devociones.

| Marcelo | ¿Pues qué piensas hacer en ese tiempo? |

| Lelia | Yo lo diré. Clavela, querida de Lauro, tiene entendido que yo sea hombre y le he parescido bien: yo, viéndola tan aficionada, hele dicho que si a Lauro no pretende olvidar y aborrecer, que no espere de mí tan sola una buena palabra. |

| Marcelo | ¿Y crees tú que eso lo hará? |

| Lelia | Todo lo podría rodear fortuna; mas por agora perdóname, que no sé quién viene allá, que a la tarde seré en vuestra posada y hablaremos más largamente. |

| Marcelo | Pues mira que no dejes de ir: cata que te quedo aguardando. |

| Lelia | Pierde cuidado, señor, que luego doy la vuelta: a Dios. |

Acto II

Escena I

Gerardo

Calle.

| Gerardo | ¡Oh! Válame Dios y cuán averiguada cosa es el hombre que negocios de importancia tiene, no poder reposar, especialmente yo, que después que hablé a Verginio sobre tomar por mujer su hija Lelia, parece que no traigo juicio de hombre, y este Verginio es tan espacioso, que según lo deseo, dudo ver el tiempo llegado. Agora yo me quiero llegar hacia su estancia a dalle otro tiento, como que voy a otra cosa, mas primero es menester advertir a mi hija Clavela que si acaso viniere a demandar de mí, que le digan que en casa de Millán Muñoz el tendero me |

hallará. Guiomar. ¡Ah! Guiomar. ¿No respondes? ¿Estás sorda?

Escena II

Gerardo, Guiomar

Guiomar   Ya vo, siñor. ¡Jesú! ¡Jesú! Libramela Dios de la diabro.

Gerardo   Decí, ¿téngome de quebrar la cabeza primero que respondáis? ¿Qué hacíades allá dentro, dueña?

Guiomar   ¿Eso me lo sí, siñor, delante de las honras de mi cara? Farta de la faciendas tenemo que facer.

Gerardo   ¿Qué haciendas son las vuestras, señora?

Guiomar   ¡Ay, siñor Jesucristo! ¿qué faciendas me lo pides? Primero por las mañanas ¿no barremo la casa? Enapué ¿no ponemo la oya? Enapué ¿no paramo la mesa? Enapué ¿no fregamo la cudeya y la pratos?

Gerardo   Bien.

Guiomar   Enapué ¿no me manda siñora Clavela que colamo la flor de la cucucena?

Gerardo   De azucena, diablo, que eso pienso que querrás decir.

Guiomar   Sin, siñor, y de jabín y de monqueta para adobar aquele guante que le tiene comendaros.

Gerardo   ¿Pues agora se le ha antojado eso?

Guiomar   Anagoras, siñor, y dícime siñora Clavela: callán, fija Guiomá, aprender ben a colar las flores, que yo te prometos cuando san francas, que te casamo con un mequera de aquese que adoba la guante.

| Gerardo | ¿Qué es aqueso de casar? ¿Qué, ya no quieres ser monja? |

| Guiomar | No, siñor; que ya tenemo un prima mía contrita na religiona, monja, priora, nabadesa, ayá en mi tierra de Manicongo, muy honradas. Yo, siñor, queremos muntipricar a mundos. |

| Gerardo | Sus, basta que sepamos tu intención, que hablarse ha más despacio sobre ese negocio, y entra allá dentro y llama a mi hija Clavela que se pare a la ventana, que le quiero hablar. |

| Guiomar | Que me placer, siñor, sin que me la mandas. |

| Gerardo | Anda ve. |

Escena III

Gerardo, Guiomar, Clavela

| Guiomar | Siñora, que lecir siñor... |

| Clavela | Así, ¿qué es lo que dice? |

| Guiomar | Que vosamorced pare ventana, que queremo fablar con eya. |

| Clavela | ¿Que me pare a la ventana? Corre, Guiomar, y dile que no puedo, que estoy acabando aquella gorguera de prisa, y que te diga a ti qué es lo que quiere. |

| Guiomar | Anda, siñora, dale en diabro aquesan monadiya, turo día trabajar, nome la padre, la fiyo, la santo, amen. |

| Clavela | Aquí a la puerta le hablaré. ¿Para qué me he de encaramar por las ventanas? ¿Qué es lo que mandas, señor? |

Gerardo	No cosa ninguna, que si os envié a llamar no fue más sino por no decillo a esa lengua de tordo. Por vida vuestra que si viniere Verginio, padre de Lelia, a demandar por mí, le digáis que en casa de Millán Muñoz el tendero me hallará: no lo echéis en olvido, que es cosa que importa.
Clavela	Pierda cuidado.
Gerardo	Si a tu señora se le olvidare, acuérdaselo tú, Guiomar.
Guiomar	Que me placer, siñor. ¿No dice en casa mal años te rar Dios entero?
Gerardo	Esos sean para ti, perra.
Clavela	Déjela, señor, que yo me acordaré dello: vaya en buen hora.

Escena IV

Clavela, Guiomar

Clavela	En buena fe, pues la calle está sola y no parece nadie, quiero sentarme aquí a la puerta, pues poco me queda. Hija Guiomar.
Guiomar	Como tú la quieres, siñora mi álima la corazón.
Clavela	Entra allá por tu vida y tráeme mi almohadilla, y entre tanto que estoy acabando no sé qué, saca tu rueca, porque me estés aquí acompañando.
Guiomar	Facémolo como mandar, por ciertos.
Clavela	¡Oh vida triste y trabajosa! Ninguna cosa hay en ti que de seguridad pueda tener renombre. ¿Traes, di?
Guiomar	Toma, cátala ahí tu almonadilla, siñora.

Clavela	Muestra acá, y llámame esa rapaza que me saque aquí un asiento.
Guiomar	Chuchuleta, machacha. Siñora, no responder, piensa que sa muerta.

Escena V

Clavela, Guiomar, Julieta

Julieta	¡Ay amarga de mí! ¿Y qué diablo me quiere allá fuera la cara de carbón de brezo?
Clavela	¡Ah, señora Julieta! ¡Ah, dueña! ¿No salís?
Julieta	Sí, señora, heme aquí: ¿qué manda?
Clavela	¿Qué hacíades allá dentro, picuda?
Julieta	Sí, picuda: ¿qué había de hacer?
Clavela	Sácame aquí un asiento, y dejaos de rezongar.
Julieta	Sí, por cierto, ¿y todo eso era? ¿Qué, no podía traello la cucaracha de sótanos? Sino muy al lado con su señora.
Guiomar	Anda, ofrézcote an diabro: trae aquí un par de monadiyas en que sentar siñora.
Julieta	Pues agradeceldo a quien está delante que en buena te que... quizá...
Clavela	Bien. ¿Qué es lo que quizá? Pues si yo arrebato un varapalo, por ventura os pondré quizá en paz.
Julieta	¿Pues por qué consiente vuesa merced que me deshonre delante della esa cara de espárrago por remojar?

Guiomar

Mírame la salamandera. ¿Ha visto qué pantasía tiene, cara de sin gorgüenza?

Julieta

¿Oíste, mi duelo, para quién han de tener vergüenza? ¿Quién es ella, así la arrastren?

Clavela

¿Callaremos? Ea, tengamos la fiesta en paz si os pesa: calla tú, Guiomar.

Guiomar

Jesú, Jesú. ¿No mira vosamercé que praguntar quién sa yo? Mira, mira, fija, ya saber Dios y tora lo mundo que sar yo la sabrina na reina Berbasino, cuñados de la marqués de Cucurucú, por an mar y por an tierras.

Julieta

Sí, sí, no le ronquéis.

Clavela

Calla, rapaza. ¿Y reina era tu tía, Guiomar?

Guiomar

¡Ay siñora! ¿Pensar vosamercé que san yo fija de alguno negra de par ahí? Ansí haya bono siglo álima de doña Bialaga, siñora.

Clavela

Gentil nombre tenía para dalle buen siglo.

Guiomar

Sí, siñora, doña Bialaga y amar siñora mi madre, y siñor mi padre Eliomor; cuenta que quiere lesir don Diegos.

Julieta

Mira como queréis esos bledos: ¡qué gentiles nombres para un podenco!

Guiomar

Por eso primer fijo que me nacer en Portugal le yamar Diguito, como siñor su saragüelo.

Clavela

Su agüelo dirás.

Guiomar

Sí, siñora, su sabuelo.

Clavela	¿Hijo tienes, Guiomar?
Guiomar	¡Ay siñora! No me la mientes, que me face lágrima yorar. Téngolo, siñora, la India le San Juan de Puntorico, y agora por un mes lagoso me cribió un carta aquela ringlonsito tan fresco como un flor de aquese campo. ¡Ay entraña la mía, fijo mío!
Julieta	Tan desatinada y tan borracha me venga el bien.
Guiomar	¿Quin sa borracha, chuchuleta? ¡Ay mandaria, mandaria! Plégata Dios que mala putería te corra y no veas carralasolendas.
Clavela	¡Ay amarga! ¡Qué carnestolendas, y qué mal pronunciadas!
Julieta	Mal corrimiento venga por ti, amen.
Guiomar	Anda, putiñas medrosas: no es mi honras tomáme contigos.
Julieta	¡Miren qué fantasía! Pues calla, doña negra, que agora ha mandado su alteza que a todos los negros y negras hagan pólvora.
Guiomar	Cagajón para el, merda tomá pala vos y a mandamento68.
Clavela	Y déjala, Guiomar, que es una loca: sino dime, ¿qué es lo que tu hijo te envió a decir?
Guiomar	Aquella muchacho, aquella mi fijo métemelo a prinsipio de carta diciendo: Lustrísima madre mía Guiomar: la carta que yo te cribo no y para besamano, sino que sa bono,

---

68. Estas indecentes expresiones y otra bajas y soeces que se leen en las piezas de la presente colección, no se sufrirían hoy en nuestros teatros; pero aquí no pudieron omitirse, habiéndose de dar la verdadera y puntual idea de nuestra dramática en sus principios, y de manifestar los pasos por donde fue subiendo desde su rudeza primitiva hasta el estado de cultura y gala en que la puso el famoso Lope de Vega. (N. de la Academia.)

bendito sea Rios, loado sea Rios, amén. ¡Ay! Dios te la preste, fijo de la corazón y de lantrañas.

Clavela

No llores, Guiomar, no llores.

Guiomar

No podemo facer otro, porque tenemo latrógamo turo, turo yeno de fatriqueras.

Clavela

Bien está por tu vida, Guiomar, que nos entremos de presto en el aposento; y tú, Julieta, pornás esa almohada do sabes, que he visto a Lauro asomar por el cabo de la calle.

Escena VI

Lauro, Lelia

Lauro

¿Qué te paresce, mi Fabio, cuán desgraciados habemos sido? ¿Has visto a qué tiempo tan oportuno veníamos, y cómo mi señora Clavela se escondió con tanta presteza?

Lelia

¿Qué quieres que te diga, señor, sino que harto ciego es el que no ve por tela de cedazo? Averiguadamente ella te aborrece por todo extremo.

Lauro

¡Ay que ya lo veo! Pero dime, mi Fabio (y por aquella obligación te conjuro con que a servirme eres obligado), aquesas veces que a visitarla de mi parte has ido, ¿qué semblante te muestra cuando en mi negocio en hablar os ocupáis?

Lelia

¿Qué quieres, señor, que te diga, sino que ninguna vez de ti le hablo que con alegre rostro me vuelva respuesta? Como si tú, señor, le hubieses hecho las mayores injurias y los mayores agravios que a doncella de su suerte hacerse pudiesen.

Lauro

¿Pues qué remedio?

Lelia	Que cambies el propósito y ames en otro lugar, pues tan mal te paga el amor que muestras teñelle, y el afición tan grande con que la sirves.
Lauro	Cambiar el propósito no puedo.
Lelia	Si no puedes, estáte ansí.
Lauro	Ansí lo pienso hacer.
Lelia	Poco ánimo tienes: parece que nunca en tu vida quisiste bien, sino que Clavela fue la primera que tu corazón comenzó a sojuzgar.
Lauro	No, ni Dios tal quiera; antes creo que de haber yo sido ingrato a Lelia, hija de Verginio, romano (la cual a ti te parece en extremo), ha permitido Dios que yo sea pagado con la misma ingratitud.
Lelia	Y dime, señor, ¿esa Lelia que dices es muerta? ¿Cómo dejaste de tener su amor?
Lauro	Muerta no: antes después que su padre la ausentó por hacer cierto camino a Roma, nunca más della he sabido, de la cual Lelia yo recibí en todo aquel tiempo todos los honestos favores que de una generosa y honesta doncella se podían recibir.
Lelia	De esa manera, señor, mal le pagas: parece que debrías procurar por ella y tornar en una amistad tan lícita.
Lauro	No: en ninguna manera.
Lelia	¿Cómo no?
Lauro	Aquese cómo tampoco lo alcanzo, Fabio, antes tengo creído que de haber inferido Clavela mi señora que yo

estoy aficionado a Lelia, me desama, lo cual, si ello es ansí, que de rabia muera. Y por tanto te ruego, mi fiel criado, cuanto puedo (si mi salud deseas) que cuando allá vuelvas le digas que ya no amo a Lelia como solía, antes huigo de acordarme della, ni aún de oírla mentar. ¿Entiendes, mi Fabio? ¡Válame Dios! ¿Qué has habido? ¿Qué desmayo ha sido éste?

Lelia Déjame, señor, que no es nada, sino que yo suelo ser apasionado del corazón, y tómanme a veces estos desmayos, y si me das licencia ireme a la posada, porque ya casi en los pies no me puedo sostener.

Lauro Pues, hijo, anda en buen hora, y mira si es menester otro, o que para remedio de tu mal algun medio se busque, que no faltará por diligencia.

Lelia No te cures, señor, que para los males desta suerte tarde el remedio se halla.

Lauro Hijo, vete a la posada y descansa.

Lelia El descanso tarde espero.

Lauro ¿Qué dices?

Lelia Digo, señor, que el descansar es muy peor para esta mi dolencia.

Lauro Pues, hijo, ve, y aquello haz con que mejor te hallares y menos para tu salud daño sea.

Lelia Voy, señor, lleno de desconfianza.

Lauro Anda, que presto seré contigo después de haber dado algunas vueltas por esta calle donde mi señora Clavela reside.

Verginio, Pajares

Pajares   Hora, juro al cielo de Dios, nostramo, si yo sé a qué tengo de ir ni a qué efecto vuesa merced me envía. Sé que el otro ni la otra no son ahora tan niños que no sabrán venirse; cuantis más que ya es hora de comer y la mesma hambre los ha de acarrear a casa, como a muchachos fuidores.

Verginio   Mira, Pajares, déjate desos preámbulos y cúbrete bien esa capa, que gran tardanza es la que hacen, y venirlos has acompañando.

Pajares   Qué, ¿no está bien cubrida?

Verginio   No: acaba ya.

Pajares   Apártese vuesa merced de mi cobridero, y perdone.

Verginio   ¿Parécete que está bien cubierta?

Pajares   Eso vuesa merced lo dirá, que yo no lo veo ni descubro palmo de tierra.

Verginio   ¡Oh, mal año te dé Dios, que no te has de saber cubrir una capa! Mira, cuando te la mandaren cubrir, ansí la has de poner.

Pajares   ¿Ansí? Ya, ya está bien cubrida; guarde, ¿qué dice?

Verginio   Agora sí, toma este sombrero.

Pajares   ¿Quién lo ha de tomar?

Verginio   ¡Dizque quien! Tú lo has de tomar.

Pajares
¡A propósito! ¿Burlase conmigo? Hame liado como a costal de arriero, y toma el sombrero. ¿Con qué mano lo había de tomar? Sé que no tiene maneras ni sacabuches mi capa como balandrán de arcediano.

Verginio
Asno, ¿qué por aquí bajo no la sabes sacar?

Pajares
¿Por dónde?

Verginio
Por aquí: duelos te dé Dios.

Pajares
Dice la verdad; mas pecador de mí y de vuesa merced, y perdone, que los parto por medio, ¿quiere que me ande yo de calle en calle halconeando, dando manotadas como pez que ha caído en el garlito, o como mulo de anoria que dando vueltas no halla paradero cierto?

Verginio
Ganosa está la bestia de comparaciones.

Pajares
Bastian de Pajares me llaman, señor, para cuanto mandare.

Verginio
Pues lo que te mando no es sino que vayas al monesterio de Santa Bárbara.

Pajares
¿Y para qué a Santa Bárbula? ¿Quiere qué diga la santa que voy disfrazado, escudriñándole los rincones de casa?

Verginio
Para que hagas venir presto a mi hija Lelia y al amo Marcelo, viendo que es ya hora de comer.

Pajares
Y aún deso mal punto estoy corrido, porque a las horas de comer me lanza de casa, como a los mozos de los carniceros la cuaresma.

Verginio
¿Pues tanto piensas tardar allá?

Pajares
¿Pues no tengo de tardar yendo a pie como voy?

Verginio
De esa manera razón tiene vuesa merced: entre en casa y ensille un poyo de esos en que vaya caballero.

Pajares
¿Un poyo?

Verginio
¿Dónde vas?

Pajares
A ensillar un poyo como mandó.

Verginio
¿Pues, animal, el poyo se ha de menear?

Pajares
Pues eso es lo que me cumple, porque nunca salga de la posada.

Verginio
¿Sabes tú, inocente, si tengo yo alguna cabalgadura en casa?

Pajares
¿Quién le demanda una cabalgadura? Cabalgablanda me diese vuesa merced, que cabalgadura ni grado ni gracias.

Verginio
¿Qué es cabalgablanda?

Pajares
Un rollo o rosca do aquello, que han amasado hoy, porque vaya caballero mi estrógamo; y a necesidad, un buen mendrugo de pan en las manos es bueno, por no ir hombre pensando en mal, ni murmurar de nadie.

Verginio
¿Cata, cata, que todo eso era la caballería y el retorizar? Al fin no podías parar sino en cosas de comer.

Pajares
¿No ve vuesa merced que dice el cura de nuestro pueblo, pedid y daros han, y que todos los buenos con pan son duelos?

Verginio
Pues yo os prometo, don asno, que si apaño un garrote que yo os haga ir presto.

Pajares	No me prometa vuesa merced cosa ninguna, que eso de garrote no es cosa que me conviene por agora.
Verginio	Primero vernán los otros que este macho se vaya de aquí. Espera, tomaré lo que digo.
Pajares	¿Qué os paresce? Espérele el reloj de Guadalupe. Aguijad, amo Marcelo, pese a la puta de mi cara, que juro a mi pecador, mas esperado habéis sido vos y esotra, que sereno tras ñublado.

Escena VIII

Pajares, Marcelo

Marcelo	¡Pues qué diablos! ¿Tantos ves que venimos? ¿No ves que vengo solo?
Pajares	¿Solo viene? Cuantis que por la otra cantaba el cuquillo: que por vos siquiera no os trajera Dios acá.
Marcelo	Mas que no te hallara.
Pajares	Señor amo, nostramo es ido por un garrote.
Marcelo	¿Para qué?
Pajares	Pienso que para engarrotarme.
Marcelo	¿Por qué?
Pajares	Porque no os iba a llamar. Por vida vuestra que si trajere garrote y viéredes que me engarrotea, que os metáis en medio.
Marcelo	Que me place.

Pajares   Ya lo trae: quiérole decir que ya, no es de menester. Señor, he aquí el amo, deje el garrote.

Escena IX

Verginio, Pajares, Marcelo

Verginio   ¿Es ya venido? Pues tomá vos, porque vais presto cuando os mandare la cosa.

Marcelo   Paso, señor, paso.

Pajares   Amo, ¿y el concierto?

Marcelo   Harto le decía, paso, señor.

Pajares   Dios le perdone, y a vuesa merced. Estanle diciendo ya no es de menester el garrote, y él no sino sacudir como en costal relleno. Bendito sea Dios.

Verginio   Pues, amo, ¿cómo venís sin aquella moza?

Marcelo   Señor, entremos en la posada, que allá daré cuenta de todo como me ha acaecido con aquellas señoras, especialmente con la señora abadesa.

Verginio   Vamos.

Acto III

Escena I

Fabricio, Frula

Calle.

Fabricio   Señor huésped, ya os tengo dicho que si despertare aquel honrado hombre que en mi compañía viene, y por mí os preguntare, que le digáis que soy ido a oír una misa, y a ver otras particularidades deste vuestro pueblo.

Frula   ¿Y a quién queréis que lo diga, señor? ¿Al que parece abad, el que riñó anoche con el mozo sobre el asar de los caracoles?

Fabricio A ese mismo.

Frula   ¡Oh cómo es renegado, cuerpo non de Dios conmigo! Pues perdonadme, señor, vuestro padre pensé que era.

Fabricio Antes le tengo en lugar de más que padre.

Frula   ¿Sois de aquí?

Fabricio Romano soy.

Frula   ¿Habéis estado aquí en Módena otra vez sin ésta?

Fabricio En mi vida.

Frula   Pues catad, señor huésped, que os aviso que vais advertido de la gente de esa tierra, porque es la más mala que hay en el mundo, en quien hallaréis tantos engaños que os acostumbrarán, y vos sois mozo, no sería mucho engañaros fácilmente.

Fabricio Yo lo agradezco; mas decime, señor huésped, ¿cómo es Nuestra gracia?

Frula   Señor, Frula me llamo, a servicio y mandado de todos los buenos.

Fabricio Señor Frula, no me engañarán si yo puedo. Haced lo que os tengo rogado, y quedad con Dios.

Frula   Id en buen hora.

Escena II

Fabricio, Julieta

Fabricio   Por esta calle será bien atravesar. ¡Oh qué bonita moza! A mí parece que viene encaminada.

Julieta   ¿Qué es esto? ¿Andas de camino, Fabio? ¿Qué hábito es aquese? ¿Qué es de tu señor?

Fabricio   ¿Mi señor? ¡Donosa está la pregunta! ¿Si nos vido anoche llegar de camino, y piensa que es mi señor maese Pedro Quintana? No me maravillo que aun el huésped pensó que era mi padre.

Julieta   ¿No respondes?

Fabricio   Durmiendo queda en el mesón. ¿Por qué lo dices?

Julieta   ¡Mesonero es el tiempo! ¿Cómo andas ansí medrado? Parece que hate dado tu amo esa capa.

Fabricio   ¿Mi amo? Mi amo es mi buen dinero.

Julieta   ¿Ya mandáis dineros, Fabio?

Fabricio   ¿Otro Fabio? Errado me ha el nombre. ¿Eres tú por ventura moza de Frula mi huésped? ¿De dónde me conoces tú a mí?

Julieta   ¡Ganosico vienes de burlas! Anda ya, ya, mala landre me mate después de muerta. ¡Para mí, que como dicen soy de Córdoba y nací en el potro! Mira que te ha menester mi señora, ven presto.

Fabricio   Bien me dijo a mí mi huésped, que era diabólica la gente de esta ciudad. Esa debe de ser moza de alguna cortesana, y como me ve extranjero querrá procurar de sacarme algunas blanquillas; mas quiero conceder con ella, aunque no traigo dos reales cabales.

Julieta   Acabemos. ¿Qué hablas entre dientes, Fabio?

Fabricio   Otro Fabio. Fabricio querrás decir.

Julieta   Fabricio o Fabio: ansí veo que te llama tu amo y mi señora.

Fabricio   ¿Por qué calle iremos?

Julieta   Por la de oro: como si tú no supieses las calles mejor que yo.

Fabricio   Si, mas no me acuerdo ya.

Julieta   ¡Miraldo al desatinadico! Estuviste anoche, y no atinas; pues ven conmigo, que yo te adestraré.

Fabricio   ¿Es lejos?

Julieta   Es el mal dolor que Dios te dé, amen. ¿Haces del bobo? Sí, sí, tomaldo acuestas, deciros ha mil gracias. Mira, quédate aquí en este cantón, que voy a ver qué hace mi señora, que luego salgo a llamarle.

Escena III

Fabricio

Fabricio   Mira si lo dije yo, mira si va la señora a ver si está con alguno su ama: porque si tal hay, no faltará un achaque con que me despedir, y sino, ella volverá por hacerme caer con pie derecho; pues mándole yo que harta mala ventura podrá llevar de mí. Quiérome esconder, que gente viene: no quiero que digan que, estoy a puerta semejante aguardando tanda, como quien va al molino a moler.

Escena IV

Verginio, Gerardo

Verginio	¿Qué queréis, señor, que os diga? ¿A quién mas que a mí con más justa razón debe pesar? Pero dejadme topar con ella...
Gerardo	Y dígame, señor Verginio, ¿tenéis por cosa cierta andar vuestra hija en el hábito que decís? ¿Y de quién lo habéis sabido?
Verginio	¿De quién? Primeramente lo supe de Marcelo, amo mío, que habiéndole yo enviado al monesterio, dijo que allá no estaba, y también que fui yo en persona a sabello.

Escena V

Verginio, Gerardo, Julieta

Julieta	¡Jesús! Vista soy de mi señor; volvereme. No, que será peor. Sus, que ya la tengo pensada.
Verginio	Vuelve acá, rapaza: ¿pensabas que no te había visto? Di, ¿do dabas la vuelta, hurona?
Julieta	Señor, envíame mi señora Clavela a llamar uno de estos cajeros, que le quería comprar no sé qué cuentas.
Gerardo	¡Jesú, Jesú, qué mentira tan probada! Cajero dizque iba a llamar, señor Verginio: ¿ha visto atravesar por aquí algún cajero?
Verginio	¿Qué, señor? Poco hace al caso, salga a lo que saliere.

Julieta   En buen hora, señor, tan claro se oyeron aquellas campanillas que ellos suelen traer, que no dijeran sino vesme aquí.

Gerardo   Calla, calla, rapaza. Ven acá, ¿qué hace mi hija Clavela?

Julieta   Rezando la dejé.

Verginio   ¡Tal sea mi vida! Cierto terná mejor juicio que no la mía. ¿Pero qué digo? Hela, hela, señor, no hay más que decir: topado ha Sancho con su rocín. Llégate, llégate, hija Lelia, que conocida eres.

Escena VI

Fabricio y dichos.

Fabricio   ¿Lelia? Abrenuncio: donosa gente es ésta.

Gerardo   Sea bien venida la señora; digo, el galán. Por Dios que os está bien ese hábito: si yo fuese que vos, nunca me le quitaría.

Verginio   ¿Qué es aqueso, hija Lelia? ¿Qué pasos son estos en que andas? ¿Qué devaneo ha sido aqueste? ¿Qué ropa es esa? ¿Por qué no me hablas? Bien sé yo que sabes hablar.

Fabricio   ¿Decís a mí, hombre honrado?

Verginio   ¡Donosa es la respuesta! Di, ¿búrlaste conmigo?

Fabricio   No tengo yo por costumbre burlarme con nadie, especialmente con quien no conozco.

Gerardo   ¡Santo Dios, qué poca vergüenza! ¿Que aún fingirá no conocerte? Toma por ahí: tené gana de casaros con semejante.

Verginio	Agora, hija Lelia, lo pasado sea pasado, y en lo porvenir haya enmienda.
Julieta	Cata que es el diablo el buey rabón. Lelia diz que se llama el otro.
Gerardo	¿Qué dices tú, Julieta?
Julieta	Digo que se engañan en buena fe, señores: mejor conozco yo este mocito que a mis propias manos.
Verginio	¿Y tú, de dónde le conoces?
Julieta	De mil veces que le he visto con su amo.
Gerardo	¿Y cómo se llama?
Julieta	Fabio, y Lauro su señor.
Verginio	¿Lauro? Dejadme topar con él, que yo le enseñaré si es bien hecho traer a mi hija en semejantes tratos.
Fabricio	Por Dios, no sé qué me diga: esta tierra debe de ser de bárbaros, el uno me toma por extranjero, el otro por mujer, el otro por paje: no hay quien los entienda.
Verginio	No murmuréis, hija, sino andad acá conmigo a la posada, y dad al diablo andar en devaneos ni servir a nadie; hasta que sirváis aquí a vuestro marido.
Fabricio	Por Dios, si no tuviese respeto a las canas honradas, que yo os enseñase a hablar de otra manera. ¿Qué cosa es marido ¿Estáis en vuestro juicio?
Gerardo	Paso, paso, cuerpo de mi linaje, señora, que no lo tenéis tan acabado, que si aquí no nos quieren, acullá nos ruegan, como dicen.

Verginio	Calle, señor Gerardo, que de alguna cosa debe traer el seso perdido. ¿Qué le parece que hagamos de ella?
Gerardo	Señor, lo que a mí me parece, que pues mi casa es tan cerca, la arrebatemos y la metamos en mi aposento, y yo haré a mi hija Clavela que se vea con ella: que quizá por ser mujer como ella, la hará venir a lo bueno y le dará cuenta de toda su mudanza.
Julieta	¡Mujer es el diablo! No verá mi señora Clavela otros mejores toros, que no salí a otra cosa de casa sino a llamalle.
Gerardo	¿Qué rezas, Julieta?
Julieta	Digo, señor, que a la mano de Dios, que es muy bien hecho, que también se holgara mi señora por ser mujer como ella.
Verginio	Pues alto, señor Gerardo, echalde mano valientemente como yo.
Fabricio	Estad quedos, hombres honrados, por Dios.
Gerardo	¿Qué cosa es por Dios? Tené bien, señor, que no se nos vaya.
Julieta	Déjate llevar, asno, que no te van a echar con leones, sino con la más linda dama que en toda Módena se halla.
Fabricio	Paso, paso, señores; que no pienso deberos nada.
Gerardo	Calla, calla, que allá tienes de ir por fuerza o por grado: ayuda aquí, Julieta.
Julieta	Eso es de gracia, que a más soy obligada por lo que toca siquiera a mi ama. ¿Coceáis? Callá, que vos saldréis

manso y el patrón quejoso, y mi ama contenta, que es lo mejor.

Acto IV

Escena I

Verginio, Gerardo, Julieta

Calle.

Verginio	El más contento y satisfecho hombre del mundo salgo de casa de Gerardo, solo por dejar a mi hija Lelia en compañía de la suya.
Gerardo	¿Adónde se puede sufrir un semejante caso y atrevimiento como éste, sino en tierra de Guinea? Yo le castigaré al ribaldo tacaño, según merece. ¿Qué cumple más?
Verginio	¡Válame Dios! ¿Qué es aquello?
Julieta	¡Ay, señor Verginio! Por el amor de Dios, que se vaya presto de aquí.
Verginio	¿Cómo, qué ha sucedido?
Julieta	Ya lo decía yo, pecadora de mí que aquel mancebo era Fabio, criado de Lauro, y ellos que no, sino Lelia.
Verginio	¿Qué dices?
Julieta	Digo que mi señor se está armando con determinación de matar a vuesa merced.
Verginio	No hará, hija.

Gerardo	¡Así, que fiándome yo de un hombre de tanta honra, me haya engañado tan malamente! ¡Ah don traidor! ¿aquí estáis?
Julieta	¡Ay! Señor, téngase.
Gerardo	Déjame, rapaza.

Escena II

Crivelo y dichos.

Crivelo	Paso, paso, señor Gerardo, tené un poco de respeto, siquiera por quien está en medio.
Verginio	Mirá, buen hombre, si algo presumís que os debo, dejadme llegar a la posada, que presto daré la vuelta y os responderé como mandáredes.
Gerardo	Andá, que aquí os aguardo.
Crivelo	Que no es menester nada deso, señor Verginio. ¿No sabríamos qué ha sido esto?
Verginio	Yo no lo entiendo.
Gerardo	¿Que no lo entendéis?
Crivelo	Señor Gerardo, por amor de mí, que me diga lo que hay o sobre qué es la cuestión, que si es cosa que tiene remedio, aquí está Crivelo que basta a remediarlo todo.
Gerardo	¿Qué remedio puede haber, pecador de mí, que fiándome yo de este señor, me engañase?
Crivelo	¿De qué manera?

Gerardo	De ésta: que a fuerza de brazos me ha hecho poner un mancebo en mi casa que se llama Fabricio.
Julieta	Que no, sino Fabio, señor.
Crivelo	Ya le conozco.
Gerardo	Haciéndome creer que era su hija Lelia.
Verginio	Sí que lo es.
Gerardo	¿Aún porrías, mal hombre?
Crivelo	Téngase, señor, y mire quién está delante.
Gerardo	Yo fiándome de él creyendo ser ello así, púsele en compañía de mi hija Clavela y le he hallado abrazado y besándose con ella. ¿Paréceos si ha deshonrado mi casa para cuantos días viviere?
Verginio	Restituidme mi hija, digo yo, y dejaos de esas fragancias.
Gerardo	Restituidme vos mi honra: no penséis vencerme con palabras.
Verginio	Esperadme pues aquí.

Escena III

Gerardo, Julieta, Crivelo

| Crivelo | Vuelta, vuelta, señor Verginio. Señor Gerardo, él se va sin duda a armar, quitémonos de aquí. |
| Gerardo | ¿Cuál quitar? Juro a mí pecador, de aquí no me quite hasta verme persona con persona con él: veamos a cuánto llega su lanza. |

| Crivelo | Mejor será que se quite de la calle, y no dé qué decir a los vecinos. |

| Julieta | Bien dice Crivelo, señor. |

| Gerardo | Por ese respeto lo quiero hacer. |

| Crivelo | Pues, señor, quédese con Dios y éntrese en su casa. |

| Gerardo | Y vaya con él. |

Escena IV

Frula, Salamanca

| Salamanca | ¡Pues qué diabros! ¿Tanto madrugaren, que no tuvieron acuerdo de almorzar primero que se huesen, señor huésped? |

| Frula | ¿Yo no te dije que no sé más de cuanto el mozo salió primero por esa puerta, que el otro como abad fue en su busca? |

| Salamanca | Y dígame, señor mesonero o bodegonero o como es su gracia, por vida de esa cara, cara honrada, ¿sin almorzar se salieron? |

| Frula | Tu señor el mozo bebió con una tórtola. |

| Salamanca | ¡Pues qué diabros! ¿No había taza en casa, que bebió con una tórtola? |

| Frula | ¡Cómo! Un pájaro, animal. |

| Salamanca | Y qué ¿animal no es pájaro? |

| Frula | No, pues eres tú. |

| Salamanca | Mercedes, señor huésped. |

| Frula | Si tú no quieres entenderte. Lo que yo digo es que comió la tórtola y bebió tras de ella, y el abad, viendo que era ido, demandó sopas de la olla, y ansí se fue. |

| Salamanca | ¿Que en sopado va? ¡Ah! ¿búrlase? |

| Frula | ¿Por qué me tengo de burlar? |

| Salamanca | Yo juro al cielo de Dios, que no fue ese hecho sino de hombres lamineros: eso merece el pobre de Salamanca, por irse a dormir en el pajar y ahorrar de cama. |

| Frula | ¡Catá! ¿Qué, Salamanca te llamas? |

| Salamanca | Salamanca me llamo, y aun me pesa dello. |

| Frula | ¿Por qué? |

| Salamanca | Porque en cosas de comer siempre quedo manco. |

| Frula | Hora bien, queda en hora buena. |

| Salamanca | Vaya con Dios, señor bodegonero. ¡Oh! Pobre de ti, Salamanca, ¿dónde irás agora sólo y en tierra ajena, y sin almorzar ni quien te convide? Por aquí será bien que atraviese y pida la plaza a do se venden cosas de comer. |

Escena V

Lauro, Crivelo

| Lauro | Cuéntame, Crivelo, lo que a contar me empezaste, sin errar sólo un punto. |

| Crivelo | Que yo te lo diré, señor, sin discrepar ni tan solamente una puntada. |

Lauro	Pues di.
Crivelo	Has de saber, señor, que como tú me enviaste en casa de Clavela a ver a qué efecto ese rapaz se había detenido tanto hallé riñendo a Verginio y a Gerardo.
Lauro	¿Y sobre qué?
Crivelo	Sobre que oí decir a Gerardo que había hallado a Fabio abrazado con su hija Clavela.
Lauro	¡Oh traidor! ¿Qué, tal oíste?
Crivelo	Dije que lo oí con estas propias orejas, y fue bien oído.
Lauro	¿Que fue bien oído? ¡Tacaño!
Crivelo	No te empines, señor, contra mí porque es verdad lo que te digo.
Lauro	Yo te creo.
Crivelo	¿Cuál yo te creo? Digo que lo haré bueno al diablo que sea, si es menester, encima de un brocal de un pozo, que cumple palabras.
Lauro	Vamos: si yo no le diere su pago, no me llamen hombre hijodalgo.
Crivelo	¿Qué? Yo basto, señor, a cortalle aquellos brazuelos.
Lauro	Crivelo, vente conmigo, y envelle, dale de tal suerte que le dejes tendido.
Crivelo	Eso haz cuenta que está hecho. Yo me porné desta postura, sino desotra, y capete en tierra. Vamos.

Acto V

Escena I

Lelia, Quintana, Salamanca

Calle.

Lelia	¿Qué tengo de hacer, pobreta de mí, sino tomar el mejor expediente? Especialmente que Lauro mi señor tiene entendido de Crivelo su lacayo que me han visto abrazada con Clavela. Yo no entiendo quién puede ser éste que en mi forma y hábito haya tenido tal atrevimiento.
Salamanca	Señor mase Quintana. ¿Qué digo? Ojo, he allí a Fabricio.
Quintana	Ya lo veo.
Lelia	En manos de Marcelo mi amo voy derecho a ponerme.
Quintana	Llámale; y sin manteo viene.
Salamanca	Habráselo jugado: ¡ah! Señor. ¡Válame Dios! ¿Está sordo?
Lelia	¿Qué mozo es éste que me ha llamado?
Quintana	¿Qué mozo es éste? ¡Ah Fabricio! Vergüenza, vergüenza, ¿que es del manteo?
Lelia	Hombre honrado, ¿conoceisme vos a mí?
Quintana	Sí que te conozco.
Salamanca	Sí que os conocemos.
Lelia	¿Tú sabes con quién hablas?
Salamanca	Bien sé con quién hablo, con Fabricio hablo.

| Lelia | ¿Cuál Fabricio? |

| Salamanca | Mi amo. |

| Lelia | ¿Yo soy tu amo? |

| Quintana | Déjate de chacotear, Fabricio, y vamos a la posada. |

| Salamanca | Vamos, que es hora de comer. |

| Lelia | ¿Quién te quita la comida? |

| Salamanca | Él me la quita, pues venir no quiere. |

| Lelia | Yo no tengo para qué. |

| Salamanca | Bien lo creo, pues tiene su tórtola en el buche. |

| Lelia | Calla, diablo, con tu comida. |

| Salamanca | Bien tenéis vos por qué callar, dómine Faldetas, pues antes de salir de la posada así os engullís las sopas como anadón nuevo los livianos o caracoles. |

Escena II

Lauro, Crivelo y dichos.

| Lauro | Cátale, Crivelo: dale, muera. |

| Lelia | ¡Santa María, señora! Sed conmigo. |

| Quintana | Teneos, gentilhombre. |

| Crivelo | Que no hay que tener. |

| Salamanca | A esotro, no a mí. ¡Oh pecador de Salamanca! |

| Lauro | En casa de Verginio se ha metido. |

Escena III

Marcelo, Quintana, Lauro, Salamanca, Crivelo

| Marcelo | ¿Qué descortesía es esta tan grande, señores, de querer entrar con las espadas tiradas en casa ajena? |

| Lauro | Dadnos ese rapazuelo de Fabio. |

| Quintana | ¿Fabio? Fabricio se llama, señores. |

| Marcelo | Ni es ése ni esotro, que vivís engañados; pero, señor Lauro, antes que te lo dé, primero te suplico que me oigas un negocio que pocos días ha que aconteció en mi pueblo, maravilloso de oír. |

| Salamanca | Señores, ¿paréceles que vaya por sendas sillas al mesón? |

| Marcelo | ¿Para qué, di? |

| Salamanca | Porque según han tomado el comienzo, no es mucho que nos tomen aquí las cumpretas. |

| Quintana | Déjelo, señor. |

| Lauro | Que me place de lo oír; pero ha de ser con una condición, que entreguéis luego ese rapaz en mi poder. |

| Marcelo | Yo te lo pondré en tus manos propias, a fe de quien soy. |

| Salamanca | ¡Qué gentiles alientos para quien querría estar en la posada, y tener los asadores atravesados por las tripas! |

| Lauro | Di presto. |

Marcelo	Has de saber, señor, que no ha muchos años que un caballero tomó amores con una doncella, la cual le pagaba con el mismo amor. Quiso su desdicha que este caballero se enamoró de otra señora, olvidando la primera: la primera viéndose despreciada de su amante, no sabiendo qué se hacer, acordó de mudar el hábito femenino, y en el de hombre muchos días lo sirvió; pues andando a la desconocida, viéndose todavía aborrecer de este su señor, vino en tanto extremo que estuvo para desesperar, y está hoy en día que plañe y lamenta en secreto, que es la mayor lástima del mundo.
Lauro	Dichoso tal hombre, pues con tan firme amor es amado. ¿Y por qué no se da a conocer de su señor?
Marcelo	Porque tomo del mal suceso.
Lauro	¿Cuál mal suceso? A fe de caballero que si por mí tal acaeciera... ¿Mas qué digo? No soy yo tan dichosa ni tan bienaventurado.
Marcelo	Señor, si por ti tal acaeciera, ¿qué es lo que hicieras tú? ¿No olvidaras otro cualquier amor por mujer tan constante siendo tan hermosa y noble como la otra?
Lauro	¿Cuál olvidar? ¿Y con qué se podría pagar un tan conforme amor?
Marcelo	Pues primero que en nuestra casa entres, ni a Fabio veas, quiero me jures a fe de caballero que es lo que tú hicieras sobre este negocio.
Lauro	Por el juramento que me has tomado te juro que no le podría pagar con otra cosa, sino con tomalla por mujer.
Marcelo	¿Hiciéraslo ansí?
Lauro	Y no de otra manera.

Marcelo	Pues entra, señor, que por ti propio ha sucedido lo contado.
Lauro	¿Por mí? ¿cómo?
Marcelo	Porque Fabio (a quien tú quieres matar pensando que es hombre) es tu querida primera Lelia, hija de Verginio, romano, la cual se salió del monesterio por servirte en hábitos de hombre; mira si le debes algo y lo eres en grandísima obligación.
Lauro	No me digas más, señor Marcelo, que yo te creo.
Crivelo	Y aun por eso, señor, muchas veces cuando se iba a acostar a la cámara de los lacayos, se apartaba acullá lejos en un rincón a desnudar: yo decíale: hermano Fabio, ¿por qué no te vienes a desnudar a la lumbre? Y respondíame él diciendo: hermano Crivelo, tengo sarna.
Lauro	Sus, entremos allá dentro, que yo le quiero pagar con lo que tengo dicho.
Salamanca	Señor mase Quintana, si aquel no es Fabricio, ¿qué esperamos? vámonos ad comedendum ad posatam.
Quintana	¿Qué dices? ¿Qué algarabía es ésa?
Salamanca	¿Algarabía es ésta? Es gramátula, y aun de la más fina de Alcalá de Humares.
Quintana	Escúchale. Dígame, señor, ¿cómo dijo denantes que se llamaba el padre desa Lelia?
Marcelo	Verginio, romano.
Quintana	¿Verginio, romano?

Marcelo   Sí señor.

Quintana   ¿Tuvo otro hijo sin ésta?

Marcelo   Uno, el cual se perdió en el saco de Roma.

Quintana   Por hallado se puede tener el día de hoy: que llegando a ver aquí a Módena so amparo y guarda mía, se nos ha desparecido, y pensando ser éste que se retrajo en vuestra posada, venimos en su seguimiento.

Crivelo   ¿Y es ése el que llamáis Fabricio?

Quintana   Sí, señor.

Crivelo   Ta, ta, que me maten si ese que vos decís no es el que han tomado por Lelia, y está encerrado en casa de Gerardo.

Marcelo   Pues por amor de mí, mientras nosotros nos entramos a efectuar el matrimonio del señor Lauro con Lelia, se vaya aquí con Crivelo.

Quintana   ¿Dónde, señor?

Marcelo   A casa de Gerardo, porque Verginio es ido allá armado con Pajares su mozo a que le restituya a Lelia.

Quintana   ¡Válame Dios! Iré porque no suceda algún escándalo.

Crivelo   Vamos, y daremos noticia de lo pasado.

Escena IV

Quintana, Salamanca

Salamanca   ¿Y pues? ¿Yo, mase Quintana o cuartana, quédome hecho campaleón? ¿Piensa que me he de mantener del aire?

| Quintana | ¡Oh! Toma, cata ahí cuatro reales y dalos a Frula el mesonero en señal que se los debemos, y dile que te dé el portillón de la ropa. |

| Salamanca | ¿Y no más? |

| Quintana | Y el pan que sobró del almuerzo, y vente aquí a la posada del señor Verginio. |

| Salamanca | Que me place, y al pan podéis agradecer la vuelta. |

Escena V

Verginio, Pajares

| Verginio | Mira, Pajares. |

| Pajares | Miro, señor. |

| Verginio | No te cures de más sino hacer como yo hiciere; veamos si me darán a mi hija por fuerza o por grado, o mal que les pese. |

| Pajares | Y dígame, señor, ¿cuántos han de ser los alanceados, si place a la voluntad de Dios? |

| Verginio | Sólo uno es el que me ha ofendido. |

| Pajares | ¿Uno no más? ¿Y cómo se llama? |

| Verginio | ¿De todo te han de dar cuenta? Gerardo se llama. ¿Por qué lo dices? |

| Pajares | Porque querríame llegar a la iglesia. |

| Verginio | ¿Para qué? |

| Pajares | Para hacelle decir una misa de salud. |

Verginio   Calla, badajo, que no sé quién viene.

Pajares   Crivelo es el uno, y el otro saludador me parece.

Escena VI

Crivelo, Quintana y dichos.

Crivelo   Guárdele Dios, señor Verginio.

Verginio   Seas bienvenido con la compañía.

Quintana   Beso sus manos.

Pajares   Señor Crivelo, ¿parécele en qué andenes y riesgos me
                     han traído mis pecados?

Crivelo   ¿Cómo, Pajares?

Pajares   ¿Cómo me pregunta? ¿No ve qué enlanceado estoy?

Crivelo   ¿Pues qué hace al caso, di?

Pajares   ¿Quién me hizo a mi mata hombres? Que aun por mis
                     pecados los días pasados mató mi padre un hurón, y en
                     más de quince días no osaba salir de noche al corral do le
                     había muerto.

Quintana   ¿Por qué?

Pajares   Porque no me asombrase su álima.

Crivelo   Señor Verginio, bien puede vuesa merced enviar este
                     mozo a casa a desarmarse.

Pajares   ¡Ah! Dios te dé salud, amen.

| Verginio | ¿Cuál enviar? ¿Venís vos hecho de concierto con Gerardo? Pues tené por entendido que no lo hará hasta en tanto que me dé mi hija, tan sana y tan buena como se la entregué. |

| Crivelo | Señor Verginio, ¿cómo? ¿cómo os puede dar vuestra hija, no teniéndola? |

| Verginio | ¿Dizque no teniéndola? ¿Pues qué cuenta me da de la moza que yo le dejé en su poder? |

| Crivelo | ¿Moza? Yo digo que es mozo. |

| Quintana | Señor, lo que yo tengo entendido de este negocio es que Lelia está en tu casa, con toda la honra del mundo, y desposada con un gentilhombre que se llama Lauro. |

| Crivelo | Dice verdad, señor: con mi amo. |

| Pajares | ¿Y sin pedirme perdón, señor? |

| Crivelo | ¿De qué te había de pedir perdón? |

| Pajares | De que me hizo ayunar el lunes sin ser ayuno, ni cantallo el martilojo de mi bravario. |

| Verginio | ¿Qué, mi hija es desposada con Lauro? Dichoso sería yo si tal fuese. |

| Crivelo | Que lo puedes bien creer, señor. |

| Verginio | Y pues, el que tanto le semeja, que está en casa de Gerardo, ¿quién ha de ser? |

| Quintana | Tu hijo, señor. |

| Verginio | ¿Qué me contáis? |

Quintana	La verdad sin falta.
Verginio	¡Oh providencia divina!
Crivelo	Señor, en casa de Gerardo me entro, por dalle aviso del regocijo tan sobrado, y ganar las albricias.
Verginio	Corre, ve.
Pajares	Yo a desalancearme.

Escena VII

Verginio, Quintana

Verginio	¿Señor, cómo es su gracia?
Quintana	Quintana, a su servicio.
Verginio	¿De qué tierra?
Quintana	De Roma, ayo de su hijo Fabricio.
Verginio	¿Fabricio? ¿Y quién le puso ese nombre?
Quintana	Señor, tú has de saber que el día de la revuelta que fue saqueada Roma, quiso su buena dicha o ventura que vino en poder tu hijo de un capitán español dicho Fabricio, y por quererlo tanto, me lo dio que le enseñase toda crianza, llamándole de su propio nombre, y al punto que falleció, lo dejó heredero de su hacienda.
Verginio	¡Santo Dios!
Quintana	Yo, como por tu hijo y mi criado supiese que tenía padre que se llamaba Verginio, y por información de algunos extranjeros que en Módena residían, determiné de encaminarlo a esta ciudad y traelle en tu presencia.

| Verginio | Digo, señor, que yo estoy por ello a no faltaros en los días de mi vida. |

Escena VIII

Gerardo, Fabricio, Clavela, Crivelo y dichos.

| Crivelo | Señor, he aquí do sale el señor Gerardo y tu hijo Fabricio, con su esposa Clavela mano por mano. |

| Gerardo | ¿Qué le paresce, señor Verginio, las cosas que son encaminadas por Dios, cómo siempre vienen a parar en buen suceso? |

| Verginio | Así es la verdad, señor Gerardo. |

| Quintana | Fabricio, abraza a tu padre. |

| Fabricio | Déme sus manos, señor. |

| Verginio | ¡Jesús! y cuán semejante es a Lelia: bendígate Dios, hijo mío, y a tu esposa. |

| Clavela | Y a él dé largos días de vida. |

| Gerardo | Señor Verginio, pues no ha sido servido Dios que Lelia fuese mi mujer, según aquí Crivelo me ha contado, digo que yo me tengo por muy dichoso y contento que su hijo Fabricio sea mi yerno, y de hoy mas por consuegros y hermanos nos abracemos. |

| Verginio | Que me place, y vamos derecho a mi aposento donde se celebrarán las bodas cumplidamente. |

| Crivelo | Sus, señores si les pareciere alcanzar de la fiesta y confitura que allá dentro está aparejada, alléguense a la posada del señor Verginio, que, a fe de hombre de bien, |

según el preparatorio, no falten quejosos; y por tanto, perdonen.

[Lope de Rueda]

Cornudo y contento

Paso

Personajes

Lucio, doctor médico.
Bárbara, su mujer.
Martín de Villalba, simple.
Jerónimo, estudiante.

Plaza de un lugar.

Lucio   ¡Oh miserabilis doctor! ¿Qué fortuna es ésta, que no haya receptado en todo el día de hoy recepta ninguna? ¡Pues mirad quién asoma para mitigar mi pena! Éste es un animal, que le ha hecho encreyente su mujer que está enferma, y ella hácelo por darse el buen tiempo con un estudiante; y él es tan importuno, que no lo hace con dos ni tres visitas al día. Pero venga, que en tanto que los pollos en el corral le turaren, nunca su mujer estará sin fiebre. Sea bien allegado el bueno de Alonso de...

Martín   No, no, señor licenciado, Martín de Villalba me llamo, para toda su honra.

Lucio   Salus atque vita. ¿Para qué era nada desto, hermano Martín de Villalba?

Martín   Señor, perdone vuesa merced, que aun están todavía pequeñuelos, pero sane mi mujer, que yo le prometo un ganso que tengo a engordar.

Lucio   Déos Dios salud.

Martín   No, no, primero a mi mujer, plegue a Dios, señor.

Lucio   Muchacho, toma esos pollos, ciérrame esa gelosía.

Martín   No, no, señor, que no son pollos de gelosía, vuesa merced
               puede estar descuidado. ¿Sabe cómo los ha de comer?

Lucio   No por cierto.

Martín   Mire, primeramente les ha de quitar la vida y plumallos, y
               echar la pluma, y los hígados, si los tuvieren dañados.

Lucio   ¿Y después?

Martín   Después ponellos a comer si tuviere gana.

Lucio   Bien me parece todo eso. ¿Pues cómo se ha sentido esta
               noche vuestra mujer?

Martín   Señor, algún tanto ha reposado, que como ha dormido
               en casa aquel su primo el estudiante, que tiene la mejor
               mano de ensalmador del mundo todo, no ha dicho en
               toda esta noche, aquí me duele.

Lucio   Yo lo creo.

Martín   Guárdenos Dios del diablo.

Lucio   ¿Y queda en casa?

Martín   Pues si aqueso no huese, ya sería muerta.

Lucio   ¿Tomó bien la purga?

Martín   ¡A mi madre! Ni aun la quiso oler: pero buen remedio nos
               dimos porque le hiciese impresión la melecina.

Lucio	¿Cómo así?

Martín	Señor, aquel primo suyo, como es muy letrado, sabe lo que el diablo deja de saber.

Lucio	¿De qué manera?

Martín	Díjome: mirad. Martín de Villalba, vuestra mujer está de mala gana, y es imposible que ella beba nada desto: vos decís que queréis bien a vuestra mujer: dije yo, a mi madre, no estéis en eso, que juro a mí que la quiero como las coles al tocino. Dijo él entuences, pues tanto monta: bien os acordáis que cuando os casaron con ella, dijo el crego ser unidos en una misma carne. Dije yo, así, es verdad: dijo él, pues siendo verdad lo que el crego dijo, y siendo toda una misma carne, tomando vos esa purga, tanto provecho le hará a vuestra mujer como si ella la tomase.

Lucio	¿Qué hicistes?

Martín	Pardiez, apenas hubo acabado la zaguera palabra cuando ya estaba el escudilla más limpia y enjuta que la podía dejar el gato de Mari Jiménez, que creo que no hay cosa más desbocada en toda esta tierra.

Lucio	Bien le aprovecharía.

Martín	Guárdenos Dios: yo fui el que no pude más pegar los ojos, que ella a las once del día se despertó, y como a mí me había quedado aquella madrugada tan enfecto el estrómago con aquello de la escudilla, hízole tanto provecho a ella, que se levantó con una hambre, que se comiera un novillo si se lo pusieran delante.

Lucio	¿En fin?

Martín	En fin, señor, que como no me podía menear del dolor que en estos hijares sentía, díjome su primo: andad mal punto que sois hombre sin corazón: de una negra purguilla estáis, que me parecéis un hubo serenado: entuences el señor diciendo y haciendo, apañó una gallina por aquel pescuezo, que parece que agora lo veo, y en un santiamén fue asada y cocida, y traspillada entre los dos.
Lucio	Hiciérame yo al tercio, como quien juega a la primera de Alemaña.
Martín	¡A mí madre! Bien lo quisiera yo, sino que me hicieron encreyente que le haría daño a mi mujer lo que yo comiere.
Lucio	Hicistes muy bien, mirad quién ha de vivir seguro de aquí adelante: según me parece, a vos basta que curemos.
Martín	Sí señor, pero no me mande más de aquello de la escudilla, sino no será mucho a muchas escudilladas ahorrar de tripas, y quedarse el cuerpo como cangilón agujereado.
Lucio	Agora pues, yo tengo ciertas visitas, id en buen hora, y acudios por acá mañana, que con un buen regimiento que yo os ordenaré, basta para que se acabe de curar.
Martín	Dios lo haga, señor.
Estudiante	Por el cuerpo de todo el mundo, señora Bárbara, veis aquí a vuestro marido que viene de hacia casa del doctor Lucio, y creo que nos ha visto. ¿Qué remedio?
Bárbara	No tengáis pena, señor Jerónimo, que yo le enalbardaré como suelo, hacerle he encreyente que vamos a cumplir ciertos votos que convienen para mi salud.
Estudiante	¿Y creerlo ha?

Bárbara

¿Cómo si lo creerá? Mal lo conocéis: si yo le digo que en lo más fuerte del invierno se vaya a bañar en la más helada acequia, diciendo que es cosa que importa mucho a mi salud, aunque sepa ahogarse, se arrojará con vestidos y todo. Háblele.

Estudiante

Bien venga el señor Martín de Villalba, marido de la señora mi prima, y el mayor amigo que tengo.

Martín

¡Oh señor primo de mi mujer! Norabuena vea yo aquesa cara de pascua de hornazos. ¿Dónde bueno? ¿O quién es la revestida, como borrica de llevar novias?

Estudiante

Déjalo, no la toques, una moza es que nos lava la ropa allá en el pupilaje.

Martín

¿Mas, a fe?

Estudiante

Si en mi ánima, ¿habíate decir yo a ti uno por uno?

Martín

Bien lo creo, no te enojes. ¿y adónde la llevas?

Estudiante

A casa de unas beatas, que le han de dar una oración para el mal de la jaqueca.

Martín

¿Búrlasme, di?

Estudiante

No, por vida tuya, y de cuanto luce delante mis ojos.

Martín

Ve en buen hora, ¿has menester algo?

Estudiante

Dios te dé salud, no agora.

Martín

Como tú deseas.

Bárbara

¡Oh grande alimaña! Que aun no me conosció. Aguija, traspongamos.

| Martín | Ola, ola, primo de mi mujer. |

Estudiante

¿Qué quieres?

Martín

Aguarda, cuerpo del diabro, que o yo me engaño, o es aquella saya la de mi mujer; sí, ella es: ¿dónde me la llevas?

Bárbara

¡Ah don traidor! Mirad qué memoria tiene de mí, que topa su mujer en la calle, y no la conoce.

Martín

Calla, no llores, que me quiebras el corazón, que yo te conoceré, mujer, aunque no quieras, de aquí adelante; pero dime, ¿dónde vas? ¿Volverás presto?

Bárbara

Sí volveré, que no voy sino a tener unas novenas a una santa con quien yo tengo grandísima devoción.

Martín

¿Novenas? ¿Y qué son novenas, mujer?

Bárbara

¿No lo entendéis? Novenas se entiende que tengo de estar yo allá encerrada nueve días.

Martín

¿Sin venir a casa, álima mía?

Bárbara

Pues, sin venir a casa.

Martín

Sobresaltado me habías, primo de mi mujer, burlonazo, maldita la sangre que me habías dejado engotada.

Bárbara

Pues concédeme una cosa.

Martín

¿Y qué, mujer de mi corazón?

Bárbara

Que ayunéis vos todos estos días que yo allá estuviere a pan y agua, porque más aproveche la devoción.

Martín	Si no es mas que aqueso, soy muy contento: ve en buen hora.
Bárbara	A Dios: mirad por esa casa.
Martín	Señora mujer, no te cumple hablar más como enferma, que el doctor me ha dicho que a mí me ha de curar, que tú, bendito Dios, ya vas mejorando.
Estudiante	Quedad en buen hora, hermano Martín de Villalba.
Martín	Ve con Dios: mira, primo de mi mujer, no dejes de aconsejarla que si se halla bien con las novenas, que las haga decenas, aunque yo sepa ayunar un día más por su salud.
Estudiante	Yo lo trabajaré, queda con Dios.
Martín	Y vaya con él.

[Lope de Rueda]

Pagar y no pagar

Paso

Personajes

Brezano, hidalgo.
Samadel, ladrón.
Cevadon, simple.

Sala de casa particular.

Brezano	Hora ¿no es cosa extraña que a un hidalgo como yo se le haya hecho semejante afrenta y agravio cual éste? Y es que un casero de esta mi casa en que vivo, sobre cierto alquiler que le quedé a deber, me ha enviado a emplazar

doscientas veces. Yo quiero y tengo determinado de llamar a Cevadon mi criado, y dalle los dineros para que se los lleve. Ola, Cevadon, sal acá.

Cevadon	Señor. ¿llama vuesa merced?
Brezano	Sí señor, yo llamo.
Cevadon	Luego oí que me llamaba.
Brezano	¿En qué oyó que le llamaba?
Cevadon	¿Diz que en qué? En nombrarme por mi nombre.
Brezano	Hora, ven acá, ¿conoces?
Cevadon	Sí señor, ya conuezco.
Brezano	¿Qué conoces?
Cevadon	Esotro el aqueste, el que dijo vuesa merced.
Brezano	¿Qué dije?
Cevadon	Ya no se me acuerda.
Brezano	Dejémonos de burlas: dime si conoces a aquel casero desta mi casa en que vivo.
Cevadon	Si señor, muy bien lo conuezco.
Brezano	¿Dónde vive?
Cevadon	Acullá en su casa.
Brezano	¿Dónde está su casa?

Cevadon	Mire vuesa merced, eche por esta calle derecha, y torne por esotra a mano izquierda, y junto la casa, empar de la casa al otra casa más arriba está un poyo a la puerta.
Brezano	No me entiendes, asno: no te oigo sino si conoces al calero de mi casa.
Cevadon	Que sí señor, muy rebien.
Brezano	¿Dónde mora?
Cevadon	Mire vuesa merced, váyase derecho a la iglesia, y éntrese por ella, y salga por la puerta de la iglesia, y dé una vuelta alrededor de la iglesia, y deje la iglesia, y tome una callejuela junto a la callejuela, empar de la callejuela, la otra callejuela más arriba.
Brezano	Bien sé que sabes allá.
Cevadon	Sí señor, demasiadamente sé.
Brezano	Sus, toma estos quince reales, y llévaselos, y dile que digo yo que lo ha hecho ruinmente en enviarme a emplazar tantas veces, y que digo yo que me haga merced de no hacello tan mal conmigo; y mira que al que se los has de dar ha de tener un parche en el ojo, y una pierna arrastrando, y primero que se los des te ha de dar una carta de pago.
Cevadon	¿Que primero que le de yo los dineros, le tengo de dar una carta de pago?
Brezano	Que no, asno, él a ti.
Cevadon	Yo, ya, él a mí, yo lo haré muy requísimamente.
(Calle.)	

| Samadel | Según soy informado, por aquí ha de venir un mozo con unos dineros que los ha de dar a un mercader: yo le tengo de hacer encreyente que soy el mercadante y cogelle los dineros, que bien creo que serán buenos para alguna quinolilla: ta, ta, quiero disimular, que helo aquí do viene. |

| Brezano | Mira que lo sepas hacer, diablo. |

| Cevadon | Que lo sabré hacer, ¡válame Dios! |

| Samadel | Ola, hermano, ¿es hora que traigáis esos dineros? |

| Cevadon | ¿Es vuestra merced el que los ha de recibir? |

| Samadel | Y aun el que los había de tener en la bolsa. |

| Cevadon | Pues, señor, díjome mi amo que le diese a vuesa merced, y tomase vuesa merced quince reales. |

| Samadel | Sí, quince han de ser, dad acá. |

| Cevadon | Tome: aguarde vuesa merced. |

| Samadel | ¿Qué tengo de aguardar? |

| Cevadon | ¿Diz qué? Las insignias. |

| Samadel | ¿Qué insignias? |

| Cevadon | Dijo mi amo que había de tener vuesa merced un parche en el ojo, y traer una pierna arrastrando. |

| Samadel | Así, pues si no es más deso, cata aquí el parche. |

| Cevadon | Avese de ay, ¿diz que eso es parche? |

| Samadel | Digo que si es. |

Cevadon	Digo que no es.
Samadel	Digo que lo es, aunque os pese.
Cevadon	No quiero pesar, señor, séalo al mandado de vuesa merced, parche es, válame Dios! Son como trata vuesa merced abajo el sombrerillo, no había visto el parche.
Samadel	Hora, sus, dad acá los dineros.
Cevadon	Tome vuesa merced.
Samadel	Echa.
Cevadon	Aguarde.
Samadel	¿Qué tengo de aguardar?
Cevadon	¿La pierna arrastrando que es delta?
Samadel	¿La pierna? Vesla aquí.
Cevadon	Tome vuesa merced los dineros.
Samadel	Vengan.
Cevadon	Aguarde.
Samadel	¡Oh pecador de mí! ¿Qué quieres que aguarde?
Cevadon	¿Qué tengo de aguardar? La carta de pago.
Samadel	Pues vesla aquí, toma, bobo, que en verdad veinte años ha que está escrita, y decidle a vuestro amo que digo yo que es un grandísimo bellaco.

Cevadon   ¿Que le diga yo a mi amo que vuesa merced es un grandísimo bellaco?

Samadel   Que no, sino que yo se lo digo a él, y que lo ha hecho ruinmente.

Cevadon   Ta, ta, eso de ruin le había de decir yo a vuesa merced, que mi amo me dijo que se lo dijese, téngalo por recibido.

Samadel   Bien está, vete con Dios.

Cevadon   Vaya vuesa merced: ofrézcole al diabro el parche que lleva, que miedo tengo que no me haya engañado.

Brezano   Ola; Cevadon, ¿traes recado?

Cevadon   Sí señor, traigo todo recado, y la carta de pago, y todo negocio viene.

Brezano   ¿Mirástele bien? ¿Viste si tenía parche?

Cevadon   Sí señor, un parchazo tenia tan grande como mi bonete.

Brezano   ¿Vístelo tú?

Cevadon   No señor, mas él dijo que le traía.

Brezano   ¿Pues así habías de fiar de su palabra?

Cevadon   Sí señor, sé que no había de infernar ellotro su alma a truque de un parche ni de quince reales.

Brezano   Ora, sus, que tú traerás algún buen recado; y dime, ¿trata la pierna arrastrando?

Cevadon   Sí señor, luego que le di los dineros arrastró ansina la pierna, mas luego que se fue, iba mas derecho que un pino.

Brezano   Baste, veamos la carta.

Cevadon   Tome, señor.

Brezano   Señor hermano.

Cevadon   ¿Dice ahí señor hermano?

Brezano   Sí, que dice señor hermano.

Cevadon   Debe de ser hermano del que recibió los dineros.

Brezano   Ansí debe de ser. Las libras de azafrán...

Cevadon   ¿Ahí dice libras de azafrán?

Brezano   Sí, aquí así dice.

Cevadon   ¿Las libras de azafrán? ¿Yo no he traído a vuesa merced azafrán?

Brezano   A mí no.

Cevadon   ¿Pues cómo viene el papel enzafranado?

Brezano   ¿Tú no ves que te ha engañado, que por darte carta de pago te ha dado carta mensajera?

Cevadon   ¿Carta, o qué?

Brezano   Carta mensajera.

Cevadon   Pardiez si eso es verdad, que lo ha hecho muy bellaquísimamente.

Brezano   ¿Qué remedio, señor?

Cevadon

Yo diré a vuesamerced qué remedio. Que tomemos sendos palos, y que vamos callibajo, vuesa merced primero, yo tras dél, y si a dicha le encontramos, cobraremos nuestros dineros; cuando no, servirme ha de criado estuences.

Brezano

¿Qué es servirte de criado?

Cevadon

¿Qué, señor? Que yo os compezaré a bravear con él, como lo hizo de ruin hombre de llevarse los dineros sin parche ni pierna arrastrando, y en esto vuesa merced descargará con la paliza.

Brezano

Pues, sus, vamos.

Cevadon

Vamos.

Samadel

Bien dicen que lo bien ganado se pierde, y lo malo, él y su amo: esto dígolo porque aquellos dineros que tomé al simple mozo, los medios se fueron en un resto, y los otros se quedaron en un bodegón: dicen que van en busca mía, no tengo otro remedio sino diferenciar la lengua.

Brezano

Haz que le conozcas bien.

Cevadon

Pierda cuidado vuesa merced, que yo le conosceré rebien. Véngase poco a poco tras mí.

Brezano

Anda.

Cevadon

Señor, Señor.

Brezano

¿Qué?

Cevadon

Caza tenemos, el del sombrerito es.

Brezano

Cata que sea él.

Cevadon	Que sí, señor, éste me tomó los dineros.
Brezano	Sus, háblale.
Cevadon	Hombre de bien.
Samadel	La gran bagase qui us parí.
Cevadon	No habla cristianamente, señor.
Brezano	Sepamos pues en qué lengua habla.
Samadel	Yuta drame a roquido dotos los durbeles.
Brezano	¿Qué dijo?
Cevadon	Que se los comió de pasteles.
Samadel	¿No he fet yo tan grasa llegea?
Brezano	¿Qué es lo que dice?
Cevadon	Que él los pagará, aunque se pea.
Samadel	¿Qué he de pagar?
Cevadon	Los dineros que me quisiste burlar.
Samadel	Tomá una higa para vos, don villano.
Cevadon	Pero tomad vos esto, don ladrón tacaño.
Brezano	Eso sí, dale.
Cevadon	Aguarda, aguarda.

[Lope de Rueda]

Prendas de amor

Coloquio

Personajes

Menandro, pastor.
Cilena, pastor.
Simón, pastora.

Simón, Menandro.

Simón   Menandro, ya hemos llegado
                 do podemos deslindar,
                 y deja averiguado,
                 cuál es más aventajado,
                 y tiene más que esperar,   5
                 que si Cliena pastora
                 a los dos favor nos dio,
                 a mí más me aventajó,
                 pues aquella clara aurora
                 su zarcillo me entregó.   10

Menandro   Si por combate o razones
                 la gran locura en que estás,
                 Simón, defender querrás,
                 propon luego tus quistiones,
                 porque a todo me hallarás: 15
                 dices que te dio un zarcillo
                 de su oreja delicada,
                 y que a mí no me dio nada,
                 porque me entregó un anillo
                 de mano tan alindada.   20

Simón   ¿Quién vido señal de amor
                 tan manifiesta y tan clara,
                 ni de tan alto valor?
                 Pues me dio por más favor

	las insinias de de su cara:	25
	por aquí quiero cazarte.	
	Ven acá, Menandro hermano,	
	pues quieres aventajarte,	
	¿Cuál es más preciosa parte	
	las orejas o la mano?	30
Menandro	Si va por vía de honor	
	de honra, los afrentados	
	por justicia y castigados	
	viven con gran deshonor	
	si fueren desorejados.	35
	Y por tanto yo diría	
	que en esta causa o quistión,	
	Simón, las orejas son	
	de menor precio y valía,	
	que no nuestras manos son.	40
	¿Quieres ver como la mano	
	es de mayor excelencia?	
	Ten cuenta, Simon hermano,	
	y verás la diferencia	
	porque no estés tan ufano.	45
	Si te vas a desposar,	
	en señal de casamiento	
	lo primero que has de dar	
	¿Qué ha de ser?	
Simón	A mi pensar	
	es la mano, a lo que siento.	50
Menandro	¿Y después el sacerdote	
	cuando os veláis en la igreja,	
	el anillo, acemilote,	
	pónetelo, di, majote,	
	en la mano o en la oreja?	55
	No tienes que responder,	
	que ya queda averiguado,	
	por ser más aventajado,	

y esto se puede bien ver,
por el anillo esmaltado.   60

Simón

Sea, dices que es ansí
tú, contento con tu anillo,
yo, con mi dulce zarcillo.

Menandro

A la fe sábete aquí
que te he vencido, carillo.   65

Simón

La gran soberbia que cobras,
Menandro, en el proponer,
me da muy claro a entender
que por la envidia que sobras
te tengo aquí de vencer.   70

Menandro

Mi fe tú estás añasgado,
no te aprovechan razones
y tus debres conclusiones
claramente han demostrado
ser fracas en dos ringlones.   75

Simón

Tente que siento pisadas:
Cilena debe de ser.

Menandro

Suso, ella podrá hacer
que cesen nuestras puñadas,
y altercanza y contender.   80

(Entra Cilena, pastora.)

Cilena

Anday, mi branco ganado,
por la frondosa ribera,
no vais tan alborotado,
seguid hacia la ladera
deste tan ameno prado: 85
gozad la fresca mañana
llena de cien mil olores,

440

paced las floridas flores
de las selvas de Diana
por los collados y alcores.   90

Menandro   ¡Oh Cilena! Bien llegada
dichosos tales collados
que de ti son visitados:
de ti, pastora agraciada,
queremos ser acrarados.   95
Bien te acuerdas que en el prado
a Simon diste un zarcillo,
y a mí me diste un anillo
en señal de aventajado,
causa de nuestro omecillo.   100
Dice y afirma Simon
que todo el favor le diste
y no a mí me aborreciste,
aquesta es nuestra quistión,
y tú en ella nos pusiste.   105

Cilena   Quisiera lugar tener,
cierto, garridos pastores,
para que vuestros errores
dejaran de proceder
sobre tal causa de amores.   110
Mas pues que soy allegada,
porque no os quejéis de mí,
tomad eso que va ahí,
y otra vez en la majada
sabréis presto el no, o el sí.   115
Por agora perdonad
que no puedo detenerme:
pastores, en paz quedad,
y en lo que os di contemplad
porque dejéis de quererme.   120

Simón   Di, Menandro, ¿qué te ha dado?

| Menandro | A mí diome un corazón |
| | con un letrero esmaltado. |

Simón	Y a mí su rostro pintado
	al vivo en gran perfección:	125
	también lleva su letrero.

| Menandro | ¿Qué dice? |

Simón	Mira y verás
	en mí, cuanto tú querrás.
	Dichoso Simón cabrero,
	¿Qué es lo que deseas más?	130
	En esto se ha conocido
	yo ser más aventajado
	amado y favorecido,
	pues mi Cilena me ha dado
	su rostro al vivo esculpido.	135

Menandro	Simon, no estés tan ufino,
	no pienses con tu labor
	llevarte todo el favor.

| Simón | ¿Qué dice tu letra, hermano? |
| | Que esta llena está de amor. | 140 |

Menandro	Yo no tengo más que dar,
	pues te doy el corazón;
	mas con aqueso, garzón,
	no tienes de glorïar
	ni mostrar más presunción.	145
	¡Oh señal nada imperfeto
	de la pastora Cilena!

| Simón | ¡Oh empresa de mi pena |

| Menandro | ¡Oh espejo de mi objeto! |

| Simón | ¡Oh voz que en mi alma suena! | 150 |
| | ¡Oh rostro más que hermoso! | |

| Menandro | ¡Oh pastor bien fortunado! | |

| Simón | ¡Oh retrato delicado! | |

Menandro	¡Oh corazón amoroso,	
	qué contento me has dado!	155
	Dejemos nuestro altercar,	
	Simon, que si vas contento,	

| Simón | Yo sin más que desear, | |
| | de alma y de pensamiento. | |

ALONSO DE LA VEGA

Amor vengano

Paso

Personajes

Cupido, .
Falacio, pastor.
Bruneo, pastor.
Doresta, pastora.

Falacio

Mira, Amor, no nos persigas ni apremies, tente afuera, que el que no es acostumbrada a ser captivo, adora la libertad: no pienses con tus blasones y poderes absolutos que publicas, enternecer nuestro silvestre y salvagino natural, que nosotros la soledad amamos, las peñas nos acompañan, los jarales nos recrean, las yerbas nos refrescan, adonde con nuestras brutales fuerzas despedazamos los osos, los tigres y basiliscos amontamos. Reconoce, Amor, que los corazones que contra tales fieras pueden, contra tus fuerzas mas que bastantes serán.

Cupido

¡Oh brutos zagales! ¡Contra mi poder tan atrevidamente habláis! Tornad, tornad en vosotros, y conosced que soy hijo del sapientísimo Vulcano, y a los pechos blancos de la diosa Venus mi madre criado: temido de los fuertes, generalmente de todos obedescido; ¿pues qué hacéis, brutos zagales, que ante mí no os humilláis? Amando a la pastora Doresta, que por uno de vosotros se deshace, gozad, gozad de la primavera, del verano, y no aguardéis la invernal senectud; catad que como me sirviéredes, así seréis de mí galardonados.

Bruneo

¿Cómo? ¿Cómo? Tente a una banda, Falacio no piense con los fieros que publica subjectarnos, ni con yerba de su flecha nos herir. Saca, saca tu cachicuerno cuchillo, aquel con que las verdes hayas y altos robles de estas nuestras montañas destroncar sueles; y si fuerza contra fuerza poner quiere, a las manos lo tomemos, y ellas solas lo determinen.

Falacio   Muera.

Bruneo   Llega, dale.

Falacio   No viva el que nos piensa subjectar bajo sus pies.

Doresta   Paz, paz, zagales, que contra el poderoso Amor no hay fuerzas ni mañas que basten... Escogido rey, en tal guerra sin tu ayuda no se puede haber victoria.

Cupido   Amadora y sierva mía, pues amas sin ser amada, y los corazones de estos dos zagales se endurecen contra ti, toma mi arco y mi enherbolada flecha, y al que más amares atraviésale el corazón.

Falacio   Defiéndete, Bruneo.

Bruneo   No tires, zagala, que no hay quien te ame.

Falacio   Y si tirares no nos yerres, que a nuestras manos morirás.

Cupido   Suelta, zagala.

Falacio   ¡Ay, que me siento herido!

Bruneo   ¿Tan presto desmayas? Poco ánimo es el tuyo. ¿De quién?

Falacio   De amores de esta zagala.

Bruneo   Ten, ten fuerte como yo.

Cupido   Aguarda porque no te alabes.

Bruneo

¡Ay que me siento vencido de aquesta que adora mi vida!

Cupido

¿Sois amantes?

Falacio y Bruneo

Y tus siervos.

Falacio

¡Oh zagala! Pues tu amor nos ha vencido, apiádate de nosotros.

Doresta

Como si nunca os viera.

Falacio

Tú eres mi señora.

Doresta

Vosotros mis enemigos.

Bruneo

¡Oh gran diosa!

Doresta

¡Oh crueles!

Falacio

Aguarda, aguarda.

Doresta

No me cumple.

Bruneo

Por ti morimos.

Doresta

Yo vivo en veros morir.

Falacio

Yo peno.

Doresta

Yo descanso.

Bruneo

Yo tu esclavo.

Doresta

Yo señora.

Falacio

Yo suspiro.

Doresta   Yo canto.

Bruneo   Yo te sigo.

Doresta   Yo huyo.

(Aquí se arrodillan los pastores delante de Cupido   )

Falacio y Bruneo   Amor, Amor, apiádate de nosotros.

Cupido   Levantaos, nuevos amantes; aunque rebeldes habéis
                 sido, es justo que de la que os amó y amáis, seáis
                 galardonados. ¡Oh hermosa zagala!, ámalos, pues que te
                 aman.

Doresta   ¿A cuál de ellos?

Cupido   Bien preguntas: esa causa no quiero determinarla sin
                 consejo de amadores; mas como rey absoluto mando que
                 entre tanto que se determinare, andes en medio de los
                 dos por selvas y boscajes, adonde con casto amor de ellos
                 servida seas, y con su vista te contentes. Ea, caballeros,
                 gentileshombres, lindas damas, en vuestro juicio lo
                 dejo que juzguéis lo que aquí ha pasado: entrambos la
                 aborrecían: entrambos fueron forzados. ¿Cuál se puede
                 llamar amador, el que la zagala hirió con su flecha, o el
                 que yo herí de mi voluntad?

Los ciegos y el mozo

Paso

Personajes

Martín Álvarez, ciego.
Pero Gómez, ciego.
Palillos, mozo.

Palillos	Muy excelentes señores

Muy excelentes señores
con humil acatamiento
las manos veces sin cuento
les beso muy sin temores.
Acá por intercesores   5
so enviado,
y lo que más me ha forzado
a deciros la verdad
es tener necesidad,
de lo cual Dios sea loado.   10
Pero en fin tengo pensado
que al presente
donde está tan noble gente
un amo no faltará,
por ser menester habrá   15
a este pobre sirviente:
que de oficios mis de veinte
sé hacer;
y si el traje y parecer
demuestra que poco valgo,   20
consuélome que hijodalgo
so, aunque pese a Lucifer.
Por eso quien de comer
me dará
y por mozo me terná,   25
podrá alabarse y decir

que a él le suelen servir
hijosdalgo de verdá.
Así mi querer está
de ponerme   30
(porque no haya de perderme)
hora sea a melcochero,
o a mozo de cocinero,
para poder socorrerme,
aunque sé un poco entenderme   35
de herbolario
y también de apotecario:
y aunque el oficio es muy viejo
del arte de mandilejo
os daré todo el sumario.   40
Para mozo de un vicario
Me pornía
sólo porque cada día
de las ofrendas comiese,
y al beber, cuando me viese,   45
de mí no se quejaría;
pues si a la voluntad mía
amo hallase,
yo os doy fe que trabajase
aunque me hiciese mil sobras,   50
de mis servicios y obras
en balde no se quejase.
Porque el tiempo no se pase
en hablar,
empezaros he a contar   55
las condiciones que tengo.
Allá do voy nunca vengo,
y es condición singular;
la otra es no levantar
de mañana,   60
la cual tengo por muy sana:
sé romper lo que está sano,
sé al pan dar una mano
si de comer tengo gana.

Si veo que está liviana

la redoma,

el pesar que allí me asoma

jamás tiene par ni cuento:

cuando estoy harto y contento.

Por jamas harán que coma.

Pues si alguno dice, toma,

con dinero,

luego me vuelvo ligero.

Por abreviar de razones,

en fin estas condiciones

son propias de caballero.

si preguntáis de ganchero,

por mi fe

nunca en mi vida lo usé,

sino una vez seis ducados,

y estos me fueron forzados

hurtar de do los hurté.

Sobre ellos contaros he,

con que holguéis,

un donaire, y tomaréis

en oíllo pasatiempo.

Yo estaba, no ha mucho tiempo,

con un amo que reiréis,

y porque mejor notéis

era ciego:

que de su vida reniego,

cual el triste lo pasaba,

que de pan no me hartaba.

Yo, como rapaz matiego,

acordé, tramalle un juego

muy gracioso

y para mí provechoso,

y es que supe que escondía

los dineros que tenía,

por ser dellos codicioso;

yo, como mozo astucioso,

de hambre muerto,

acechele el lugar cierto
do escondía este dinero,
y vi que en un agujero   105
lo escondía con concierto.
Yo en haberlo descubierto
la vereda,
con mi mano mansa y beda
apañé todo el caudal;   110
pero en fin todo fue a mal,
yo perdido y la moneda.
Pues del hurtar no me queda
ningún bien
quiero huir de tal desden.   115
No sé en qué precio preciase
que al presente un amo hallase
ansí plegue a Dios. Amen.

Martín   Devotos cristianos, ¿quién
             manda rezar   120
             una oración singular
             nueva de nuestra Señora?

Palillos   Parece que he oído agora
             ad algún ciego hablar.
             Veislo por do fue a asomar,   125
             ciego es:
             éste es mi amo, pardiez,
             de quien agora os hablé.
             Huïré... ¿mas para qué?
             Esconderme quiero pues.   130

Martín   Mandadme, rezar, pues que es
             noche santa,
             la oración según se canta
             del nacimiento de Cristo.
             ¡Jesús! Nunca tal he visto,   135
             cosa es ésta que me espanta:
             seca tengo la garganta

de pregones
que voy dando por cantones,
y nada no me aprovecha: 140
es la gente tan estrecha
que no cuida de oraciones,

Pero   ¿Quién manda sus devociones,
              noble gente,
              que rece devotamente   145
              los salmos de penitencia,
              por los cuales indulgencia
              otorgó el papa Clemente?

Martín   Ciego es éste ciertamente
              como yo,   150
              el que agora voces dio
              mi compadre es si no miento.

Pero   La oración del nacimiento
              de Cristo.

Martín   Ce.

Pero   ¿Quién llamó?

Martín   Pero Gómez.

Pero   ¿Quién es?

Martín   ¿No   155
              me conocéis?

Pero   Martín Álvarez, ¿qué hacéis?
              Buenas noches le dé Dios.

Martín   Compadre, así haga a vos.
              ¿A do bueno?

Pero   Ver podéis   160
                    vo por ciudad, como veis,
                    pregonando
                    y la oración voceando
                    de Cristo, pues en verdad
                    es hoy su natividad.   165

Martín   En la mesma oración ando.

Pero   ¿Sin mozo vais? Dende cuando
                    me decí.

Martín   Dos mil años ha que en mí
                    ya no está, que según fundo,   170
                    en el universo mundo
                    tan gran bellaco no vi.

Palillos   Llegarme quiero hacia allí
                    cerca de ellos
                    y un poquito revolvellos,   175
                    pues contra mí se desmandan.

Pero   Compadre, tábanos andan,
                    ¿No sentís?

Martín   Rabia con ellos,
                    ¡Oh!, hideputa en los cabellos   180
                    he tomado...
                    Creo que no... ¡Oh!, mal grado
                    que se me fue.

Pero   Mas... pardios...
                    ¡Oh!, reniego non de vos.

Martín   Juro a diez que va enlodado,   185
                    pues volviendo a lo pasado
                    que primero
                    hablamos, deciros quiero

| | que mi mozo cuando huyó | |
| | seis ducados me hurtó. | 190 |

Pero   Mas... ¿burláis?

Martín   No, son de vero.
Dejóme tan lastimero
de verdad,
y en tanta necesidad,
compadre, podéis creer,   195
cual nunca me pensé ver.

Pero   ¡Oh qué mozo y qué bondad!
Si Dios me dé sanidad
y alegría,
que en verdad tal no sabía.   200
¿Mas cuánto ha que yo os hablo
que deis los mozos al diablo?
Vos tenéis vuestra porfía
que os roban de cada día
por razón   205
cuanto pueden sin pasión,
y el mozo, por hablar claro,
para nosotros es caro
tan sólo por la ración.
Así que en mi opinión   210
hallo pues
que ir a solas mejor es
que no mal acompañado;
y sino cuando es mirado,
ganancia y caudal perdés.   215

Palillos   ¡Oh qué gracioso entremés!
El buen viejo
¡Qué ejemplos da y aparejo!
Muy bien predica elegante.

Martín   Compadre, de aquí adelante   220

tomaré vuestro consejo,
pues se ve que sois añejo
de saber.
Mas vos también a mi ver
debéis, compadre y vecino,   225
el dinero de contino
en buen recado poner,
y no ansina lo tener
aviniente
sin temor de inconveniente: 230
si los ponéis a su bozo,
ved si los hurtará el mozo,
no digo seis, pero veinte.

Palillos   ¡Sí, tomaldo al inocente,
                  que si hallara   235
                  los veinte que los dejara!

Martín   ¡Pues, pésete a la fortuna!
                  Do estaban, persona alguna
                  hallarlos nunca pensara:
                  no pues porque los ganara   240
                  mal ganados,
                  sino creo que mis pecados
                  me han traído a pagadero.

Pero   ¿Do estaban?

Martín   En un aujero
                  dentro en mi casa guardados.   245

Pero   ¡Oíldo! Cuán bien alzados

(Cara atrás.)

                  los tenía.

Martín   No sé qué más
                  podía hacer en guardallos.

Pero   Compadre, con vos llevallos   250
       era muy mejor y en paz.

Palillos   ¡Oh hideputa, y qué hipocras,
       si no miento,
       que sois vos, según que siento!

Pero   Aosadas que yo no he miedo   255
       los dineros, si hacer puedo
       me hurten do los asiento.

Martín   Pues ése tal regimiento
       que usar
       soléis, me debéis vos dar.   260

Pero   Pláceme. Siempre procuro,
       compadre, por ir seguro
       los dineros no apartar
       de mí, sino los llevar
       yo conmigo,   265
       pues son nuestro bien y abrigo;
       que allí do el dinero va,
       mi corazón siempre está
       con él, por ser fiel amigo,
       y aún mis dineros me obligo,   270
       si queréis
       apostar que no sabéis
       en qué parte van de mi
       persona.

Martín   Ea que sí.

Pero   Compadre, no acertaréis   275

Martín   Apostay que los traéis,
       sin mentir,
       en los zapatos.

Pero	Reír
	me hacéis a boca llena.

Palillos	¡Oh qué plática tan buena!	280
	Llegar quiero por oír.

Pero	En fin quiérooslo decir
	donde están
	y el lescondrijo do van,
	mas con todo no quisiese	285
	que aquí alguno lo oyese
	por no me ver en afán.

Palillos	Callar cumple, juria san
	con primor.

Martín	Esperá y será mejor	290
	reconoscer si habrá alguno
	por aquí. No hay ninguno,
	hablar podéis sin temor.

Pero	Pues sabed que alrededor
	del bonete	295
	los llevo como a ribete,
	compadre, y emparejados.

Martín	¿Y serán cuántos ducados?

Pero	Hasta cinco, o seis o siete...
	Dad acá: ¡en gentil sonete	300
	os entonáis!

Martín	¿Qué diablos me demandáis?

Pero	Mi bonete.

Martín	¿Cómo? ¿Cuándo

os faltó?

Pero   No estéis burlando:
echaldo acá.

Martín   Mas ¿burláis?   305

Pero   Compadre, ¿de eso os picáis?

Martín   ¡Qué hablar!
Mirá si os soléis picar
vos en hacer cosa tala,
que esa palabra es muy mala.   310

Pero   ¡Oh qué buen disimular
que tenéis!

Martín   Id a rodar,
que no nada.

Pero   Compadre, a mí no me agrada
que con dineros burlemos;   315
sino ved que perderemos
la nuestra amistad pasada.

Martín   Dígoos que esa badajada
que decís
es mal dicha, si sentís.   320

Pero   Ea, dejad aquesos fieros,
y volvedme los dineros,
que vos los tenéis.

Martín   Mentís.

[Juan de Timoneda]

Los menemnos

458

Comedia

Introito

Personajes

Cupido
Climaco, pastor.
Ginebro, pastor.
Claudeno, pastor.

Coro

Oye Cupido, señor,
no te queje de pastores,
que el remedio de amador
es decir mal del amor
y a la fin morir de amores.

Cupido

Atrevidos y enamorados pastores, ¿de dónde os vino tanta osadía que recostados en vuestras cabañas y con gran descuido osásedes ultrajar mi divinidad? Y pues con mi potencia os he traído a este lugar, cada uno dé razón de sus quejas para que se haga justicia.

Ginebro

Dios y señor Cupido, a mí ningún perjuicio me tienes hecho, antes vivo con contentamiento.

Claudino

Yo con gran descontentamiento.

Climaco

Yo con mucho más.

Cupido

Sepamos la causa.

Claudino

Yo te la contaré, muy alto Cupido. Ha de saber tu majestad que viéndonos heridos de tu mano Ginebro, Climaco y yo de amores de la muy hermosa zagala Temisa, acordamos por quitarnos de rencillas y cordojos de presentarnos delante su agraciado conspecto para que dijese ella misma a cuál de nosotros escogía por su requebrado.

Climaco Y porque, encumbrado Cupido, mejor lo comprendas, has de saber que primero cada cual de nos contó en su presencia las gracias de que era dotado.

Cupido Sepa yo qué gracias le propusistes.

Claudino Yo lo dije: amantísima zagala, sábete que soy tan esforcejudo, que por mis fuerzas soy temido en toda Extremadura de los más valientes zagales, por lo cual pretiendo que me has de escoger por tu servidor.

Climaco Yo le dije: oye, zagala de bel parecer: tú sabrás que en toda la mesta no se hallará zagal tan franco y liberal como yo, y porque nace esta virtud de ánimo generoso y grande, creo que me recibirás por tu zagal, dejando a cualquier desotros.

Ginebro Yo le dije: requebrada pastora, sabrá tu hermosura que la cosa de que yo más me precio es de ser prudente y sabio en tanta minera que primero que hable ni ponga por obra ninguna cosa, tengo gran cuenta con el fin della, y porque a quien esto tiene no le puede ser dañosa la próspera ni adversa fortuna, debes rescebirme por tu requebrado.

Cupido En fin, ¿a quién escogió?

Climaco A Ginebro, por mi mala suerte.

Ginebro A mí, porque así convenía.

Claudino A ti, que nunca debiera.

Cupido Antes sabiamente escogió la zagala.

Climaco ¿Por qué?

Cupido	Yo te lo diré. Para que la mujer discreta quiera bien, has de saber que no son bastantes las fuerzas de Hércules, ni las liberalidades del magno Alejandro.
Claudino	¿Sino qué, señor Cupido?
Cupido	Saber virtuoso, honesta conversación, continua crianza, amor luengo, celar la honra: todas estas cosas bien alcanzadas, sólo el verdadero saber las alcanza.
Climaco	Ahí te aguardaba, Cupido. Si los amores son luengos, pasa peligro que se descubran; y si son descubiertos, síguense grandes peligros.
Claudino	Dice la verdad.
Climaco	Dí, para ello ¿qué remedio dará el sabio?
Claudino	Por cierto ninguno, antes el esforzado y liberal terná ganados amigos que le favorezcan en semejantes peligros.
Cupido	Bien parece que sois pastores. Habéis de saber que al verdaderamente sabio ninguna cosa de esas le falta: él es esforzado en refrenar sus ojos, mandándoles que no miren a quien bien aman, si por mirar se ha de seguir escándalo: es más que liberal en no dar parte de sus secretos, cuando ve que no conviene y habéis de saber que los amigos adquiridos por esfuerzo y liberalidad suelen faltar muchas veces a sus amigos en las necesidades, porque faltando el interese y esfuerzo con que fueron ganados, faltan ellos también.
Climaco	Tienes razón: vencido nos has, oh alto Cupido, y damos por buena la elección que hizo la sabia pastora Temisa.

| Claudino | Lo que te suplicamos agora es que nos vuelvas a nuestras acostumbradas cabañas y pracenteros sombríos. |

| Cupido | Soy contento, mas primero quiero que narréis lo que os encomendó el autor al entrar de la puerta. |

| Ginebro | Que somos contentos. |

| Climaco | Sapientísimos auditores, nuestro autor os desea paz y salud tan larga como la vida de Matusalen, y os hace saber como quiere, por daros placer y regocijo, representar una comedia de Plauto, llamada de los Menemnos: pideos por merced que estéis atentos, que en breves palabras se os dirá el argumento. |

| Claudino | Quitate allá: déjamelo comenzar a mí. |

| Climaco | Comienza ya. |

| Claudino | Sabrán vuestras reverencias que en la ciudad de Sevilla hobo un rico mercader llamado Menemno, el cual tenía hijos nacidos de un parto: eran tan semejantes en la forma y gesto que muchas veces la misma madre que los había parido tomaba al uno por el otro. |

| Ginebro | Vino acaso que siendo estos dos hermanos de edad de quince años, cargó el padre una nave de muchas mercaderías para Levante, y llevando consigo uno de sus hijos llamado Menemno, se partió dejando el otro con su madre Claudia. |

| Climaco | Siendo embarcado, fuéle la fortuna tan contraria que tres días y tres noches corrió por la tempestuosa mar sin saber adonde iban, y a la fin vino a dar en una peña de la isla Conejera, adonde todos perecieron, excepto el hijo Menemno, el cual abrazado con una tabla vino a tomar tierra en el cabo de Cullera. |

Claudino	El desdichado mancebo vínose Valencia, adonde asentó por criado de Casandro, mercader de mucho trato y viudo, el cual teniendo no mas de una hija, a cabo de tiempo la casó con él en pago de sus buenos servicios.
Ginebro	La desventurada madre, sabiendo en Sevilla las tristes nuevas y creyendo ser todo perecido, puso nombre Menemno a hijo que le quedaba, por el amor que tenía al hijo y marido ya difuntos.
Climaco	De manera, señores, que ambos a dos hermanos porque mejor lo entendáis se llamaban Menemnos.
Ginebro	Muerta la madre, el Menemno sevillano certificado por un adevino que su hermano era vivo y que estaba en España determinó de ir a buscallo con un esclavo suyo, y a cabo de tiempo aportó en Valencia, adonde por sus medios se vernán a conocer, como aquí claramente verán los que atender quisieren.
Claudino	Nosotros no podemos atender.
Cupido	Ni quiero que atendáis, sino que nos vamos cantando.
Climaco	Vamos.

(Canción.)

Quien falsario y ciego me llama,
bien es el pecho que yo le abra.
Quien ama sin ser amado
merecer ser desamado,
y ese tal enamorado
con éste que descalabra,
bien es el pecho que yo le abra.

Los menemnos

Personajes

Casandro, padre de Audacia.
Audacia, mujer de Menemno.
Menemo, casado.
Menemo, mancebo.
Tronchón, esclavo.
Talega, simple.
Dorotea, ramera.
Averrois, médico.

Lazarillo			criado.

Escena I

Menemo casado, Talega.

Calle.

Menemo			Oh qué simple cosa es este diablo de Talega! Que le
			hice del ojo para que me siguiese y no sé si me habrá
			entendido: mas simple soy yo que no él en darte parte de
			mis negocios; mas helo aquí donde sale.

Talega			¡Pecador de mí, señor Menemno! ¿Y piensas que no te
			había entrujado? Muy bien te entrujé, que esas son mis
			mieses y comer y tomar solaz a costa ajena.

Menemo			¿En qué te detuviste?

Talega			¡Ojo en qué me detuve! En esperar, que el viejo de tu
			suegro se hiciese invisible, que estaba rezando en el patín
			y quiso Dios que se encambró.

Menemo			¿Qué algarabía es ésa?

Talega			¿No lo entiendes? Digo que se entró en la cámara, y así
			no me vido.

Menemo   Y a mí sí me ha visto.

Talega   Que no te vio. Pues dime, señor Menemno, ¿en qué estamos? ¿Llevas hecha presa para dar a tu preñada o enferma?

Menemo   ¿Qué enferma o preñada dices?

Talega   Enferma llamo yo a tu amiga Dorotea, pues contino dice que pena por tus amores, y preñada de deseos, pues nunca hace sino pedir. Mira, Menemno, que esas presas se han de dar a semejantes mujeres cum, modis et formis, y a ten con ten.

Menemo   Mas sabiamente has hablado de lo que te piensas; ¿pero qué haré, pecador de mí, si sus deseos y mi afición viven conformes?

Talega   Señor, afición ciega razón: plegue a Dios que a bien te salgan esos arremangos, a feria vayas que mas ganes.

Menemo   Si no quisieres venir, quédate.

Talega   No haré yo tal poquedad: vaya perro tras su dueño. Abreviemos, señor; la presa que llevas es sustanciosa.

Menemo   ¿Pues no? Una rica saya es de mi mujer, la cual prometí de dar a mi Dorotea.

Talega   ¿Y ella a ti qué te dará?

Menemo   Harto me da en querer recibir lo que yo le doy, cuanto más que ha prometido de aparejar una espléndida comida para mí y otros amigos, enviándole yo lo necesario.

Talega	Pues que en casa de Dorotea ha de ser el tu autem y tragazón, no faltaré allí por la vida, que también soy tu amigo.
Menemo	¿Por do iremos más encubierto?
Talega	Guarte, que las paredes han oídos y no dé sobre mí tu relámpago.
Menemo	¿De qué temes, cobardazo?
Talega	¿De qué? ¿No sabes tú que dicen facientes, et consentientes, y no sé como mas? Lo que yo te aconsejo es que por no ser descubiertos no te cures de convidados, porque ya sabes que en los convites reina el vino, y a do el vino reina el secreto es descubierto, sino que pues gracias a Dios yo como por cuatro, y a necesidad por cinco, que nosotros a solas con Dorotea lo peguemos; porque en fin es gran dolor muchas manos en un tajador.
Menemo	Bien dices, no iremos sino los dos.
Talega	Si así lo haces, Dorotea terná más contento, tú menos sospecha y yo más provecho, y la saya no será descubierta. Por tu vida que me la tornes a mostrar, que tengo deseo de verla.
Menemo	Mírala bien.
Talega	Mírola. ¡Oh qué linda color tiene!
Menemo	¡Y qué olor! Si lo sintieses.
Talega	¡Qué olor! Veamos: a tres cosas huele.
Menemo	¿Cómo a tres?
Talega	Déjamela tornar a oler. Veamos.

Menemo   ¿A qué huele?

Talega   A hurto lo primero, pues la hurtaste a tu mujer.

Menemo   ¿Lo segundo?

Talega   A puta, pues se la ha de vestir Dorotea.

Menemo   ¿Y lo tercero?

Talega   Lo tercero, huele a linda comida, pues por su respeto hemos de comer.

Menemo   Chacotero estáis, amigo.

Talega   No estó por cierto. ¿Pero la comida para cuándo será?

Menemo   Para cuando yo quisiere.

Talega   Mire, que se trabaje que sea hoy, porque quien pasa punto, pasa mucho.

Menemo   Anda, que hoy se hará.

Talega   Mira, señor, que te soplico que en nuestra comida no habite carne cuadrángula.

Menemo   ¿Qué es carne cuadrángula?

Talega   Según el cura de mi lugar, cuadrángulo es aquello que tiene cuatro partes, cuatro esquinas, cuatro asientos, cuatro peañas, y por eso llamo yo, señor, carne cuadrángula el carnero, la vaca, et totius animalibus de quatuor pedos.

Menemo   Ya te entiendo, bachiller: yo te prometo que no falten pollos y palominos, et cætera.

Talega	¿Y et cætera también? ¿Qué cosa es, señor?
Menemo	Quiero decir, otras cosas muchas.
Talega	Pues mira, señor, que entre esas no falte para los principios carne conforme a mi nombre.
Menemo	¿De qué manera conforme a tu nombre?
Talega	¿Cómo me llaman a mí?
Menemo	Talega.
Talega	Pues la carne entalegada pido, cuerpo non de Dios, si me ha de entender.
Menemo	¿Qué es carne entalegada?
Talega	Longanizas, morcillas, sobreasadas.
Menemo	Pues eso no faltará.
Talega	Así, así, háblame de esa manera, que pues yo encubro tus maldades, encúbreme el estómago de buenas viandas.

Escena II

Menemo, casado, Talega, Audacia.

Audacia	¡Ah! Señor Menemno. ¡Ah! Señor marido.
Menemo. Casado	¡Oh pesar de la fortuna! Mi mujer me llama. ¿Qué haremos, Talega?
Talega	Qué me sé yo.

Menemo. Casado	Ven acá: cúbrete esta capa, y toma esta saya, y disimuladamente aguárdame en ese cantón.
Talega	Ensimúleme vuestra mercé.
Menemo. Casado	Vuélvete. Anda que bien estás.
Talega	Ya estoy vuelto. Señor, señor.
Menemo. Casado	¿Qué quieres? Maldito seas tú.
Talega	Que se me resbala, que se me cae la saya que has hurtado de tu mujer para dar a Dorotea.
Menemo. Casado	Calla, endiablado.
Audacia	¡Ah marido!
Menemo. Casado	¡Ah mujer!
Audacia	Jesús, y qué respuesta tan seca.
Menemo. Casado	Cual la pregunta.
Audacia	¿No quieres que sea mi pregunta seca y desabrida, pues sin propósito sales tan de mañana de casa?
Talega	En salvo está quien repica.
Menemo. Casado	¡Oh mujer loca y perversa! ¿Y siempre me has de dar enojos con tus celos y locuras? ¿Cómo? ¿Y qué entiendes tú de mis negocios para que digas que sin propósito salgo de casa?
Audacia	Malo está de ver de qué pie cojeas.
Menemo. Casado	Pues yo te prometo, que si de hoy más haces lo que agora hiciste, que nos han de oír los sordos.

Audacia	¿Por qué nos han de oír los sordos?

| Talega | Ahí, ahí, que encaja bien un bofetón. |

Menemo. Casado — Cada vez que salgo de casa me ha de detener y llamar dos y tres veces, y demandarme adónde voy, y adónde vengo, qué tengo que hacer, o qué negocios traigo. De manera que más la tengo de tener por portera alquilada, que por mujer propia.

Audacia — Tales sois vosotros, que no hay de quien fiar.

Menemo. Casado — Mas tales sois vosotras, que no hay quien os pueda contentar.

Audacia — Por eso haces tú bien, que no procuras de contentar sino a una que yo conozco.

Menemo. Casado — ¿Cómo se llama?

Talega — Dorotea.

Audacia — Basta que tú sepas cómo se llama.

Menemo. Casado — Ya sé do van esos tiros.

Audacia — Sí lo sabes, algo digo.

Menemo. Casado — Sí, dices hartas necedades; y habla paso, porque no demos enojo al viejo de tu padre.

Audacia — No quiero, sino dar voces como loca.

Menemo. Casado — Pues vocea cuanto quisieres, que por darte más enojo, iré a cenar y a tomar mis placeres con la que dices que conoces.

Talega   Así, así, anden voces.

Audacia   ¡Oh mal siglo haya quien me casó contigo!

Menemo. Casado   Mas quien te me dio a conocer.

Escena III

Casandro, Audacia, Menemo, casado, Talega

Casandro   ¡Ah vergüenza! ¡Enhoramala, vergüenza! Y no deis tan
                           desmesuradas voces, ni hagáis testigos de vuestras
                           poquedades a los vecinos. ¿Qué es esto que de contino
                           yo he de ser tercero de vuestros enojos?

Audacia   ¡Ay padre! A esta vida dígole muerte.

Casandro   ¿Cómo? ¿Sobre qué ha sido?

Menemo. Casado   Déjala mientra llora sin razón, y está con aquel coraje, que
                           yo te lo contaré brevemente. Has de saber, señor, que a
                           su soberbia y menosprecio han sobrevenido celos.

Casandro   ¡Celos! ¿Y de qué?

Menemo. Casado   Dice que tengo manceba, y que robo la casa.

Talega   Verum est.

Audacia   Días cómo si así no fuese...

Casandro   Oyete, serpentina, déjanos hablar.

Menemo. Casado   Con los cuales celos y sin razón me mata cada día,
                           y porque le oso responder me trata peor que si fuese
                           Talega.

| Talega | ¡Y mala talegada te dé Dios! ¿y quién te manda nombrarme? |

| Audacia | ¿Pues qué, no robas la casa? ¿Y el diamante quebrado que te di, qué es de él? |

| Talega | ¿Pues qué si supieses de la saya? |

| Menemo. Casado | En casa del platero está para soldalle. |

| Talega | Mas en casa de la puta para aniquilalle. |

| Audacia | Plegue a Dios que sea verdad lo que dices. |

| Menemo. Casado | Yo digo verdad mejor que tú mereces. |

| Casandro | ¿No has de callar, loca? |

| Audacia | Callaré, pues son dos contra mí. |

| Talega | Y tres, aunque os pese. |

| Audacia | Platicad a vuestro placer, que yo entrarme quiero por no oír palabras locas. |

| Menemo. Casado | Tomad que rebite. |

| Casandro | Calla y súfrete, hijo Menemno, que de los pacientes es el reino de Dios. |

| Talega | Así es la verdad; mas no de él sino de ella. |

| Casandro | Pues que solos estamos, oye, hijo Menemno, que cuando uno está contento, dice más loores de aquel contentamiento por la lengua que no tiene en el corazón; y por el contrario, cuando está descontento, dice menos de lo que le queda en el pecho encerrado. Dígolo esto, yerno mío, porque me han lastimado las lágrimas de mi |

hija y tus pesadas razones, de tal manera que ni sabré decir lo que siento, ni sentir lo que mereces.

Menemo. Casado   Di lo que pudieres decir.

Casandro   Sola una cosa diré, y es que deberías acordarte de quien fuiste por tu desdicha, y de quién eres por mi causa, y como de perdido te hice ganado y de siervo libre, casándote con mi única y amada hija, con la cual llevaste linaje, hermosura, virtud y mucho dinero.

Menemo. Casado   Antes, señor, si lo juzgas, quitada esa pasión de padre, hallarás que me diste mucho hueso y poca carne: quiero decir que es tanta su altivez, locura y soberbia, que oscurece y desdora todo ese linaje, hermosura y hacienda, de tal manera que me hace vivir el más triste y desconsolado del mundo.

Casandro   Quien mula quiere sin tacha, hijo Menemno, estese sin ella. ¿No sabes tú ya que todas las mujeres quieren hablar y que todos callen: quieren mandar y ninguna ser mandada quieren libertad y que ninguno sea libre, y quieren regir y ninguna ser regida?

Menemo. Casado   ¿Pues qué es lo que quieren?

Casandro   Una sola cosa.

Menemo. Casado   ¿Y es?

Casandro   Ser alabadas, y ver, y ser vistas.

Menemo. Casado   Leído he (y por mis pecados lo tengo experimentado) que el más fiero y peligroso enemigo del hombre es la mujer mal acondicionada, y de aquí nace una verdad, y es que el marido hace todo lo que quiere la tal mujer, y ella no ha de hacer ninguna cosa de las que desea su marido.

Casandro	Sabiamente has hablado; pero mira que no es de hombres cuerdos lastimar a sus mujeres con palabras, luego que han enojo con ellas.
Menemo. Casado	Concediendo ser verdad lo que dices, te certifico, señor, que si antes alcanzara lo que agora alcanzo, y de lo mucho que siento sintiera entonces un poco, no trocara yo mi pobreza y libertad por tu próspero casamiento.
Casandro	Por haberle yo mandado a mi hija que se casase contigo, se casó, que no porque lo quisiese ella de grado, que de nobles fue demandada, sabiendo que viene de muy buena parte.
Talega	Si cuando viene de la igreja.
Menemo. Casado	Aquí no tratamos de linajes, que cuanto a eso también sabría defender mi partido, sino que si vieses de la manera que me trata, dirlas que me sobra razón.
Casandro	Oye, hijo Menemno, ningún hombre sufre tanto a su mujer que no sea obligado de sufrille más, considerando que al fin el hombre es hombre, y la mujer mujer. Cierto, muy atrevida es la mujer que se toma con su marido, pero muy más loco es el marido que toma pendencias públicas con su mujer.
Menemo. Casado	Las injurias que me dice no las puedo, señor, sufrir.
Casandro	Mira, las injurias que bailen las mujeres mejor se castigan con tenerlas en poco, que con vengarlas.
Menemo. Casado	En fin ¿no hay castigo para ellas?
Casandro	Yo no digo que no le hay, pero sepan todos los hombres del mundo que todas las cosas sufren castigo, sino la mujer que quiere ruego. El hombre que quiere vivir en paz con su mujer, tres reglas ha de guardar.

Menemo. Casado	¿Cuáles son?
Casandro	Amonestaría mucho, reprenderla poco, y no poner manos en ella.
Talega	Y los pies sí, a buenas coces.
Menemo. Casado	¿Y de cuándo acá las puse yo en mi mujer?
Casandro	Ni es menester, porque la causa porque ella te riñe y yo te amonesto, es poquedad tuya, y daño suyo y mío en tener amiga, como dicen que la tienes.
Menemo. Casado	Ni hay tal, ni quien tal diga.
Talega	Si hay tal, y quien tal diga, que só yo.
Casandro	Bien está: el tiempo es tan buen maestro, que ni por miedo ni por vergüenza no deja de descubrir las verdades.
Talega	Ni yo tampoco.
Casandro	Abaste lo dicho. ¿Y agora qué piensas de hacer?
Menemo. Casado	Quería ir a casa de Micer Duarte, porque Talega es ido ya delante con el libro.
Talega	Más con la saya.
Menemo. Casado	Para que acabemos de rematar aquellas cuentas.
Casandro	Ve con la bendición de Dios, que yo entre tanto me acabaré de vestir.

Escena IV

Menemo, casado, Talega, Doresta.

Talega   Gracias sean dadas a Dios que el viejo acabó de predicar.

Menemo. Casado   Ven, Talega.

Talega   Vamos, señor, y desensimúlame toma la saya, porque no me hallen con el hurto en las manos.

Menemo. Casado   Daca, acabemos ya.

Talega   No me pareces agora propísimamente sino al hijo prólogo, que lleva a empeñar ropa por mengua de dineros.

Menemo. Casado   Déjate de esas gracias, y da en esa puerta y llama a Dorotea, porque salga a recibir este presente.

Talega   ¿Quién está en casa? ¡Ola, aho! No responde nadie, señor. Si has perdido quizá por la mano.

Menemo. Casado   No te entiendo.

Talega   No sé si está dentro algún dominus fatotum, de esos que llevan ropas largas.

Menemo. Casado   No se ha de presumir tal de mi querida Dorotea.

Talega   Si de amor de ramera te fías, engañado vas, porque no dura tanto como Sol de invierno y lluvia de verano, et est impossibile que la que es acostumbrada de someterse a muchos por fuerza, ame a ninguno de grado.

Menemo. Casado   Déjate de eso. Torna a llamar.

Talega   ¡Ola, aho! ¿No hay nadie acá?

Doresta   ¿Quién llama?

Menemo. Casado   Yo, mi señora.

Doresta	¡Ay mi señor Menemno! ¡Ay entrañas mías! ¿Y tú eres? Vengas en buen hora.
Menemo. Casado	Y en esa misma estés tú, deleite mío. En mirándote se me quitan todos los enojos y aborrezco a mi mujer.
Doresta	¿Quién viene contigo, señor Menemno?
Menemo. Casado	Talega, criado de tu merced.
Talega	Y de su criada, que es bonita.
Menemo. Casado	Crianza, señor.
Talega	Estoy tan criado, que ha veinte años que no mamé.
Doresta	Gracioso está Talega.
Menemo. Casado	De desgraciado está gracioso.
Doresta	Señor Menemno, ¿qué es eso que traes?
Talega	Abre el ojo. Olido ha de narices como podenco de muestra.
Menemo. Casado	Rosa y vida mía, son tus vestidos, y los despojos de la loca de mi mujer.
Doresta	¿Ésta es la saya que me prometiste?
Menemo. Casado	Ésta es, tómala, que si yo puedo, haré de manera que cuantas tiene mi mujer sean tuyas, pues yo soy tuyo.
Doresta	Mercedes, amor mío.
Talega	Oreja, perra, y cuán bien que la ase.

Menemo. Casado   Yo las rescibo de ti en quererlas tú recibir de mí.

Talega   Así, así con el diablo, desa manera presto quedarán en blanco los bienes de nostramo.

Menemo. Casado   ¿Qué es eso que dices de blanco y de presto?

Talega   Digo, señor, que se entienda de presto en la comida, y que no falte vino blanco.

Menemo. Casado   Bien dices. Mira, señora, ya sabes lo que me prometiste si la saya venía en tu poder.

Doresta   Muy bien, señor, yo lo entiendo.

Menemo. Casado   Pues aparéjanos muy bien de comer para mediodía.

Doresta   A mejor tiempo no podías hablar, porque está la olla bien forrada ya.

Talega   ¿Es el aforro de pluma o de lana?

Doresta   De todo hay: una gallina y carnero.

Talega   Poco es eso para mis apetitos.

Doresta   ¿Qué tú has de comer acá?

Menemo. Casado   Convidado le he porque veas cuán bien sabe comer.

Talega   Como, señora Dorotea, a dos cajos, que de verme folgarás muchísimo.

Doresta   De veras que tomo placer que sea Talega mi convidado una y muchas veces.

Talega   Un placer y muchísimos que Dios le dé.

Doresta	Por amor de tú, prometo de multiplicar dos pares de pollos más.
Talega	Multiplicadas que tengas las narices.
Menemo. Casado	¿Qué dices, asno?
Talega	No, no, sino los días de su vida. Los pollos me turbaron. Señora, mira que sean asados, por vida de esa cara de rosa.
Doresta	Yo lo haré mejor que tú te piensas.
Talega	De esa manera la talega de Talega quedará rellena de esta vez.
Doresta	¿Qué quiere decir eso?
Talega	Yo soy talega de mi amo, y mi talega es mi vientre: si como bien, mi talega está buena, y la de mi amo ruin, porque no me puedo mover después de harto.
Doresta	Buenas propiedades tienes.
Menemo. Casado	Señora, entre tanto que se adereza la comida, voy a casa de Micer Duarte a negociar un poco.
Doresta	Ven, señor, presto y no te detengas.
Talega	Bien dice la señora. Hagamos pasos de fraile convidado; que mejor es que nosotros aguardemos la comida, que la comida a nosotros.
Menemo. Casado	Escucha, Talega, que en esto va mucho. Allégate a la posada, y dirás a mi suegro que somos convidados por Micer Duarte, que no nos aguarden. ¿Sabraslo decir?
Talega	Mirad si sabré.

Menemo. Casado   Vuelve luego, que en su casa te aguardo.

Talega   Muy bien, señor.

Escena V

Menemo, mancebo, Tronchón

Menemo. Mancebo   Hágote saber, Tronchón, que la mayor alegría que sienten los navegantes, es cuando de lejos sobre las marítimas ondas descubren la tierra.

Tronchón   Y mayor si la tierra que descubren fuese suya. Mas dime, señor, yo te suplico, ¿a qué respeto o causa, habiendo rodeado todas las islas del mar, venimos a desembarcar a Valencia?

Menemo. Mancebo   Necio, ¿no sabes tú que voy buscando a mi hermano?

Tronchón   No sé cuando acabarás de llevarme de aquí para allá, y de Rodas a Poyatos. Seis años hace agora que andamos en busca de él.

Menemo. Mancebo   ¿De qué te fatigas, asno?

Tronchón   Fatígome que si anduviéramos a buscar una aguja, en tanto tiempo la hubiéramos hallado. Dígolo porque pienso que buscamos a tu hermano entre los muertos.

Menemo. Mancebo   Pluguiese a Dios que hallase quien de cierto me dijese que está ya entre los muertos; pero entre tanto que esto no supiere, no dejaré de buscarlo entre los vivos.

Tronchón   Sea como tú mandares, esclavo te soy, no puedo sino seguirte, pero no querría que nos detuviésemos mucho en Valencia.

Menemo. Mancebo   Ven acá, torpe, en una ciudad tan insigne y noble como ésta ¿no será bien que nos detengamos mas que no en otra para considerar muy particularmente el regimiento de su república, la suntuosidad de los edificios, la riqueza de los templos, los trajes de los caballeros y damas, y en fin otras mil cosas?

Tronchón   Tal es cual la pintas, y aun mejor, si no la gastasen tres erres como la gastan.

Menemo. Mancebo   ¿De qué modo la gastan tres erres?

Tronchón   La primera es rameras, porque hay de ellas magnam quantitatem.

Menemo. Mancebo   ¿Y la segunda?

Tronchón   La segunda renegadores, que reniegan y juran de Dios haciéndolo mil partes.

Menemo. Mancebo   ¿La tercera?

Tronchón   La tercera regatones, porque hay tantos que no podéis poneros un bocado en la boca que no pase por tres o cuatro manos. Y porque veo que la moneda se nos va apocando y la costa creciendo, querría que saliésemos presto de esta ciudad.

Menemo. Mancebo   ¿Qué? Dios hará merced.

Tronchón   Y entre tanto échate a dormir. ¿No sabes tú que por el dinero halla el perro?

Menemo. Mancebo   ¿De dónde diablos sacas tanta cosa como dices hoy, y otras veces eres tan necio?

Tronchón   Son lunadas que me toman.

Menemo. Mancebo En verdad que lo creo, y hoy masque nunca.

Tronchón Volviendo a las rameras supradichas, has de saber que todos ellas tienen asalariados sus cabestreros.

Menemo. Mancebo No hay quien te entienda hoy.

Tronchón Los cabestreros son aquellos que por otro nombre son llamados alcahuetes.

Menemo. Mancebo ¿Pues qué nace de ahí?

Tronchón Sabrás que estos cabestreros tienen de costumbre de irse al Grau de Valencia, y si veen alguna nao recién venida, preguntan cómo se llama el patrón y pasajeros de ella, y aun en los mesones los extranjeros de arte.

Menemo. Mancebo ¿A qué fin todo eso?

Tronchón Para que viéndolos por la ciudad, los llaman por sus propios nombres, porque piensen que los conocen, y así los engañan.

Escena VI

Doresta, Menemo, mancebo, Tronchón

Doresta ¿Ce, señor?

Menemo. Mancebo ¿Qué es aquello, di?

Tronchón No sé: detengámonos.

Doresta ¡Ah mi alma! ¡Ah mi corazón! ¿Cómo no entras en esta casa que es más tuya que mía?

Menemo. Mancebo ¿Con quién habla esta mujer?

Doresta   Con ti hablo, mi señor.

Tronchón   ¿Cómo? ¿Quién es él?

Doresta   Menemno: el omnis homo de mi casa.

Tronchón   No hay aquí ningún olmis olmo de tu casa.

Doresta   Amigo, ¿quién te pone a do no te mandan? Yo con
                   Menemno hablo, a quien conozco, y no contigo, que
                   nunca te vi.

Menemo. Mancebo   Habla pues lo que quisieres.

Doresta   Lo que quiero es que entres luego a comer, pues la
                   comida que mandaste aparejar está a punto ya.

Menemo. Mancebo   ¿Qué comida o qué bebida es ésa?

Doresta   La que tengo aparejada para ti y para mí.

Menemo. Mancebo   ¿Para mí? Ojalá dijeses verdad.

Doresta   Sí, para ti. Si no, entra, y verlo has.

Menemo. Mancebo   Señora, no burles de un hombre tan extranjero y no
                   conocido como yo.

Tronchón   Abre el ojo, que cabestrero anda por aquí.

Doresta   Ea, señor Menemno, dejemos de eso y no sufras que ese
                   burle de mí. Di, ¿qué es de Talega?

Tronchón   Mirad si está informada ya de la talega de la ropa que
                   viene en la nave.

Menemo. Mancebo   ¿Por cuál talega o saco pides?

Doresta   Por el mozo de Casandro tu suegro, el cual vino contigo cuando me diste la saya que hurtaste a tu mujer.

Menemo. Mancebo   Ni tengo mujer, ni sé qué te dices, ni jamás estuve en esta ciudad hasta hoy que desembarqué de la nave.

Doresta   ¿De qué nave?

Tronchón   De una que es de tablas y madera.

Doresta   Señor Menemno, por amor de mi que dejadas las burlas aparte, entres en casa, entro tanto que voy a mirar los pollos que se asan demasiado.

Menemo. Mancebo   Oye, Tronchón, ¿no será pusilanimidad mía dejar de entrar allá?

Tronchón   No será sino sableza dejar de entrar allá.

Menemo. Mancebo   Audaces fortuna juvat. ¿Qué me puede hacer una mujer?

Tronchón   Según tú eres bueno, lo menos que puede es dejarte sin blanca.

Menemo. Mancebo   Para eso buen remedio: toma la bolsa.

Tronchón   Daca. Pero mira que dice el refrán que quien mucho se rasca, llaga se hace por eso mira mucho el fin.

Menemo. Mancebo   Anda, que es de cobardes mirar mucho los fines. Entrar quiero, y ve tú al mesón y después vernás por acá.

Tronchón   A Dios te encomiendo.

Menemo. Mancebo   ¡Ah señora mía!

Doresta   ¡Ah señor!

Menemo. Mancebo   Conozco haber errado en burlarme de ti; pero si lo hice fue por disimular con el esclavo que estaba conmigo.

Doresta   ¿Cómo? ¿De quién es el esclavo?

Menemo. Mancebo   De mi suegro, que no ha dos días que lo compró.

Doresta   Avisado parece.

Menemo. Mancebo   Es lo cierto, y pues él no nos ve ni nos oye, entremos cuando mandares.

Doresta   ¿No quieres aguardar a Talega?

Menemo. Mancebo   Ni lo quiero aguardar, tú quiero que entre acá, porque estoy encijado con él.

Doresta   Sea como tú mandares; empero, amormio, quiero que me hagas una merced.

Menemo. Mancebo   No una sino ciento haré, por eso pide.

Doresta   Que después de comer lleves aquella saya que me diste a maestre Chillón el sastre, para que la desfigure y haga a mi voluntad.

Menemo. Mancebo   Avisada eres en todo, porque haciéndolo así, ternás saya a tu medida, y no la conocerá aquella maldita de mi mujer.

Doresta   ¿Puedes llevarla cuando te fueres?

Menemo. Mancebo   ¿Por qué no la tengo de llevar?

Doresta   Entra, amor mío, y cierra esa puerta.

Escena VII

Casandro, Audacia, Talega

Casandro   ¿Do estás, hija? Sal acá.

Audacia   ¿Qué mandas, señor padre?

Casandro   Días ha que deseaba decirte mi parecer, y lo he dilatado
              hasta que me dieses una ocasión para ello de tantas
              como me has dado para sentillo.

Audacia   ¿No te parece que tengo razón, señor padre, de estar
              quejosa?

Casandro   No, porque si cuando yo te casé con Menemno, no seguí
              el uso de este maldito tiempo que primero se habla de la
              hacienda y a la postre de la persona, fue la causa viendo
              las virtudes de mi criado y tu marido, que pienso no
              haberle dado tanto cuanto merece.

Audacia   Demasiado lo diste.

Casandro   Es verdad si tú fueras de otra suerte.

Audacia   ¿De qué suerte? ¿Soy alguna fea?

Casandro   No, sino hermosa, y es lo peor que le di.

Audacia   ¿Por qué?

Casandro   Porque se ofrezco a grandísimos trabajos el que casa con
              mujer hermosa.

Audacia   ¿A qué trabajos siendo ella buena?

Casandro   Oye. Lo primero se ofrece a sofrille su altivez y soberbia
              por ser hermosa como tú. Lo segundo, que por ser buena
              de su persona (cual tú te precias de serlo) le nace, por no
              ser acompañada de humildad, una vanagloria insoportable
              de sufrir, y sin eso pretendéis todas las hermosas que

cometen herejía vuestros maridos, si entienden en otro sino en daros placeres.

Audacia

Tales los tenga quien mal me quiere, cuales mi marido me los da a mí.

Casandro

Eres tú la causa de ello.

Audacia

¿Yo? ¡Ay desdichada de mí! ¿Que él viva amancebado soy yo la causa?

Casandro

Sí, en serle tan desdeñosa como lo eres, según que yo por mis ojos lo he visto: que si te sigue le huyes, si te sirve no lo estimas, si te ama lo aborreces, si te halaga le maldices, si te olvida lo infamas, y si te hace fiestas dices que te engaña.

Audacia

En cuanto a eso no le debo nada.

Casandro

Sí le debes, y mucho, porque las costumbres del marido han de ser leyes para la mujer, y tú haces lo contrario.

Audacia

Porque son malas sus costumbres, por eso las contradigo yo.

Casandro

En tu mano está hacer que sean buenas.

Audacia

¿De qué manera?

Casandro

Con cinco yerbas que traigas contigo.

Audacia

¿Dime qué yerbas son esas?

Casandro

La primera que seas callada; la segunda que seas pacífica; la tercera que seas sufrida; a la cuarta que seas honesta, y la quinta que seas retraída. Estas cinco yerbas, hija mía, son de tal propiedad, que las malas costumbres del marido convierten en buenas.

Audacia   Así podrían ser cincuenta, que a mi marido no le quitarán
             que no tenga una puta. Pero no quiero altercar más
             contigo, que siendo mi padre abogas contra mí.

Casandro   Ni es menester sino que mudemos de palabras y tú de
             condición. Aquel que allí viene parece que sea Talega.

Talega   ¡Ah señor!

Casandro   ¿Qué hay de nuevo?

Talega   Calzas, zapatos, sayos, camisas, en fin cuanto querrás
             comprarme.

Casandro   Acabad ya de decir a lo que venís.

Talega   Pues no me turbe su mercé. El señor Duarte manda... No,
             no, sino que suplica a vuestra merced.

Casandro   ¿Qué me suplica, enalbardado?

Talega   Que le ruega que perdone y que coma a su placer con la
             señora, porque, yo y...

Audacia   Siempre el ruin delantero.

Talega   Tiene razón. Que el señor Menemno y yo quiere que
             manduquemos con él.

Casandro   Bien está. Entremos, hija, y tú también.

Talega   No yo. ¡Pésete a mal grado! Que me acusará contumacia
             la señora Doro... El señor Duarte quise decir, si no voy a
             comer luego.

Casandro   ¿Qué es eso de la señora Doro? Entra, entra, que luego te
             irás.

Escena VIII

Menemo, mancebo, Dorotea, Talega

Menemo. Mancebo ¡Oh inmortales dioses! Muchas gracias os hago porque habéis permitido que una ramera, que acostumbra de robar a los manrebos, me haya dado de su propia voluntad a comer y este diamante y saya. Bien sé que me ha tomado por otro, más con todo eso no me acusa la conciencia para tornárselo por agora, porque dicen que quien hurta al ladrón, etc. Buscar quiero a mi esclavo para reír con él de la burla, y gozar con él de estos putánicos despojos.

Talega Yo doy al diablo las preguntas, y a quien las inventó a las horas del comer. Sabia Casandro que soy convidado, y preguntábame más cosas de su yerno que días hay en longanizas, como si le había yo de otorgar la verdad... Mas ¡oh! helo allí. La saya es vuelta en su poder. Mal va esto: tormenta debe de correr entre él y la pelleja Dorotea. ¡Cuál sería que la comida se embarazase! ¡Ah Menemno!

Menemo. Mancebo ¿Qué quieres, amigo?

Talega ¿Do va la saya?

Menemo. Mancebo No va, que yo la llevo.

Talega ¿A do por tu vida?

Menemo. Mancebo A casa de maestre Chillón el sastre para que la adobe.

Talega Después se hará eso, señor: vamos a comer primero.

Menemo. Mancebo ¿Qué diablo ha de ser esto con tantos convidadores como hay en esta ciudad?

Talega   Yo no te convido, señor, antes tú me has convidado A mí.

Menemo. Mancebo   ¿Adónde?

Talega   En casa de Dorotea.

Menemo. Mancebo   ¿Cómo te llamas?

Talega   ¿A la hora del comer cómo te llamas? Buena burla es ésa.

Menemo. Mancebo   A fe que no burlo.

Talega   Talega me llamo.

Menemo. Mancebo   ¿Qué tú eres Talega?

Talega   Al tiempo de vete allá, vete acá, no me desconoces como agora, si no te burlas.

Menemo. Mancebo   Que ni me burlo, ni te conozco. Ve con Dios.

Talega   Una vez que en toda mi vida he sido convidado, salirme tan al revés por mal agüero lo tengo. Mas no quiero desconfiar sin primero hablar con Dorotea. ¿Quién está en su casa?

Doresta   ¿Quién llama?

Talega   Talega soy, señora. ¿Qué es de mi amo Menemno? ¿Es venido a comer?

Doresta   ¿Cómo si es venido? Ya vino y se fue.

Talega   ¿Que ya comió? ¡Mezquino de mí!

Doresta   Ya comió. ¿Cómo no viniste?

| Talega | No me burle, señora, que me fino de hambre. |

| Doresta | Que no me burlo. |

| Talega | Oiga, señora Dorotea. |

| Doresta | Ve con todos los diablos, que no quiero oírte. |

Talega   ¿Así que desa manera se trata a Talega? ¡Oh Talega! ¡Talega! ¿Quién te vido en el establo almobazando los caballos, harto de torreznos, y agora muerto de hambre por andar entre putas y rufianes? Mas para ésta que yo haga de manera que le haga mal provecho a Dorotea la saya y a Menemno la comida, que yo lo diré a mi señora.

Escena IX

Menemo, casado, Dorotea, Audacia, Talega

Menemo. Casado   No me acuerdo después que nací estar sin comer a tal hora, especialmente siendo convidado; mas cáusalo también este diablo de Micer Duarte con ser tan prolijo en sus cuentas. ¿Pero qué es esto que Talega no vuelve de donde lo envié? Por ventura estará ya en casa de Dorotea. Quiero llegarme allá. La puerta veo cerrada. ¡Ola, aho! Abrid aquí.

Doresta   ¿A quién han de abrir?

Menemo. Casado   A tu cativo, señora mía.

Doresta   ¿Qué es esto, señor Menemno?

Menemo. Casado   ¿Qué ha de ser?

Doresta   ¿Tan presto eres de vuelta? ¿Diste ya la saya a Chillon el sastre y el diamante al platero?

Menemo. Casado   ¿Qué saya, qué diamante me has dado?

Doresta   No te hagas de nuevas ni burles de mí, que la saya y el diamante que me diste, te di.

Menemo. Casado   ¿Para qué?

Doresta   Para que lo hicieses adobar todo.

Menemo. Casado   ¿Adónde me lo diste?

Doresta   Aquí dentro con mis propias manos.

Menemo. Casado   ¿Cuándo?

Doresta   Cuando acabamos de comer tú y yo.

Menemo. Casado   Engañada vives.

Doresta   Así es la verdad, pues que burlas de mí.

Menemo. Casado   Digo que después que te di la saya no he puesto los pies en tu casa.

Doresta   Buen disimular es ése, Menemno.

Menemo. Casado   No hay aquí ningún disimular.

Doresta   ¿Y cómo? ¿De esa manera te piensas alzar con la saya y el diamante? Pues para ésta, que o no seré yo Dorotea, o tú me lo traerás todo perfumado.

Menemo. Casado   No me espanto de fieros de puta. ¿Qué, cerraste las ventanas? Abranse estas puertas.

Audacia   Así, qué rufián te has tornado, marido. ¿Pensabas que no te había de tomar en el lazo? Nunca mi corazón me fue traidor.

Menemo. Casado	¡Oh señora mujer! ¿Y qué buscas por acá?
Audacia	Agora me dice señora, y me pregunta qué busco.
Menemo. Casado	¿Pues a quién, a Talega?
Talega	Yo no sé nada de la saya.
Menemo. Casado	Por mi vida que me digas a qué vienes.
Audacia	Por la saya vengo.
Menemo. Casado	¿Por qué saya o sayo?
Audacia	Por la que me has hurtado, sin otras cosas, para dar a tu puta.
Talega	Él es de ella, que no ella de él.
Menemo. Casado	¿No callaréis vos, don bellaco?
Talega	Tú haces las bellaquerías: no me cale hacer señas que calle.
Menemo. Casado	Por el dios Júpiter te juro, mujer, que tales señas no he hecho; mas si no mirase que viene contigo, yo le castigaría.
Audacia	Déjate de eso: daca la saya.
Menemo. Casado	¿Ha habido en casa algún desaguisado que así vienes despavorida?
Audacia	Palabras.
Menemo. Casado	¿Has habido cuestión con tu padre?

Talega	¡Cómo anda huyendo por no otorgar!
Menemo. Casado	¿No basta que hable ella, sino tú, bellaco?
Talega	No, que yo por la comida lo he.
Menemo. Casado	¿Estás enojada contra mí por ventura?
Audacia	¿Pues contra quién, don traidor?
Menemo. Casado	Dime la causa, que yo haré justicia de mí.
Talega	¡Oh hideputa! Jocantibus gorgoreáis: bien parece que está la barriga llena.
Menemo. Casado	Calla, perro, si no por vida de la señora..
Talega	No callaré, pues comiste sin mí.
Menemo. Casado	Di adónde, ahorcado.
Talega	Ponte en medio. señora.
Audacia	No me le toques. Di adónde.
Talega	En casa de la puta Dorotea.
Menemo. Casado	¿Yo? Aun me vea comido vivo si hoy he comido bocado ni puesto los pies en su casa.
Audacia	Yo lo niegues, que la verdad de todo me ha contado Talega.
Menemo. Casado	¿Qué le dijiste, puerco?
Talega	No sé. Dictum vel non dictum, ya está dicho. Pregúntaselo a ella, que te sabrá bien jabonar.

Menemo. Casado   ¿Qué te dijo, señora mía?

Audacia   ¡Cómo haces del raposo! Díjome que me hurtaron de mi casa una saya.

Menemo. Casado   ¿Cómo? ¿A tan buen recaudo la tenías?

Audacia   ¿Quién se podrá librar del ladrón de casa?

Menemo. Casado   ¿Quién es el ladrón de casa?

Audacia   Uno que se dice Menemno.

Menemo. Casado   ¿Por ventura hay otro Menemno sino yo?

Audacia   Mira, dame la saya, y no me hagas decir desatinos y tornarme loca.

Talega   Ninguna mujer se puede tornar loca.

Menemo. Casado   Ya tengo probado, señora mujer, lo mucho que me amas y te debo. Si no he fingido tener amistad con Dorotea, ha sido para ver si harías aquel sentimiento que las que mucho aman a sus maridos suelen hacer. La saya se la dejé para solamente sacar la invención de ella, porque dijo que nunca tan gentil dama te ha visto, como cuando vas con aquella saya. Sosiégate por amor de mí, que yo la cobraré.

Audacia   Creyera lo que dices si no creyese quien tú eres; mas pues te conozco por mis pecados muy conocido, a otro can con ese hueso, y venga la saya y el diamante.

Talega   Pues que Dorotea se contenta con las obras, conténtate tú con las palabras.

| Menemo. Casado | Hasta que yo os muela a palos no callaréis, don mazorral. Señora, ve con Dios, que no pararé hasta que seas servida. |

| Audacia | Vamos, Talega, que razón es que mi padre sea informado de vuestras trapazas. |

| Talega | Yo, no señora. Audi aliam partem si vis recte judicare. |

| Audacia | ¿Qué tengo de oír? |

| Talega | Que harto le amonesté que no fuese tras putas, pues que le sobraba tenerte a ti. |

| Audacia | Calla, mal criado, y anda allá, que tú y él entonces seréis buenos cuando la rana terná pelo. |

| Talega | Crea, señor, que col natura dat nemo negare putas. |

| Audacia | Entra, enhoramala con tus latines. |

Escena X

Menemo, mancebo, Casandro, Audacia, Talega

| Menemo. Mancebo | ¿Qué es esto, que no puedo encontrar con mi esclavo Tronchón? Por cierto que lo hice como mal considerado en darle la bolsa de los dineros, que por ventura se habrá metido a jugar en algún bodegón; mas no será para tanto, según es avariento. Mas yo ¿en qué tengo de parar con esta saya callejera que parezco pregonero? ¿Pero quién son estos que vienen medio riñendo? Quiero escuchar qué pendencias traen consigo. |

| Audacia | ¿Cómo se puede sufrir, señor padre, que esté yo casada con un tan mal hombre como éste? |

| Casandro | Descásate pues. |

Audacia	¡Ojalá!, y costáseme un dedo de la mano.
Talega	Eso non potest fieri, señor, porque col Deus conjungit homo non sepalat.
Casandro	Calla, chismero, que no se dice por tanto.
Talega	Sí, callad, estando muerto de hambre.
Casandro	¿De qué te quejas de tu marido?
Audacia	Quéjome de que me hurta el oro, sayas y cuanto tengo para dar a rameras.
Casandro	Si él eso hace, lo hace muy mal; y si no, tú lo haces peor en levantarle falso testimonio.
Audacia	Que no es sino verdadero. Helo do viene. ¡Desvergonzado! ¿No tienes vergüenza de parecer delante de mí con ese vestido?
Menemo. Mancebo	Mujer honrada, ¿con quién piensas hablar?
Audacia	Con uno que merece estar en la horca.
Menemo. Mancebo	Porque sois hermosa, no seáis atrevida.
Casandro	Aparta, hija. Menemno, ven acá. Dime, ¿qué rencillas son estas que tienes con tu mujer?
Menemo. Mancebo	Padre honrado, ni te conozco ni tengo mujer, ni jamás fui casado.
Audacia	¿Negarás, bellaco, que eres marido?

Menemo. Mancebo	Porque sé que hablas con pasión y porque veo que me tomas por otro, responderé con paciencia, diciendo que ni soy tu marido, ni eres mi mujer.
Talega	Cásate, señora, conmigo, y vaya él con todos los diablos el traga pollos.
Audacia	Quítate de ahí, asno. Dime, ¿no es ésa la saya que me hurtaste y prometiste devolver?
Menemo. Mancebo	Habla cortésmente, que nunca fui ladrón, ni jamás me precié de hacer cosas fea.
Talega	Eso sí, Menemno, negar a pie juntillas.
Menemo. Mancebo	¿De dónde me conoces y sabes mi nombre?
Talega	¿Mas de dónde desconoces tú Talega?
Menemo. Mancebo	De nunca haberlo conocido.
Talega	¿No tomaste tú esta saya a tu mujer y la diste delante de mí a tu puta?
Menemo. Mancebo	No seas mal criado, sino el diablo será.
Audacia	Señor padre, ¿ésta no es mi saya y éste no es mi marido Menemno?
Casandro	Ella es tu saya, y él es tu marido.
Menemo. Mancebo	De todo eso no tengo sino el nombre.
Casandro	Ven acá, Menemno: veamos si negarás esto. ¿Tú no moras en aquella casi frontera?
Menemo. Mancebo	Plegue a Dios que si yo en ella jamás entré, que dentro en los infiernos more.

Casandro   Sin duda que se ha tornado loco.

Menemo. Mancebo   Pues estos dicen que soy loco, mejor será fingir locuras por echarlos de mí.

Audacia   Bien dices, señor padre; ¿no ves qué boca abre? Parece que me quiere comer.

Menemo. Mancebo   El dios Apolo me manda que queme los ojos a esta mujer con lámparas ardiendo.

Talega   La paz de Dios descienda sobre ti y sobre nosotros, amen.

Menemo. Mancebo   Sí, sí, Apolo, yo haré lo que mandas, que a esta mujer y a Talega les dé con esta mi espada mil cuchilladas.

Talega   Señora, huigamos de aquí, que tengo miedo que ni tú tengas Talega ni yo señora.

Casandro   Bien dice: id a casa los dos porque o haga en vosotros algún desatino; pero mira, Talega, que vayas en un salto a llamar al médico Averrois para ver si dará algún remedio a este loco.

Talega   Sí haré, señor.

Menemo. Mancebo   Ya te entiendo, Apolo, que quieres que desmenuce los huesos de este viejo con bordón.

Casandro   Caro te costará si tú a mí te allegas.

Menemo. Mancebo   ¿Qué dices? ¿Que tome una azuela con la cual acepille las carnes de éste mal viejo?

Casandro   Mal te dé Dios: mejor me será huir de éste, porque el loco y el buey se han de mirar de lejos.

Menemo. Mancebo   Muchas cosas me has mandado, Apolo, ¿y agora de nuevo quieres que vaya con ímpetu y mate a este viejo?

Casandro   ¡Oh cruel enfermedad! No estoy más aquí. Quiero llamar al médico.

Menemo. Mancebo   ¡Cuán a cuenta me ha venido hacer del loco! Mas ¿cuál fuera que esta señora me recibiera en su cama creyendo que era su marido, como la otra en la mesa, tomándome por su amigo? Yo lo hiciera cierto, según ellas es hermosa, si no se aventurara más que aventuré con la otra, porque a la ramera quitele lo que ella hurtó, y yo le puedo tornar tres doblado; mas a la casada, en este caso quitárale la honra, que quitada no se la pudiera tornar. En fin quiero huir de pueblo donde tantas cosas en tan poco tiempo me han acontecido: y si viniere el viejo, no le digan por cuál de estas dos calles me fui.

Escena XI

Menemo casado, Casandro, Averrois, Lazarillo.

Menemo. Casado   Día triste y de aciago ha sido éste para mí, pues todo lo que pensaba hacer muy secreto, me ha echado en público aquel bellaco de Talega; pero a fe que no se reirá de ello. También esotra bellaca al fin hízolo como ramera, que por más que le rogué que me diese la saya con propósito de darle otra mejor, está en sus trece que ya me la dio. ¡Desdichado de mí! No sé qué me haga. ¿Qué es aquello?

Averrois   Camina, Lazarillo.

Lazarillo   Ya camino, domine.

Averrois   Eso sí, siempre que podrás hablar algún latín congrio o no congrio, no lo dejes de hablar, que yo te haré gran persona. Di, quid este necessitas?

| Lazarillo | La necesaria, señor. |

| Averrois | No solamente respondiste como gramático, mas como excelente filósofo, porque aquella cosa es puramente necesaria, adonde echamos aquello que si no lo echásemos moriríamos. |

| Lazarillo | Verum est. |

| Averrois | Bona salus, señor Casandro. |

| Casandro | Sea bien venido, señor doctor. Escuchado he la plática que has pasado con tu criado, y he holgado en oír sus agudezas. |

| Averrois | Es el más agudo rapaz del mundo, y es hermano de Lazarillo de Tormes, el que tuvo trescientos y cincuenta amos. |

| Casandro | ¿Cuánto ha que está contigo? |

| Averrois | No ha más de medio año, y sabe ya todos los nominativos, conjugaciones y cuarto libro de coro, y hablará todo un día latín tan bien como yo, sin que le entiendan palabra. |

| Casandro | Bien lo creo: ¿mas cómo te has detenido tanto? |

| Averrois | He curado una pierna al dios Esculapio, y he concertado un brazo a Baco, que los dos habiendo tastado ciertos vinos en la isla de Candía, dieron consigo por una escalera abajo. |

| Casandro | De manera que también eres médico de los dioses como de los hombre. |

| Lazarillo | Ita, domine. |

Averrois	¡Oh qué ita domine tan regalado! ¿Qué te parece, señor Casandro?
Casandro	Muy bien, pero vengamos al caso. Has de saber que Menemno mi yerno está doliente, y pienso que es de alguna imaginación diabólica que habrá entrado en su entendimiento.
Averrois	Eso verná de algunos enojos recibidos con mujeres.
Casandro	A la letra es ése su mal, señor doctor.
Averrois	Has de saber, señor, que Hipócrates, Galeno y Avecina et omnia schola medicorum ponen ciento y cincuenta remedios para ese mal. El primero es...
Casandro	Ce, silencio: he allí a Menemno.
Averrois	Juntémonos los dos.
Casandro	Sea ansí. Menemno, hijo, ¿qué es de la saya?
Menemo. Casado	¿Qué saya, señor?
Casandro	La que tenías agora.
Menemo. Casado	¡Oh dioses inmortales! ¿Y qué será esto?
Casandro	¿No oyes lo que dice?
Averrois	Ya veo que invoca los dioses.
Casandro	¿Qué esperas? Haz tu oficio, maestro.
Lazarillo	¿Qué quiere decir maestro? Domine doctor, domine doctor acostumbran de llamarle.
Casandro	Calla, rapaz, no seas tan reagudo.

Averrois	Menemno, dame esa mano. No pasees tanto, no pasees tanto, pecador de mí, que es malo eso para tu enfermedad.
Menemo. Casado	¿Qué enfermedad? Vete enhoramala.
Averrois	¿Veis cómo desvaría? Escucha y verás que le hago unas preguntas tan profundísimas que bastan a tornar un hombre de cuerdo loco, y otras para tornarle de loco cuerdo: et operibus credite.
Casandro	Pues acabemos ya.
Averrois	Hijo Menemno, sosiégate. Dime, ¿sientes alguna cosa?
Menemo. Casado	¿Soy por ventura insensible, que no tengo de sentir?
Averrois	Ya lo decía yo, que no podías estar sin sentir. Dime, ¿qué vino bebes, blanco o tinto?
Menemo. Casado	Vete a la horca tú y tus preguntas.
Casandro	Ya comienza a enloquecer.
Averrois	¿Qué te tengo dicho, señor?
Menemo. Casado	Mas pregúntame si como el pan colorado o verde, o aves con escama y peces con pluma.
Casandro	Maestro, ¿no ves qué locuras se le sueltan? ¿Porqué no le das remedio?
Averrois	Espera: preguntalle he otras cosas.
Casandro	Pregunta cuantas quisieres.
Averrois	Menemno, dime, ¿suélensete algunas veces endurecer los ojos?

Menemo. Casado	¡Qué diablos! ¿Soy de género de langosta?
Averrois	Ya sé que blandos los has de tener. Burlábame contigo. Esté atento, señor, que agora vienen las preguntas para volverle en todo su seso. Dime, Menemno, ¿sientes algunas veces que te rugen las tripas?
Menemo. Casado	Cuando estoy harto, no; más agora sí, que estoy hambriento, y con gana de comer.
Averrois	Di, ¿duermes los ojos cerrados?
Menemo. Casado	Como tú, velando, abiertos.
Casandro	Agora cuerdamente respondió.
Averrois	Pues cátatelo ahí sano, señor.
Casandro	No está agora tan loco como cuando amenazaba a su mujer con fuego.
Averrois	¿Habíalo de estar? Duelos me dé Dios.
Menemo. Casado	¿A quién dices que amenazaba yo?
Casandro	¿No te acuerdas cuando a mí y a tu mujer nos querías matar?
Menemo. Casado	¿Yo matar a quien tanto deseo la vida?
Averrois	Pecador de mí, señor. ¿Quieres echarme a perder? Téngole medio curado ¿y estás contendiendo con él? Ven acá, Menemno, hablemos aparte tú y yo. Has de saber que nosotros somos los locos, que tú demasiado seso tienes. Tú, rapaz, no es aún tiempo que sopas estos secretos de medicina. Apártate allá.

Lazarillo	Recuérdate digo yo de los quinguaginta cruciatos auri.
Averrois	¡Oh! Sí señor. Téngalos a punto que son mucho menester, porque tengo de hacer con ellos en mi casa un cierto cocimiento con cincuenta maneras de yerbas, para cada cruzado una, traídas de la ínsula Fortunada, y despúes de todas hacer un emplastro por ciertos puntos de astrología, y después ponérselo en los pies para fortificar la cabeza.
Casandro	Abreviemos, que ya está a punto todo.
Averrois	Bene dixisti. Oye, Menemno. Tú has de saber que conozco muy bien que si tu entendimiento está algo alterado, es por algún enojo que has habido.
Menemo. Casado	Dices la verdad.
Averrois	Hora pues por hacer placer a mí y acreditar mi medicina y no enojar a tu suegro, haz todo lo que yo te dijere.
Menemo. Casado	Soy contentísimo.
Averrois	Si lo haces, yo te prometo de partir contigo los cincuenta cruzados, porque tú ni has menester medicina, ni yo la entiendo más que esa pared.
Menemo. Casado	Pero haz de manera, maestro, que me lleven en todo caso a tu casa.
Lazarillo	Bien dices, porque allí haremos buena gira y beberemos autant.
Averrois	Decir yo, señor Casandro, que está Menemno del todo sano, no diría verdad; pero helo traído a punto de hacer que me sea en todo obedientísimo.
Casandro	Veamos.

Averrois   Menemno.

Menemo. Casado   ¿Qué mandas, señor doctor?

Averrois   Alza el brazo derecho. ¿No puedes más?

Menemo. Casado   No señor.

Averrois   Agora da una vuelta en derredor ¿No ves, señor? Por la
                    doctrina del grande Hipócrates te juro que si quiero, te lo
                    convertiré en nabo. Échate de esa ventana abajo.

Menemo. Casado   ¿Qué es de la ventana?

Averrois   Está quedo, loco, no te muevas. Aprende, rapaz, estos
                    medicinales puntos. Agora, Menemno, dame esa espada.

Casandro   Agora vas bien: eso me contenta.

Averrois   Coge así los brazos.

Menemo. Casado   Ya están cogidos. ¿Qué es lo que haces?

Averrois   Súfrete, que por tu bien se hace que estés atado un poco
                    con este cordel, porque así dice Avicena que se debe
                    hacer.

Lazarillo   In quarta et sexta ad finem.

Averrois   ¡Oh cómo acotaste bien, rapaz! Es menester, señor
                    Casandro, que de esta manera atado lo lleven a mi casa,
                    porque allí con aquel emplastro áureo te lo daré sano en
                    tres día.

Casandro   Antes ha de ir así como está a la cosa de los locos, porque
                    aquella es su propia morada. Vaya, vaya presto.

Menemo. Casado   ¡Oh ciudadanos! ¡Oh amigos míos! Socorredme, que me llevan contra mi voluntad acusado falsamente.

Escena XII

Menemo, casado, Casandro, Averrois, Lazarillo, Tronchón, y después Menemo, mancebo

Tronchón   ¡Oh dioses inmortales! ¿Qué es lo que con mis ojos veo? No sé por qué causa llevan aquellos a mi amo forzosamente.

Casandro   Averrois, ayúdame. ¿En qué piensas?

Tronchón   Menemno.

Menemo. Casado   ¡Oh amigo! No consientas que se me haga tamaña afrenta.

Tronchón   ¿Por qué lleváis así a este gentilhombre?

Casandro   Porque es loco.

Tronchón   ¿Quién dice tan gran maldad?

Casandro   Este médico.

Tronchón   Asosegaos, que no es loco.

Casandro   Si no, ¿qué mal tiene?

Tronchón   Está asombrado y endemoniado.

Averrois   ¿Endemoniado? Arriedro vaya Satanás.

Casandro   Di, doctor, ¿cómo no le conociste el mal?

Averrois   Sé que yo, señor, nunca fui doctor en diablos, pero veamos éste lo que sabe.

Casandro	¿Qué remedio darás tú?
Tronchón	Muy grande. Quiero hablarle al oído para ver si es de los demonios secretos. Mira, Menemno, si quieres librarte de estos tus enemigos, yo te dará una espada entre manos.
Menemo. Casado	Ya la querría tener.
Tronchón	De los demonios públicos es: a voces quiero hablarte. Yo te mando de parte de Dios que te vayas a los infiernos sin dañar ni atormentar a este hombre.
Menemo. Casado	No saldré si primero no veo la cruz, o señal della.
Casandro	¡Oh pobre mancebo! Bendito seas tú, Dios. ¡Oh cruel mancilla!
Tronchón	¿No hay por aquí una cruz? Mostradme esa espada, que tanto montará como cruz.
Averrois	Déjasela, Lazarillo.
Tronchón	Besa, ladrón, y abrázate con ella.
Menemo. Casado	¿Así que como loco me llevábades? Aguardad un poquito, perros traidores.
Averrois	A huir, señor Casandro, que soltado se ha.
Menemo. Casado	Id con la maldición, bellacos.
Tronchón	¿Qué te parece, señor, con qué astucia te he librado de esta gente?
Menemo. Casado	Mas te debo que a cuantos hombres hay en el mundo: por eso mira lo que yo podré hacer por ti.

Tronchón	Que me hagas libre te pido.
Menemo. Casado	¿Por ventura eres tú mi esclavo para que te haga libre, o conózcote yo?
Tronchón	No quiero entrar en si me conoces o no, sino que me des por libre.
Menemo. Casado	Digo que te doy por libre, y que te tengo en cuenta de hermano.
Tronchón	Quiero ir agora al mesón, y traerte he la bolsa de los dineros y las piezas de plata que me encomendaste.
Menemo. Casado	Anda, que aquí te espero. Cosas maravillosas me han acontecido hoy. Dorotea me dio a entender que había comido con ella, y que me dio la saya y el diamante. Mi suegro y este borracho de médico que estoy loco, y este agora que soy su amo y que me traerá los dineros y la plata. Esperar quiero y ver en qué para esto.
Menemo. Mancebo	Dios te guarde, gentilhombre.
Menemo. Casado	Así haga a ti.
Menemo. Mancebo	¿Habitas en esta tierra?
Menemo. Casado	Sí habito, hartos años ha.
Menemo. Mancebo	¿Por ventura sabríasme dar razón de un esclavo extranjero?
Menemo. Casado	Si no das otras señas, es preguntar por Mahoma en Granada.
Tronchón	¡Ah! Señor Menemno.
Menemo. Casado	y mancebo ¿Qué quieres?

Tronchón	Qué, ¿dos amos tengo yo?
Menemo. Casado y mancebo	No sino uno.
Tronchón	¿Quién es ese uno?
Menemo. Casado y mancebo	Yo soy.
Tronchón	¿Qué quiere decir yo soy? Esperad, ¿quién ha de recibir esta plata?
Menemo. Casado y mancebo.	Yo.
Tronchón	Válame Dios ¿y qué será esto? ¿A cuál de los dos libré yo cuando lo llevaban atado como loco?
Menemo. Casado	A mí.
Tronchón	Pues tú eres mi amo, y habrás la plata, y él que perdone.
Menemo. Mancebo	¿Tórnaste loco, Tronchón? ¿Y cómo no te acuerdas que viniste hoy conmigo de la nave?
Tronchón	Por cierto que tienes razón. Tú busca mozo, que éste es mi amo.
Menemo. Casado	¿Do vas, desconocido? ¿Yo no soy quien te ha hecho tranco en este lugar?
Tronchón	Por cierto, si, tú eres mi amo y mi señor.
Menemo. Mancebo	Ven acá, desmemoriado, ¿no te acuerdas que cuando quiso entrar en casa de la ramera te encomendé la bolsa con los dineros?
Tronchón	Tú sin duda eres mi amo Menemno.

Menemo. Casado   También yo me llamo Menemno.

Menemo. Mancebo ¿Tú Menemno?

Menemo. Casado   Sí, yo Menemno, y mi padre Menemno.

Tronchón   ¿Cuál sería, que fuese éste quien buscamos tanto ha?

Menemo. Mancebo ¿Eres natural de esta tierra?

Menemo. Casado   No, sino de Sevilla.

Menemo. Mancebo ¿Acuérdaste algo de allá?

Menemo. Casado   Acuérdome que siendo yo de quince años nos embarcamos mi padre y yo en una nave para las partes de Levante.

Menemo. Mancebo Dime, y no recibas pesadumbre, ¿cuántos hijos tuvo tu padre?

Menemo. Casado   No más de dos.

Menemo. Mancebo ¿Cuál era el mayor?

Menemo. Casado   Ninguno.

Menemo. Mancebo ¿Cómo pudo ser eso?

Menemo. Casado   Porque nacimos de un mismo parto.

Menemo. Mancebo ¿Llamásteisos entrambos Menemnos?

Menemo. Casado   No, que el otro se decía Claudio.

Menemo. Mancebo Pues yo soy ese Claudio.

Menemo. Casado   ¿Tú? ¡Oh hermano mío! Claudio, seas muy bien venido.

Menemo. Mancebo   Y tú muy bien hallado, hermano Menemno.

Menemo. Casado   Dime, hermano, ¿quién te mudó el hombre de Claudio en Menemno?

Menemo. Mancebo   Has de saber que como nos vinieron nuevas que mi padre y tú érades muertos, luego nuestra madre (que en gloria sea) por el amor que tenía a nuestro padre y a ti, me mudó el nombre de Claudio en Menemno.

Escena XIII

Menemo casado, Menemo mancebo, Tronchón, Audacia, Talega

Audacia   ¿Es verdad eso que me cuentas, Talega?

Talega   ¡Toma si es verdad! ¡Vieras huir a Casandro tu padre y al faldudo de maestre Averrois más ligeros que gamos!

Audacia   ¿Y a Menemno a do lo podría yo hallar agora para meterlo secretamente en casa?

Talega   ¿Qué me sé yo? Dios se lo perdone a vuestra merced, y a mí también, porque al principio se podía, excusar todo esto. Albricias, albricias, señora, albricias.

Audacia   ¿Qué has, inocente? ¿De qué te tengo de dar albricias?

Talega   ¡Oh señora! Que en lugar de un Menemno tienes dos Menemnos, y en lugar de un marido dos maridos. Cátalos allí.

Audacia   La verdad dice. ¡Qué es esto, Dios mío!

Menemo. Mancebo   No te aflijas, señora, que yo soy tu marido, y alégrate, que este gentilhombre que ves tan semejante a mí, es mi hermano, que ha mucho tiempo que anda en busca mía.

Audacia   ¿Tu hermano? Abrazarle quiero por cierto.

Tronchón   Sin duda que la ramera te toma por el señor tu hermano.

Menemo. Casado   ¿Qué es eso de la ramera?

Menemo. Mancebo   Has de saber que una ramera tomándome por ti me convidó a comer, y después me dio una saya y un diamante.

Talega   En fin, señor, que sobre vos vino el comedentes, y super nos el gementes et flentes.

Menemo. Casado   Has de saber, señor hermano, que esa comida yo la ordené para mí a Talega, y di la saya.

Audacia   ¿Otorgáis, otorgáis, don ladrón?

Menemo. Casado   Es la verdad que yo te la hurté para darla a Dorotea.

Menemo. Mancebo   No recibas pena, señora, que el lo hará muy mejor de aquí adelante, y la saya y diamante está en mi poder con otras joyas muchas que traigo para servirte con ellas.

Audacia   En verte, señor hermano, se me ha quitado todo el enojo que tenía.

Menemo. Casado   Señor hermano, yo prometí de hacer libre a Tronchón.

Menemo. Mancebo   Desde agora le doy por libre para siempre.

Audacia   Sus, señores, entremos dentro, porque alcance mi padre de este placer y alegría.

Talega   ¡Oh! ¿Qué haremos de comer?

Menemo. Casado   Entremos cantando.

(Canción.)

Enhorabuena vengáis vos,
hermano mío,
pues a pesares hoy entre nos
dais desvío.

LIBROS A LA CARTA

A la carta es un servicio especializado para
empresas,
librerías,
bibliotecas,
editoriales
y centros de enseñanza;
y permite confeccionar libros que, por su formato y concepción, sirven a los propósitos más específicos de estas instituciones.

Las empresas nos encargan ediciones personalizadas para marketing editorial o para regalos institucionales. Y los interesados solicitan, a título personal, ediciones antiguas, o no disponibles en el mercado; y las acompañan con notas y comentarios críticos.

Las ediciones tienen como apoyo un libro de estilo con todo tipo de referencias sobre los criterios de tratamiento tipográfico aplicados a nuestros libros que puede ser consultado en www.linkgua-digital.com.

Linkgua edita por encargo diferentes versiones de una misma obra con distintos tratamientos ortotipográficos (actualizaciones de carácter divulgativo de un clásico, o versiones estrictamente fieles a la edición original de referencia).

Este servicio de ediciones a la carta le permitirá, si usted se dedica a la enseñanza, tener una forma de hacer pública su interpretación de un texto y, sobre una versión digitalizada «base», usted podrá introducir interpretaciones del texto fuente. Es un tópico que los profesores denuncien en clase los desmanes de una edición, o vayan comentando errores de interpretación de un texto y esta es una solución útil a esa necesidad del mundo académico.

Asimismo publicamos de manera sistemática, en un mismo catálogo, tesis doctorales y actas de congresos académicos, que son distribuidas a través de nuestra Web.

El servicio de «libros a la carta» funciona de dos formas.

1. Tenemos un fondo de libros digitalizados que usted puede personalizar en tiradas de al menos cinco ejemplares. Estas personalizaciones pueden ser de todo tipo: añadir notas de clase para uso de un grupo de estudiantes, introducir logos corporativos para uso con fines de marketing empresarial, etc. etc.

2. Buscamos libros descatalogados de otras editoriales y los reeditamos en tiradas cortas a petición de un cliente.